TED D. SNOW, CFP®

DER INVESTMENT QuickStart Guide

W0241364

DER INVESTMENT *QuickStart Guide*

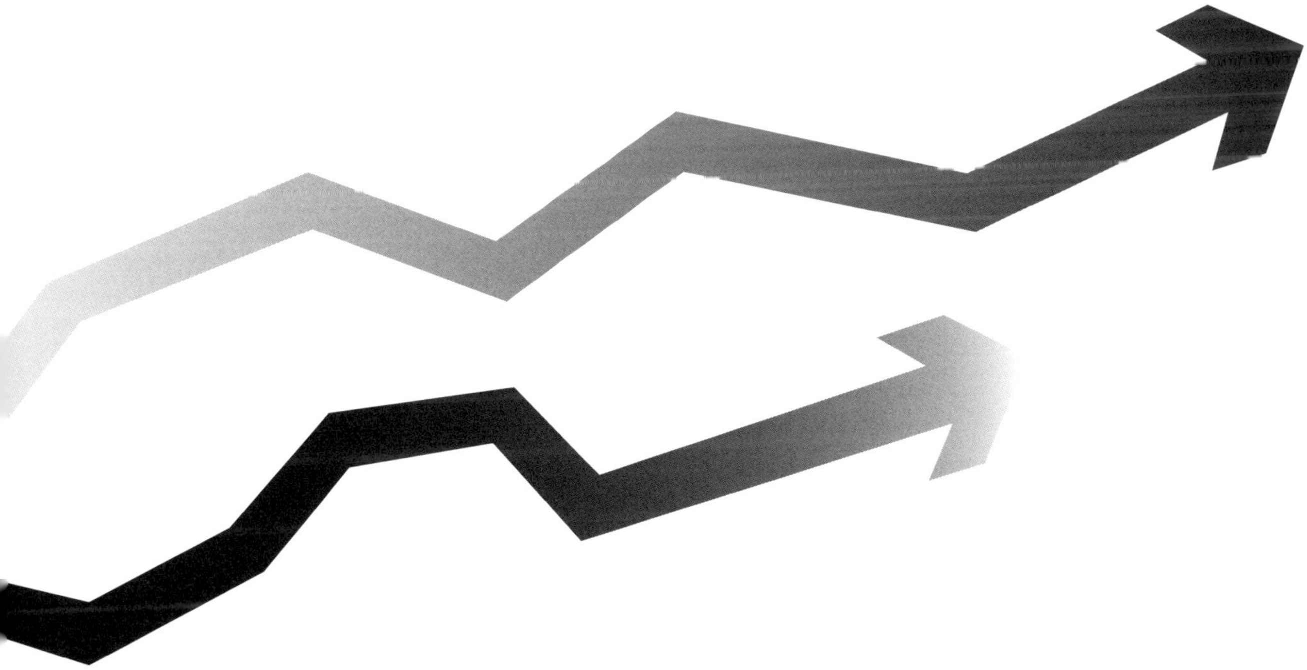

DER *einfache* LEITFADEN FÜR EINSTEIGER:

- ✔ *erfolgreich am Aktienmarkt agieren*
- ✔ *eigenes Vermögen vergrößern*
- ✔ *eine sichere finanzielle Zukunft aufbauen*

FBV

TED D. SNOW, CFP®

Bibliografische Information der Deutschen Nationalbibliothek:
Die Deutsche Nationalbibliothek verzeichnet diese Publikation in der Deutschen Nationalbibliografie; detaillierte bibliografische Daten sind im Internet über http://d-nb.de abrufbar.

Für Fragen und Anregungen:
info@finanzbuchverlag.de

1. Auflage 2022

Türkenstraße 89
80799 München
Tel.: 089 651285-0
Fax: 089 652096

Übersetzung: Hans Freundl
Redaktion: Judith Engst
Korrektorat: Silvia Kinkel
Umschlaggestaltung: Pamela Machleidt in Anlehnung an das Cover der Originalausgabe
Satz: Daniel Förster
Druck: Florjancic Tisk d.o.o., Slowenien
Printed in the EU

ISBN Print 978-3-95972-493-7
ISBN E-Book (PDF) 978-3-96092-934-5
ISBN E-Book (EPUB, Mobi) 978-3-96092-992-5

Inhalt

TEIL II – ANLAGESTRATEGIEN UND -TAKTIKEN

TEIL III – DER EINSTIEG IN DAS GESCHÄFT

BEVOR SIE WEITERLESEN, LADEN SIE SICH UNSERE KOSTENLOSEN, ENGLISCHSPRACHIGEN DIGITALEN HILFSMITTEL HERUNTER!

- **Goal Setting Workbook (Arbeitsmappe: Formulierung von Zielen)**
- **Important Ratio Cheat Sheet (Spickzettel für Kennzahlen)**
- **Stock Selection Tool (Tool zur Aktienauswahl)**
- **Portfolio Tracker Workbook (Arbeitsmappe: Portfolio-Überwachung)**

SO ERHALTEN SIE ZUGANG ZU IHREN KOSTENLOSEN DIGITALEN ASSETS IN ENGLISCHER SPRACHE:

Scannen Sie mit der Kamera Ihres Smartphones den QR-Code oder rufen Sie den untenstehenden Link auf, und Sie erhalten umgehend Zugriff auf Ihre digitalen Hilfsmittel.

SCAN ME

oder

www.clydebankmedia.com/investing-assets

VISIT URL

Einleitung

ZITAT

> *Investieren ist kein Spiel, bei dem derjenige mit einem IQ von 160 diejenigen mit einem IQ von 130 schlägt. Vernunft ist wesentlich.*
>
> WARREN BUFFETT

Viel hat sich verändert in der Finanzlandschaft in den drei Jahren seit dem Erscheinen der 1. Auflage dieses Buches. Eine Vielzahl von technischen Fortschritten, die nahezu sämtliche Bereiche des Finanzwesens beeinflussen, der Aufstieg des Bitcoins und anderer Kryptowährungen, eine globale Pandemie und andere Ereignisse haben die Art und Weise grundlegend umgestaltet, wie Menschen, Unternehmen, Regierungen und andere Einrichtungen ihre Rechnungen zahlen, Bankgeschäfte abwickeln, sich Geld leihen, Anlagen tätigen und andere Finanzangelegenheiten handhaben.

Nachdem die Fortschritte in der Finanztechnologie bereits Fuß gefasst hatten, hat die Pandemie ihre Umsetzung und Anwendung in vielen Wirtschaftsbereichen und durch die Verbraucher beschleunigt, die nach kontaktlosen Transaktionsmöglichkeiten und Kommunikationswegen suchten. Auch Finanzinstitutionen mussten rasch reagieren, denn viele Banken sahen sich gezwungen, während der Lockdown-Perioden ihre Türen für Kunden zu schließen, und die schwankenden Märkte sorgten für Ratlosigkeit bei den Anlegern.

Finanzielle Bildung ist seit jeher wichtig, und heute umso mehr, da Innovationen in der Finanzwelt und bei der Geldanlage auf die Bedürfnisse einer neuen Anlegergeneration abgestimmt werden müssen. Es überrascht mich immer wieder, wie wenig formale Ausbildungsangebote es – auch an den Schulen – für die jungen Leute gibt, um ihnen die Bedeutung des Sparens und Anlegens nahezubringen. Finanzielle Bildung ist allzu oft ein isoliertes Unterfangen, bei dem sich Interessierte mit den Ratschlägen von »Investmentgurus«, Fernsehpersönlichkeiten oder auch Autoren begnügen müssen, die keine Ausbildung als Anlageberater besitzen, sondern schlicht Kunden gewinnen wollen für ihre kostenpflichtigen Börsendienste. Es gibt zwar eine Reihe guter Ratgeberwerke zur Geldanlage, von denen viele auch in diesem Buch erwähnt oder diskutiert werden, doch anfängerfreundliche Ratgeber, die klar, unvoreingenommen und auf verständliche Weise Informationen vermitteln, sind eher dünn gesät.

Die erste Auflage von *Der Investment Quick Start Guide* fand eine gute Resonanz bei den Lesern, die erklärten, dass die Darlegungen für sie sehr hilfreich gewesen seien. Ich hatte eigentlich nicht vor, das Buch schon nach drei Jahren zu überarbeiten, spürte aber, dass die Leser auch informiert werden wollten über die rasanten und grundlegenden Veränderungen, die sich auf dem Gebiet der Geldanlage und in anderen Bereichen des Finanzwesens vollzogen haben. Ein Gespräch mit dem Verlag bestärkte mich in der Überzeugung, dass eine Aktualisierung des Buches für die Leserschaft nützlich sein würde, und so wurde die zweite, überarbeitete Auflage in Angriff genommen. Ich hoffe, dass Sie diese Neuausgabe hilfreich finden und dass dies auch Ihrem Portfolio zugutekommen wird.

Viel hat sich verändert in Bezug auf das Investieren seit der 1. Auflage dieses Buches, doch die Grundlagen sind gleich geblieben. Erfolgreiches Investieren hat nichts mit

Rückschau zu tun. Es geht nicht darum, zurückzuschauen und sich selbst einen Tritt in den Allerwertesten zu verpassen, weil man 2010 nicht die Aktie von Netflix gekauft hat, als sie noch für 22 Dollar zu haben war, während man heute fast 547 Dollar dafür ausgeben muss. Im Jahr 2010 hätte niemand vorhersehen können, dass es ein Jahrzehnt später eine globale Pandemie geben würde, welche die Nachfrage nach Streamingdiensten – und damit die Netflix-Aktie – nach oben treiben würde. Im Hinblick auf das Investieren ist die Zeit der wahre Geschichtenerzähler und der einzige Schiedsrichter über Erfolg oder Scheitern.

Erfolgreiches Investieren hat damit zu tun, zu wissen, was man besitzt und warum man es besitzt, während man abgewogene und disziplinierte Entscheidungen in der Gegenwart trifft. Es geht darum, die Entscheidungen dahingehend auszurichten, dass sie eine Grundlage schaffen für die Vermögensbildung und für eine sichere finanzielle Zukunft. Es geht nicht darum, das Verhalten des Marktes vorherzusagen und den besten Zeitpunkt für Entscheidungen zu finden, was bestenfalls, wie die Realität immer wieder zeigt, Energieverschwendung wäre und im schlimmsten Fall potenziell katastrophal für das eigene Portfolio.

MEIN TIPP

Sie können Ihre gesamte Energie darauf verwenden, den optimalen Ein- und Ausstiegszeitpunkt zu suchen und zu erraten, wann der Wert einer bestimmten Aktie steigen oder fallen wird. Ich für meinen Teil mache schlicht meine Hausaufgaben, versuche mir ein Bild zu verschaffen von den Unternehmen, in die ich investiere, kaufe die jeweiligen Aktien und vertraue darauf, dass ihr Wert steigen wird und im Laufe der Zeit daraus ein Vermögen erwachsen wird.

Dieses Buch soll Ihnen, so hoffe ich, eine nach vorn gerichtete, bodenständige Herangehensweise an das Investieren nahebringen, wobei die Betonung auf einer langfristigen Strategie des Vermögensaufbaus liegt. Ich bin kein Spekulant und ich werte auch nicht stundenlang die Kursverläufe von Aktien aus, um neue Trends aufzuspüren. Ich beobachte einfach die Wertpapiere, in die ich investieren möchte. Ich kaufe, wenn eine Aktie vom Markt unterbewertet wird, und ich verkaufe, wenn sie mir überbewertet erscheint. Ich suche nach Möglichkeiten, meine Anlagen zu diversifizieren und die potenziellen Erträge zu maximieren. Ich bin ein leidenschaftlicher Investor, kein Trader, und falls Ihnen der Unterschied nicht klar sein sollte, werden Sie ihn kennen, wenn Sie dieses Buch gelesen haben.

Wenngleich im Text immer wieder meine persönliche Anlagephilosophie durchscheint, möchte ich Informationen auf objektive und gut lesbare Weise vermitteln. Sie werden kurze und prägnante Kapitelüberschriften finden und ein Glossar mit Begriffen, die Sie nachschlagen können, wenn Sie vielleicht mehr Informationen benötigen. Wenn die Geldanlage Neuland ist für Sie, empfehle ich Ihnen, das Buch einfach von vorn bis hinten zu lesen, weil wir uns nach Kräften bemüht haben, die Themen und Begriffe auf eine logische, aufeinander aufbauende Weise darzustellen, die das Lernen erleichtert. Dieses Buch soll ein grundlegender Leitfaden ein, der auch Anfänger mit der Kunst des Investierens vertraut macht. Doch aufgrund der Vielfalt der behandelten Themen werden auch erfahrene Anleger hier wahrscheinlich noch die eine oder andere interessante Information finden.

Obgleich ich mit fast allen Arten von Investments vertraut bin, liegen meine persönlichen Schwerpunkte bei Investmentfonds, Aktien, Anleihen und Exchange Traded Funds

(ETFs) – jene Art von Wertpapieren, die meiner Ansicht nach für Anleger jeglicher Herkunft eine kluge und angemessene Wahl sind. Wir werden zwar kurz auch auf Rohstoffe, Futures, Optionen, Pennystocks und den Forex-Markt eingehen, doch in diesem Buch stehen börsengehandelte Aktien, Anleihen, Investmentfonds und ETFs im Vordergrund. Außerbörsliche Beteiligungen, Risikokapital oder Investitionen in selbstverwaltete Immobilien werden nicht behandelt.

Da ich seit geraumer Zeit ein eigenes Finanzdienstleistungsunternehmen betreibe, konnte ich zahlreichen Menschen mit unterschiedlichem Hintergrund dabei helfen, ihre finanziellen Ziele zu erreichen, und ich hoffe, dass dieses Buch auch für Sie eine entsprechende Hilfe sein kann. Bevor wir loslegen, möchte ich Ihnen noch meine persönliche Geschichte erzählen, die meine berufliche Karriere, mein Wertesystem und meine Art zu leben geprägt hat.

Von Websterville nach Dallas – meine persönliche Geschichte

Wie Geld arbeitet, hat mich schon immer fasziniert, seit ich mit fünf Jahren mein erstes Sparbuch bekommen habe. Ein Sparbuch ist ein kleines Büchlein, in das alle Einzahlungen und Abhebungen eingetragen werden, die auf dem dazugehörigen Sparkonto getätigt wurden. Sparbücher sind mittlerweile den gleichen Weg gegangen wie Schwarz-Weiß-Fernseher, wenngleich manche Banken sie noch anbieten. Ich weiß nicht, wie es dazu gekommen ist, aber in meiner DNS müssen Finanzkonzepte und Dollarzeichen gewissermaßen angelegt sein, denn meine Strategien gingen weit hinaus über das, was man von einem Fünfjährigen in Bezug auf die Verwaltung seines Sparkontos erwarten würde. Ich habe schon immer darüber nachgedacht, wie ich meine Erträge maximieren könnte. Im Laufe der Jahre konnte ich verfolgen, wie meine Schwester stets den vollen Preis für Vinyl-Schallplatten zahlte, während ich ein paar Pennys für Kassetten ausgab und die Songs dann von ihren Platten überspielte, wenn sie nicht zu Hause war.

Als ich die 6. Klasse der Webster Elementary School besuchte, wurde ich dazu auserkoren, die Bank von Websterville zu leiten. »Websterville« war eine kleine Modellstadt, die im dritten Stock des Schulgebäudes aufgebaut worden war. Sie umfasste einen Gemischtwarenladen, ein Café, ein Bekleidungsgeschäft und andere Läden, die alle von Schülern geleitet wurden, denen man die Rolle eines Geschäftsinhabers zutraute. Als Banker buchte ich die Einlagen, die wir Websterville-Dollars nannten, auf die Konten der anderen geschäftstüchtigen jungen Leute und half meinen Mitschülern, Abhebungen zu tätigen, um im Gemischtwarenladen Fruchtgummis oder Lollys kaufen zu können.

Am Ende des Schuljahres konnten wir unsere Guthaben in Websterville-Dollar abheben und in echtes Geld umtauschen. Ich hatte natürlich das größte Kontoguthaben angehäuft, das man in Websterville jemals gesehen hatte, und war sehr aufgeregt, als ich mein Vermögen in Empfang nahm. Ich riss den Umschlag auf, der meine schwer verdienten Gewinne enthalten sollte und stellte enttäuscht fest, dass mein Guthaben von 200 Dollar nach dem Umtausch meiner Websterville-Dollars in echtes Geld auf nur noch 20 Dollar geschrumpft war – meine erste schmerzhafte Lektion in Bezug auf den Umtausch von Währungen.

Mein Leben in dieser Zeit war recht einfach – ich spielte Basketball und Baseball, war viel mit dem Fahrrad unterwegs und dachte nie an etwas wie ein Haushaltsbudget oder andere Finanzdinge. Ich war rundum zufrieden, meine Eltern liebten mich und sorgten für uns Kinder. Mein Vater arbeitete als Bauingenieur und meine Mutter war Schneiderin, aber um Geld zu sparen, mussten meine Schwester und ich uns die Cola teilen. Um meinen Anteil zu erhöhen, sorgte ich dafür, dass sich in meinem Glas weniger Eis befand, weil sich dadurch die Menge an Cola erhöhte, die ich erhielt. Von außen betrachtet sahen unsere Becher gleich aus – aber meine Schwester hatte keine Ahnung! Wie gesagt war die Maximierung der Ressourcen meine Spezialität! Als hätte Gott mich geistig bereits von Kindesbeinen an für eine Zukunft als Finanzplaner ausgestattet, beschäftigte ich mich ständig mit komplizierten Rätseln, analysierte und arrangierte alle Bestandteile eines Plans, um ein effektives und funktionierendes Konzept zu entwerfen.

Dass ich als Kind auf einiges verzichten hatte müssen, hatte mir eine andere Sicht auf das Geld verschafft, die ich mir bis heute bewahrt habe. Ich war dankbar dafür, dass ich jedes Jahr ein neues Paar Basketball-Schuhe erhielt. Ich freute mich riesig, wenn ich im Thrifty Drug Store drei Kugeln Kirsch-Vanille-Eis bekam. Unsere Eltern erfüllten all unsere Bedürfnisse und auch einige unserer Extrawünsche, doch ihre Erfahrungen in der Zeit der Weltwirtschaftskrise hatten sie Bescheidenheit und einen sparsamen Umgang mit Geld gelehrt, eine Einstellung, die sie auch mir vermittelten. Ich wuchs in einem Vorort von Salt Lake City auf, zusammen mit anderen Familien aus der unteren Mittelschicht, dachte aber keine Minute, ich käme irgendwie zu kurz. Ich war glücklich, ich wusste, dass meine Eltern mich gernhatten, und ich kannte nur eine Art des Lebens – dass man schlicht und einfach zufrieden war mit dem, was man hatte.

Im Alter von 16 Jahren, als sich die Frage eines Übertritts auf das College stellte, ich aber wusste, dass meine Eltern das Geld dafür nicht hatten, begann ich ernsthaft zu sparen, arbeitete im Sommer auf einer Baustelle und füllte in einem Laden Regale auf. Als ich schließlich in ein Junior College eintrat, hatte ich das Geld für das Studium und den Abschluss schon komplett angespart. Mit diesen Ersparnissen konnte ich mir den Traum erfüllen, an der Utah State University Business als Hauptfach und Ökonomie als Nebenfach zu studieren. Ich musste keinen Ausbildungskredit aufnehmen und hatte beim Abschluss des Studiums noch immer 4.000 Dollar auf der hohen Kante. Bald gelang es mir, im Finanzbereich Fuß zu fassen und ich trat bei Fidelity Investments meine erste Arbeitsstelle mit einem Anfangsgehalt von sagenhaften 15.000 Dollar im Jahr an. Nachdem ich für den neuen Job nach Dallas umgezogen war, kam ich in den vollen Genuss von Fidelitys großzügigem 401(k)-Plan [einem staatlich gefördertem Altersvorsorge-Sparplan] und hatte auch Anspruch auf die Ausbildungskostenerstattung der Firma, die es mir ermöglichte, ein MBA-Studium [Master of Business Administration] in Persönlicher Finanzplanung an der Universität von Dallas zu absolvieren, und auch diesen Abschluss schaffte ich schuldenfrei. Durch die Arbeit bei Fidelity konnte ich wertvolle Erfahrungen in Bezug auf das Investieren und den Umgang mit Geld sammeln und setzte dieses neu erworbene Wissen auch persönlich ein, um meine 401(k)-Investments jedes Jahr zu maximieren. Als ich 28 Jahre alt war, verdiente ich 30.000 Dollar im Jahr, und der Wert meines Altersvorsorge-Portfolios belief sich auf 100.000 Dollar. Zur Feier dieses Erfolgs gönnte ich mir ein mexikanisches Essen und Pizza Margarita. Das Leben war schön.

Im April 1994 ereilte meine Familie ein Schicksalsschlag, als plötzlich und unerwartet mein Vater starb. An einem einzigen schrecklichen Tag verlor meine Mutter sowohl ihren Ehemann als auch eine jährliche Pension von 35.000 Dollar, die ihre Altersversorgung dargestellt hätte. Aufgrund eines schlechten Ratschlags eines wohlhabenden Freundes hatte mein Vater unwissentlich meine Mutter in die Armut gestoßen. Beim Abschluss des Versicherungsvertrages hatte es zwei Möglichkeiten gegeben: Er konnte eine »Erlebensfall«-Versicherung wählen, die ausgezahlt wird, wenn die versicherte Person das vertraglich festgelegte Fälligkeitsdatum erlebt, oder eine »Risikolebensversicherung«, die an Hinterbliebene ausgezahlt wird, wenn der Versicherte stirbt. Aufgrund der Empfehlung seines Freundes hatte sich mein Vater für die »Erlebensfall«-Versicherung entschieden, sodass meine Mutter nun keine Auszahlung erhielt und ihr nur die staatliche Sicherung als alleinige Einkommensquelle verblieb. Ich war 17 Jahre alt gewesen, als mein Vater diese Entscheidung getroffen hatte, und jetzt war ich 30 Jahre alt und konnte nichts mehr daran ändern. Es ärgerte mich, dass mein Vater sich, anstatt sich an einen professionellen Finanzberater zu wenden, auf einen schlecht informierten Freund verlassen hatte und meine Mutter nun diese Fehlentscheidung ausbaden musste. Das ist eine Geschichte, die, so hoffe ich, jedem als Warnung dienen mag.

Diese tragische Situation bestärkte mich in meiner Motivation, Finanzberater zu werden. Ich setzte mir zum Ziel, Menschen dabei zu helfen, keine schweren Fehler bei der Geldanlage zu begehen, die zu unbeabsichtigten, verheerenden Folgen für sie selbst und andere führen würden. Dass so viele Menschen in Finanzdingen schlecht beraten sind und schlechte Entscheidungen treffen, war für mich ein Ansporn, mich in der Finanzbranche selbstständig zu machen. In meiner kleinen Arbeitsnische in der Fidelity-Niederlassung in Dallas wurde mir plötzlich klar, wie wichtig es ist, den Kunden eine persönliche Beratung von Angesicht zu Angesicht zu bieten und ihnen bei praktischen Entscheidungen unterschiedlicher Art, die oftmals weitreichende finanzielle Auswirkungen haben, zur Seite zu stehen und ihnen nicht nur spezielle, begrenzte Anlagemöglichkeiten vorzustellen, wie sie Fidelity im Angebot hatte.

Im Jahr 1997 wagte ich den Sprung, gab meine gut dotierte Stelle bei Fidelity auf und startete mein eigenes Geschäft. Ich wusste, ich wollte nicht arm sein, und ich wollte auch nicht, dass meine künftigen Kunden mit finanziellen Nöten zu kämpfen haben würden. Ausgestattet mit hervorragenden Fähigkeiten im Bereich Kundenservice, Investmenterfahrung und einem MBA, begann ich eine Firma aufzubauen, die sich auf persönliche Beratung und eine enge Beziehung zu den Kunden ausrichtete. Heute berate ich eine große, vielfältige Gruppe von Familien verteilt über das ganze Land bei ihrer Finanz- und Anlageplanung. Im Laufe der Zeit habe ich gelernt, Geld als ein Instrument zu betrachten, das mir selbst und anderen dient, und nicht als etwas, dem man dienen muss. Ich habe gelernt, mich nicht sklavisch der Plackerei des Gelderwerbs zu unterwerfen. Ich habe von Anfang an erkannt, dass diese wundervolle Tätigkeit gewissermaßen angelegt war als Teil eines Plans für mich selbst und für meine Kunden, von denen viele für mich mittlerweile zu einer Art Familie geworden sind.

Die Risiken, auf das Investieren zu verzichten

Als ich meine Tätigkeit als Finanzberater begann, stellte ich überrascht fest, wie viele potenzielle Anleger sich vom Aktienmarkt fernhalten, weil sie ihr mühsam verdientes Geld keinem Risiko aussetzen wollen. Mir ist bewusst, dass Risiko ein wichtiger Faktor ist, dem Anleger aufmerksame Beachtung schenken müssen, aber es ist nicht per se ein Grund, das eigene Geld unter der Matratze liegen zu lassen, wenn es am Markt für den Anleger arbeiten könnte. Mit dem Investieren sind zweifellos Risiken verbunden, es ist aber auch ein Risiko, *nicht* zu investieren. Zwei der größten Risikofaktoren sind entgangene Wachstumschancen und Geldentwertung.

Entgangene Wachstumschancen

Wenn man die durchschnittliche Performance der New York Stock Exchange seit ihrer Gründung im Jahr 1792 berechnet, ergibt sich eine verlässliche jährliche Rendite von rund 7 Prozent. Gleichwohl halten viele neue Anleger die Aktienbörse für riskanter, als sie tatsächlich ist. Diese irrationale Angst wird von einem Phänomen gespeist, das man als Volatilität des Aktienmarkts bezeichnet und das eine Kennzahl für das Ausmaß von

Schwankungen am Markt ist. Im Kontext des Aktienmarkts bezieht sich die Volatilität auf die Preisschwankungen einer Aktie (oder des Marktes insgesamt). Große Marktzusammenbrüche sind selten, aber sie kommen vor. Zu den berühmten Börsencrashs gehören der Rückgang um 20 Prozent im Oktober 1929, der die Weltwirtschaftskrise einleitete, und der sogenannte »Schwarze Montag« im Jahr 1987, als verschiedene Umstände das Vertrauen der Investoren untergruben und die Märkte weltweit abstürzten. Heftige Crashs gab es auch 2001/2002, als die Internetblase barst, 2008/2009, als die amerikanische Immobilienblase platzte, und jüngst im März 2020, als die Börse einbrach aus Angst vor den möglichen Auswirkungen der Covid-19-Pandemie. Alle diese Börsenzusammenbrüche verminderten das Nettovermögen zahlloser Investoren und führten zu einem dramatischen Vertrauensverlust zwischen der Wall Street und der Main Street, zwischen der Börse und dem allgemeinen Anlegerpublikum.

In allen diesen Crashphasen konnten Anleger, die im Markt blieben und an ihren Positionen festhielten, ihre Verluste wieder wettmachen, oft auch mehr als das. Ich habe selbst mehrere der in der Tabelle aufgeführten Markteinbrüche miterlebt, vom Schwarzen Montag bis zum Covid-19-Crash, und konnte schöne Gewinne für mich selbst und meine Kunden erzielen, indem ich zu Tiefkursen Aktien kaufte und sie hielt, bis sie ihren vormaligen Wert wiedererlangt hatten. Die Erholungszeiten sind unterschiedlich lang, doch im Durchschnitt benötigten die meisten US-Aktien nur vier Monate, um ihr Niveau vor dem Crash im Frühjahr 2020 wieder zu erreichen.

Börsenturbulenzen und Erzählungen über die Gier der Wall Street sind der Stoff für reißerische Geschichten, die manche Menschen davor zurückschrecken lassen, in Aktien zu investieren. Geschichten, die weniger häufig im Umlauf sind – sofern man nicht Börsensendungen anschaut oder Anlagebücher wie dieses liest –, handeln von den Millionen gewöhnlicher Anleger, die sich bewährte Techniken zunutze gemacht haben, sich nicht in Panik versetzen ließen und erlebt haben, wie sich ihre Portfolios erfolgreich entwickelten. Im Herbst 2014 zum Beispiel fiel der Kurs von Walgreen, der Aktie einer Drogeriekette, nach einigen negativen Berichten über das Unternehmen von 73 Dollar

GESCHICHTE DER BÖRSENCRASHS

GRAFIK

Abb. 1

EREIGNIS	DATUM	16-TAGE-VERÄNDERUNG
Crash an der Wall Street 1929	29. Oktober 1929	-33,6 %
»Schwarzer Montag«	19. Oktober 1987	-31,3 %
Abschaffung des Goldstandard	5. Oktober 1931	-26,7 %
Lehman-Krise	20. November 2008	-25,2 %
2. Weltkrieg	21. Mai 1940	-24,6 %
Ausbruch von Covid-19	12. März 2020	-20,7 %
Internetblase	23. Juli 2002	-19,3 %
Platzen der Nachkriegsblase	10. September 1946	-16,9 %
Herabstufung der Kreditwürdigkeit der USA	8. August 2011	-16,7 %
Große Finanzmarktkrise	4. März 2009	-13,8 %
LTCM-Zusammenbruch	5. August 1998	-8,7 %

auf 58 Dollar. Es ist komisch, ich erinnere mich nicht mehr an den Inhalt der Meldung; ich hielt es anscheinend nicht für eine schlimme Sache, denn ich war überzeugt, dass das etablierte Geschäftsmodell der Firma keinen Schaden nehmen würde, doch die Meldung provozierte Marktreaktionen und veranlasste viele Anleger, die Aktie abzustoßen. Da ich keine von außen kommende Gefahr erkennen konnte, die den fundamentalen Wert von Walgreen beeinträchtigen könnte – anders gesagt, weil ich keinen Grund sah, warum das Unternehmen auf lange Sicht Kunden verlieren sollte –, kaufte ich für 12.000 Dollar Aktien der Firma (ungefähr 200 Stück) zu einem Kurs von knapp 59 Dollar pro Aktie. Im August 2015, rund ein Jahr später, verkaufte ich die Position bei einem Aktienkurs von 86 Dollar und erzielte damit einen Gewinn von 54 Prozent (rund 6.500 Dollar bezogen auf mein eingesetztes Kapital). Ein Gewinn von 54 Prozent in gut einem Jahr ist sehr schön, doch dass ich dafür die Aktie von Walgreen nutzte, war noch wesentlich befriedigender. Um einen Gewinn von 54 Prozent in einem Jahr zu erzielen, bedarf es gewöhnlich riskanterer Entscheidungen als des Kaufes der Aktie einer bekannten Drogeriekette.

Ein kompetenter Anleger zu sein, heißt, dass man die Risiken des Anlegens ebenso einschätzen kann wie die Risiken des Verzichts auf eine Geldanlage. Ich sage immer gern: »Sicher ist nicht immer sicher.« Selbst wenn Sie sich dafür entscheiden, Ihr ganzes Geld in Cash auf einem Bankkonto zu halten, sind Sie dennoch dem fortwährenden Risiko der Inflation ausgesetzt, die an Ihrem Nettovermögen nagt.

Bei der Bewertung von Risiko und Ertrag einer Anlage ist es wichtig, immer auch die »Opportunitätskosten« im Auge zu behalten. Hätte ich meine 12.000 Dollar unter dem Kopfkissen aufbewahrt, anstatt zu handeln, nachdem ich entdeckt hatte, dass Walgreen unterbewertet war und unberechtigt vom Markt abgestraft worden war, hätte mich diese Untätigkeit 6.500 Dollar entgangenen Gewinn gekostet. Opportunitätskosten drücken den Wert einer Handlung aus, auf die man verzichtet, um eine andere Handlung zu Ende zu bringen.

Wenn Sie sich dafür entscheiden, Ihr Geld auf einem Sparkonto zu deponieren, statt es in ein gut diversifiziertes Wertpapier-Portfolio zu investieren, dann belaufen sich Ihre potenziellen Opportunitätskosten auf entgangene Veräußerungsgewinne, Dividenden und weitere Erträge, die Ihnen zugeflossen wären, wenn Sie sich entschlossen hätten, Ihr Geld im Markt arbeiten zu lassen.

Das Inflationsrisiko

Inflation bezeichnet den Kaufkraftverlust einer Währung, was zu höheren und anhaltend steigenden Preisen für Güter führt. Geld, das lange Zeit auf einem Bankkonto gehalten wird, ist diesem Risiko ausgesetzt, weil es nicht genügend Zinsen erwirtschaften kann, um die Inflation auszugleichen. Seit 1913 betrug die durchschnittliche jährliche Inflationsrate in den USA 3,15 Prozent. Im Vergleich dazu belief sich die durchschnittliche Verzinsung von Sparkonten im März 2021 auf 0,04 Prozent nach Angaben der Federal Deposit Insurance Corporation (FDIC), der US-amerikanischen Einlagensicherung. In Zeiten wie heute, in denen die Zinsen niedrig sind, bietet die Anlage des Geldes in Aktien oder anderen finanziellen Vermögenswerten, auch als Wertpapiere bezeichnet, einen potenziellen Puffer gegen das anhaltende Inflationsrisiko.

Aus Sicht der Regierungen ist eine moderate Inflation, verteilt über längere Zeit, eine gute Sache. Höhere Preise für Güter und Dienstleistungen können zu höheren Gewinnen der Unternehmen führen, was konkurrenzfähige Löhne und eine höhere Produktivität ermöglichen kann. Inflation treibt auch die Preise von Geschäftsvermögen, Immobilien etc. nach oben, was die Gemeinkosten und andere Produktionskosten unter Kontrolle hält. Doch wenn sich die Inflation beschleunigt – und die Produktion damit nicht mehr Schritt halten kann –, dann jagt zu viel Geld den Gütern und Dienstleistungen hinterher. Zum Beispiel erleben wir gegenwärtig den schnellsten Inflationsanstieg seit Beginn der 1980er-Jahre, weil Konjunkturprogramme des Staates mit Schwierigkeiten in den Lieferketten zusammentreffen und Güter und Materialien teilweise nicht mehr rechtzeitig oder in ausreichender Menge auf den Markt gelangen. Preisinflation kann zu Preisverzerrungen führen und zu gefährlichen wirtschaftlichen Fehleinschätzungen, die man auch »Blasen« nennt. Blasen beziehen sich auf gravierende Überbewertungen bestimmter Güter, Dienstleistungen oder Rohstoffe aufgrund einer Kaufhysterie, von Gerüchten oder anderen Arten von Herdenverhalten – man denke zum Beispiel an die Immobilienblase 2008, die durch billige Hypothekenkredite gespeist wurde. Blasen platzen zwangsläufig, auch wenn dies oft erst nach Monaten oder Jahren geschieht. Wenn eine Blase platzt, setzt sich der tatsächliche ökonomische Wert gegenüber dem aufgeblasenen ökonomischen Wert durch, die überzogenen Preise kollabieren plötzlich und führen nicht selten zu wirtschaftlichen Turbulenzen.

Wie Aktien können auch die Inflationsraten im Lauf der Zeit stark schwanken. Es kann auch zu einer Deflation kommen, die entsteht, wenn eine geringere Geldmenge den Kauf von mehr Gütern oder Dienstleistungen ermöglicht, was zu einem Rückgang der Preise führt. Ebenso wie ungezügelte Inflation kann auch ungebremste Deflation für die Wirtschaft verheerend sein. Wenn die Preise zu niedrig sind, tun sich die Unternehmen schwer, die Gewinnmargen zu erreichen, die sie benötigen, um ihre Beschäftigten bezahlen und ihre Geschäftsaktivitäten ausweiten zu können. Aufgrund geld- und fiskalpolitischer Maßnahmen und anderer Faktoren kommt es wesentlich häufiger zu einer Inflation als zu einer Deflation. Mit Inflation und ihren Ursachen werden wir uns ausführlich in Kapitel 5 befassen.

In Aktien zu investieren ist eine Möglichkeit, den inflationsbedingten Wertverlust des Geldes auszugleichen. Obgleich der Markt von Natur aus schwankungsanfällig ist, steigt der Wert von Aktien im Laufe der Zeit kontinuierlich. Ein Blick auf die Entwicklung des Dow Jones Industrial Average, des bekanntesten US-amerikanischen Aktienindex, seit 1910 zeigt ein Muster beständigen Wachstums.

DOW JONES INDUSTRIAL AVERAGE

seit 1910

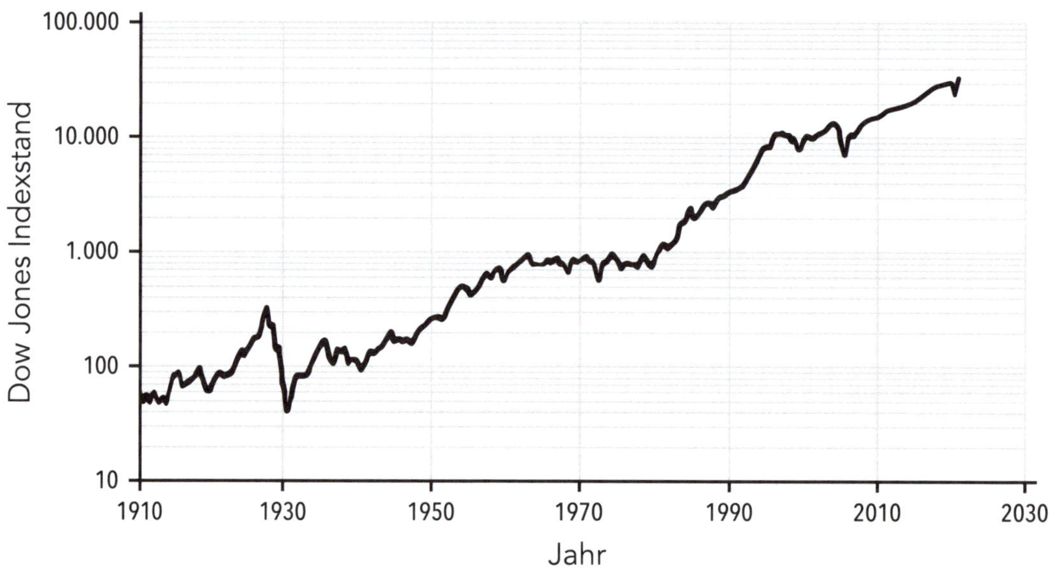

GRAFIK

Abb. 2

Natürlich kann es auf dem Aktienmarkt bisweilen auch zu erheblichen oder gar verheerenden Verlusten kommen. Solche Verluste erleiden häufig Anleger, die sich in Panik versetzen lassen und zur falschen Zeit verkaufen. Der geduldige, erfahrene Anleger jedoch, der sich ein diversifiziertes Portfolio aus Qualitätsaktien aufgebaut hat, weiß, dass man bei Kursstürzen ruhig bleiben und dem Markt Zeit geben muss, sich zu erholen. Man darf nie vergessen, dass Aktien bei einem Markteinbruch zwar einen Wertverlust erleiden, dass man aber nur dann tatsächlich Geld verliert, wenn man seine Positionen verkauft – und dadurch die Verluste realisiert. Seit ihrer Gründung hat sich die New York Stock Exchange (NYSE) auch nach heftigen Crashs immer wieder mit 100-prozentiger Sicherheit erholt. Eine geduldige, überlegte und realistische Herangehensweise an die Geldanlage wird sich für den langfristigen Anleger stets auszahlen.

Wann der richtige Einstiegszeitpunkt ist

So wichtig es ist, überhaupt sein Geld anzulegen und die Wachstumschancen der Börse zu nutzen, muss man auch den geeigneten Zeitpunkt für den Einstieg finden. Es gibt unterschiedliche Methoden des Investierens, die unterschiedlich geeignet sind für die jeweiligen konkreten Lebensumstände. Wie und wann man anfängt, Geld an der Börse zu investieren, ist abhängig von der beruflichen Situation, von der Frage, ob Kredite zu bedienen sind, von kurz- und langfristigen Zielen, davon, ob man Angehörige zu versorgen hat, und von anderen Faktoren.

Ist man schließlich überzeugt von den Chancen, welche die Börse bietet, und entschlossen, einzusteigen, gilt es allerdings, noch einige weitere Dinge zu berücksichtigen. Bevor Sie sich an der Börse engagieren, sollten Sie noch Ihre Altersvorsorge, Ihre Notfall-Reserve und Ihre Versicherungsverträge überprüfen.

Altersvorsorge

Je früher Sie anfangen, Geld in eine Anlage zur Altersvorsorge einzuzahlen, desto besser. Wer bereits mit Mitte 20 oder Anfang 30 für die Altersversorgung zu sparen beginnt statt erst mit 40 oder 50 Jahren, kommt in den Genuss der Zinseszinsen – das sind die Zinsen, die auf die ursprüngliche Einlage gezahlt werden und zuzüglich auf die Zinsen, die man mit dieser Einlage verdient hat. Zinseszins heißt, dass sich das angelegte Geld schneller vermehrt, und je früher man mit dem Investieren beginnt, umso mehr Zeit bleibt für die Wertsteigerung der Anlage.

In den USA kann diese Strategie über einen sogenannten 401(k)-Plan umgesetzt werden, ein Modell der privaten Altersvorsorge, bei dem Arbeitnehmer einen Teil ihres monatlichen Einkommens auf ein gesondertes Altersvorsorgekonto einzahlen, das steuerlich begünstigt wird. Viele Arbeitgeber beteiligen sich an den Einzahlungen. Manche Firmen steuern einen Betrag in derselben Höhe bei wie ihre Beschäftigten, andere beteiligen sich prozentual an den Einzahlungen der Arbeitnehmer. Wenn zum Beispiel ein Unternehmen auf bis zu 6 Prozent der Einzahlungen einen Zuschuss von 50 Prozent beisteuert und ein Beschäftigter zahlt 6 Prozent seines Monatseinkommens ein, steigt seine Sparrate auf 9 Prozent. Für die Anspruchsberechtigten ist es daher wichtig, den maximalen Betrag einzuzahlen, auf den die Firma einen Zuschuss gewährt, um die Sparleistung zu maximieren.

Der Betrag, der in einen solchen 401(k)-Plan eingezahlt werden kann, wird jährlich angepasst und belief sich 2021 auf maximal 19.500 Dollar. Die Einzahlungen werden nach verschiedenen Anlagestrategien investiert und vom Arbeitgeber verwaltet. Frühzeitig mit regelmäßigen Einzahlungen in einen vom Arbeitgeber unterstützten 401(k)-Plan zu beginnen, kann Arbeitnehmern daher einen bedeutenden Startvorteil bei der Altersvorsorge verschaffen.

In Deutschland gibt es keine vergleichbar großzügige Förderung für Vorsorgepläne, die auf Börseninvestments basieren. Nichtsdestotrotz ist etwa ein Fondssparplan in Form von vermögenswirksamen Leistungen sinnvoll. Auch Riester- und Rürup-Verträge sind als staatlich geförderte Fondssparpläne möglich. Und nicht zuletzt plant die neue Ampelkoalition die Einführung einer Aktienrente – ein Vorhaben, das für Anleger womöglich interessant werden könnte.

Wer als US-Bürger nicht die Möglichkeit besitzt, einen betrieblich geförderten 401(k)-Plan abzuschließen oder nach einem zusätzlichen Altersvorsorgeplan sucht, kann einen Individual Retirement Account (IRA) ins Auge fassen. Das ist ein Vertrag, der mit einem privaten Investmentunternehmen abgeschlossen wird. Ein 401(k)-Plan sollte stets bevorzugt bespart werden, wenn dazu die Möglichkeit besteht, aber auch ein IRA oder ein anderes selbst verwaltetes Anlagekonto bietet zahlreiche Vorteile.

In Deutschland empfiehlt es sich durchaus, jenseits staatlicher Förderung und abseits von möglichen Zuschüssen durch den Arbeitgeber ein Depot zu eröffnen und mit dem Wertpapierkauf loszulegen.

Man kann ein Depot bei einer örtlichen Filialbank oder Sparkasse eröffnen, bessere Konditionen bekommt man aber in der Regel bei einem Investmentfonds-Anbieter oder einem Onlinebroker, die eine breite Palette an Investmentmöglichkeiten anbieten. Ein selbstverwaltetes Anlagekonto ermöglicht es Ihnen, sich eine eigene Mischung aus Aktien, Anleihen, Investmentfonds, Exchange Traded Funds (ETFs) – die alle in diesem Buch behandelt werden – und anderen Anlageformen zusammenzustellen, und zwar in einer Kombination, die auf Ihr Lebensalter, Ihre Risikotoleranz und Ihre finanzielle Situation zugeschnitten sind. Alternativ kann man auch zwischen vorsortierten Mischungen von Anlageformen wählen.

Wertpapierdepots sind ein grundlegender Bestandteil eines allgemeinen Anlagekonzepts. Es empfiehlt sich, möglichst frühzeitig damit zu beginnen und regelmäßige Einzahlungen zu leisten.

Die unverzichtbare Notfall-Reserve

Ein weiterer Aspekt, mit dem man sich vor der Umsetzung eines Anlageplans befassen sollte, ist die Notfall-Reserve, die nach Ansicht der meisten Experten die Lebenshaltungskosten für drei bis sechs Monate abdecken sollte. Um diesen Betrag zu errechnen, addieren Sie die monatlichen Ausgaben für Lebensmittel, Strom- und Wasserversorgung, Krankenversicherung und Gesundheitsvorsorge, Kredite und persönliche Ausgaben und multiplizieren Sie diesen Betrag mit sechs. Die Summe, die sich daraus ergibt, mag zunächst vielleicht beängstigend erscheinen, doch es gibt immer Möglichkeiten, die Ausgaben zu reduzieren, wenn es nötig sein sollte. Eine Notfall-Reserve sollte auf einem separaten Konto gehalten werden, das jederzeit verfügbar ist, wie etwa ein Tagesgeld- oder Girokonto. Auf die wichtige Rolle von Bargeld werden wir in Kapitel 1 eingehen.

Wie sieht Ihre Versicherungssituation aus?

Manche Versicherungen sind unverzichtbar, bei anderen kann man überlegen, ob man sie abschließen möchte oder nicht. Welche Versicherungen notwendig sind, hängt von den Risiken ab, die mit den unterschiedlichen Lebensphasen verbunden sind. Ich halte es aber für sinnvoll, dass Sie Versicherungen abschließen, die Ihre Familie schützen, Ihre Gesundheit, Ihre Wohnung, Ihre Ersparnisse und Ihre Lebensweise. Zu überprüfen, ob Sie die richtigen Versicherungen haben, ist besonders wichtig, wenn sich Ihr Beschäftigungsstatus, wie bei vielen Menschen, durch die Pandemie oder aus anderen Gründen verändert hat. Wenn Sie seit kurzem selbstständig oder freiberuflich tätig sind, erscheint es sinnvoll, Ihre Versicherungssituation zu überprüfen und sicherstellen, dass Sie richtig versichert sind.

ZITAT

> *Eine Unze Vorbeugung ist so viel wert wie ein Pfund Heilmittel.*
> BENJAMIN FRANKLIN

Eine häufig vernachlässigte, aber grundlegend wichtige Versicherung ist eine Berufs- oder Erwerbsunfähigkeitsversicherung. Laut der US-amerikanischen Social Security Administration wird einer von vier Menschen unter 25 Jahren vor dem Erreichen des Rentenalters erwerbsunfähig (Abb. 3). Durch Erwerbsunfähigkeit verlieren Sie die Fähigkeit, Geld zu verdienen, was sich nicht nur auf Ihre alltägliche Lebenssituation auswirkt, sondern auch auf Ihre Fähigkeit, zu sparen und Altersrücklagen zu schaffen.

Manche Unternehmen bieten ihren Beschäftigten Gruppen-Erwerbsunfähigkeitsversicherungen an. Die Beschäftigten müssen häufig einen Teil des Beitrags selbst tragen. Wenn Ihr Arbeitgeber keine solche Versicherung anbietet, sollten Sie sich einen individuellen Versicherungsschutz über einen Versicherungsmakler suchen. Eine Erwerbs-

WIE HOCH IST DIE WAHRSCHEINLICHKEIT, DASS SIE ERWERBSUNFÄHIG WERDEN?

GRAFIK

Abb. 3

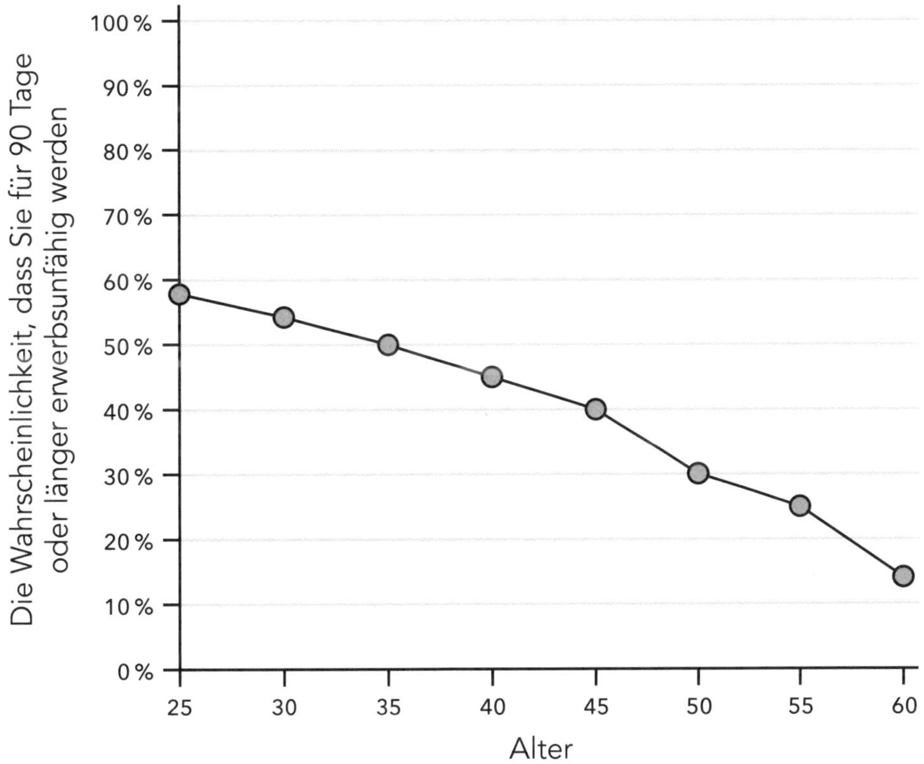

unfähigkeitsversicherung kann – auch wenn Sie sie vielleicht nie in Anspruch nehmen müssen – von entscheidender Bedeutung sein für Ihre finanzielle Zukunft.

Wenn Sie begonnen haben, in Investmentfonds einzuzahlen, eine Notfall-Reserve angelegt und die wichtigsten Bereiche Ihres Lebens versichert haben, können Sie das Abenteuer wagen, auch in anderen Bereichen zu investieren. Ich hoffe, es ist hilfreich für Sie, zu erfahren, wie dies alles funktioniert und welche Möglichkeiten sich Ihnen bieten.

Wie dieses Buch aufgebaut ist

Dieses Buch soll ein umfassender Leitfaden für Anleger auf Anfängerniveau sein. In Teil I »Die Hauptanlageklassen« behandeln wir vier grundlegende Anlageklassen und arbeiten heraus, wie wichtig die richtige Balance oder Allokation dieser Anlagearten ist. Anschließend befassen wir uns ausführlicher mit Aktien, Anleihen und Immobilien und gehen dabei auch auf die Terminologie, die Investmentarten und die grundlegenden Kennzahlen und Strategien zur Bewertung von Investments ein.

In Teil II »Investment-Strategien und -taktiken« erhalten Sie Informationen über die unterschiedlichen Arten von Finanz- und Anlagedienstleistern und erfahren, warum es so wichtig ist, den richtigen Berater zu finden. Wir untersuchen die unterschiedlichen Anlagemöglichkeiten, gehen auch auf die steuerliche Thematik ein und zeigen, wie Sie Ihre Steuerbelastung vermindern können. Sie lernen Auswahltechniken für Wertpapiere und Investmentstrategien kennen, wie zum Beispiel das Kaufen an schwachen Tagen oder den Durchschnittskosteneffekt (das Erzielen eines günstigeren Durchschnittspreises bei schwankenden Wertpapierkursen). Obgleich dieses Buches in erster Linie den Lesern helfen soll, fundierte, langfristige Anlagestrategien gewinnbringend umzusetzen, werden wir auch einen Blick auf riskantere Strategien wie Daytrading, Forex-Handel, Aktienkauf auf Kredit und Leerverkauf werfen. Teil II schließt mit Ausführungen zur Anlagepsychologie, einem zunehmend bedeutender werdenden Forschungsgebiet.

Der dritte Teil des Buches »Der Einstieg in das Geschäft« beginnt mit einem Blick auf die Finanztechnologie und zeigt, wie sich die Art des Umgangs mit Geld in jüngster Zeit gewandelt hat. Wir befassen uns mit aufstrebenden Bereichen wie Blockchain und Kryptowährungen und gehen auf interessante Themen wie ethisches und sozial verantwortliches Investieren ein. Sie erfahren etwas über die FIRE-Bewegung und über Menschen, die Wege gefunden haben, hohe Summen anzusparen und um Jahrzehnte früher als ihre Alterskollegen in den Ruhestand zu gehen. In Teil III begründe ich auch, warum man sich bemühen sollte, den eigenen Lebensstandard unter den eigenen Möglichkeiten zu halten.

Während die Grundlagen des Investierens meiner Ansicht nach unverändert bleiben, sind die Umstände, auf die sich die Anlagemärkte einzustellen haben, beständigen Veränderungen unterworfen, weshalb ich in diesem Buch einige Aktualisierungen und Ergänzungen gegenüber der 1. Auflage des *Investing QuickStart Guide* vorgenommen habe.

Die Änderungen in dieser Neuauflage

Die Auswirkungen der globalen Pandemie sind noch deutlich spürbar, während ich an dieser aktualisierten Ausgabe des Buches arbeite. In vielen Bereichen herrscht Arbeitskräftemangel, während die Beschäftigten gerade in einer Phase an ihre Arbeitsplätze zurückkehren, in der neue Virusvarianten Anlass zur Sorge geben und einige unverzichtbare Güter wie Computerchips, Bauholz und Häuser knapp werden, weshalb die

Preise dafür kräftig anziehen. Durch diese und andere mit der Pandemie in Zusammenhang stehende Faktoren wird es meiner Ansicht nach zunehmend wichtiger, sich eingehend mit den eigenen Finanzen und den besten Möglichkeiten der Geldanlage zu beschäftigen.

Weil der richtige Anlagemix im Portfolio so wichtig ist, habe ich mich in dieser Neuauflage ausführlicher mit Immobilien befasst und dazu ein eigenes Kapital eingefügt. Immobilien sind ein grundlegender Baustein eines Portfolios neben Aktien, Anleihen und Bargeld, und ich hoffe, dass die Informationen dazu nützlich sind für Sie.

Auch die steuerliche Situation muss beachtet werden, daher habe ich ein Kapitel beigefügt, in dem der aktuelle Stand dargestellt wird (in der deutschsprachigen Ausgabe nicht nur für die USA, sondern auch für Deutschland).

Wie bereits erwähnt, vollziehen sich auf dem zunehmend wichtiger werdenden Gebiet der Finanztechnologie rasante Veränderungen, die darauf zielen, die Bereitstellung und die Nutzung von Finanzdienstleistungen zu verbessern und zu automatisieren. Mobile Wallets, reine Digitalbanken, die Blockchain und andere Innovationen haben in den vergangenen Jahren große Aufmerksamkeit gefunden, viele Menschen aber wissen nicht genau, was es mit diesen Neuerungen eigentlich auf sich hat und wie man sie nutzen kann. Ich hielt es daher für wichtig, ein Kapitel aufzunehmen, in dem alle relevanten Informationen über die Finanztechnologie zusammengefasst werden.

Zu den weiteren Themenkomplexen, die in dieser Auflage ausführlicher behandelt werden, gehört der immer mehr an Bedeutung gewinnende Forschungszweig Behavioral Finance, der das Verhalten der Anleger untersucht und herausarbeitet, durch welche Faktoren ihr Handeln motiviert wird. Da sich zunehmend mehr Anleger für sozial verantwortliches und nachhaltiges Investieren interessieren, schauen wir uns etwas näher an, wie unterschiedliche Unternehmen auf diesen Trend reagieren.

In Kapitel 14, das die Überschrift »Durch Investieren zu finanzieller Freiheit« trägt, erfahren Sie mehr über die in Amerika mittlerweile populär gewordene Bewegung »Financial Independence, Retire Early« (FIRE), im deutschprachigen Raum als »Frugalisten« bekannt, deren Anhänger, überwiegend junge Menschen, sich entschließen, einen wesentlichen Teil ihres Einkommens zu sparen und zu investieren, um die Chance zu erhalten, weit vor dem durchschnittlichen Renteneintrittsalter in den Ruhestand zu gehen. Lesen Sie dieses Kapitel und entscheiden Sie dann, ob Ihnen die Lebensweise zusagt, die für die Umsetzung der Prinzipien des Frugalismus erforderlich ist.

Die Kapitel im Einzelnen

Teil I: Die Hauptanlageklassen

- In Kapitel 1 »Der Anlagemix« wird herausgearbeitet, dass die richtige Anlagemischung von entscheidender Bedeutung ist für den Anlageerfolg. Die vier Hauptanlageklassen Aktien, Anleihen, Bargeld und Immobilien werden vorgestellt und wir ermitteln, welche Aufteilung für Ihre Anlagesituation, Ihre kurz- und langfristigen Ziele und Ihre Risikotoleranz sinnvoll ist.

- In Kapitel 2 »Aktien« werden die unterschiedlichen Arten von Aktien vorgestellt, es wird erklärt, wie man Börsenticker und Aktientabellen liest und wie Ihnen bestimmte Aktienkennzahlen bei der Auswahl der besten Werte helfen können. Sie werden in die Grundlagen des Aktienhandels eingeführt, werfen einen Blick auf die wichtigsten Börsenindizes und erfahren, warum der Wert von Aktien schwankt.

- Kapitel 3 »Anleihen« informiert darüber, wer Anleihen herausgibt und wie man sie kaufen und verkaufen kann, und untersucht darüber hinaus das Verhältnis zwischen Zinsen und Laufzeiten von Anleihen. Sie erfahren, was es mit einer inversen Zinsstrukturkurve auf sich hat, die ein Hinweis auf eine drohende Rezession sein kann.

- Immobilien können einen wichtigen Bestandteil eines Investment-Portfolios darstellen. Sie erfahren Näheres darüber in Kapitel 4 »Immobilien«, das sich mit den verschiedenen Kategorien von Immobilien sowie mit den Chancen und Risiken einer Investition in Immobilien befasst. Wir behandeln auch die Real Estate Investment Trusts (REITs), die es ermöglichen, ein Anlageportfolio durch Immobilien zu diversifizieren, ohne tatsächlich eine physische Immobilie kaufen zu küssen.

Teil II: Investmentstrategien und -taktiken

- In Kapitel 5, »Die Zeit für sich arbeiten lassen«, beginnen wir mit der Darstellung der Kernelemente der Marktstrategie. Dieses Kapitel konzentriert sich in erster Linie auf Long-Positionen, das heißt auf den Prozess des Investierens mit der Erwartung, dass ein erworbenes Wertpapier im Laufe der Zeit im Wert steigt.

- Themen wie die Nutzung des Durchschnittskosteneffekts (Cost Average Effect) oder das Kaufen an schwachen Tagen werden in Kapitel 6, »Investmentstrategien«, behandelt. Dieses Kapitel soll einen breit gefassten Ansatz des Portfolio-Managements vermitteln und Ihnen einige Techniken vorstellen, die Anlegern helfen, das Risiko in den Griff zu bekommen und den Ertrag zu maximieren.

- Kapitel 7, »Auf der Short-Seite mitmischen. Spekulation, Risiko, Nervenkitzel«, stellt Anlageinstrumente und Strategien vor, die sich auf kurzfristigere und riskantere Anlagen beziehen. Der Handel mit Optionen, Pennystocks und Terminkontrakten wird ebenso angesprochen wie die Grundlagen des Leerverkaufs und des Aktienkaufs auf Kredit.

- In Kapitel 8, »Psychologie des Investierens«, untersuchen wir eingehend die Fallstricke des »Markt-Timings«, also des Versuchs, den optimalen Ein- und Ausstiegszeitpunkt zu finden, und andere verführerische, doch letztlich destruktive Verhaltensweisen von Anlegern. Wir erörtern auch die einzigartigen Vorteile, die disziplinierte Anleger im Markt haben.

Teil III: Der Einstieg in das Geschäft

- In Kapitel 9, »Zeit der Entscheidung: Wissen in Handeln umsetzen« werden die unterschiedlichen Entscheidungsfindungsprozesse behandelt, die zur Auswahl einer Aktie oder einer anderen Vermögensanlage führen.

- Kapitel 10, »Einen Investmentdienstleister auswählen«, bietet einen Überblick über das gegenwärtige Angebot an Finanzdienstleistern. Als passionierter und erfahrener Anbieter von Finanzdienstleistungen zeige ich Ihnen unter Nutzung meiner Branchenkenntnisse, wie Sie einen Anbieter finden, der Ihren Bedürfnissen entspricht.

- Kapitel 11, »Steuerliche Planung«, befasst sich damit, wie die Geldanlagen in den USA und in Deutschland steuerlich behandelt werden und wie Sie die fälligen Steuerzahlungen vermindern können. Zudem behandeln wir die vielfältigen Steuervorteile, die Immobilienanlagen bieten.

- Kapitel 12, »Die Welt der Finanztechnologie im Wandel«, untersucht diesen immer mehr an Bedeutung gewinnenden Bereich und zeigt, wie er unseren Umgang mit Geld verändert. Die Finanztechnologie ist komplex und breit gefächert und reicht von Peer-to-Peer-Investing bis zu Blockchain und Kryptowährungen. Wir schauen uns an, wie die Finanztechnologie das Bankwesen, die Kreditaufnahme, die Versicherungen und andere Finanzbereiche verändert hat.

- Kapitel 13, »Über den Profit hinaus: Ethisches und sozial verantwortliches Investieren«, geht der Frage nach, wie man moralische Einstellungen in der Geldanlage zum Tragen bringen kann und legt dabei den Schwerpunkt auf politische, humanitäre und ökologische Werte.

- In Kapitel 14, »Durch Investieren zu finanzieller Freiheit«, stellen wir die Organisation FIRE bzw. die Vertreter des Frugalismus vor und behandeln Techniken, die es finanziell unabhängigen Anlegern ermöglicht haben, ihren Lebensunterhalt zumindest zum Teil durch Nutzung von Zinsen und Dividenden zu decken.

TEIL I

DIE HAUPTANLAGEKLASSEN

| 1 |
Der Anlagemix

Kapitelüberblick

- Die wichtigsten Anlageklassen
- Die Bedeutung der Asset Allocation
- Über die Aufteilung der Anlagen entscheiden
- Aufteilung nach Anlageklassen

ZITAT

> *In einem Bullenmarkt ist jeder ein Genie.*
>
> MARK CUBAN

Es gibt viele unterschiedliche Möglichkeiten, sein Geld anzulegen. Sie können sich am Aktienmarkt engagieren oder Staats- bzw. Unternehmensanleihen kaufen. Sie können in eine Kryptowährung wie zum Beispiel Bitcoin investieren oder so viel Gold aufkaufen, wie Sie finden. Sie können eine private Rentenversicherung abschließen, Ihr Geld auf einem Sparkonto anlegen oder eine Immobilie erwerben. Sie können Ihr Geld sogar in altes Essgeschirr oder Baseball-Karten stecken, wenn Sie wollen. In Bezug auf die Geldanlage mangelt es nicht an Möglichkeiten.

Dieses vielfältige Angebot kann dazu führen, dass Sie irgendwelche Anlagen tätigen, doch sind nicht alle Anlagen gleichwertig und gleich wichtig, und zu viel oder zu wenig von einer bestimmten Anlageart zu besitzen, kann sich nachteilig auf den Anlageerfolg auswirken. Eine der wichtigsten Erkenntnisse, die Sie, wie ich hoffe, aus diesem Buch gewinnen werden, lautet, dass es wichtig ist, den richtigen Anlagemix zu finden.

Sie können Ihre gesamte Energie darauf verwenden, die perfekte Aktie zu suchen und diese Aktie dann zum genau richtigen Zeitpunkt zu kaufen. Sie können Daytrading oder Swingtrading betreiben oder ausländische Währungen kaufen und verkaufen. Doch ohne die richtige Anlagenmischung wird Ihre langfristige Anlagestrategie nicht erfolgreich sein.

In diesem Kapitel lernen Sie die wichtigsten Anlageklassen kennen – Aktien, Anleihen, Immobilien und Bargeld –, und Sie erfahren, inwieweit jede davon zu Ihrem Anlageerfolg beitragen kann. Anschließend befassen wir uns mit dem Konzept der Asset Allocation, sprich der Verteilung des Vermögens auf die verschiedenen Anlageklassen, und wie Sie dies in Ihrem persönlichen Portfolio praktisch umsetzen können.

Wie der legendäre Investor Burton Malkiel vertrete auch ich die Auffassung, dass es nur vier relevante Anlageklassen gibt: Aktien, Anleihen, Bargeld und Immobilien. Malkiel ist darüber hinaus der Ansicht, dass die Investitionen in diese Kategorien jeweils für sich allein für ihren Eigentümer Wert schaffen sollten in Form von realem Kapital.

ANMERKUNG

Burton Malkiel wird in diesem Buch häufiger zitiert werden, und zwar aus gutem Grund. Der Ökonom, der zum Zeitpunkt der Abfassung dieses Buches 83 Jahre alt ist, wurde durch sein grundlegendes Werk *A Random Walk Down the Wall Street* bekannt. Dieses Werk, das 1973 erschien, befindet sich mittlerweile in 12. Auflage und hat seit seinem Erscheinen nichts an Relevanz eingebüßt. Malkiel ist emeritierter Professor der Princeton University.

In den genannten Kategorien gibt es jeweils Unterkategorien, die wir in späteren Kapiteln erörtern werden. Doch befassen wir uns zunächst mit den vier Hauptwegen der Geldanlage und damit, wie sie Wert schaffen für die Anleger und warum jeder dieser Kategorien im Verhältnis zu den übrigen große Bedeutung zukommt.

Grundsätzliches zu Aktien

Aktien sind eine Anlageklasse, mittels derer Unternehmen frisches Geld aufnehmen. Wer die Aktien einer bestimmten Firma kauft, zum Beispiel des US-amerikanischen Einzelhandelsunternehmens Target, erwirbt das Recht, anteilig an seinem Gewinn und seinen Vermögenswerten teilzuhaben. Wenn sich die Target-Aktie, die unter dem Tickersymbol TGT gehandelt wird (der Abkürzung, die der Aktie zu Handelszwecken zugeteilt wurde), gut entwickelt und steigt, gewinnt sie an Wert. Das bedeutet, Sie können Ihre Stücke verkaufen und erhalten dafür mehr, als Sie beim Kauf gezahlt haben, und können die Differenz als Gewinn verbuchen. Target zahlt außerdem Dividenden, das sind Gelder, mit denen das Unternehmen einen Teil seiner Gewinne an bestimmte Anteilseigner ausschüttet.

Falls Target aus irgendeinem Grund seinen Glanz verliert und die Kunden ihre Kleidung, ihr Geschirr und ihre Elektronik woanders kaufen, wird der Kurs der Aktie fallen und sie kann schließlich auch weniger wert sein, als Sie ursprünglich dafür gezahlt haben. Wenn Sie zu diesem Zeitpunkt verkaufen, verlieren Sie Geld. Zudem kürzen oder streichen Unternehmen, wenn sie schwierige Zeiten durchmachen, oft ihre Dividenden, sodass auch dieser Einnahmefluss versiegt.

Das sind, kurz zusammengefasst, die positiven und negativen Charakteristika von Aktien. Wenn ein Unternehmen floriert, gilt das auch für Ihr Investment. Wenn aber das Unternehmen Geld verliert oder sein Geschäftsmodell vielleicht sogar vollständig scheitert, wird auch Ihr Portfolio dadurch einen Rückschlag erleiden. Je riskanter eine Anlage ist, umso mehr können Sie damit gewinnen – aber auch verlieren. Es ist wichtig, dass Sie sich über Ihre Risikotoleranz klar werden und verstehen, dass Chance und Risiko untrennbar miteinander verbunden sind.

Doch trotz dieses inhärenten Risikos der Börse hat zum Beispiel der US-amerikanische Aktienmarkt in den vergangenen 50 Jahren eine durchschnittliche jährliche Rendite von 10,9 Prozent abgeworfen (ohne Berücksichtigung der Inflation), was bedeutet, dass die Börse ein guter Ort ist, sein Geld für längere Zeiträume anzulegen.

Grundsätzliches zu Anleihen

Während Aktien einen Miteigentumsanteil an einem Unternehmen repräsentieren, sind **Anleihen** ein Kredit an eine Firma oder eine andere Körperschaft. Wenn man Anleihen kauft, verleiht man sein Geld unter der Annahme, dass es nach einer bestimmten Zeit wieder zurückgezahlt werden wird – und zusätzlich noch einen Zins abwirft. Anleihen können von öffentlichen wie privaten Gesellschaften und von staatlichen Institutionen herausgegeben werden, wie zum Beispiel dem Bundesfinanzministerium, aber auch von einzelnen Bundesstaaten bzw. -ländern oder Städten. Unternehmen geben manchmal lieber Anleihen als Aktien aus, weil Anleihen die Eigentumsverhältnisse oder die Geschäftspolitik der Firma nicht beeinflussen. Sie verkaufen Anleihen, um Einnahmen zu generieren, anstatt sich von einer Bank Geld zu leihen, weil sie den Investoren weniger Zinsen zahlen müssen, als eine Bank für ein Darlehen verlangen würde. Stadtverwaltungen, die Anleihen emittieren, möchten damit häufig laufende Ausgaben decken oder Investitionsprojekte finanzieren wie den Bau von Straßen oder Brücken.

Anleihen sind gewöhnlich weniger risikobehaftet als Aktien. Das bedeutet, dass es zwar weniger wahrscheinlich ist, dass man damit Geld verliert, es heißt aber auch, dass die Erträge niedriger sind als jene, die mit Aktien erzielbar wären. Auch hier kommt wieder der Zusammenhang von Chance und Risiko ins Spiel, der ein wesentlicher Faktor ist für die Zusammenstellung der Anlagemischung.

Grundsätzliches zu Immobilien

Es gibt mehrere Möglichkeiten, in Immobilien zu investieren. Man kann ein Objekt kaufen und vermieten, um damit regelmäßige Einnahmen zu erzielen; man kann Häuser oder Wohnungen kaufen, sie renovieren und teurer wieder verkaufen; oder man kann in einen Real Estate Investment Trust (**REIT**) investieren. REITs bündeln die Gelder der Anleger und investieren sie in Immobilienobjekte. Die erworbenen Objekte werden verpachtet oder vermietet, und die dadurch erzielten Einnahmen fließen als Dividenden an die Investoren. Ähnlich wie Publikumsfonds und Exchange Traded Funds (ETF) können REITs auf bestimmte Immobiliensektoren ausgerichtet werden. Manche REITs spezialisieren sich auf die Entwicklung von Einkaufszentren, andere auf den Bau von Bürokomplexen und wieder andere auf Wohnbauprojekte. REITs können auch Länderschwerpunkte bilden. Wer zum Beispiel schon immer einmal ein Hotel in Sydney in Australien besitzen wollte, könnte in einen entsprechenden REIT investieren, um diesem Ziel näherzukommen. Auch in Deutschland gibt es REITs, und zwar stets in Form einer Aktiengesellschaft (AG). Allerdings ist die Auswahl nicht so groß wie in den USA, und es ist hiesigen REITs nicht erlaubt, etwa in Bestandswohnungen zu investieren.

Wer sich mehr für direkte Immobilienanlagen interessiert, kann den Erwerb einer Mietimmobilie ins Auge fassen, die einen stetigen Einnahmefluss generieren kann. Die Höhe dieses Einkommens ist abhängig von der Art, der Größe und der Lage des Objekts, doch Mietimmobilien können ein lukratives Investment sein. Mietobjekte erfordern allerdings ständige Überwachung, eine Tatsache, die manche Menschen davor zurückschrecken lässt, sie als mögliche Anlage ins Auge zu fassen. Wer keinen Immobilienverwalter engagiert, der natürlich Geld kostet, muss selber tätig werden. Man kann auch Geld verdienen, wenn der Wert einer Mietimmobilie steigt und man sie verkauft, doch dafür gibt es keine Garantie. Eine andere Möglichkeit, mit einer Immobilie Gewinne zu erzielen, ergibt sich, wenn man ein Objekt mit einer geschäftlichen Unternehmung verbinden kann, etwa indem man, wenn das Objekt in der Nähe eines Sportstadions liegt, Gebühren verlangt für das Parken von Autos.

Ein Vorzug einer Immobilienanlage besteht darin, dass sie eine Diversifizierung des Portfolios ermöglicht und nur eine geringe **Korrelation** zu anderen Anlageklassen aufweist. Das heißt, die Faktoren, die den Wert einer Immobilie beeinflussen, unterscheiden sich gewöhnlich von den Einflüssen, denen Anleihen oder Aktien ausgesetzt sind. Wenn die Börsenkurse zurückgehen, wird der Immobilienmarkt in der Regel nicht von den Nachrichten oder Ereignissen beeinflusst, welche die Aktien auf Talfahrt geschickt haben. Zudem wird der Besitz, die Vermietung und die Verwaltung von Immobilien in unterschiedlicher Weise steuerlich begünstigt.

Viele Finanzberater empfehlen, dem Portfolio Immobilien beizumischen – entweder in Form von REITs oder als direkte Immobilienanlage. Der prozentuale Anteil von Immobilien ist dabei von verschiedenen Faktoren abhängig, insbesondere von den Zielen des Anlegers, dem Lebensalter und der Risikotoleranz. Eine Faustregel besagt, dass 5 bis 15 Prozent eines Portfolios aus Anteilen in REITs bestehen können.

Grundsätzliches zu Bargeld

Manche Ökonomen vertreten die Auffassung, dass das Halten von Bargeldreserven im strengen Sinn keine Art des Investierens sei und dass man Bargeld nicht als Anlageklasse betrachten könne. Ich habe Verständnis für diese Argumentation, bin aber wie Malkiel der Ansicht, dass Bargeld aufgrund seiner Liquidität unverzichtbar ist. Wenn Sie arbeitslos werden und weiterhin Ihre Familie ernähren müssen, werden Sie froh sein, wenn Sie auf eine Bargeldreserve zurückgreifen können. Oder wenn sich eine aussichtsreiche Anlagemöglichkeit ergibt, ist es sehr hilfreich, wenn Sie über ausreichende flüssige Mittel verfügen, um diese Chance nutzen zu können. Bargeld ist zudem ein hilfreiches Investmentvehikel, wenn man auf eine größere Anschaffung spart, wie etwa eine Anzahlung für ein Haus.

Es mag verführerisch sein, Geld, das für einen bestimmten Zweck vorgesehen ist, in den Aktienmarkt zu investieren in der Hoffnung, dadurch den Wert des Portfolios zu steigern und die Aktien dann mit hohem Gewinn zu verkaufen, aber das ist keine sinnvolle Anlagestrategie. Sie wissen, dass die Börsenkurse plötzlich fallen und dann vielleicht auch monate- oder jahrelang auf niedrigem Niveau verharren können, bevor sie sich wieder erholen. Wenn Sie langfristig sparen, um sich in 30 Jahren zur Ruhe zu setzen, ist die Börse ein idealer Anlageort. Wenn Sie aber in ein paar Jahren ein nettes Eigenheim beziehen möchten, ist ein Geldfonds, bei dem Sie schnell an Ihr Geld kommen, die sinnvollere Möglichkeit.

Gleiches gilt für die Notreserve, für jenes Geld, auf das Sie zurückgreifen können, wenn zum Beispiel Sie selbst den Arbeitsplatz verlieren oder das Ihrem Ehe- oder Lebenspartner passiert, wenn größere Renovierungen des Hauses oder Reparaturen des Autos anstehen, wenn Sie unbezahlten Urlaub nehmen müssen oder andere unerwartete Ausgaben auf Sie zukommen. Die meisten Fachleute empfehlen, dass man ausreichend Geld als Notreserve vorhalten sollte, um drei bis sechs Monate überbrücken zu können. Der Gedanke, so viel Geld sparen zu müssen, mag beängstigend erscheinen, es ist aber notwendig, wenn Sie eine stärkere Verschuldung vermeiden wollen. Und es beruhigt auch die Nerven.

MEIN TIPP

Ob Sie für eine Anzahlung sparen, für eine Hochschulausbildung Ihres Kindes, für Ihre Altersversorgung oder für etwas anderes: Die Art des gewählten Investments sollte zeitlich auf den Termin des betreffenden Ereignisses ausgerichtet sein. Das ist ein sehr wichtiges Anlageprinzip, und wenn Sie es richtig umsetzen, haben Sie größere Chancen, Ihre finanziellen Ziele in Ihrem Leben auch zu erreichen.

Die naheliegendste und einfachste Lösung besteht darin, Ihr Bargeld bei einer Bank oder Sparkasse auf einem Tagesgeldkonto anzulegen. Dort ist Ihr Geld sicher, denn es wird von einem Einlagensicherungssystem abgesichert, das alle Banken bieten müssen (innerhalb der EU bis zu einem Höchstbetrag von 100.000 Euro pro Bankkunde). Leider werden Sie, wie Sie bereits in der Einleitung gelesen haben, auf diese Anlage nur sehr geringe Zinsen erhalten, denn die Zinssätze sind gegenwärtig kläglich niedrig. Womöglich müssen Sie sogar Verwahrentgelte zahlen, sprich, sich mit Negativzinsen abfinden. Dafür ist Ihr Geld rasch verfügbar und befindet sich an einem sicheren Ort, wo Sie regelmäßig weitersparen können.

ANMERKUNG

Bis zur großen Finanzmarktkrise der Jahre 2008/2009 war es nicht ungewöhnlich, dass man bei der örtlichen Bank bis zu 3 Prozent Zinsen auf seine Einlagen erhielt. Das änderte sich vollständig, als die amerikanische Federal Reserve und die übrigen Notenbanken im Dezember 2008 die Zinsen senkten und der durchschnittliche Zinssatz 2009 beispielsweise in den USA auf 0,22 Prozent fiel. Seitdem gibt es praktisch keine Zinsen mehr, und im April 2021 wurden durchschnittlich noch 0,04 Prozent Zinsen auf Spareinlagen gezahlt. In Europa greifen derzeit die Negativzinsen um sich - Spareinlagen werden ab einem bestimmten Betrag einer negativen Verzinsung unterworfen, die meist 0,5 bis 1 Prozent beträgt.

Auf einem hochverzinsten Konto kann man höhere Zinsen erzielen, doch solche Konten werden – wenn überhaupt nur für kurze Zeiträume von Online-Banken angeboten, die damit neue Kunden gewinnen wollen und diese höheren Zinsen anbieten können, weil sie geringere Allgemeinkosten als Filialbanken haben. Mit anderen Worten, über Ihre Hausbank werden Sie keinen Zugang zu solchen Konten haben. Es könnte sich jedoch lohnen, nach entsprechenden Angeboten Ausschau zu halten, denn der Zinsunterschied kann durchaus erheblich sein.

Was ist Asset Allocation?

Alle Ihre Anlagewerte bilden zusammen Ihr Portfolio (Abb. 4). Wie diese Vermögensanlagen in Ihrem Portfolio aufgeteilt oder ausbalanciert sind ist wichtig, denn es hilft Ihnen, Ihr Risiko zu vermindern und die Verwirklichung Ihrer finanziellen Ziele anzustreben. Die richtige Mischung aus Aktien, Anleihen, Immobilien und Bargeld zur richtigen Zeit zu besitzen und zu wissen, wann man die Mischung verändern oder anpassen muss, ist von entscheidender Bedeutung für Ihren finanziellen Erfolg. Die meisten Finanzexperten werden Ihnen erklären, dass es wichtiger ist, wie Ihre Anlagen aufgeteilt sind, als die Frage, welche speziellen Investments Sie innerhalb der einzelnen Anlageklassen tätigen.

Es gibt viele verschiedene Modelle und Formeln, die Ihnen bei der Suche nach dem besten Anlagemix vielleicht nützlich sein können, doch die Grundlage Ihrer Asset Allocation ist im Wesentlichen von drei Faktoren abhängig: der Frage, wie lange Sie Ihr Geld anlegen wollen, Ihren kurz- und langfristigen Zielen und Ihrer Risikotoleranz, das heißt, Ihrer Fähigkeit, Verluste zu ertragen. Ihre Risikotoleranz wird wahrscheinlich im Laufe der Zeit abnehmen, wenn Sie älter werden. Das hängt damit zusammen, dass es wesentlich leichter ist, mit Rückschlägen infolge von Markteinbrüchen zurechtzukommen, wenn Sie genügend Zeit haben, sie auszusitzen, bis Sie Ihre Ersparnisse für den Ruhestand benötigen. Einen Wertverlust des Portfolios um 20 Prozent zu verkraften, ist

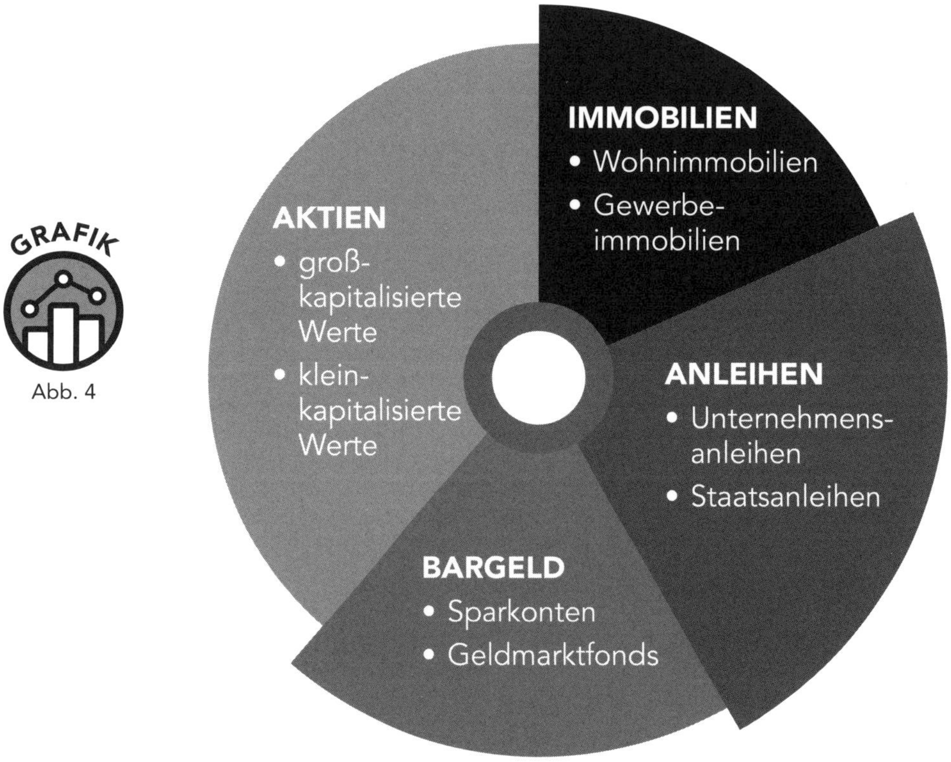

Ein Beispiel für die Aufteilung von Vermögenswerten

kein Spaß, wenn Sie 30 oder 35 Jahre alt sind, es ist aber bei weitem nicht so schlimm, als wenn Sie diesen Verlust im Alter von 55 oder 60 Jahren mit einem vermutlich deutlich größeren Portfolio erleiden (was zu einem viel größeren absoluten Geldverlust führt) und Ihnen wesentlich weniger Zeit zur Verfügung steht, um den Verlust wieder aufzuholen.

Asset Allocation auf der Grundlage des Alters

Gemäß einer häufig zitierten Faustregel kann man den idealen Anteil von Aktien am Anlagemix ermitteln, indem man das Lebensalter des Anlegers von der Zahl 100 abzieht. So könnte beispielsweise ein Anleger, der 40 Jahre alt ist, 60 Prozent seines Geldes in Aktien investieren und 40 Prozent in Anleihen, wobei für Immobilien und Bargeld andere Berechnungsformeln herangezogen werden. In jüngerer Zeit allerdings haben viele Finanzberater, mich eingeschlossen, dies revidiert und empfehlen, das Lebensalter von der Zahl 110 oder auch 120 abzuziehen, um der gestiegenen Lebenserwartung Rechnung zu tragen.

MEIN TIPP

Einer der größten Fehler, den Anleger begehen können, besteht darin, konservativer zu investieren, als es in ihrem Lebensalter eigentlich angebracht wäre, insbesondere wenn sie älter werden. Viele Menschen leben noch 20 oder 30 Jahre nach ihrem Eintritt in den Ruhestand, was bedeutet, dass ihr Geld weiter in Werten angelegt werden muss, die Wachstum generieren oder laufende Passiveinkünfte abwerfen. Zweifellos muss man auch die altersbezogene Risikotoleranz berücksichtigen und die Investments entsprechend aufteilen. Es wäre jedoch ein Fehler, zu sehr auf Nummer sicher zu gehen und allzu konservativ zu investieren, wenn man sich dem Rentenalter nähert.

Wenn Sie einen Finanzberater haben, kann dieser Ihnen behilflich sein bei der Zusammenstellung einer gesunden Anlagemischung. Wenn das nicht der Fall ist, könnten Sie in einen Zielfonds (Lebenszyklusfonds) investieren, das heißt in einen Investmentfonds, der in mehrere Anlageklassen investiert, deren Anteile angepasst werden, wenn Sie sich dem Renteneintritt nähern. Wenn Sie zum Beispiel einen auf das Jahr 2050 ausgerichteten Fonds wählen, wird Ihr Geld so auf die verschiedenen Anlageklassen aufgeteilt, dass Sie bis zu Ihrem Renteneintritt im Jahr 2050 die bestmöglichen Ergebnisse erzielen können. Wenn sich Ihre Lebensumstände ändern und Sie aus irgendeinem Grund früher oder später als geplant in den Ruhestand treten wollen, können Sie die Asset Allocation in Ihrem Fonds überprüfen lassen, um festzustellen, ob sie noch Ihrer aktuellen Situation entspricht.

Asset Allocation auf der Grundlage der Risikotoleranz

Altersbezogene Vermögensaufteilung wird sehr häufig praktiziert, ist aber nicht für jeden durchführbar. Obgleich ich meine Kunden ermutige, nicht allzu risikoscheu zu sein, ist mir bewusst, dass Risikotoleranz ein wichtiger Faktor ist, der bei der Zusammenstellung einer Anlagemischung berücksichtigt werden muss. Diversifizierung nach unterschiedlichen Anlageklassen kann einen gewissen Schutz gegen allzu schmerzhafte Verluste bieten, doch die Risikotoleranz ist bei den Menschen unterschiedlich ausgeprägt. Ich habe siebzigjährige Kunden, die eine größere Risikotoleranz aufweisen als Kunden in den Dreißigern.

Obwohl es aus meiner Sicht ein Fehler wäre, allzu konservativ zu investieren, wenn Sie noch viel Zeit haben, sollten sich meiner Meinung nach Anleger, die wie besessen den Markt verfolgen und gleich schlaflose Nächte kriegen, wenn es einmal einen größeren Rückgang gibt, um eine Asset Allocation bemühen, mit der sie sich wohlfühlen.

Risikotoleranz ist häufig mit dem Zeithorizont eines Anlegers verbunden. Wenn Sie wissen, dass Sie einen bestimmten Betrag in einem halben Jahr brauchen werden, sind Sie gut beraten, dieses Geld mit geringerer Risikotoleranz zu investieren, als wenn es erst in fünf oder zehn Jahren verfügbar sein soll. Risikotoleranz steht auch im Zusammenhang mit Ihrer Fähigkeit, mit Risiken umzugehen, die bei den Menschen sehr unterschiedlich ausgeprägt ist. Es gibt gute Gründe, bei der Zusammenstellung des Anlageportfolios gewisse Risiken einzugehen, doch wenn der Gedanke, dass Sie Geld verlieren könnten, Ihnen seelische Pein bereitet und den Schlaf raubt, sollten Sie sich besser auf weniger risikobehaftete Möglichkeiten beschränken. Eine Strategie, die in diesem Fall in Frage käme, besteht darin, sich zunächst ein relativ konservatives Portfolio zusammenzustellen und später, wenn es um weitere Investitionen und Neuaufnahmen geht, die Risikotoleranz leicht anzuheben. Dies könnte es Ihnen erleichtern, höhere Risiken in Kauf zu nehmen und zugleich die Versuchung vermindern, Ihre Investments sofort aufzulösen, sobald der Markt fällt.

Asset Allocation auf der Grundlage von Zielen

Wie bereits erwähnt, hängt die Ermittlung der idealen Anlagemischung von Ihren Zielen ab und von der Zeit, die Ihnen für den Vermögensaufbau zur Verfügung steht. Sehen wir uns an, was unter kurzfristigen, mittelfristigen und langfristigen Zielen zu verstehen ist.

- **Kurzfristig.** Als kurzfristige Ziele werden gewöhnlich Ziele betrachtet, die weniger als fünf Jahre in der Zukunft liegen. Sparen für die Finanzierung einer Hochzeit, eine große Urlaubsreise, den Kauf eines Autos oder eine Anzahlung für ein Haus – das sind gewöhnlich kurzfristige Ziele. Damit man nicht Anlagen zu einem ungünstigen Zeitpunkt verkaufen muss und dann vielleicht nicht mehr genügend Zeit zur Verfügung steht, dass sich das Portfolio bis zum Zieldatum erholen kann, sollten Beträge, die für solche Zecke vorgesehen sind, am besten als Bargeld oder in einem bargeldähnlichen Anlagevehikel wie etwa einem Geldmarktfonds gehalten werden.

- **Mittelfristig.** Wenn Sie auf etwas hinsparen, das in fünf oder zehn Jahre aktuell werden wird – etwa ein Hochschulstudium oder der Kauf eines Ferienhauses –, dann verfolgen Sie ein mittelfristiges Ziel. Sie können Geld in Aktien oder Anleihen anlegen, um diese Ziele zu finanzieren, weil Sie hier mit höheren Erträgen rechnen können als mit bargeldähnlichen oder allzu konservativen Anlagen. Mischfonds, die in Aktien, Anleihen und manchmal auch Geldmarktfonds investieren, eignen sich für Anleger, die Erträge erwirtschaften möchten, ohne zu große Risiken einzugehen. Sie können für mittelfristige Ziele ein passendes Instrument sein. Für Ziele, die sich auf die Ausbildung beziehen, gibt es in den USA beispielsweise College-Sparpläne oder qualifizierte Ausbildungssparpläne, die als 529-Plans bezeichnet werden. In Deutschland finden Sie allerdings keine vergleichbaren Angebote.

- **Langfristig.** Langfristige Ziele, zu denen oft ein komfortables Leben im Ruhestand gehört, sollen gewöhnlich nach einem Zeitraum von zehn Jahren oder mehr erreicht werden. Wir wissen, dass sich das Ertragspotenzial von Aktien normalerweise erst im Laufe der Zeit entfaltet, trotz allen damit einhergehenden Risiken. Unterschiedliche Arten von Aktien zu mischen, wie etwa defensive Aktien mit zyklischen Werten oder Wachstumsaktien mit Value-Aktien kann einem Portfolio in Abschwungphasen einen gewissen Schutz bieten. Das hängt damit zusammen, dass manche Aktienarten von bestimmten Faktoren weniger beeinflusst werden als andere. Mit den verschiedenen Aktienarten werden wir uns in Kapitel 2 befassen.

Asset Allocation auf der Grundlage von Investmentkategorien

Es kommt nicht nur darauf an, dass man stets die richtige Mischung aus Aktien, Anleihen, Immobilien und Bargeld im Portfolio hat, es ist auch wichtig, welche Arten von Aktien, Anleihen und Immobilien man besitzt und wo und wie man das Bargeld anlegt. Die Aufteilung des Vermögens zwischen verschiedenen Arten und Kategorien von Anleihen und Aktien und anderen Wertanlagen ist ebenso wichtig wie die Asset Allocation. In einem späteren Kapitel werden wir ausführlich darauf eingehen, wie man ein ausgewogenes Aktien- und Anleihen-Portfolio zusammenstellt. Zudem werden wir Ihnen ein kostenloses Tool zur Verfügung stellen, das Ihnen helfen kann, Ihr Portfolio stets in Topform zu halten. Schauen wir uns zunächst an, wie man die Anlagen innerhalb einer Kategorie in ein ausgewogenes Verhältnis bringen kann.

Aktien

Nicht alle Aktienarten sind gleich, und manche Arten sind mit einem höheren Risiko behaftet als andere. Im nächsten Kapitel werden wir ausführlich auf die verschiedenen Aktientypen eingehen, doch die wichtigen Aktienkategorien sind Wachstumsaktien,

Value-Aktien, Aktien von Unternehmen mit hoher Marktkapitalisierung (Large Caps oder Standardwerte), Aktien von Firmen mit mittlerer Marktkapitalisierung (Mid Caps oder größere Nebenwerte) und Aktien von Unternehmen mit geringer Marktkapitalisierung (Small Caps oder kleinere Nebenwerte). Ebenso wie man nicht nur Aktien, Anleihen oder Immobilien im Portfolio haben möchte, sollte man auch nicht nur eine Art von Aktien besitzen. Auch sollten nicht alle Aktien aus einer einzigen Branche stammen, wie etwa Gesundheit oder Technologie oder Energie.

Es ist aufschlussreich, sich die durchschnittliche jährliche Rendite der unterschiedlichen Aktientypen anzuschauen. Im Jahr 2017 beispielsweise stieg der Wert der US-amerikanischen Large Caps durchschnittlich um 21,8 Prozent laut Callan, einer der größten unabhängigen Investmentberatungsgesellschaften in den USA.

Im darauffolgenden Jahr entwickelten sich die Large Caps negativ – um -4,4 Prozent –, während die mittelgroßen Aktien gegenüber dem Vorjahr einen Anstieg verzeichneten. Im Jahr 2019 legten auch die Large Caps wieder um durchschnittlich 31,5 Prozent zu und blieben auch 2020 mit einem Anstieg von 18,4 Prozent in der Wachstumsspur.

Die Callan Periodic Table of Investment Returns, in der die jährliche Entwicklung der wichtigsten Aktienindizes in der Reihenfolge ihrer Performance im Zeitraum von 2001 bis 2020 angegeben wird, kann unter www.callan.com eingesehen werden.

Ein Beispiel für eine mögliche Aufteilung eines Portfolios auf die unterschiedlichen Aktientypen zeigt Abb. 5. Wie Sie bereits wissen, richtet sich die Asset Allocation nach dem Lebensalter, der Risikotoleranz und den Zielen eines Anlegers.

Wenn man hoch kapitalisierte Aktien mit mittel und gering kapitalisierten Werten mischt, kann man allfällige Verluste einigermaßen ausgleichen. Gleiches gilt für Aktien aus unterschiedlichen Branchen. So wäre es zum Beispiel für Sie sehr ungemütlich geworden, wenn zu Beginn der Covid-19-Pandemie Ihr ganzes Geld im Reise- und Tourismus-Sektor investiert gewesen wäre. Wenn sich aber auch Aktien aus dem Technologiesektor in Ihrem Depot befunden hätten, die sich in der Pandemie sehr gut entwickelt haben, hätten Sie die herben Verluste mit Tourismus-Aktien zumindest teilweise kompensieren können.

GRAFIK

Abb. 5

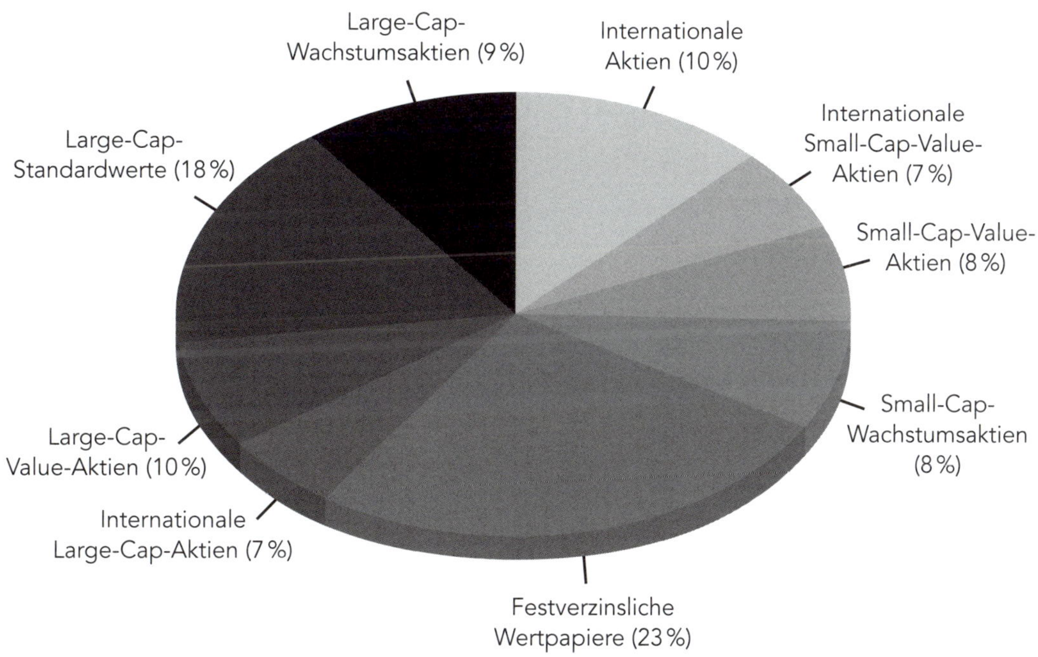

Ein Beispiel für eine Aufteilung nach unterschiedlichen Aktienarten

Anleihen

Wie bei den Aktien gibt es auch bei den Anleihen unterschiedliche Geschmacksrichtungen. Auch wenn Anleihen gemeinhin als eine sichere Anlage gelten, sind einige Anleihearten mit einem höheren Risiko behaftet als andere. Staatsanleihen sind ein sicheres Investment, weil sie von den Regierungen, im Fall der sogenannten Treasury Bonds zum Beispiel von der US-Regierung, garantiert werden, die sie herausgeben. Unternehmensanleihen hingegen verfügen nicht über diese hohe Sicherheit, denn hier spielt die Finanzkraft des emittierenden Unternehmens eine zentrale Rolle. Auf Unternehmensanleihen bekommt man gewöhnlich höhere Zinsen als auf Staatsanleihen, wodurch das höhere Risiko ausgeglichen werden soll. Dieses Risiko kann man weiter vermindern, indem man Unternehmens- mit Staatsanleihen mischt, die zwar weniger aufregend sind, aber ein geringeres Risiko aufweisen.

Anleihen haben unterschiedliche Laufzeiten, von wenigen Monaten bis mehrere Jahren. Generell gilt: Je kürzer die Laufzeit ist, desto niedriger ist der Zins. Doch durch eine Anleihe, die man 20 oder 30 Jahre hält, wird das Geld des Anlegers gebunden und kann nicht anderweitig investiert werden. Deshalb erscheint es sinnvoll, kurzlaufende und länger laufende Anleihen zu mischen. Beim Kauf von Unternehmensanleihen sollte man – wie auch beim Aktienkauf – darauf achten, dass sie nicht alle von Unternehmen aus derselben Branche stammen.

ANMERKUNG

Die US-Regierung gibt Treasury Bonds heraus, die mit Laufzeiten zwischen einem Monat und 30 Jahren ausgestattet sind. Andere Staaten und manche Unternehmen emittieren hundertjährige Anleihen, die in einem bestimmten Anlegersegment ihre Käufer finden. Argentinien und Mexiko haben Anleihen mit einer Laufzeit von 100 Jahren herausgegeben, ebenso die Walt Disney Company und Coca-Cola. Warum kauft jemand eine Anleihe, die ihn überleben wird? Ein Privatanleger kauft sie vielleicht im Sinne einer langfristigen Vermögensplanung, weil sie einen Vermögenswert darstellt, der an die nächste Generation weitergegeben werden kann. Institutionelle Investoren nutzen sie vielleicht als Instrument zur Verwirklichung langfristiger Ziele. Solche extrem langlaufenden Anleihen werden gewöhnlich in Niedrigzinsphasen emittiert, damit die Regierungen bzw. Unternehmen ihre aufzuwendenden Kosten langfristig kalkulieren können. Niedrigere Fixkosten zu haben, ist für Staaten und Unternehmen immer erstrebenswert.

Immobilien

Wie Sie Immobilien in Ihr Gesamtportfolio einbauen und auf die anderen Positionen abstimmen, hängt davon ab, ob Sie ein physisches Objekt zum Vermieten kaufen oder in einen REIT anlegen, über den Sie im Immobiliensektor investiert sind, ohne im eigentlichen Sinn eine Immobilie zu erwerben. Mietimmobilien können zwar einen regelmäßigen Einkommensfluss erzeugen und bieten auch einige steuerliche Vorteile, doch damit sind auch Kosten und Risiken verbunden. REITs bringen häufig Dividenden, die ebenfalls ein regelmäßiges Einkommen darstellen können, bergen aber, wie alle Anlageformen, auch gewisse Risiken.

Wir werden uns ausführlich in Kapitel 4 mit dieser Thematik befassen, aber einige REITs werden in den USA an Börsen gehandelt, andere dagegen nicht. Alle weisen jeweils bestimmte Risiken auf. Bei börsengehandelten REITs sinkt die Nachfrage gewöhnlich, wenn die Zinse steigen, wodurch ihre Kurse fallen. Die nicht börsengehandelten REITs weisen häufig nur eine geringe Liquidität auf und bei ihnen kommen Investoren oft nur schwer an verlässliche Informationen.

In Deutschland spielen REITs nur eine untergeordnete Rolle als börsengehandelte Immobiliengesellschaften. Weiter verbreitet sind offene und geschlossene Immobilienfonds. Problematisch sind vor allem die geschlossenen, für die in etwa das gilt, was in den USA für nicht-börsengehandelte REITs gesagt wurde: Sie sind intransparent und oft illiquide und damit als Investment oft sehr risikobehaftet.

Wenn Sie sich für die direkte Immobilienanlage entscheiden, empfehle ich dringend, sich eingehend zu informieren, bevor Sie sich für ein konkretes Objekt entscheiden, damit Sie eine Immobilie erhalten, die nicht nur vermietbar ist, sondern auch eine gewisse Wertsteigerung verspricht. Zudem empfiehlt sich in manchen Fällen die Gründung einer GmbH, die Ihre Haftung auf die in der Firma enthaltenen Vermögenswerte begrenzt und Ihr persönliches Vermögen im Fall von gerichtlichen Auseinandersetzungen schützt.

Cash

Für die Handhabung von Cash-Reserven gibt es weniger Möglichkeiten als bei der Anlage in Aktien, Anleihen oder Immobilien. Gewöhnlich liegen Ihre Bargeldreserven auf einem Tagesgeldkonto, das durch die Einlagensicherung der Banken geschützt ist, oder in einem Geldmarktfonds. Erwägenswert wäre auch ein Festgeldkonto mit kurzer Laufzeit, wo Sie als Anleger Zinsen erhalten, wenn Sie sich verpflichten, Ihr Geld für eine bestimmte Zeit liegen zu lassen. Dafür erhalten Sie meist höhere Zinsen als auf einem Spar- oder Tagesgeldkonto. In diesem Fall ist jedoch die Verfügbarkeit des Geldes begrenzt, und es können Gebühren fällig werden, wenn die Einlage vor dem Ende der vereinbarten Laufzeit abgezogen wird.

Kapitelzusammenfassung

- Die vier Hauptanlageklassen sind Aktien, Anleihen, Immobilien und Bargeld.
- Den richtigen Anlagemix zu finden, ist eine entscheidende Voraussetzung, um ein Portfolio zu stabilisieren und zu stärken.
- Ihr Alter, Ihre Risikotoleranz und Ihre Ziele beeinflussen die Allokation Ihrer Vermögenswerte.
- Eine Asset Allocation sollte sowohl innerhalb als auch zwischen den Hauptanlageklassen erfolgen.

| 2 |
Aktien

Kapitelüberblick

- Arten von Aktien
- Messgrößen und Kennzahlen
- Kaufen und Verkaufen von Aktien
- Die wichtigsten Aktienindizes
- Bullen- und Bärenmärkte

Für viele Menschen sind Aktien die großen Stars im Anlageuniversum. Das Investieren in Aktien, eine Anlageform, die seit Jahrhunderten in vielen Teilen der Welt praktiziert wird, übt auf viele Anleger und Anlage-Interessenten eine starke Anziehungskraft aus.

Was Amerika betrifft, hat dies vielleicht damit zu tun, dass schon die ersten Siedler die Aktienanlage dort populär gemacht haben. Lange vor dem Broadway-Musical von Lin-Manuel Miranda über das Leben des amerikanischen Gründervaters Alexander Hamilton haben Historiker darauf hingewiesen, dass Hamilton ein früher Verfechter der Aktienanlage war. Aktien gehören heute zu den bekanntesten und meistgehandelten Vermögensanlagen, und wer sich ernsthaft mit der Geldanlage beschäftigt, sollte sich solide Grundkenntnisse über diese Anlageform aneignen.

Die Grundlagen des Aktienmarkts

In der kurzen Einleitung zu Aktien in Kapitel 1 wurde bereits erwähnt, dass Unternehmen Aktien ausgeben, um sich Geld zu beschaffen, und dass man durch den Kauf einer Aktie einen Eigentumsanteil an einem Unternehmen erwirbt.

BEISPIEL

Wenn Bryan zehn Aktien des Unternehmens ABC besitzt und dieses Unternehmen insgesamt hundert Aktien ausgegeben hat, dann gehören Bryan 10 Prozent dieses Unternehmens. Wenn das Unternehmen ABC einen Gewinn von 100 Dollar erwirtschaftet, dann hat Bryan theoretisch Anspruch auf 10 Dollar von dieser Gewinnsumme (Abb. 6).

GRAFIK

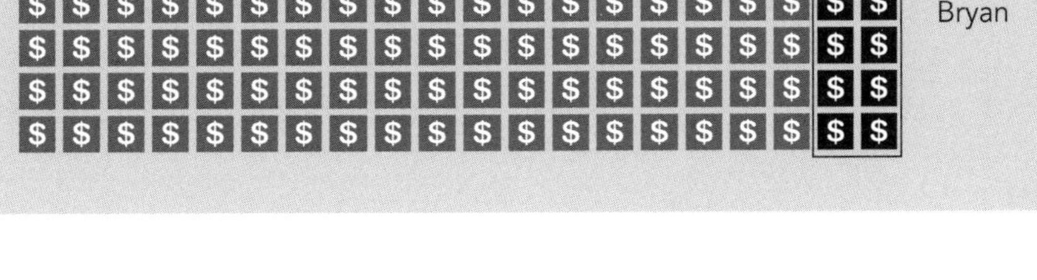

Abb. 6

Dass Aktionäre theoretisch Anspruch auf einen proportionalen Anteil am Gewinn des Unternehmens haben, bedeutet aber nicht, dass die Firma entsprechende Schecks an die Aktionäre ausstellt, wenn ein Gewinn erzielt wird. Manche Unternehmen schütten überhaupt nichts an die Aktionäre aus. Sie verwenden den Gewinn vielmehr für andere Zwecke, wie etwa die Rückzahlung von Schulden oder die Ausweitung ihrer Geschäftstätigkeit.

Warum soll man also als Investor die Aktie eines Unternehmens kaufen, wenn die betreffende Firma nicht die Absicht hat, ihre Gewinne mit den Anlegern zu teilen? Dafür gibt es mehrere Gründe. Wenn ein Unternehmen dauerhaft profitabel ist, einen signifikanten Marktanteil gewinnt, etwas Wichtiges erfindet oder irgendetwas anderes tut, das die Nachfrage nach ihren Aktien erhöht, dann steigt der Kurs der Aktie.

BEISPIEL

Janet kauft zehn Aktien der Firma XYZ für 10 Dollar pro Aktie, also für insgesamt 100 Dollar. In der Folge erwirtschaft das Unternehmen in vier aufeinanderfolgenden Quartalen jeweils einen schönen Gewinn. Die Aktie XYZ kostet jetzt 13 Dollar. Janets zehn Stücke sind jetzt also insgesamt 130 Dollar wert.

Wenn der Wert einer Aktie steigt, kommt der Inhaber dieser Aktie in den Genuss eines realisierten oder unrealisierten Kurs- oder Veräußerungsgewinns, das ist ein Gewinn, der durch den Verkauf eines Wertpapiers erzielt wird. Der Anleger kann die Aktie mit Gewinn verkaufen oder er kann sich dafür entscheiden, sie weiter zu halten, weil er auf eine weitere Wertsteigerung hofft. Wenn der Anleger die erste Möglichkeit wählt – die Aktie mit Gewinn zu verkaufen –, wird der Kursgewinn zu einem realisierten Kurs- oder Veräußerungsgewinn. Wenn er die Aktie weiter hält, ist es ein unrealisierter Kursgewinn.

Neben Kursgewinnen können Anleger auch in den Genuss von Dividenden kommen. Dividenden sind regelmäßige, vierteljährliche oder jährliche Geldausschüttungen eines Unternehmens an seine Anteilseigner (Aktionäre). Die Höhe der Dividendenzahlung, die ein Anleger erhält, entspricht seinem Anteil an den umlaufenden Aktien des Unternehmens. Viele Anleger erteilen ihren Brokern den Auftrag, erhaltene Dividenden automatisch zu reinvestieren. Andere Anleger verwenden die Dividendenzahlungen zur Deckung ihrer Lebenshaltungskosten.

ANMERKUNG

Zu den US-amerikanischen Unternehmen, die seit mehr als 100 Jahren Dividenden zahlen, gehören, laut der Internetseite Dividend.com General Mills, Johnson Controls International, Stanley Black & Decker, Eli Lily und UGI Coproration.

Nicht alle Unternehmen, die Aktien emittieren, zahlen auch Dividenden. Für viele Anleger machen Dividendenzahlungen eine Aktie attraktiver (Dividenden können auch den Kurs der Aktie positiv beeinflussen), aber es gibt auch viele Aktien, die sich ohne die Ausschüttung von Dividenden sehr gut entwickeln. Wenn eine Aktie schlecht läuft, werden die Dividenden häufig gekürzt oder ganz gestrichen.

Unternehmen geben Aktien aus, wenn sie »an die Börse gehen«. Bei einem Börsengang erklären sich die Eigner eines Unternehmens damit einverstanden, dass ihr Eigenkapital verwässert wird durch die Zuführung von externem Kapital. Die Bezeichnung Eigenkapital bezieht sich auf den prozentualen Anteil eines Eigentümers an einer Firma. Wenn ein Unternehmen erstmals Aktien ausgibt, erstellt es ein Initial Public Offering **(IPO),** ein erstes öffentliches Zeichnungsangebot. Ein Unternehmen, das seine Aktien an der Börse einführen will, vereinbart in der Regel mit einer Investmentbank, dass diese vorübergehend sämtliche Aktien der Firma übernimmt, die das Unternehmen öffentlich zum Kauf anbieten möchte.

Die Bank fungiert als »Emissionsbank«. Das ist ein Verfahren, bei dem eine Finanzinstitution gegen eine Gebühr das finanzielle Risiko übernimmt. Im Fall einer Erstemission übernimmt die Bank das versicherungstechnische Risiko für das Unternehmen, weil sie davon ausgeht, dass sie für die angebotenen Aktien Käufer finden wird. Ein IPO ist erfolgreich, wenn die Emissionsbank die Erwartungen des Unternehmens erfüllt und eine ausreichend große Zahl von Aktien auf dem freien Markt zu einem guten Preis verkaufen kann. Ein erfolgreicher Börsengang kann zu einer gesunden Kursentwicklung der Aktie führen, wenn sie anschließend von einer wachsenden Zahl von Investoren bei steigendem Kurs gehandelt wird.

ANMERKUNG

Bekannte amerikanische Unternehmen, die in den vergangenen Monaten ihren Börsengang durchgeführt haben, waren zum Beispiel Airbnb, DoorDash, Snowflake, Palantir, Rock Companies und GoodRx Holdings.

Stammaktien und Vorzugsaktien

Wenn wir in diesem Buch von »Aktien« sprechen, meinen wir in der Regel Stammaktien, die am weitesten verbreitete und am häufigsten gehandelte Aktiengattung. Es ist jedoch wichtig, darauf hinzuweisen, dass es auch noch eine andere große Aktienkategorie gibt, die Vorzugsaktien, die sich durch einige Merkmale von Stammaktien unterscheidet und ihren Inhabern gewisse Vorteile bietet.

Vorzugsaktien wie Stammaktien sind gleichermaßen handelbar im offenen Markt, wobei die Vorzugsaktien an den US-Börsen oft neben der jeweiligen Stammaktie mit dem kleinen Zusatz »pf« geführt werden. Im Deutschen lautet der Zusatz »Vz«. Die Kurse der Vorzugsaktien sind unabhängig von jenen der Stammaktien. Allerdings gibt es Unterschiede zwischen den US-Vorzugsaktien und denen, die in Deutschland gehandelt werden.

In den USA haben Vorzugsaktien im Unterschied zu Stammaktien einen festgelegten Rücknahmepreis, zu dem das Unternehmen zu einem vereinbarten Zeitpunkt die Aktien zurückzukaufen bereit ist. Inhaber von Vorzugsaktien erhalten ihre Dividende vor den Inhabern der Stammaktien, und diese Dividendenzahlungen sind auch weitgehend stabil. Wenn ein Unternehmen erfolgreich wirtschaftet und die Dividende der Stammaktie angehoben wird, bleibt die Dividende der Vorzugsaktie unverändert. Wenn die Firma dagegen in eine schwierige Phase gerät und seine Dividendenzahlungen reduzieren oder ganz einstellen muss, wird sie sich bemühen, die Dividendenzahlungen an die Vorzugsaktionäre als Erstes wieder aufzunehmen. Zudem wird das Unternehmen den Inhabern der Vorzugsaktien die während der Krisenphase zurückbehaltenen Dividenden nachzahlen, bevor die Stammaktionäre ebenfalls wieder eine Dividende erhalten. (Dies wird als kumulative Rückzahlung bezeichnet und gilt für die meisten, aber nicht alle Emissionen von Vorzugsaktien.) Falls ein Unternehmen in den Konkurs geht, werden die Inhaber von Vorzugsaktien als Erste ausgezahlt, noch vor den Stammaktionären, wenn die Firma liquidiert wird.

ANMERKUNG

Wenn das Unternehmen Anleihen herausgegeben hat, werden die Inhaber der Anleihen bei einer Liquidierung als Erste bedient, dann kommen die Vorzugsaktionäre und am Schluss die Stammaktionäre.

Im Unterschied zu Stammaktionären haben die Inhaber von Vorzugsaktien kein Stimmrecht in der Hauptversammlung der Aktiengesellschaft. Inhaber von Stammaktien besitzen das Recht, bei verschiedenen Unternehmensangelegenheiten mitzubestimmen, wie etwa der allgemeinen Geschäftspolitik oder der Bestellung des Vorstands. Stammaktionäre erhalten vor der Hauptversammlung per Post Stimmkarten zugeschickt oder können auch online abstimmen. Im Allgemeinen repräsentiert eine Aktie eine Stimme, einige Unternehmen haben jedoch mittlerweile die Art der Zählung und Wertung der Stimmen der Stammaktionäre verändert. So viel zu den Verhältnissen in den USA.

In Deutschland gibt es bei Vorzugsaktien keine Rückkaufgarantie. Vorzugsaktien bringen aber ebenfalls kein Stimmrecht mit sich. Dafür erhalten deren Inhaber auch hier einen Dividendenaufschlag. Sie werden ebenfalls bei einer Dividendenkürzung üblicherweise bevorzugt. Außerdem ist eine Nachzahlung gestrichener Dividenden schon deshalb wahrscheinlich, weil ansonsten die betreffende AG den Vorzugsaktionären ein Stimmrecht einräumen muss, was der Mehrheitseigner der Stammaktien, oft die Gründerfamilie oder ein großer Ankeraktionär, in der Regel vermeiden will.

MEIN TIPP

Wenn Sie Aktien kaufen, um höhere Dividenden zu erzielen oder sich einen stabileren Aktienkurs wünschen, dann sollten Sie sich an Vorzugsaktien halten. Bei Stammaktien steht eher die Wertsteigerung im Vordergrund.

Andere Möglichkeiten zur Kategorisierung von Aktien

Neben den beiden Hauptkategorien Stamm- und Vorzugsaktien gibt es noch weitere Kategorien, die häufig als Unterklassen bezeichnet werden. Aktien-Unterklassen beziehen sich meist auf die Größe eines Unternehmens, die Art des Unternehmens, seine Kursentwicklung in den Marktzyklen und ihr kurz- und langfristiges Wachstumspotenzial.

Größe eines Unternehmens

Die Begriffe Large Cap, Mid Cap und Small Cap, auch Standardwerte und (große und kleine) Nebenwerte, beziehen sich auf die Marktkapitalisierung eines Unternehmens, das Aktien emittiert. Die Marktkapitalisierung (der Börsenwert) ist der Gesamtwert der ausstehenden Aktien eines Unternehmens zu aktuellen Preisen. Ein Large Cap ist daher eine Aktie eines Unternehmens mit sehr hoher Marktkapitalisierung. Mid Caps sind Aktien von Firmen mit mittlerer Marktkapitalisierung, und Small Caps bezeichnen Aktien von Unternehmen mit niedriger Marktkapitalisierung.

Ein Unternehmen mit einem Börsenwert von 10 Milliarden Dollar (oder in Europa 2 Milliarden Euro) oder mehr gilt als Large Cap. Mid-Cap-Unternehmen bewegen sich im Allgemeinen im Bereich zwischen 2 und 10 Milliarden Dollar (in Europa 100 Millionen bis 2 Milliarden), und Small Caps liegen unter 2 Milliarden, sollten aber mindestens 300 Millionen Dollar auf die Waage bringen (in Europa 100 Millionen). Im Sprachge-

Abb. 7

LARGE-CAP-UNTERNEHMEN	MID-CAP-UNTERNEHMEN	SMALL-CAP-UNTERNEHMEN
Apple (AAPL)	Dunkin' Brands Group (DNKN)	Unisys Corp. (UIS)
Microsoft (MSFT)	First Solar (FSLR)	Bed Bath & Beyond (BBBY)
Amazon (AMZN)	Grubhub (GRUB)	Office Depot (ODP)
Alphabet (GOOGL & GOOG)	Tempur Sealy International (TPX)	Tuesday Morning (TUES)

Beispiele für Large Caps, Mid Caps und Small Caps

brauch der Wall Street werden Firmen mit einer Marktkapitalisierung zwischen 50 und 300 Millionen Dollar als »Micro Caps« bezeichnet und Unternehmen mit weniger als 50 Millionen als »Nano Caps«. Eine andere Aktienart sind sogenannte Pennystocks, die von der amerikanischen Börsenaufsichtsbehörde, der Securities and Exchange Commission (SEC), als Aktien mit einem Kurs von weniger als 5 Dollar pro Aktie definiert werden.

Entwicklung in den Marktzyklen

Aktien kann man als defensive oder als zyklische Werte einstufen, je nachdem wie sie auf die allgemeine konjunkturelle Entwicklung reagieren. Eine defensive Aktie zeichnet sich durch eine gewisse Stabilität aus, steigert kontinuierlich ihren Wert und schüttet Dividenden aus – unabhängig von der allgemeinen Tendenz des Aktienmarkts. Unternehmen in defensiven Branchen bieten Produkte und Dienstleistungen an, die ungeachtet der Konjunktur immer benötigt werden. Auch in wirtschaftlich schwierigen Zeiten brauchen die Menschen Lebensmittel, Medikamente, Elektrizität, Haushaltsgeräte und andere Dinge des täglichen Bedarfs. Zu den defensiven Unternehmen, die meist über eine relativ starke Marktstellung verfügen, gehören zum Beispiel FedEx, Procter & Gamble, Johnson & Johnson und General Electric. Zyklische Aktien dagegen sind Aktien von Firmen, die von einem Wirtschaftsabschwung mehr oder weniger stark in Mitleidenschaft gezogen werden. Dazu zählen etwa Reiseveranstalter, Autohersteller und Verkäufer von Luxusgütern.

Wachstum und Value

Eine andere Möglichkeit der Kategorisierung von Aktien bezieht sich auf das Wesen der Unternehmen, die Aktien emittieren. Eine Wachstumsaktie ist, wie der Name schon sagt, eine Aktie eines Unternehmens, das expandiert und wächst und seinen Umsatz und seinen Gewinn überdurchschnittlich steigert. Solche Firmen verwenden ihren Gewinn meist für das weitere Wachstum des Unternehmens.

Value-Aktien sind unterbewertete Aktien im Vergleich zu den Aktien vergleichbarer Unternehmen. Der Aktienkurs eines Unternehmens kann aus verschiedenen Gründen fallen. Wenn die Firma zum Beispiel in einen Skandal verwickelt ist, meiden Anleger die Aktie oder verkaufen sie, wodurch der Wert der Aktie zurückgeht. Wenn der Skandal allmählich in Vergessenheit gerät, kann sich die Aktie möglicherweise wieder erholen. Unterbewertung kann aber auch schlicht damit zu tun haben, dass eine Aktie falsch bewertet wird und eigentlich ein höherer Preis angemessen wäre. Viele Value-Aktien, wenn auch nicht alle, zahlen eine Dividende.

Renditeaktien sind Aktien, die eine hohe Dividende im Verhältnis zu ihrem Kurs zahlen. Aktien von Banken, Versorgern und Transportunternehmen gelten im Allgemeinen als gute Renditeaktien. Blue Chips sind Aktien von großen, florierenden Unternehmen mit nachgewiesener Erfolgsbilanz und kontinuierlichen Dividendenzahlungen über einen längeren Zeitraum. Diese Unternehmen sind häufig Marktführer in ihrer jeweiligen Branche.

Börsenticker und Kurslisten lesen

Als ich Ende der 1980er-Jahre in der Finanzdienstleistungsbranche anfing, gab es noch keine Apps zur Verfolgung von Börsenkursen und auch keine Smartphones, doch auch wir nutzten die jeweils neuesten Techniken, um uns über das Börsengeschehen auf dem Laufenden zu halten. Überall gab es Bildschirme, große elektronische Ticker zum Beispiel über Hotelrezeptionen und Computer – wo auch immer wir unterwegs waren, konnten wir uns mit einem Blick aktuelle Marktinformationen verschaffen.

Einige Jahrzehnte früher, in den 1950er- und 1960er-Jahren, wurden Börsennachrichten von telegrafenähnlichen Geräten auf einem dünnen Papierstrang ausgedruckt, das ungefähr dreimal so breit war wie das Papier, das man in einem Glückskeks findet. Darauf waren besonders die Börsenprofis erpicht. Laienanleger bezogen ihre Informationen viele Generationen lang aus dem Wirtschaftsteil ihrer Lokalzeitung.

Kurslisten werden zwar nach wie vor regelmäßig in Druckerzeugnissen veröffentlicht, zunehmend aber wenden sich die Anleger einschlägigen Internetseiten und elektronischen Anwendungen zu, die auf die Bedürfnisse der Nutzer abgestimmt werden können. Vom Times Square bis zum iPhone, Börsenticker finden sich an allen möglichen Orten und in einer Vielzahl von Formaten. Abb.8 zeigt beispielhaft einen Standard-Börsenticker.

Jede Aktie wird mit einem Kürzel aus maximal fünf Buchstaben benannt. Wie bereits in Kapitel 1 erwähnt, werden diese Abkürzungen als Tickersymbole oder Handelssymbole bezeichnet. Die Tickersymbole sind in der Regel aus den Initialen der Firma oder einer Abkürzung des Firmennamens abgeleitet. BAC zum Beispiel ist die Abkürzung für die Bank of America Corporation, AAPL steht für Apple Inc. Die Abkürzungen für Aktien, die an der New York Stock Exchange (NYSE) gehandelt werden, bestehen gewöhnlich

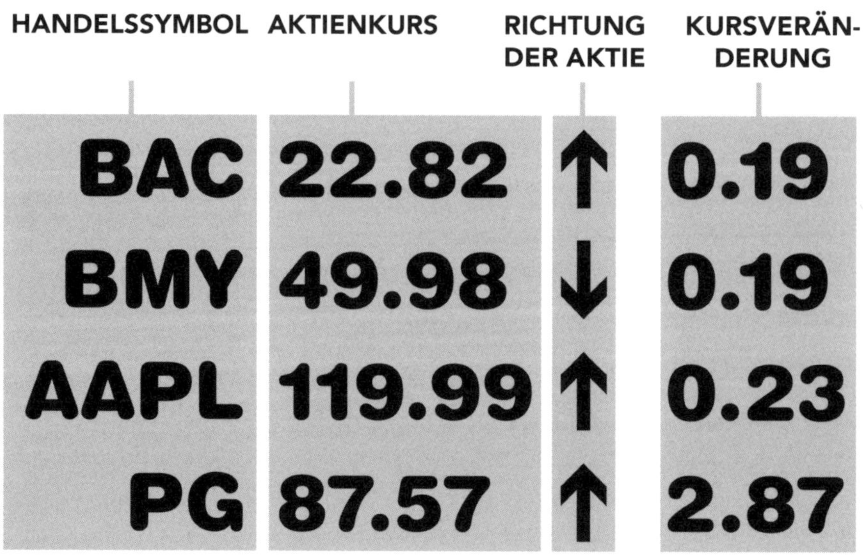

GRAFIK
Abb. 8

aus einem (F für Ford Motor Company), zwei (PG für Procter & Gamble) oder drei (BMY für Bristol-Myers Squibb Co.) Buchstaben.

Manche Unternehmen verwenden kreative Handelssymbole, die nicht vom Firmennamen abgeleitet sind, sondern für die Branche, für das Produkt oder die Firmengeschichte stehen. Die Firma Anheuser-Bush InBev zum Beispiel wird unter dem Symbol BUD gehandelt, während die Firma Aquila America Inc. unter der Abkürzung WTR lief, bis sie 2020 auf die Abkürzung WTRG umstieg. In Abb. 8 wird der aktuelle Aktienkurs (in US-Dollar) rechts neben dem Handelssymbol aufgeführt, in der nächsten Spalte wird die Tagesbewegung der Aktie angegeben. BAC zum Beispiel stieg an dem betreffenden Tag um 19 Cents.

Neben den Kursveränderungen in absoluten Zahlen zeigen viele Börsenticker auch die prozentuale Kursveränderung einer Aktie an. Für Börsenindizes wie zum Beispiel den Dow Jones Industrial Index und den S&P 500 gibt es ebenfalls Börsenticker, ebenso für Exchange Traded Funds (ETF). (Börsenindizes werden später in diesem Kapitel ausführlicher behandelt, mit ETFs befassen wir uns in Kapitel 5).

52-Wochen-Hoch	52-Wochen-Tief	Aktie	Tickersymbol	Dividende	Dividendenrendite (in %)	P/E	Handelsvolumen	Hoch	Tief	Schlusskurs	Veränderung
45,39	19,75	ResMed	RMD			52,5	3831	42,00	39,51	41,50	-1,90
11,63	3,55	Revlon A	REV				162	6,09	5,90	6,09	+0,12
77,25	55,13	RioTinto	RTP	2,30	3,2		168	72,75	71,84	72,74	+0,03
31,31	16,63	RitchieBr	RBA			20,9	15	24,49	24,49	24,49	-0,01
8,44	1,75	RiteAid	RAD				31028	4,50	4,20	4,31	+0,21
38,63	18,81	RobtHalf	RHI			26,5	6517	27,15	26,50	26,50	+0,14
51,25	27,69	RobtHalf	ROK	1,02	2,1	14,5	6412	47,99	47,00	47,54	+0,24

Abb. 9

Kurslisten enthalten gewöhnlich mehr Details zu den aufgeführten Aktien, wie etwa die Dividendenrendite und das Price/Earnings Ratio (P/E; auch Kurs-Gewinn-Verhältnis = KGV), welches das Verhältnis des Aktienkurses zum Gewinn des Unternehmens angibt. Abb. 9 zeigt beispielhaft eine Standard-Kursliste, wie man sie im Wirtschaftsteil einer großen Zeitung findet.

Abb. 9 führt den Aktienkurs in der Spalte »Schlusskurs« auf, die den letzten ermittelten Kurs der Aktie am jeweiligen Handelstag angibt.

Im folgenden Abschnitt befassen wir uns mit den wichtigsten Kennziffern für Aktien, die auch in Abb. 9 angegeben werden.

Die wichtigsten Aktienkennzahlen

Wie Sie bereits wissen, geht es beim Handel mit Aktien darum, billig zu kaufen und teuer zu verkaufen. Zu diesem Zweck ziehen kluge Anleger bestimmte Kennzahlen heran, die hilfreich sein können bei der Entscheidung, welche Aktien man kaufen könnte. Alle Kennzahlen, die in diesem Kapitel behandelt werden – Kurs, Marktkapitalisierung, Handelsvolumen, Kurs-Gewinn-Verhältnis, Dividendenrendite und Volatilität sind wichtig, dennoch sollte man sich nicht nur auf eine oder zwei davon stützen. Wenn man weiß, was diese Kennzahlen genau bedeuten, kann man bessere Analysen durchführen und die interessantesten Investmentchancen finden.

Kurs

Der Kurs einer Aktie gibt an, wie viel Geld man aufwenden muss, um eine Aktie des betreffenden Unternehmens zu kaufen. Der Kurs einer Aktie ist der bekannteste und am häufigsten besprochene Wert, doch wenn diese Information nicht in den dazugehörigen Kontext gestellt wird, ist es eine eher willkürliche Kennzahl, die nur wenig aussagt. Um eine klarere Vorstellung davon zu bekommen, in welchem Verhältnis der Kurs einer Aktie zu ihrem Wert steht, müssen noch weitere Faktoren berücksichtigt werden. Nimmt man zum Beispiel die Gesamtzahl der ausstehenden Aktien – sämtliche Aktien, die sich gegenwärtig im Besitz von Anlegern befinden – und multipliziert diese Zahl mit dem Kurs der Aktie, erhält man die Marktkapitalisierung des Unternehmens, die eine aussagekräftigere Kennzahl ist.

Marktkapitalisierung

Die Marktkapitalisierung spiegelt den Börsenwert eines Unternehmens wider. Diese Kennzahl liefert Investoren Information darüber, wie groß oder wie klein das Unternehmen ist. Die Marktkapitalisierung, nicht der Aktienkurs, gibt an, in welche Größenklasse der Markt die Aktivitäten des Unternehmens einordnet.

Nehmen wir zum Beispiel an, dass wir auf Google Finance oder Yahoo Finance die Information erhalten, dass es von der Firma ResMed aktuell 145,51 Millionen ausstehende Aktien gibt. Wenn wir diese Zahl mit dem aktuellen Aktienkurs von ResMed, der 41,50 Dollar beträgt, multiplizieren, erhalten wir einen Börsenwert des Unternehmens von rund 6,4 Milliarden Dollar. Es ist wichtig zu verstehen, was die Marktkapitalisierung bedeutet und wie man sie errechnet. Man wird diese Berechnung aber meist nicht selbst anstellen müssen, denn diese Information wird gewöhnlich auf den Internetseiten der Brokerfirmen oder auf anderen Internetseiten von Finanzdienstleistern wie Google Finance oder Yahoo Finance geliefert.

ANMERKUNG

Am 15. März 2021 besaß Apple eine Marktkapitalisierung von 2,08 Billionen Dollar und war damit das wertvollste Unternehmen der Welt.

Handelsvolumen

Das Handelsvolumen zeigt an, wie viele Stücke einer Aktie in einem bestimmten Zeitraum an der Börse gehandelt wurden. In Abb. 9 sehen wir zum Beispiel, dass ResMed ein Handelsvolumen von 383.100 Stücken aufwies.

Warum ist das Handelsvolumen wichtig? Aus vielen Gründen, aber schauen wir uns nur die beiden bedeutsamsten an. Zum einen verleiht das Handelsvolumen einem sich entwickelnden Trend der Aktie Glaubwürdigkeit. Wenn der Wert einer Aktie im Verlauf einer Woche sinkt und das Handelsvolumen außergewöhnlich hoch ist, kann man daraus schließen, dass Käufer und Verkäufer überzeugt sind, dass der Wert der Aktie weiter zurückgeht und dass dieser Trend stark ist und wahrscheinlich noch länger anhalten wird. Wenn der Aktienkurs dagegen nach oben strebt in Verbindung mit einem steigenden Handelsvolumen, besteht Grund zu der Annahme, dass dieser Trend eine gewisse Dynamik besitzt. Wenn ein Aktienkurs dagegen bei niedrigem Handelsvolumen schwankt, ist es wahrscheinlicher, dass dies das Ergebnis zufälliger oder erratischer Käufe und Verkäufe ist und man diesem Trend keine allzu große Bedeutung beimessen sollte.

Anhand des Handelsvolumens kann man auch die Liquidität und die Handelbarkeit oder Marktgängigkeit einer Aktie einschätzen. Die Liquidität ist ein Gradmesser dafür, wie schnell sich eine Aktie in Bargeld umwandeln lässt, und die Handelbarkeit zeigt an, inwieweit ein Markt für die Aktie besteht. Die beiden Begriffe sind ähnlich und stehen in einer Wechselbeziehung. Gewöhnlich ist eine Aktie, die gut handelbar ist, auch in hohem Maß liquide. Es gibt allerdings Ausnahmen.

Eine etwas technischere Definition der Handelbarkeit ist die Fähigkeit, ein Wertpapier zu einem bestimmten Preis mit einem bestimmten Volumen handeln zu können. In Bezug auf diese Definition wird die Handelbarkeit zu einem eher relativen Begriff, der sich am besten im Kontext einer speziellen Investitionszwangslage erfassen lässt. So kann es zum Beispiel für einen großen institutionellen Investor, der mehrere Millionen Aktien zu einem Kurs von 20 Dollar verkaufen möchte, etwas schwierig werden, zu diesen Bedingungen genügend Abnehmer zu finden, während es für einen Kleinanleger, der zehn Stücke dieser Aktie ohne Festlegung auf einen bestimmten Kurs kaufen möchte, keinerlei Probleme bezüglich der Handelbarkeit gibt.

Kleinere Unternehmen haben generell einen kleineren Anlegerkreis. Daher sind das Handelsvolumen, die Liquidität und die Handelbarkeit wichtige Aspekte, wenn man Small Caps, Fonds, die mit Small Caps bestückt sind, oder Pennystocks handeln möchte. Wer eine Aktie verkaufen und den Gewinn realisieren will, muss einen Käufer finden. Bei großen, bekannten Werten ist das nicht schwierig, doch in Börsensegmenten, die weniger frequentiert sind, tun sich Händler, die verkaufen (oder kaufen) möchten, oft schwer, jemanden zu finden, der als Gegenpartei auftritt. Ein steigendes Handelsvolumen

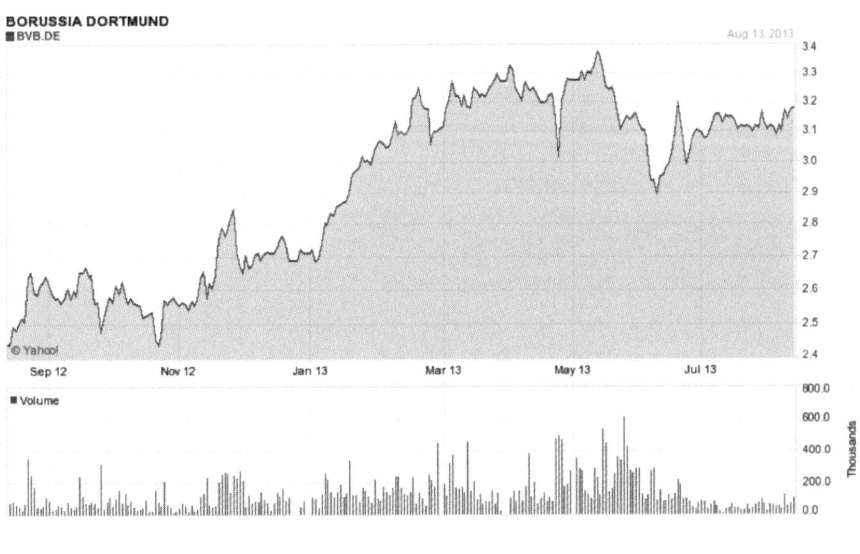

GRAFIK

Abb. 10

einer Aktie erhöht daher deren Liquidität und verbessert ihre Handelbarkeit, wodurch es einfacher wird, diese Aktie jederzeit zu kaufen oder zu verkaufen.

Wegen der Bedeutung des Handelsvolumens nutzen viele Investoren Charts, welche die Beziehung von Preis und Umsatz anzeigen und die Schwankungen der Aktienkurse im Zusammenhang mit den Schwankungen ihres Handelsvolumens abbilden.

KGV (Kurs-Gewinn-Verhältnis)

In Abb. 9 gibt es eine Spalte, die mit »KGV« oder »P/E« überschrieben ist. Das bedeutet »Kurs-Gewinn-Verhältnis« oder »Price-Earnings-Ratio«, eine der meistbeachteten und am häufigsten diskutierten Kennzahlen, die Händlern und Anlegern anzeigt, ob eine Aktie »billig« oder »teuer« bewertet ist.

GRAFIK

$$\text{PE} = \frac{\text{DURCHSCHNITTSPREIS DER AKTIE}}{\text{JAHRESGEWINN PRO AKTIE}}$$

Abb. 11

Das KGV oder P/E wird errechnet, indem man den Preis einer Aktie durch den Nettogewinn pro Aktie (Earnings per Share = EPS) dividiert. Die Bedeutung dieser Kennziffer lässt sich am besten illustrieren, wenn man sie auf kleine Unternehmen anwendet. Nehmen wir zum Beispiel einen Automechaniker, der eine Werkstatt mit Ersatzteilhandel betreibt und in den vergangenen vier Quartalen einen Gewinn von 1 Million Dollar erzielt hat. Er möchte nun seine Firma verkaufen und verlangt dafür einen Kaufpreis von 20 Millionen Dollar. Das Kurs-Gewinn-Verhältnis des Auto-Shops beträgt somit 20:1 oder 20.

Auf den ersten Blick mag dieses Angebot ziemlich teuer erscheinen. Ein Käufer der Firma müsste theoretisch 20 Jahre warten, bis er sein Investment wieder erwirtschaftet hat. Doch diese Sichtweise berücksichtigt nur den Nettogewinn, nicht den Wertzuwachs. Wenn sich das Geschäft gut entwickelt, kann der Inhaber nicht nur den Nettogewinn über 1 Million hinaus steigern, er kann die Firma später auch zu einem höheren Preis wieder verkaufen (was wesentlich leichter ist, wenn sie höhere Gewinne abwirft).

ANMERKUNG

Wichtig ist, den Unterschied zwischen »Umsatz« und »Gewinn« zu verstehen. »Umsatz« bezieht sich auf die Erlöse, die ein Unternehmen erzielt, unter »Gewinn« ist der im Unternehmen verbleibende Gewinn nach Abzug sämtlicher Ausgaben zu verstehen.

Nehmen wir nun an, Sie sind ernsthaft interessiert, den Auto-Shop für 20 Millionen Dollar zu erwerben. Sie stehen kurz davor, das Geschäft abzuschließen, als Ihnen ein Freund erzählt, dass gerade ein anderer Auto-Shop angeboten worden ist. Dieser Laden hat in den vergangenen vier Quartalen einen Gewinn von 1,5 Millionen erzielt und der Verkäufer verlangt 28 Millionen für die Firma.

FRAGE

Allein auf das KGV bezogen, welche Firma wäre der bessere Kauf?

Antwort: Das KGV für den ersten Auto-Shop liegt bei 20. Das KGV für den zweiten Shop beträgt 28:1,5 oder 18,67. Berücksichtigt man nur das KGV, ist der zweite Shop günstiger.

Um den Gewinn pro Aktie zu errechnen, teilt man den Gesamtertrag des Unternehmens durch die Anzahl der ausstehenden Aktien. Das KGV ermöglicht es den Investoren, den Kurs einer Aktie, also ihren Preis, der sonst willkürlich erscheinen würde, gewissermaßen in einen Bewertungsrahmen zu setzen.

Aktien mit einem hohen KGV gelten als teuer, es müssen mehr Dollar aufgewendet werden für jeden Dollar, den die Firma verdient hat. Aktien mit einem niedrigen KGV werden als »preisgünstig« oder »billig« angesehen, und zwar in einem positiven Sinn. Die Kennziffer KGV bzw. P/E wird nicht nur zur Bewertung von Aktien genutzt, sie kann auch auf Indizes, Fonds und sogar auf persönliche Portfolios bezogen werden.

Für manche Aktien wird kein KGV angegeben. Das hat damit zu tun, dass keine Daten verfügbar sind, welche die Berechnung des KGV ermöglichen würden oder dass das KGV bzw. P/E negativ ist, weil das Unternehmen Geld verliert.

MERKE

Der »Jahresgewinn« ist der Nettogewinn, der in den zurückliegenden vier Quartalen angefallen ist.

Gewöhnlich ist das KGV, das in Kurslisten angegeben wird, ein »nachlaufendes« KGV, das heißt, es bezieht sich auf die Erträge des Unternehmens in den vergangenen vier Quartalen. Ein »zukunftsbezogenes« KGV ist eine andere Berechnungsart, bei der die Analysten die Daten aus den letzten zwei Quartalen mit ihren Projektionen für die nächsten zwei Quartale verbinden.

Offenkundig ist das zukunftsbezogene KGV nicht immer so genau wie das nachlaufende, kann aber durchaus hilfreich sein. Wenn zum Beispiel neue Marktkräfte in Erscheinung treten oder Nachrichten bekannt gegeben werden, die für die wirtschaftliche Entwicklung des Unternehmens relevant sind, können diese Informationen im zukunftsbezogenen KGV berücksichtigt werden.

Dividendenrendite

In der Kursliste in Abb. 9 gibt es zwei Spalten, die Informationen über die Dividende enthalten, die Spalte »Dividende« und die Spalte »Rendite in %«. In der Spalte »Dividende« wird der aktuelle jährliche Dividendenbetrag angegeben. Nehmen wir zum Beispiel die Aktie von Rockwell (ROK), deren Dividende mit 1,02 beziffert wird, was bedeutet, dass ein Anleger für jede Rockwell-Aktie im Laufe des Jahres insgesamt eine Dividende von 1,02 US-Dollar erhält. Die »Rendite in %« gibt an, welchen Prozentsatz vom Kurs die aktuelle Dividende ausmacht. Investoren, die auf einen stetigen Geldzufluss in ihrem Portfolio Wert legen, werden sich stärker für die Dividende und die Dividendenrendite interessieren als Anleger, die eher auf Wachstum oder auf kurzfristige Gewinne setzen, denn diese Information hat Auswirkungen auf die Deckung ihrer Lebenshaltungskosten.

Viele Anleger vergleichen auch die Dividendenrendite von Aktien mit den Zinsen, die Anleihen abwerfen. Dividenden werden meist vierteljährlich (in den USA) oder auch jährlich gezahlt. Fehlen in den Spalten »Dividende« und »Rendite in %« die entsprechenden Angaben, bedeutet dies, dass das Unternehmen keine Dividenden ausschüttet.

Volatilität

Mit Hilfe der Angaben in Kurslisten können die Anleger auch die Volatilität einer Aktie ermitteln. Volatilität ist die Schwankungsbreite eines Wertpapierkurses. Investoren, die Aktien mit hoher Volatilität kaufen, sollten sich auf einen wilden Ritt gefasst machen.

Eine nützliche Ziffer ist auch die prozentuale Veränderung seit Jahresbeginn, die allerdings in der Kursliste in Abb. 9 nicht angegeben wird. Sie zeigt an, wie stark sich der Kurs einer Aktie im laufenden Kalenderjahr verändert hat. Die Spalte, die den höchsten und den tiefsten Kurs einer Aktie im Verlauf der zurückliegenden 52 Wochen angibt, spiegelt auch die Preisschwankungen einer Aktie wider. Aktien, die Dividenden abwerfen, schwanken gewöhnlich weniger stark als Aktien ohne Dividenden.

Kaufen und Verkaufen von Aktien

Durch Kaufen und Verkaufen von Aktien (auch Ordern genannt) kann man an der Börse Geld verdienen. Wie Sie wahrscheinlich bereits wissen, kauft man eine Aktie, wenn man erwartet, dass ihr Wert steigt, und verkauft sie, wenn man damit rechnet, dass sie wahrscheinlich fallen wird. Um Aktien kaufen und verkaufen zu können, müssen Sie ein Depot bei einem Broker, auch Depotbank genannt, eröffnen. Diese regulierten Anbieter sind befugt, Transaktionen an der Börse im Namen von institutionellen und privaten Kunden durchzuführen. Es gibt unterschiedliche Berater und Vermittler, wie wir in Kapitel 10 darstellen werden.

Bei der Durchführung von Transaktionen über ein Depot ist es hilfreich, sich dieses Kaufen und Verkaufen jeweils als einen »Tausch«, ein »Handelsgeschäft« vorzustellen, auch wenn Sie nur Bargeld in Aktien tauschen oder umgekehrt. Üblicherweise verlangen Broker eine Gebühr für jede Transaktion. Auf einem standardisierten, selbstverwalteten Depot, wo die Anleger selbst ihre Recherchen durchführen und sich ihre Investments aussuchen, wird diese Gebühr in der Regel als »Ordergebühr« bezeichnet. Wenn Sie Ihre Anlagen von einer professionellen Vermögensverwaltung oder einem RoboAdvisor managen lassen, wird Ihnen üblicherweise eine »Gebühr« oder »Provision« in Rechnung gestellt.

ANMERKUNG

Wenn Sie die Dienste einer Vermögensverwaltung in Anspruch nehmen, was in Deutschland im Gegensatz zu den USA aber meist nur bei hohem Vermögen möglich ist, zahlen Sie gewöhnlich eine jährliche Grundgebühr, die sich nach dem Gesamtwert Ihrer Anlagen bemisst, die Sie ihr anvertraut haben. Doch die Transaktionsgebühren sind möglicherweise niedriger, als wenn Sie in eigener Regie handeln. Manche Broker bieten Kunden eine feste Zahl von verbilligten oder kostenlosen Trades an, sei es zur Gewinnung neuer Kunden oder als Belohnung für Anleger, die sehr viele Orders aufgeben.

Nach dem Abschluss eines Handelsgeschäfts muss der Broker Ihnen eine schriftliche Abrechnung der Transaktion zur Verfügung stellen. Abb. 12 zeigt ein Beispiel für eine solche Transaktionsabrechnung. Aufgeführt werden die Zahl der ge- oder verkauften Aktien, der Kurs, zu dem der Handel abgewickelt wurde und der Tag, an dem das Geschäft stattgefunden hat.

In der Spalte »Nominal« in Abb. 12 ist die Zahl der Aktien angegeben, die ge- oder verkauft wurde. Die Spalte »Preis« enthält den Kauf- oder Verkaufspreis der gehandelten

GRAFIK

Abb. 12

ABC
BROKERAGE

Konto-Nr.: 87654321
Handelstag: 3.3.22
Schlusstag: 3.8.22

Sie haben gekauft: MINNING CORP. (MNGC)

Abrechnungs-Nr.	Nominal	Kurs	Kurswert	Commission	Gebühren	Gesamtkosten
32165487	10,00000	$50,50000	$505,00	$5,00	$3,00	$513,00

Aktie. Durch Multiplikation der Stückzahl mit dem Preis ergibt sich der »Kurswert«, die Gesamtsumme, die beim Kauf in die betreffende Aktie investiert wurde. Beim Verkauf einer Aktie gibt dieser Betrag die Gesamtsumme an, die durch den Verkauf erlöst wurde, vor Abzug der Ordergebühren und weiterer Entgelte. Um die gesamten Kosten eines Handelsgeschäfts zu ermitteln, muss man die Ausgaben für den Kauf (Ordergebühren, Entgelte etc.) hinzuzählen. In Abb. 12 wird diese Summe unter der Bezeichnung »Gesamtkosten« angegeben.

In der oberen rechten Ecke von Abb. 12 ist der Schlusstag oder Abrechnungstag angegeben. Das ist das Datum, an dem der Umtausch von Geld in Aktien (oder umgekehrt) stattgefunden hat. Wenn der Transaktionstag das Datum ist, an dem der Handel vereinbart wird, dann ist der Schlusstag das Datum, an dem die Ware geliefert und die Zahlung geleistet wird. Der Schlusstag ist besonders relevant für Investoren, die Aktien oder andere Wertpapiere liquidieren, um das Bargeld anderweitig nutzen zu können. Wenn Sie ein neues Auto oder ein Haus kaufen oder eine Urlaubsreise unternehmen wollen, möchten Sie wissen, wann Ihnen das Geld aus dem Verkauf zur Verfügung steht. Lange Zeit dauerte es drei Tage, bis eine Order ausgeführt war. Inzwischen jedoch können Sie üblicherweise von einer taggleichen Ausführung ausgehen, wenn Sie Ihre Order an einem Börsenhandelstag aufgeben.

ACHTUNG

Das gilt allerdings nur, wenn die Order als »Market-Order« bzw. »Billigst/Bestens-Auftrag« eingestellt wird, die Aktie also zum aktuellen Marktkurs zum Verkauf gestellt wird. Wenn der Verkauf als »Limit-Order« eingegeben wird, kann der Anleger vielleicht nicht sofort eine neue Kauforder einstellen. Market- und Limit-Order werden später in diesem Kapitel eingehender behandelt.

Aktien werden mit Hilfe von »Börsenhändlern« ge- und verkauft, die irritierenderweise im deutschsprachigen Raum oft wie die Depotbanken als »Broker« bezeichnet werden. Brokerfirmen sind Firmen, die den Marktteilnehmern als Handelspartner zur Verfügung stehen und ihnen ermöglichen, sofort ihre Kauf- und Verkaufsaufträge zu einem marktgerechten Börsenkurs abzuwickeln. Börsenhändler statten den Aktienmarkt mit Liquidität aus. Für bekannte Aktien an großen Börsenplätzen gibt es gewöhnlich mehrere Börsenhändler – durchschnittlich sind es zehn, manche Aktien haben auch 50 oder mehr Broker. Für weniger bekannte Aktien, die an weniger frequentierten Börsen gehandelt werden, gibt es auch weniger Börsenhändler, weil die Nachfrage nach diesen Aktien nicht annähernd so groß ist wie in ersterem Fall. Wenn Sie dagegen Aktien handeln, die ein hohes Handelsvolumen aufweisen, können Sie weitgehend sicher sein, dass die Kurse den jeweiligen Marktpreis relativ genau widerspiegeln. Es gibt allerdings auch rein elektronische Börsen wie die deutsche Leitbörse Xetra, wo Computer die Kurse ohne Mitwirkung menschlicher Börsenhändler aufgrund von Angebot und Nachfrage digital erstellen.

Geld- und Briefkurs

Börsenhändler stellen einen Geldkurs (Bid) und einen Briefkurs (Ask) für Aktien (und andere Wertpapiere). Der Geldkurs zeigt an, dass es Käufer gibt, die bereit sind, die Aktie zum genannten Kaufkurs zu kaufen. Der Briefkurs besagt, dass es Verkäufer gibt, die bereit sind, die Aktie zum genannten Verkaufskurs zu verkaufen. Abb. 13 zeigt ein Beispiel für den Handel mit einer Aktie, die von einem typischen Market Maker betreut wird.

GRAFIK

Abb. 13

$82,41 -$0,13 ↓ -0,16 % ↓

GELD	$82.37	**STÜCKZAHL**	40x1
BRIEF	$82.42	**TAGES-VOLUMEN**	24.809.690

Der Betrag 82,41 Dollar ist eine typische Kursangabe auf einem Börsenticker. Dieser Preis ist zwar ein guter Hinweis auf den gegenwärtigen Wert der Aktie, muss aber nicht notwendigerweise der tatsächliche Kauf- oder Verkaufspreis sein, zu dem die Aktie schließlich gehandelt wird; es ist vielmehr der letzte festgestellte Handelspreis. Es gibt keine Garantie, dass dieser Preis auch für den nächsten Investor gilt, der kaufen oder verkaufen möchte. Man kann jedoch realistischerweise annehmen, dass der nächste Handelspreis sehr nahe beim letzten festgestellten Handelspreis liegen wird. In Abb. 13 wird der aktuelle Geldkurs der Aktie mit 82,37 Dollar angegeben. Käufer bieten diesen Preis im Moment für die Aktie. Verkäufer sind bereit, die Aktie für 82,42 Dollar zu verkaufen. Wie wir sehen, fand die letzte Transaktion zu einem Kurs statt, der nur ganz knapp unter dem aktuellen Briefkurs und nur ein paar Cents über dem aktuellen Geldkurs lag.

Viele Market-Maker stellen auch Informationen über die »Größe« der Transaktionen zur Verfügung, also über die Stückzahlen auf der Geldseite und auf der Brief-Seite. In Abb. 13 beträgt dieser Wert 40x1. Für Aktien mit hohem Handelsvolumen, das heißt, von denen 500.000 Stücke oder mehr pro Tag gehandelt werden, wird die »Größe« häufig in Hunderten angegeben; 40x1 würde also bedeuten 4.000 × 100. Das heißt, es werden 4.000 Aktien angeboten zum angegebenen Geldkurs, und 100 werden nachgefragt zum angegebenen Briefkurs. Für Verkäufer, die 4.000 Stücke oder weniger verkaufen wollen, stellt diese Information eine Garantie dar, dass diese Verkäufe zu einem Kurs von 82,37 Dollar erfolgen können, während ein potenzieller Käufer bis zu 100 Stücke zu einem Kurs von 82,42 Dollar pro Aktie erwerben kann. Die höhere Nachfrage von den potenziellen Käufern der Aktie kann auch eine Erklärung dafür sein, dass der letzte festgestellte Handelspreis näher beim Brief- als beim Geldkurs lag.

Nachdem Sie jetzt Bescheid wissen über Brief- und Geldkurs, können Sie loslegen mit dem Aktienhandel. Dafür gibt es verschiedene Möglichkeiten.

Market- und Limit-Order

Wenn Sie eine Market-Order (»Billigst/Bestens«) zum Kauf oder Verkauf einer Aktie aufgeben, haben Sie die Garantie, dass der Auftrag umgehend ausgeführt wird, also praktisch sofort. Eine Market-Order wird zum besten, unmittelbar verfügbaren Kurs abgewickelt. Beim Verkauf erhalten Sie, falls die Aktie ein hohes Handelsvolumen hat und die Geldseite ausreichend groß ist, gewöhnlich den aktuellen Geldkurs für Ihre Aktien, wenngleich dies vom Broker nicht garantiert wird. Abhängig davon, wie schnell der Auftrag ausgeführt wird und wie volatil die Aktie ist, kann eine Market-Order dazu führen, dass die Transaktion außerhalb der zuletzt festgestellten Geld-Brief-Spanne abgewickelt wird, was bedeutet, dass Verkäufer sich mit einem Preis begnügen müssen, der unterhalb des Geldkurses liegt bzw. dass Käufer mehr zahlen müssen als den Briefkurs.

Gleichwohl sind Market-Orders ein praktischer und zweckmäßiger Weg, um Aktienpositionen zu liquidieren bzw. aufzubauen oder aufzustocken. Für Händler, die längerfristige Positionen aufbauen wollen und die gerne nahe am letzten festgestellten Transaktionspreis (dem Hauptpreis auf dem Börsenticker) kaufen oder verkaufen wollen, sind Market-Orders eine effiziente und vernünftige Art des Handelns. Auch wenn man in einer Aktie in den folgenden Tagen oder Wochen eine größere Bewegung erwartet und schnell kaufen oder verkaufen möchte, sind Market-Orders der geeignete Weg. Es ist keine gute Idee, eine Market-Oder nach den Börsenhandelszeiten oder am Wochenende aufzugeben, denn wenn möglicherweise Firmenmeldungen veröffentlicht werden, seien sie positiver oder negativer Art, erhalten Sie wesentlich weniger als erwartet beim Verkauf Ihrer Aktien – oder Sie müssen beim Kauf mehr zahlen, als Sie veranschlagt haben. Die regulären Handelszeiten zum Beispiel der US-amerikanischen Börse sind werktags von 9:30 Uhr bis 16:30 Uhr Eastern Time.

Limit-Orders sind sinnvoll, wenn ein Anleger seine eigene Preisvorstellung umsetzen möchte. Anders als bei einer Market-Order gibt es hier keine Garantie, dass die Transaktion überhaupt durchgeführt wird. Die meisten Broker ermöglichen es den Anlegern, ein Kurslimit anzugeben und festzulegen, für welchen Zeitraum dieses Limit gelten soll. Man kann den Broker entweder anweisen, die Order zu streichen, wenn der gewünschte Kurs vor dem Ende des Handelstags nicht erreicht wird, oder das Limit für 60 Tage (oder einen anderen Zeitraum, der vom Broker angeboten wird) gültig stellen. Während des Zeitraums, für den der Limit-Preis gilt, kann der Anleger die Order jederzeit löschen. Dies ist dann eine GTC-Order (»good till canceled«), ein bis auf Widerruf gültiger Auftrag.

Limit-Aufträge eignen sich für Käufer, die eine Aktie haben wollen, sie aber im Augenblick für zu teuer halten und warten wollen, bis der Preis ein wenig zurückkommt, oder für Verkäufer, die eine Aktie abstoßen wollen, aber glauben, dass sie momentan unterbewertet sei und wieder steigen werde. Auch Trader nutzen Limit-Orders für kurzfristige Geschäfte, vor allem mit volatilen Aktien. Wenn eine Aktie ein hohes Handelsvolumen hat und ihr Preis stark schwankt, besteht eine gute Chance, dass sogar eine auf den aktuellen Handelstag bezogene Limit-Order zu einer Transaktion führt, während eine Market-Order vielleicht zu einem weniger optimalen Kurs ausgeführt wird.

ANMERKUNG

Limit-Orders für Käufe werden bei oder knapp unterhalb der aktuellen Kurse platziert, Limit-Orders für Verkäufe bei den aktuellen Kursen oder höher.

MEIN TIPP

Für geduldige Anleger, die sich eingehend mit einem Unternehmen beschäftigt haben und eine Vorstellung haben, welcher Preis für die Aktie angemessen wäre, ist eine Limit-Order, die diesem Preis entspricht, sinnvoll. Wenn ein Investor aber einfach nur ein Unternehmen gut findet und es sobald wie möglich seinem Portfolio beifügen möchte, genügt auch eine Market-Order.

Stop-Loss- und Stop-Buy-Orders

Mit Stop-Loss-Orders können sich Anleger absichern, wenn sie besonders schwankungsfreudige Aktien im Portfolio haben. Stop-Loss-Orders beinhalten einen bestimmten »Stop-Kurs«.

Nehmen wir zum Beispiel an, Sie halten 1.000 Stück einer sehr volatilen Aktie eines jungen Technologieunternehmens, deren Kurs bei 20 Dollar liegt. Der Wert der Position beläuft sich also auf 20.000 Dollar, und Sie möchten dieses Geld nicht verlieren, wenn die Aktie abstürzen sollte. Um sich zu schützen, geben Sie daher über den Broker einen Stop-Kurs bei 16 Dollar ein. Sollte die Aktie auf 16 Dollar oder darunter fallen, wird eine Market-Order ausgelöst und Ihre Stücke werden zum nächsten verfügbaren Kurs verkauft. Abhängig vom Verhalten des Marktes wird diese Market-Order (die durch den Stop-Loss-Auftrag aktiviert wurde) unter- oder oberhalb des eingegebenen Stop-Kurses von 16 Dollar ausgeführt. Zu beachten ist, dass die Aktie automatisch zum nächsten Kurs verkauft wird, sobald der Stop-Kurs auch nur berührt wird.

Stop-Buy-Orders als Gegenstück zur Stop-Loss-Order können von Käufern genutzt werden, die eine bestimmte Aktie kaufen wollen, sobald diese zu steigen beginnt. Wenn zum Beispiel die Veröffentlichung des Vierteljahresberichts einer Firma ansteht und Sie erwarten, dass die Ergebnisse besser als erwartet ausfallen werden (es also eine »positive Gewinnüberraschung« geben könnte), können Sie eine Stop-Buy-Order für die Aktie aufgeben und dabei den Stop-Kurs leicht über dem aktuellen Kurs vor der Veröffentlichung des Berichts festlegen. Wenn der Quartalsbericht tatsächlich gute Nachrichten enthält, wie Sie erwartet haben, und die Aktie zu steigen beginnt, sind Sie mit Ihrem Kaufauftrag im Markt und erhalten die Aktie ins Depot eingebucht. Sollte die Aktie im Verlauf des Handelstages noch weiter zulegen, hat Ihnen Ihre Kauf-Stop-Order bereits einen schönen Buchgewinn eingebracht.

Eine andere Art von Stop-Order ist die »Stop-Limit-Order«, die genauso funktioniert wie eine Stop-Loss-Order, wobei durch das Erreichen des Stop-Kurses allerdings eine Limit-Order ausgelöst wird und keine Market-Order, was dem Anleger mehr Kontrolle über den Kaufpreis ermöglicht, zu dem er die Aktie erwirbt.

Dennoch ist Vorsicht angebracht. Das Risiko, das mit einer Stop-Limit-Order verbunden ist, besteht wie bei jeder anderen Limit-Order darin, dass es keine Garantie gibt, dass die Transaktion auch tatsächlich ausgeführt wird. Wenn der Markt abtaucht, werden Anleger, die per Stop-Loss-Order aus einer Position aussteigen wollen, feststellen, dass sich kein Käufer findet, der bereit ist, den geforderten Limit-Preis zu bezahlen, sodass letztlich kein Handel zustande kommt.

Orderprovisionen

Depotbanken verdienen Geld durch die Abwicklung von Orders für Kunden und verlangen dafür eine Gebühr. Diese Provision wird zwischen der Depotbank und der ausführenden Börse geteilt. Die Höhe der Provisionen ist in den USA oft verhandelbar, in Deutschland durch die Preis- und Leistungsverzeichnisse der Depotbanken festgelegt und nicht verhandelbar. Wer häufig handelt, profitiert mitunter aber von Vieltrader-Rabatten oder von Free Trades, die manche Depotbanken anbieten, was hilft, die eigenen Kosten etwas zu senken. Möglich ist natürlich auch ein Wechsel zu einer Depotbank, die niedrigere Gebühren verlangt.

Aktiensplits

Bei einem Aktiensplit handelt es sich um eine Maßnahme, bei der eine Aktiengesellschaft die Anzahl der ausgegebenen Aktien erhöht, um den Kurs der Aktie zu reduzieren und die Aktie dadurch leichter handelbar zu machen. Dadurch soll die Aktie auch für einen größeren Anlegerkreis attraktiv werden. Durch einen Aktiensplit versuchen Unternehmen manchmal auch, sich vor Übernahmeversuchen durch Konzerne oder Finanzinvestoren zu schützen, die ihren Einfluss durch den Aufkauf eines großen Teils der ausstehenden Aktien verstärken wollen. Ein breiterer Anlegerkreis erschwert eine feindliche Übernahme, weil dadurch die Erlangung der Kapitalmehrheit in einer Aktiengesellschaft schwieriger wird.

Bei einem Aktiensplit erhalten alle bestehenden Anteilseigner automatisch die doppelte, dreifache oder anderweitig vervielfachte Anzahl von Aktien des Unternehmens. Aktiensplits können im Verhältnis 2 zu 1, 3 zu 1, 5 zu 2 usw. erfolgen.

Auch wenn die Investoren nun doppelt oder dreimal so viele (oder mehr) Aktien des Unternehmens besitzen, steigt nicht automatisch auch der Wert ihrer Beteiligungen. Theoretisch sollten bei einem Aktiensplit die neuen Aktien proportional zu den Aktien vor dem Split bewertet werden. Das heißt, wenn ein Split im Verhältnis 2 zu 1 erfolgt, ist die neue Aktie nur halb so viel wert wie die alte. Doch manchmal führt ein Aktiensplit – und deshalb reagieren die Anleger in der Regel erfreut auf diese Maßnahme – zu einem Anstieg der nun gesplitteten Aktie, die nach einiger Zeit dann wieder das Kursniveau der ursprünglichen Aktie vor dem Split erreicht. Manche Anleger betrachten einen Split als ein Kaufsignal, denn zumindest oberflächlich betrachtet wirkt die Aktie nach einem Split wesentlich billiger als zuvor. Und im Hinblick auf Aktien wäre es unklug, die Macht der Wahrnehmung zu unterschätzen. Es gibt zwar keine Belege, dass ein Aktiensplit für die Aktionäre immer ein positives Ereignis ist, doch viele Anleger freuen sich, wenn sie die doppelte Zahl von Aktien besitzen, ohne dafür etwas bezahlen zu müssen.

BEISPIEL

Um einen Eindruck von der potenziellen Wirkung eines Aktiensplits zu erhalten, stelle man sich vor, dass eine beliebte Aktie wie zum Beispiel Alphabet Inc. (GOOG), die momentan zu einem Kurs von 2.310 Dollar pro Aktie gehandelt wird, einen Aktiensplit im Verhältnis 3 zu 1 ankündigt, wodurch der Wert einer Alphabet-Aktie auf 770 Dollar sinkt. Die Nachfrage (und der Preis) für GOOG schnellt nach dem Split nach oben, weil die Anleger, die vorher durch den optisch hohen Kurs der Aktie abgeschreckt wurden, nun aufmerksam werden. Ein solches Ereignis in der Finanzwelt findet zweifellos große Beachtung.

Unternehmen können andererseits auch eine Aktienzusammenlegung durchführen, wodurch die Zahl der ausstehenden Aktien nach einem bestimmten Verhältnis vermindert wird. Eine solche Aktienzusammenlegung wird gewöhnlich nicht als positives Signal gedeutet und kann der Versuch eines Unternehmens sein, einen stagnierenden Aktienkurs künstlich hochzutreiben.

ANMERKUNG

Aktiensplits waren früher sehr häufig, ihre Zahl ist jedoch in den letzten Jahren zurückgegangen. Deshalb haben Apple und Tesla im August 2020 Aufsehen erregt, als sie am selben Tag jeweils einen Aktiensplit durchführten. Apple, dessen Marktkapitalisierung zu diesem Zeitpunkt mehr als 2 Billionen Dollar betrug, splittete seine Aktie im Verhältnis 4 zu 1; das Unternehmen Tesla, das mehr als 400 Milliarden wert war, führte einen Split im Verhältnis 5 zu 1 durch.

Kostenbasis

Geld verdienen ist eine feine Sache, aber man darf dabei nicht aus den Augen verlieren, dass auch »Vater Staat« seinen Anteil an den Gewinnen der Anleger verlangt. Auf die Besteuerung von Kapitalerträgen werden wir ausführlicher im Abschnitt »Der steuerliche Faktor« in Kapitel 3 eingehen, wichtig ist zunächst, dass Sie verstehen, wie Ihre Gewinne aus Anlagen rechtlich definiert werden. Um festzustellen, wie hoch der Gewinn ist, den Sie durch den Verkauf einer Anlage erzielt haben, müssen Sie zuerst die Kostenbasis für Ihr Investment kennen. Die Kostenbasis ist der Betrag, den Sie in eine Anlage investiert haben. Wenn Sie eine Aktie für 5 Dollar gekauft haben und sie steigt auf 10 Dollar, dann beträgt Ihre Kostenbasis 5 Dollar zuzüglich der Provisionen oder Gebühren, die Sie beim Kauf gezahlt haben. Nehmen wir an, Sie haben 2 Dollar Gebühren gezahlt. Ihre Kostenbasis wäre in diesem Fall 7 Dollar. Wenn Sie Ihre Anlage nun für 10 Dollar verkaufen, sind 3 Dollar als Kapitalerträge zu versteuern – in den USA wie auch in Deutschland.

Investoren tun sich manchmal schwer, wenn sie die Kostenbasis für ein Investment ermitteln sollen, das sie vor Jahren oder Jahrzehnten getätigt haben. In vielen Fällen wurden die betreffenden Aktien seit dem ursprünglichen Kauf mehrmals gesplittet, und Sie können nicht einfach die Anzahl der Aktien, die Sie gegenwärtig besitzen, mit dem Aktienkurs vom 14. Januar 1973 multiplizieren (oder wann immer Sie die Wertpapiere erworben haben). Um in solchen Fällen Ihre Kostenbasis genau zu ermitteln, müssen Sie eine Finanzdatenbank wie beispielsweise Yahoo!Finance oder Google Finance heranziehen, um den Preis des Wertpapiers zum Zeitpunkt des Kaufes herauszufinden (zumindest annäherungsweise). Und wenn Sie nicht mehr wissen, wie viele Stücke anfangs gekauft wurden, müssen Sie nachforschen, wie oft die Aktie seit dem Kauf gesplittet wurde (und in welchem Verhältnis: 2 zu 1, 3 zu 1, etc.). Die Datenbanken von Yahoo! und Google sind kostenfrei zu benutzen und bieten eine unendliche Vielfalt von Finanzdaten. In Deutschland empfehlen sich außerdem www.finanzen.net und www.boerse.de, zwei Plattformen, die gerade bei der Ermittlung historischer Aktienkurse sehr hilfreich sind.

ANMERKUNG

Nach einer Neuregelung im Zuge des Emergency Economic Stabilization Act von 2008 sind Brokerfirmen in den USA nun verpflichtet, die Kostenbasis festzuhalten für Aktien, die nach 2011 gekauft wurden, für Investmentfonds, die nach 2012 erworben wurden, und für andere Vermögenswerte, die nach 2014 erstanden wurden. Auch über die Online-Plattformen der meisten Brokerfirmen ist es leicht möglich, die Kostenbasis für die meisten Positionen in einem Portfolio zu ermitteln. In Deutschland sollten sie sich idealerweise von jeder Kauf- und Verkaufsorder die Abrechnung ausdrucken und sie für steuerliche Zwecke aufbewahren. Üblicherweise werden aber die steuerlich relevanten Daten in der Jahressteuerbescheinigung der Depotbank ausgewiesen.

Die wichtigsten Börsenindizes

Börsenindizes gibt es in vielen Formen und für unterschiedlichste Märkte weltweit. Indizes sind im Allgemeinen ein kombinierter, gewichteter Durchschnitt des Kurses einer bestimmten Gruppe von Aktien oder Anleihen. Indizes können »preisgewichtet« sein wie zum Beispiel der Dow Jones Industrial Average, kurz Dow Jones, oder »kapitalisierungsgewichtet« wie der Nasdaq Composite. In einem preisgewichteten Index haben Aktien mit einem hohen Kurs ein stärkeres Gewicht im Index. In kapitalisierungsgewichteten Indizes bestimmt der Börsenwert des Unternehmens (die Marktkapitalisierung), wie groß das Gewicht der Aktie im Index ist. Werfen wir einen kurzen Blick auf die wichtigsten US-amerikanischen Indizes, die jedem Aktienanleger täglich begegnen.

Dow Jones Industrial Average

Der Dow Jones Industrial Average (DJIA), auch abgekürzt »Dow Jones« genannt, ist der bekannteste Börsenindex der Welt. Der Dow Jones wurde 1896 aus der Taufe gehoben und nach Charles Dow benannt, einem Unternehmer und Herausgeber des *Wall Street Journal,* und dessen Geschäftspartner Edward Jones, die den Index entwickelten. Der Dow Jones spiegelt die Kursentwicklung von 30 großen börsengehandelten Unternehmen wider, die von den Herausgebern des *Wall Street Journal* ausgewählt werden; seine Zusammensetzung wird in regelmäßigen Abständen aktualisiert. Mit Hilfe eines Skalierungssystems werden Aktiensplits und andere Veränderungen erfasst und berücksichtigt, die eine standardisierte Berechnung des Wertes der 30 Index-Mitglieder verzerren würden. Anders gesagt: Der Dow-Jones-Index ist, mathematisch gesehen, kein »Durchschnitt«, sondern ein nachlaufender Index, der eine konsistente und aussagekräftige relative Beurteilung der Kursentwicklung einiger der bedeutendsten Akteure an der New Yorker Börse ermöglichen soll.

S&P 500

Wie der Dow Jones misst auch der Standard and Poor‘s 500 Index, gewöhnlich als S&P 500 abgekürzt, die Kursveränderungen US-amerikanischer Aktien. Wie der Name schon sagt, bildet der S&P 500 die Entwicklung von 500 Aktien ab (der Dow Jones nur von 30). Beide Aktienindizes werden von der Firma S&P Dow Jones Indices verwaltet. Der 1957 geschaffene S&P 500 war der erste kapitalisierungsgewichtete Index. Weil der S&P ein breites Spektrum an hochkapitalisierten Aktienwerten umfasst, gilt er allgemein

INTERESSANTE FAKTEN ÜBER DEN DOW

Obwohl er als »Industrieindex« geschaffen wurde – der ursprüngliche DJIA beinhaltete vor allem Industrieunternehmen, die sich mit der Herstellung von Leder, Gummi, Stahl, Futtermittel oder Gas befassten –, enthält der heutige DJIA keine klassischen Industriewerte mehr, sondern setzt sich zusammen aus einer Mischung von Technologie-, Finanz- Einzelhandels und Pharmaunternehmen.

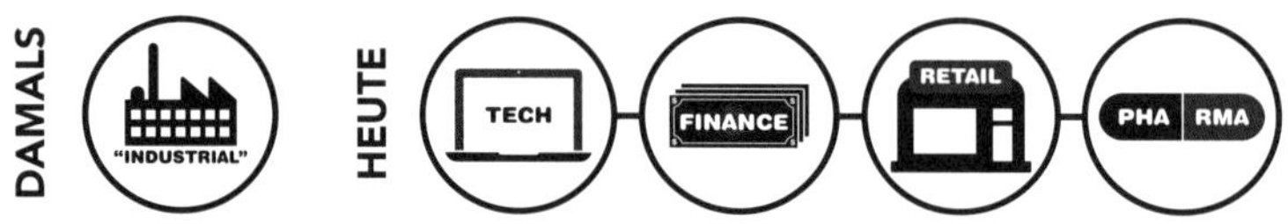

Lange Zeit war General Electric (GE) das letzte im Index verbliebene Gründungsmitglied des ursprünglichen DJIA von 1896. Im Juni 2018 wurde GE schließlich aus dem Dow-Jones-Index entfernt.

Abb. 14

Der ursprüngliche DJIA bestand aus zwölf Aktienwerten, für deren Kurse das arithmetische Mittel errechnet wurde. Als diese Aktien im Laufe der Zeit gesplittet wurden oder andere Veränderungen durchliefen, wurde auch die Berechnungsmethode geändert. Heute ist der Dow-Jones-Index ein »skalierter Durchschnitt«. Der aktuell zur Berechnung des Index verwendete Divisor liegt unter 0, weshalb der Wert des Index höher ist als die kombinierten Preise der Indexkomponenten.

als das aussagekräftigste und bedeutendste Börsenbarometer. Daneben gibt es weitere, etwas weniger beachtete S&P-Indizes wie etwa den S&P MidCap 400, den S&P SmallCap 600 und den S&P Composite 1500. Wie der Hauptindex S&P 500 sind auch all diese Indizes nach der Kapitalisierung der enthaltenen Werte gewichtet.

Nasdaq Composite

Anders als der Dow Jones und der S&P 500 bezieht sich der Nasdaq Composite nur auf Aktien, die am Nasdaq Stock Market gelistet sind und gehandelt werden. Der Nasdaq Stock Market (allgemein als »die Nasdaq« bezeichnet) wurde 1998 gegründet und ist unabhängig von der New York Stock Exchange. Es war die erste Börse – mittlerweile gibt es weitere –, an der ausschließlich über ein Telekommunikationsnetzwerk gehandelt wird und es kein physisches Börsenparkett mehr gibt. An der Nasdaq (deren Entwicklung vom Nasdaq Composite widergespiegelt wird) werden ausschließlich Technologieaktien gehandelt. Hier sind Firmen wie Apple, Microsoft und Amazon gelistet.

ANMERKUNG

In den großen Indizes Dow Jones und S&P 500 sind auch einige Nasdaq-Werte enthalten (wie zum Beispiel Apple und Microsoft), doch im Nasdaq Composite Index gibt es keine Aktien, die an der New York Stock Exchange gehandelt werden.

Der Nasdaq Composite trifft keine Auswahl, sondern berücksichtigt alle der über 3.000 Unternehmen, die am Nasdaq Stock Market gehandelt werden. Ein weiterer Index, der Nasdaq 100, spiegelt die Entwicklung der 100 größten Aktien aus dem Nicht-Finanzbereich wider, die an der Nasdaq gelistet sind. Sowohl der Nasdaq Composite als auch der Nasdaq 100 sind nach der Marktkapitalisierung der enthaltenen Werte gewichtet.

Die Russell-Indizes

Es gibt drei Russell-Indizes. Der Russell 1000 misst die Entwicklung von großkapitalisierten Werten. Der Russell 2000 misst die Entwicklung der kleinsten US-Aktien. Und der Russell 3000 verbindet die beiden vorgenannten Indizes zu einem umfassenderen Börsenindex. Der am stärksten beachtete der drei Russell-Indizes ist der Russell 2000, weil er das aussagekräftigste Börsenbarometer für die US-amerikanischen Nebenwerte ist.

Wilshire 5000

Der Wilshire Total Market Index ist ein breit angelegter Index, der gegenwärtig aus 3451 börsennotierten Unternehmen besteht. Er ist einer der größten Indizes und beruht auf den Kriterien, dass die gelisteten Unternehmen in den USA ansässig sein müssen, dass die Aktie aktiv an einer US-amerikanischen Aktienbörse gehandelt werden muss und dass alle kursrelevanten Informationen unverzüglich öffentlich bekanntgegeben werden müssen.

Weitere Börsenindizes

Es gibt viele weitere Börsenindizes und Aktienmärkte in den USA und überall auf der Welt. In Deutschland heißt der Standardwerte-Index DAX (Deutscher Aktienindex); die Gewichtung der 40 enthaltenen Werte richtet sich nach der Marktkapitalisierung der frei handelbaren Aktien, wobei kein Wert mehr als 10 Prozent Gewicht erhält. Als Besonderheit sind hier die Dividenden im Indexstand einkalkuliert; man spricht deshalb von einem Performance-Index. Andere wichtige Indizes in Europa sind etwa der Euro Stoxx 50, der die 50 nach Marktkapitalisierung größten Unternehmen in der Eurozone enthält. Der Stoxx 50 hingegen enthält die 50 nach Marktkapitalisierung wertvollsten Unternehmen in ganz Europa, also auch inklusive der Nicht-Euro-Länder Großbritannien, Schweiz, Norwegen etc. Anders als der DAX, aber in Übereinstimmung mit den US-Indizes handelt es sich hierbei um Kursindizes, bei denen Dividenden unberücksichtigt bleiben. Weitere wichtige Länderindizes sind etwa der FTSE (England), der CAC40 (Frankreich) oder der SMI (Schweiz), alles ebenfalls kapitalisierungsgewichtete Kursindizes. Rund um die Uhr wird mit Aktien, Anleihen und anderen Wertpapieren gehandelt. Aufgrund der weit fortgeschrittenen Globalisierung sind die Aktienmärkte der Welt eng miteinander verbunden und beeinflussen sich gegenseitig.

MEIN TIPP

Um sich einen Überblick über die Verfassung des US-Marktes zu verschaffen, ist der S&P 500 besser geeignet als der Dow Jones Industrial Average. Im S&P sind nicht nur wesentlich mehr Unternehmen enthalten, er deckt auch eine größere Bandbreite von Branchen ab. Der Wilshire 5000 ist der umfassendste US-amerikanische Aktienindex, denn darin sind alle börsennotierten Unternehmen mit Hauptsitz in den USA gelistet.

Bullen- und Bärenmärkte

Der langfristige Trend der Aktienmärkte weist nach oben, doch der Weg zum Wohlstand kann bisweilen holprig sein. Die Märkte klettern gewöhnlich langsam, schrittweise nach oben. Ein Markteinbruch dagegen vollzieht sich meistens abrupt, wie zum Beispiel im Jahr 2008, als der Dow-Jones-Index an einem einzigen Handelstag 777 Punkte verlor, oder im März 2020, als er an drei aufeinanderfolgenden Tagen um insgesamt 2.000 Punkte absackte aufgrund der durch Covid-19 ausgelösten Ängste und Befürchtungen.

Der Begriff »Bärenmarkt« wird zur Beschreibung anhaltend sinkender Kurse verwendet, in Anlehnung an das Verhalten von Bären, die sich zum Winterschlaf zurückziehen. Die Anleger stoßen ihre Aktien ab und bringen ihr Geld in Sicherheit, anstatt es Risiken auszusetzen. Der Begriff »Bullenmarkt« beschreibt im Gegensatz dazu einen nach oben strebenden Markt, in dem die Aktienkurse anhaltend steigen. Die Bullen stürmen voran, machen ungestüme Sprünge und recken ihre Hörner nach oben. In ähnlicher Weise drängen auch die Anleger nach vorn und investieren ihr Geld am Aktienmarkt, um es dort arbeiten zu lassen.

ANMERKUNG

Der Börsencrash vom März 2020 wird mittlerweile als Corona-Crash bezeichnet, weil er aus der Panik geboren wurde, die durch die Folgen des allgemeinen Herunterfahrens der Wirtschaft verursacht wurde. In nur vier Tagen büßte der Dow Jones 6400 Punkte ein und verlor damit 34 Prozent seines Wertes – es war der bislang heftigste Markteinbruch. Viele Investoren gerieten dadurch in Panik und verkauften ihre Anlagen. Doch das war vielleicht nicht besonders klug. Wer in dieser Phase ausgestiegen ist, hat möglicherweise Verluste erlitten, vielleicht sogar gravierende Verluste. Hätte man den Rückschlag ausgesessen und an seinen Positionen festgehalten, hätte man auch im Jahr 2020 an der Börse Geld verdienen können, denn der Markt absolvierte anschließend ein fulminantes Comeback und beendete das Jahr mit höheren Kursständen.

Laut Definition muss ein Markt um mindestens 20 Prozent fallen, damit das Kriterium eines Bärenmarktes erfüllt ist. Manchmal kann ein plötzlicher Rückgang der Kurse aber auch einer Marktkorrektur zugeschrieben werden und stellt noch keinen Bärenmarkt dar. Eine Marktkorrektur ist das Ergebnis aufgeblähter Kurse und überkaufter Aktien, unzureichend berücksichtigter Variablen, verfehlter Erwartungen an die Unternehmen oder anderer Faktoren, welche die Anleger dazu verleiten, die Stärke des Marktes zu überschätzen. Sowohl in Bullen- wie auch in Bärenmärkten ergeben sich Chancen für Anleger. Weiter hinten in diesem Buch werden wir uns mit einigen Instrumenten befassen, mit denen Investoren Chancen, die sich am Aktienmarkt bieten, bewerten und für sich nutzbar machen können.

Kapitelzusammenfassung

- Eine Vielzahl von Wertpapieren, die jeweils ein spezifisches Verhältnis von Risiken und Chancen aufweisen, konkurriert um das Geld der Anleger.
- Informationen über Aktien werden durch Kürzel und Kurslisten verbreitet, in denen unterschiedliche Kennziffern wie der Kurs, das KGV und die Dividendenrendite enthalten sind.
- Aktien werden gewöhnlich mit einer Spanne zwischen ihrem Geld- und ihrem Briefkurs gehandelt.
- Die Gesamtentwicklung von Märkten und besonders bekannter Aktienwerte wird durch Börsenindizes wie den Dow Jones Industrial Average, den S&P 500 und viele andere wiedergegeben.
- Über Bullen- und Bärenmärkte Bescheid zu wissen, kann Anlegern helfen, den besten Zeitpunkt für Käufe bzw. Verkäufe zu finden.

| 3 |
Anleihen

Kapitelüberblick

- Laufzeiten und Zinssätze
- Die inverse Zinsstrukturkurve
- Das Handeln von Anleihen

Wie Sie in Kapitel 1 erfahren haben, sind Anleihen, auch »Rentenpapiere« oder »Bonds« genannt, Schuldverschreibungen, die von einem Staat, einer Gebietskörperschaft, einem Unternehmen oder einem anderen Akteur herausgegeben werden können, die Geld aufnehmen wollen und dafür den Anlegern die Zahlung von Zinsen in festgelegten Abständen während der Laufzeit der Anleihe versprechen. Nach dem Ende der Laufzeit wird das geliehene Kapital zusammen mit der letzten Zinsrate zurückgezahlt.

Anleihen gelten zwar als eine relativ sichere Anlage und sind generell weniger risikobehaftet als Aktien, gleichwohl sind sie nicht völlig risikolos. Es kann zu Verlusten kommen, wenn die Zinsen steigen, oder wenn die Kreditwürdigkeit eines Anleihe-Emittenten herabgestuft wird. Bei Unternehmensanleihen besteht die Möglichkeit, dass das betreffende Unternehmen zahlungsunfähig wird. Auch die Inflationsrate oder die Steuersätze könnten so stark steigen, dass sie die Zinsen auffressen. Anleihen sind zwar ein wichtiger Bestandteil der Asset Allocation, bergen jedoch auch Risiken, die man nicht vernachlässigen sollte. Zudem ist zu beachten, dass die meisten Anleihen vom Erstbesitzer an andere Anleger weiterverkauft werden können. Die meisten Anleihen müssen auch nicht bis zum Fälligkeitsdatum gehalten werden.

In diesem Kapitel untersuchen wir den Zusammenhang zwischen der Laufzeit einer Anleihe und den gezahlten Zinsen und befassen uns mit den Auswirkungen einer inversen Zinsstrukturkurve, die sich ergibt, wenn die Verzinsung kurzlaufender Anleihen höher ist als jene von Langläufern. Schließlich zeigen wir noch, wie man Anleihen handelt.

Laufzeit und Zinsen

Es gibt sehr unterschiedliche Laufzeiten von Anleihen. So emittiert beispielsweise das US-Finanzministerium Anleihen mit Laufzeiten von einem Monat, drei Monaten, einem Jahr, zwei Jahren, drei Jahren, fünf Jahren, sieben Jahren, zehn Jahren und 30 Jahren. Die Bundesanleihen aus der BRD haben eine Laufzeit von sieben, zehn, 15 oder 30 Jahren.

Der Begriff »Laufzeit« bezieht sich auf die Zeitspanne, die ein Investor ab Emission der Anleihe warten muss, bis diese »fällig« wird und der Nominalwert zurückgezahlt wird. Während der Laufzeit generiert die Anleihe ein festes Einkommen in Form der regelmäßigen Zinszahlungen. Die Zinsen werden jährlich oder halbjährlich ausgezahlt zu einem Zinssatz, der beim Kauf der Anleihe bereits feststeht.

BEZEICHNUNGEN UND BEGRIFFE	
LAUFZEIT DER STAATSSCHULDVERSCHREIBUNG	**BEZEICHNET ALS**
1 Jahr	Treasury Bill (T-Bill)
2-10 Jahre	Treasury Note (T-Note)
10 Jahre	Treasury Bond (T-Bond)

GRAFIK

Abb. 15

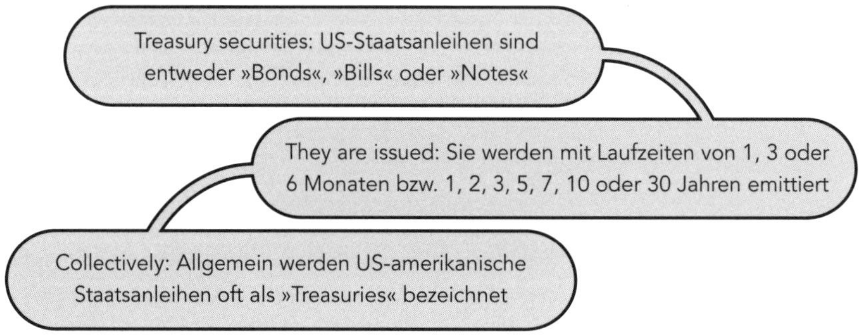

Investoren, die sich bereit erklären, ihr Geld für längere Zeiträume – 20 oder 30 Jahre statt nur drei bis sechs Monate anzulegen, erhalten gewöhnlich höhere Zinsen. Abb. 16 zeigt die Verzinsung amerikanischer Staatsanleihen im April 2021. Wie man sieht, steigen die Zinsen mit der Länge der Laufzeit der Anleihe. Das nennt man eine normale Zinsstrukturkurve.

GRAFIK

Abb. 16

ZINSEN AUF US-STAATSANLEIHEN (NORMALE ZINSSTRUKTURKURVE)	
LAUFZEIT DER STAATSANLEIHE	**VERZINSUNG**
3 Monate	0,03 %
6 Monate	0,43 %
1 Jahr	0,07 %
5 Jahre	0,81 %
10 Jahre	1,58 %
30 Jahre	2,27 %

Die Bedeutung einer inversen Zinsstrukturkurve

Aufgepasst heißt es, wenn kurzlaufende Staatsanleihen verkauft werden, deren Zinsen höher liegen als jene von längerlaufenden Staatsanleihen. Hier spricht man von einer inversen Zinsstruktur, die als ein Indikator für eine mögliche Rezession gilt. Was hat es damit auf sich?

Der Anleihemarkt konkurriert ständig mit dem Aktienmarkt um das Geld der Anleger. Das Risiko, das mit dem Kauf von US-Staatsanleihen verbunden ist, besteht darin, dass ihr potenzieller Ertrag durchschnittlich niedriger ist als bei Aktien. Auf der positiven Seite ist zu vermerken, dass das Geld hier in hohem Maße sicher ist und nur ein sehr begrenztes Risiko besteht.

Die Zinssätze der US-amerikanischen Staatsanleihen sind ein Indikator für das Vertrauen in die Wirtschaft. Wenn Investoren skeptisch sind gegenüber der Anlage auf dem Aktienmarkt, stecken sie ihr Geld lieber in Schuldverschreibungen mit unterschiedlichen Laufzeiten, wie etwa T-Bills, T-Notes und T-Bonds, wo sie mit einer nahezu garantierten Verzinsung rechnen können. Wenn die Investoren dagegen optimistisch eingestellt sind gegenüber dem Aktienmarkt, werden sie Anleihen eher vernachlässigen. Sie investieren ihr Geld dann lieber in Aktien, die ihnen 7 oder 8 Prozent (oder mehr) jährlichen Ertrag bringen.

In letzterem Szenario, in dem der Aktienmarkt attraktiv erscheint, sinkt die Nachfrage nach Staatsanleihen. Dies zwingt die Regierung, Schatzanweisungen mit höheren Zinssätzen herauszugeben, um gegenüber den anderen Anlagemöglichkeiten bestehen zu können. Wenn der Aktienmarkt dagegen weniger verlockend erscheint, steigt die Nachfrage nach Staatsanleihen und die Regierung kann auch Anleihen mit niedrigeren Zinsen verkaufen. Daher werden die Zinsen der Staatsanleihen (insbesondere der zehnjährigen Staatsanleihe) häufig als Barometer für das Vertrauen der Anleger in die Börse betrachtet.

> ANMERKUNG
>
> Staatsanleihen mit unterschiedlichen Laufzeiten werden mehrmals im Jahr vom US-Finanzministerium über Auktionen verkauft und können auch auf dem Sekundärmarkt erworben werden (nach der Emission). Das gilt auch für Bundesanleihen aus Deutschland, die die Deutschen Finanzagentur herausgibt. Staats- und Unternehmensanleihen können über Depotbanken gezeichnet (bei Emission) oder gekauft (über eine Börse) werden.

Kehren wir zurück zu der Frage, inwiefern eine inverse Zinsstruktur eine Rezession ankündigt: Wenn der Zinssatz auf dreimonatige T-Bills plötzlich höher ist als der Satz auf einjährige T-Bills, ist dies ein Signal, dass die Investoren wirtschaftliche Schwierigkeiten erwarten. Kurzfristig (auf Sicht von drei Monaten) mag die Konjunktur noch stabil erscheinen, längerfristig aber (über einen Zeitraum von einem Jahr) könnte es zu einer Stagnation oder Rezession kommen, die wahrscheinlich zu verstärkter Nachfrage nach Staatsanleihen führen würde. Eine einjährige Staatsanleihe zu einem außergewöhnlich niedrigen Zins zu halten, kann durchaus eine gute Investition sein, weil die Nachfrage nach dieser Anleihe steigen wird, wenn die Aktienkurse zurückgehen.

Seit dem Zweiten Weltkrieg ist auf eine inverse Zinsstrukturkurve jedes Mal innerhalb von einem oder anderthalb Jahren ein signifikanter Wirtschaftsabschwung oder eine ausgewachsene Rezession erfolgt. Die Zinsstruktur von Staatsanleihen zu verfolgen, ist eine interessante Methode, um die Stimmung der Anleger zu erfassen.

Im US-amerikanischen Präsidentschaftswahlkampf von 2016 beispielsweise schien der erwartete Sieg von Hillary Clinton mit einem Abflachen der Zinsstrukturkurve einherzugehen. Die Investoren griffen vermehrt zu langlaufenden T-Notes und T-Bonds, was einen Rückgang der Zinsen auf diese Papiere nach sich zog. Der überraschende Wahlsieg von Donald Trump, der einen Abbau von Regulierungen und Steuersenkungen versprochen hatte, führte zu einer wachsenden Nachfrage der Investoren nach Aktien und einem Rückgang des Interesses an langlaufenden Staatsanleihen, was höhere Aktienkurse und höhere Zinsen auf längerlaufende Staatsanleihen zur Folge hatte.

Die Zinsstrukturkurve flachte sich auch 2020 ab, als die Weltgesundheitsorganisation WHO im März Covid-19 offiziell zur Pandemie erklärte und die Börsen daraufhin in den Crashmodus übergingen.

Zur Messung des Verbrauchervertrauens sind längerlaufende Staatsanleihen besser geeignet als kurzlaufende. Kurzlaufende Staatsanleihen (T-Bills) werden stark beeinflusst durch die sogenannte »Federal Funds Rate«, das ist derjenige Zinssatz, zu dem sich amerikanische Finanzinstitute untereinander Geld leihen, als Übernachtkredit und ohne Kreditsicherheit (das europäische Pendant dazu heißt EONIA).

Wenn die Federal Funds Rate hoch ist, wird Geld teurer, was das Wirtschaftswachstum verlangsamt. Wenn die Federal Funds Rate niedrig ist, erhält man leichter Kapital und es ist daher für etablierte Firmen einfacher, ihre Geschäftstätigkeit auszuweiten und neue Aktivitäten aufzunehmen. Das Ziel besteht darin, stetiges und nachhaltiges Wirtschaftswachstum zu fördern. Ein zu rasches Wachstum kann zu Übertreibungen und Blasen führen, während zu langsames Wachstum oder Stagnation den Verlust von Arbeitsplätzen und niedrigere Löhne nach sich ziehen kann. Die Federal Funds Rate wird vom Federal Open Market Committee (FOMC), einer Abteilung der US-Notenbank Federal Reserve, festgelegt, überwacht und angepasst.

Wie man Anleihen handelt

Staatsanleihen wie auch andere Arten von Rentenpapieren können bis zu ihrem Fälligkeitstermin weiterverkauft werden. Tatsächlich werden nur wenige Anleihen, die von Investoren bei den Auktionen des Finanzministeriums erworben werden, von diesen Investoren bis zur Fälligkeit gehalten. Normalerweise werden sie mehrmals auf sogenannten »Sekundärmärkten« weiterverkauft. Der Anleihehandel auf Sekundärmärkten findet ebenso wie der Aktienhandel üblicherweise an Börsen statt und wird von Depotbanken ermöglicht. Der momentane Kurs einer Anleihe wird von den Zinsen ähnlicher Anleihen beeinflusst, die aktuell emittiert werden. Staatsanleihen mit höheren Zinssätzen (im Vergleich zu den neu emittierten Staatsanleihen) erzielen im Sekundärmarkt höhere Preise. Wenn eine Anleihe zu einem höheren Preis als ihrem Nominalwert gehandelt wird, sagt man, dass sie mit einem Aufschlag gehandelt wird. Anleihen, die im Sekundärmarkt unter ihrem Nominalwert ge- oder verkauft werden, werden mit einem Abschlag gehandelt.

Nehmen wir zum Beispiel an, ich kaufe heute eine zehnjährige T-Note direkt von der Regierung zu einem Preis von 1.000 Dollar (Staatsanleihen werden in Stückelungen von 1.000 Dollar ausgegeben, wenn sie von der Regierung emittiert werden, können später aber auf dem Sekundärmarkt in beliebigen anderen Stückelungen und zu anderen Preisen verkauft werden). Wie aus Abb. 16 hervorgeht, bedeutet dies, dass mir das Finanzministerium alle sechs Monate 16 Dollar (1,58 Prozent des Nominalwerts) als Zinsen zahlt und mir am Ende der zehnjährigen Laufzeit das eingesetzte Kapital von 1.000 Dollar zurückzahlt.

Nehmen wir nun an, ich halte diese Staatsanleihe ein Jahr lang, und dann drehen die Aktienbörsen nach unten. Plötzlich gibt es eine stärkere Nachfrage nach Staatsanleihen und diese werden jetzt mit wesentlich niedrigeren Zinsen als 1,58 Prozent verauktioniert. Die T-Note, die ich vor einem Jahr gekauft habe, repräsentiert nun eine wesentlich bessere Anlage als die aktuell angebotenen Staatsanleihen. Daher kann ich meine T-Note nun für mehr als 1.000 Dollar verkaufen. Weder der Zins noch der Nominalwert der Staatsanleihe werden sich ändern, wenn ich sie an jemand anderen verkauft habe; es werden weiterhin halbjährlich 1,58 Prozent vom Nominalwert ausgezahlt und am Laufzeitende erhält der Anleger besagten Nominalwert von 1.000 Dollar zurück. Der *Marktwert* meiner T-Note hingegen kann sich jederzeit verändern.

Dass die Gegenpartei bereit ist, mir mehr als 1.000 Dollar für das Papier zu zahlen, beruht darauf, dass sie bei der Auktion nur eine neue Staatsschuldverschreibung mit einem niedrigeren Zinssatz erwerben kann. Wenn der Käufer sein Geld in Anleihen investieren möchte (was viele Anleger in einer Rezessionsphase tun), fährt er wesentlich besser, wenn er meine höher verzinste T-Note kauft anstatt einer niedriger verzinsten Staatsanleihe zum Nominalwert. Und ich kann dadurch einen ordentlichen Gewinn einstreichen.

Wie am Anfang dieses Kapitel bereits angesprochen, beinhalten alle Staatsanleihen ein gewisses Risiko sowie potenziell hohe Opportunitätskosten. Wenn die Zinsen auf Staatsanleihen nach Ihrem Kauf stark steigen, dann ist Ihre Staatsanleihe weniger wert, als Sie im Sekundärmarkt dafür bezahlt haben. Sie müssen dann entweder Ihre Anleihe mit Verlust verkaufen, können sie aber auch weiter halten und sich mit einem Ertrag zufriedengeben, der mit den aktuellen Ertragschancen auf dem Markt nicht konkurrieren kann. Die Opportunitätskosten der Anleger werden in diesem Szenario durch die

GRAFIK

Abb. 17

MOODY'S		S&P		FITCH			
lang-laufend	kurz-laufend	lang-laufend	kurz-laufend	lang-laufend	kurz-laufend		
Aaa	P-1	AAA	A-1+	AAA	A-1+	BESTE QUALITÄT	INVESTMENTGRADE
Aa1		AA+		AA+		HOHE QUALITÄT	
Aa2		AA		AA			
Aa3		AA-		AA-			
A1		A+	A-1	A+	A-1	ÜBERDURCHSCHNITTLICH GUTE QUALITÄT	
A2		A		A			
A3	P-2	A-	A-2	A-	A-2		
Baa1		BBB+		BBB+		DURCHSCHNITTLICHE QUALITÄT	
Baa2	P-3	BBB	A-3	BBB	A-3		
Baa3		BBB-		BBB-			
Ba1	Not Prime	BB+	B	BB+	B	SPEKULATIV	HOCHZINSANLEIHEN/RISIKOPAPIERE
Ba2		BB		BB			
Ba3		BB-		BB-			
B1		B+		B+		SEHR SPEKULATIV	
B2		B		B			
B3		B-		B-			
Caa		CCC+	C	CCC	C	ERHEBLICHE RISIKEN	
Ca		CC				EXTREM SPEKULATIV	
C		CC-				ZAHLUNGSAUSFALL SEHR WAHRSCHEINLICH	
/		D	/	DDD	/	ZAHLUNGSAUSFALL	
/				DD			
/				D			

anderen, mehr Ertrag abwerfenden Investments dargestellt, in die sie ihr Geld stecken hätten können, wenn dieses nicht in Staatsanleihen gebunden gewesen wäre.

Anleihen sind eine völlig andere Anlagekategorie als Aktien, weil sie eine Schuldverschreibung und kein Eigenkapital darstellen. Die US-Regierung kann keine Aktien ausgeben, weil sie kein Kapital zu verkaufen hat. Wenn Sie eine Anleihe halten, treten Sie als Gläubiger auf, nicht als Eigentümer. Neben der Bundes- oder Zentralregierung geben auch viele andere Körperschaften wie Stadtverwaltungen, Bundesstaaten und Unternehmen Anleihen heraus, um sich Kapital zu beschaffen oder Altschulden zu refinanzieren. Die Zinsen, die auf Anleihen gezahlt werden, sind in den meisten Fällen direkt proportional zum Ausfallrisiko. Abb. 17 zeigt die Bonitätsstufen und die Ratingskala für kurz- und langlaufende Anleihen, die von den drei bedeutendsten Ratingagenturen Moody's, S&P und Fitch definiert werden.

Anleihen mit längerer Laufzeit zahlen in der Regel mehr Zinsen als kurzlaufende Anleihen (zum Beispiel eine einjährige T-Bill). Auch weisen Anleihen mit höherer Bonitätseinstufung (AAA, AA, etc.) generell niedrigere Renditen auf, während Anleihen mit niedrigerem Rating (BBB) höhere Renditen bieten. Wie bei jeder anderen Anlageform bedeutet mehr Risiko mehr potenziellen Ertrag (was aber nicht immer auch tatsächlich der Fall ist).

Kapitelzusammenfassung

- Die Regierung, ein Bundesstaat bzw. -land, ein Unternehmen oder eine andere Körperschaft kann Anleihen ausgeben, um sich Geld zu beschaffen.
- Längerlaufende Anleihen werfen normalerweise höhere Zinsen ab als Anleihen mit kürzeren Laufzeiten.
- Eine inverse Zinsstrukturkurve, die vorliegt, wenn Staatsanleihen mit kürzeren Laufzeiten höhere Zinssätze aufweisen als langlaufende Anleihen, kann ein Hinweis auf eine bevorstehende Rezession sein.
- Die meisten Anleihen werden nicht in der staatlichen Auktion erworben und dann vom Inhaber bis zur Fälligkeit gehalten, sondern mehrmals auf Sekundärmärkten gekauft und verkauft.

| 4 |
Immobilien

Kapitelüberblick

- Vorteile der Immobilienanlage
- Umgang mit Risiken
- Die unterschiedlichen Möglichkeiten der Immobilienanlage
- Warum Ihr Eigenheim kein Investment ist
- Finanzierung, Verwaltung und Absicherung Ihrer Immobilienanlage

Wie Sie schon in Kapitel 1 gelesen haben, kann die Anlage in Immobilien ein wichtiger Beitrag zur Diversifizierung eines Anlageportfolios sein, und dazu müssen Sie nicht unbedingt mehrere Eigentumswohnungen zur Vermietung kaufen. Falls Ihnen der Gedanke weniger zusagt, sich mit Mietern auseinandersetzen zu müssen, können Sie stattdessen in REITs (Real Estate Investment Trusts) oder offene Immobilienfonds investieren, die mit herkömmlichen Investmentfonds und ETFs vergleichbar sind, in denen Ihr Geld mit den Einlagen anderer Investoren gebündelt und zum Erwerb von Immobilienobjekten verwendet wird. Die Einnahmen aus diesen Objekten werden in Form von Dividenden an die Anteilseigner ausgeschüttet.

ANMERKUNG

Ich kann die vielfältigen Aspekte der Immobilienanlage und alle ihre Vor- und Nachteile nicht in einem einzigen Kapitel darstellen. Vertiefende Informationen dazu finden Sie aber zum Beispiel in dem Buch *Real Estate Investing QuickStart Guide* von Symon He, das 2020 erschienen ist, oder in *Entspannt in Immobilien investieren* von Erik Renk und Paul Hinrichs, das ebenfalls 2020 erschienen ist.

Die Geldanlage in Immobilien bietet viele Vorteile und Chancen, ist aber, wie jede Anlageform, auch mit bestimmten Risiken verbunden. In diesem Kapitel befassen wir uns mit den Vorzügen und Risiken dieser Anlageart, mit den unterschiedlichen Möglichkeiten, die Immobilienanlegern zur Verfügung stehen, und erläutern, wie man eine Immobilienanlage verwaltet. Zudem beschäftigen wir uns mit der Frage, warum Sie das Eigenheim, in dem Sie leben, nicht als Immobilieninvestment betrachten sollten.

Vorzüge der Immobilienanlage

Kluge Investoren wissen schon lange, welche Vorteile die Geldanlage in Immobilien bietet, die sich seit geraumer Zeit zunehmender Beliebtheit erfreut. Immobilienanlagen stellen nicht nur eine wichtige Möglichkeit der Diversifizierung dar, sie haben auch noch andere Vorteile, ermöglichen zum Beispiel ein regelmäßiges Einkommen, bieten eine Hebelwirkung auf das eingesetzte Kapital und bieten die Chance auf eine Wertsteigerung.

ZITAT

> *Die Reichen sammeln Immobilien wie andere Leute Gebrauchtwagen.*
> HOLLY PARKER (MIT EINEM PREIS AUSGEZEICHNETE MAKLERIN)

Diversifizierung

Weil man nicht alle Eier in einen Korb legen sollte, sind Immobilien ein machtvolles Instrument zur Diversifizierung eines Anlage-Portfolios. Sie weisen eine geringe Korrelation zu anderen Anlagearten auf, das heißt, dass sich der Wert bzw. die Preise dieser Anlagen unabhängig oder auch gegenläufig entwickeln. Dies vermindert die allgemeine Schwankungsbreite eines Anlage-Portfolios. Wenn Sie Ihre Geldanlagen zwischen verschiedenen Anlageklassen aufteilen, können Sie Ihre Risikoexposition verringern.

Anlageerträge

Ein sehr attraktiver Aspekt der Anlage in Immobilien sind die regelmäßigen Einnahmen, die sich mit vermieteten Objekten erzielen lassen. Wenn Sie eines oder mehrere Objekte erworben und vermietet haben, müssen Sie sich nur noch um die Instandhaltung oder um allfällige Reparaturen kümmern.

Obgleich Mietimmobilien einer gewissen Aufmerksamkeit bedürfen und auch etwas Arbeit machen, interessieren sich auch viele Menschen dafür, die im Hauptberuf einer Vollzeittätigkeit nachgehen. Mietobjekte ermöglichen ein zusätzliches Einkommen und können ihren Eigentümern die Möglichkeit verschaffen, noch weitere Objekte zu erwerben oder in andere Anlagearten zu investieren.

Kapitalaufbau

Immobilieneigentum ermöglicht den Aufbau von Kapital. Vereinfacht ausgedrückt, ist das Kapital der geschätzte Wert des Eigenheims, abzüglich Hypotheken oder Krediten, die auf das Objekt aufgenommen wurden. Mit der Abzahlung der Hypotheken oder durch eine Wertsteigerung der Immobilie baut man Eigenkapital auf. Eigenkapital ist jener Teil des Objekts, der einem tatsächlich gehört, im Unterschied zu jenem Teil, den man sich mittels einer Hypothek von der Bank geliehen hat (Abb. 18).

GRAFIK

Abb. 18

So können Sie Eigenkapital einsetzen, um weitere Objekte zu erwerben und dadurch Ihre Einnahmen zu erhöhen.

Wenn Sie Eigenkapital über eine Immobilie aufgebaut haben, unabhängig davon, ob Sie das Objekt selbst nutzen oder vermieten, können Sie dieses Eigenkapital beleihen und das Geld, das Sie dafür erhalten, für den Erwerb eines weiteren Objekts nutzen, aus dem Ihnen ebenfalls Einnahmen zufließen und für das sich ebenfalls eine Wertsteigerung ergeben kann.

Fremdkapitalaufnahme

Der Einsatz von Fremdkapital ist die Aufnahme von Schulden zur Finanzierung eines Immobilienkaufs. Die häufigste Form, eine Immobilie zu finanzieren, besteht im Einsatz von eigenem Geld, das man ergänzt durch Darlehen von Ehe- oder Lebenspartnern und von Finanzinstituten. Durch den Einsatz von Fremdkapital lassen sich die potenziellen Erträge einer Immobilie steigern, wenn die Zinsen, die für das Darlehen zu zahlen sind, niedriger sind als die Erträge, die man mit dem Objekt erwirtschaften kann. Wenn man 20 Prozent der Kaufkosten für ein Haus selbst aufbringen kann, kann man auf Geld anderer Leute zurückgreifen, um die restlichen 80 Prozent zu finanzieren und Eigenkapital aufzubauen. Bei guter Planung können die Erlöse aus der Vermietung die Zinszahlungen für die Hypothek abdecken, und möglicherweise bleibt sogar noch etwas übrig.

Wertsteigerung

Immobilien erleben gewöhnlich im Lauf der Zeit eine Wertsteigerung. Ein gut geplanter Kauf führt häufig zu einem gewinnbringenden Verkauf oder ermöglicht es, die Miete zu erhöhen, wenn der Wert des Objekts steigt. Wie hoch die Wertsteigerung ausfällt, ist abhängig von Angebot und Nachfrage, die beeinflusst werden können durch Faktoren wie Arbeitslosigkeit, Verschlechterung des Wohnumfelds oder Naturkatastrophen, die Menschen zum Wegzug bewegen, und letztlich auch durch die Hypothekenzinsen.

Umgang mit Risiken von Immobilien

Die Immobilienanlage bietet zahlreiche Vorteile, doch auf jeden Fall sollte man sich vor einer Kaufentscheidung umfassend informieren. Reality-Shows im Fernsehen, in denen es um Immobilien geht, sind im Wesentlichen Unterhaltung, haben aber das Interesse am Kauf und Verkauf von Häusern, an der Renovierung und Instandsetzung alter Objekte und anderen Aspekten des Immobilienhandels verstärkt.

ANMERKUNG

Wenn Sie es für eine gute Idee halten, in Immobilien zu investieren, sind Sie nicht allein. Laut einer Untersuchung von Gallup aus dem Jahr 2020 betrachten 35 Prozent der Amerikaner Immobilien als die beste Anlagemöglichkeit im Vergleich zu Aktien und Fonds, Sparkonten, Gold und Anleihen. In dieser Erhebung nannten außerdem 21 Prozent Aktien und Fonds als ihre bevorzugte Anlageart, 17 Prozent Sparanlagen, 16 Prozent Gold und 8 Prozent Anleihen.

BEVORZUGTE ANLAGEFORM

Laut einer Gallup-Untersuchung aus dem Jahr 2020

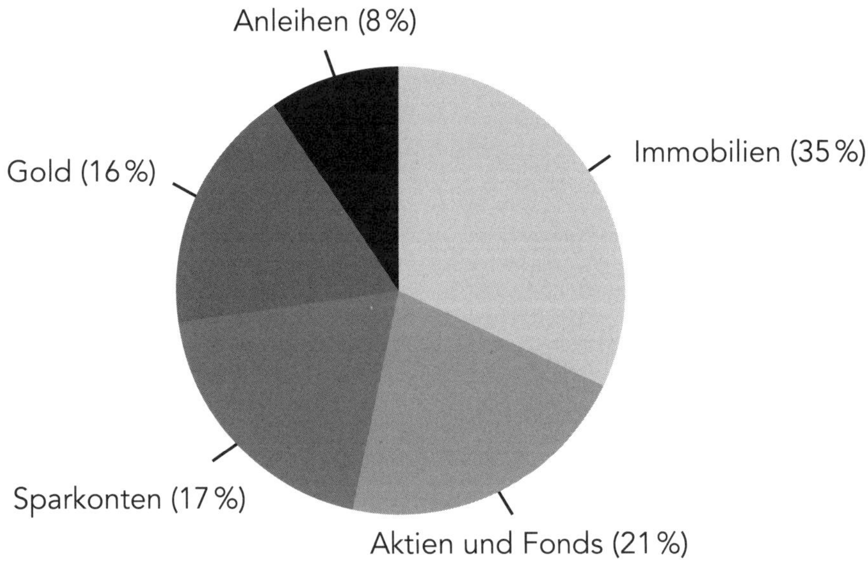

GRAFIK
Abb. 19

Für Deutschland liegt eine ähnliche Erhebung vom Deutschen Sparkassen und Giroverband vor.* Laut dem »Vermögensbarometer 2021« halten 19 Prozent der Menschen hierzulande eine Immobilie zum Vermieten und 18 Prozent eine Immobilie zur Selbstnutzung für am besten geeignet, um Vermögen aufzubauen. Davor liegen nur Aktien (25 Prozent), Investmentfonds (22 Prozent) und das Sparbuch (20 Prozent). Ganz so ausgeprägt wie in den USA ist die Vorliebe für Immobilien in Deutschland allerdings nicht, wie diese Umfrage zeigt.

Reality-TV-Shows sind kein Ersatz für das Lesen, für die selbstständige Recherche, welche Art von Objekten verfügbar sind. Sie ersetzen auch nicht den Austausch mit erfahrenen und kundigen Menschen. Wie jede andere Anlageart haben auch Immobilien ihre Risiken; Sie müssen also zuerst Ihre Hausaufgaben machen und sich umfassend informieren, bevor Sie Ihr Geld in eine bestimmte Art von Immobilien investieren. Befassen wir uns kurz damit, um welche Risiken es geht und worauf Sie achten müssen.

Unberechenbare Märkte

Wenn uns der Immobiliencrash des Jahres 2008 etwas gelehrt hat, dann ist es die Erkenntnis, dass die Märkte nicht immer berechenbar sind. Viele Menschen haben Geld verloren, als die Immobilienblase platzte und zu einer großen Rezession führte. Langfristig steigen die Immobilienpreise zwar, aber dafür gibt es keine Garantie.

Zinsen, Angebot und Nachfrage, die allgemeine wirtschaftliche Lage, Naturkatastrophen und andere unvorhersehbare Ereignisse und weitere Faktoren können den Wert und die erzielbare Mietrendite von Immobilien beeinflussen. Man sollte niemals eine Immobilie kaufen, ohne sich vorher ausgiebig die Gegend anzuschauen, in der das Objekt liegt, und sich mit möglichen Entwicklungen zu befassen, die ihren Wert beeinträchtigen könnten.

---

* Quelle: Vermögensbarometer 2021, Seite 23: file:///C:/Users/Judith%20Engst/AppData/Local/Temp/20211028_Broschuere.pdf

Liquititätsmangel

Immobilien lassen sich in der Regel nicht schnell verkaufen, wenn man dringend Geld braucht, sofern man nicht bereit ist, jeden angebotenen Kaufpreis zu akzeptieren. Dies kann zu erheblichen finanziellen Verlusten führen.

Gegen das Liquiditätsproblem kann man nicht viel tun, aber wenn Sie Inhaber vermieteter Wohnimmobilien und zudem knapp bei Kasse sind, könnten Sie das Eigenkapital anzapfen. Sie könnten einen Kredit aufnehmen und dabei Ihre Immobilien beleihen. Wenn Sie eine Gewerbeimmobilie besitzen, könnten Sie die Immobilie auch als Sicherheit für ein gewerbliches Darlehen einsetzen.

In den USA besteht überdies die Möglichkeit einer Cash-out-Refinanzierung, bei der eine alte Hypothek durch eine neue ersetzt wird, die auf dem Eigenkapital des Hauses basiert, aber höher ist als der tatsächlich geschuldete Betrag für das Haus. Die Differenz zwischen dem tatsächlich geschuldeten Betrag und dem Betrag des neuen Kredits wird Ihnen in bar ausgezahlt.

Instandhaltung und weitere Pflichten des Eigentümers

Wenn Sie Leute kennen, die Wohnungen vermieten, haben Sie bestimmt auch schon gehört, mit welchen Schwierigkeiten man dabei bisweilen zu kämpfen hat: Schäden, die umgehend behoben werden müssen, damit sie sich nicht verschlimmern, die Vorbereitung und Durchführung von Wohnungsinspektionen, die Ausarbeitung rechtskräftiger Mietverträge, die Gewinnung langfristiger Mieter, die Einigung mit der Wohnungseigentümergemeinschaft bei Wohnanlagen, Gewerbebauten mit mehreren Einheiten oder bei Mehrfamilienhäusern und andere Aufgaben, die dafür sorgen, dass die Instandhaltung des Objekts nicht immer einfach ist. Vielleicht gerät man auch an einen Problemmieter, einen »Mietnomaden«, der die Miete nicht mehr zahlt oder die Wohnung beschädigt.

Dieses Risiko lässt sich etwas vermindern, indem man sich die Mietinteressenten genauer anschaut, bevor der Vertrag unterschrieben wird und ihren finanziellen Hintergrund sowie ihre Bonität überprüft. Erkundigen Sie sich nach Referenzen von früheren Vermietern, lassen Sie sich eine Bonitätsauskunft vorlegen (in Deutschland etwa eine Schufa-Selbstauskunft) und verwenden Sie einen professionellen Mietvertrag, den Sie mit den Mietern vorher durchsprechen.

Negativer Cashflow

Damit ein Mietobjekt eine gute Investition ist, muss es mehr Geld einbringen, als Sie benötigen, um die Ausgaben zu decken, wie etwa Hypothekenzahlungen, Grundsteuern und Instandhaltungskosten. Wenn Ihre Aufwendungen für das Objekt höher sind als Ihre dadurch erzielten Einnahmen, liegt ein negativer Cashflow vor und es ist kein erfolgreiches Investment. Ein negativer Cashflow kann entstehen, wenn eine zu niedrige Miete verlangt wird, die Instandhaltungs- oder die Finanzierungskosten zu hoch sind, keine Mieter für das Objekt zu finden sind oder andere Belastungsfaktoren vorhanden sind. Um einen negativen Cashflow zu vermeiden, sollten Sie vorab realistisch prüfen, welche Miete Sie verlangen können, wie es um die Vermietbarkeit des Objekts steht und ob die Lage der Immobilie günstig ist.

Unerwartete Probleme mit der Bausubstanz

Wenn Sie sich darüber freuen, dass Sie das Objekt günstig erwerben konnten, nach kurzer Zeit aber feststellen, dass das Fundament des Hauses umfassend saniert werden muss, war der Kauf kein gutes Geschäft. Die Behebung unerwarteter Probleme mit der Bausubstanz kann viel Geld kosten und Ihr gesamtes Immobilienprojekt zum Scheitern bringen. Ziehen Sie immer einen professionellen Immobilien-Sachverständigen hinzu, bevor Sie ein Objekt kaufen. Der Verkäufer ist zwar verpflichtet, auf bestehende Mängel hinzuweisen, es kann aber auch Probleme geben, die dem Verkäufer unbekannt sind. Über alle größeren Mängel und Probleme informiert zu sein, bevor man ein Objekt kauft, lohnt den Aufwand für die Expertise des Sachverständigen allemal.

Ungünstige Lage

Die Umgebung verändert sich im Lauf der Zeit und wird entweder attraktiver oder weniger attraktiv für neue Mieter. Sie werden sich nicht schwertun, Mieter für ein Objekt in begehrter Lage zu finden, es dürfte jedoch schwieriger werden, wenn die Immobilie in einem ungünstigen Umfeld liegt. Auch wenn die Lage zum Zeitpunkt Ihres Kaufes akzeptabel erscheint, kann durch eine ungünstige Entwicklung der Umgebung eine Wertminderung eintreten, was bedeutet, dass Sie bei einem Verkauf Ihres Objekts möglicherweise nicht mehr den Preis erzielen, den Sie gezahlt haben.

Sammeln Sie vor dem Kauf so viele Informationen wie möglich über das Objekt, das Sie ins Auge gefasst haben, um das Risiko zu verringern, dass Sie von einer ungünstigen Entwicklung des Umfelds überrascht werden. Informieren Sie sich, welche Schulen es im näheren Umkreis gibt, wie gut öffentliche Verkehrsmittel, Einkaufsmärkte, Ärzte und Freizeiteinrichtungen erreichbar sind, welche Mietpreise im Vergleich zu anderen Gebieten gerechtfertigt sind und was sonst noch alles dafürspricht, dass es sich um eine gute Lage handelt.

Wie bei jeder anderen Anlageart können Sie nicht alles nachprüfen und abwägen, was möglicherweise schiefgehen könnte. Doch eine sorgfältige Recherche, der Austausch mit den richtigen Leuten, der Abschluss der richtigen Versicherungen, das Ausfindigmachen passender Mieter und Objekte, die Sie vermieten – all dies kann Ihnen helfen, die Risiken abzufedern und Ihr Investment erfolgreich zu gestalten.

Unterschiedliche Möglichkeiten der Geldanlage in Immobilien

Der Sammelbegriff Immobilien umfasst viele Arten von Grundeigentum und Mietobjekten. Man kann ein Stück Land erwerben und auf eine Wertsteigerung hoffen oder ein Mehrfamilienhaus mit zwölf Wohneinheiten. Man kann eine Gewerbeimmobilie kaufen, ein Bürogebäude oder ein Einfamilienhaus.

In welche Art von Immobilie Sie investieren, wird auch davon abhängig sein, wie Ihre finanzielle Situation aussieht, wie hoch Ihre Risikotoleranz ist, wo Sie leben und über welche Erfahrungen Sie verfügen. Es ist am besten, klein anzufangen, im Laufe der Zeit immer mehr dazuzulernen und langsam die Komplexität der Investments zu erhöhen, wenn Sie mehr Erfahrungen gesammelt haben. Grundsätzlich lassen sich Immobilienobjekte in drei Kategorien unterteilen: Wohnimmobilien, Gewerbeimmobilien und Grundstücke.

Wohnimmobilien

Abb. 20

Wohnimmobilien sind die beliebteste Immobilienart bei Investoren, und zwar aus gutem Grund. Sie sind jener Immobilienbereich, in dem angehende Investoren am leichtesten Fuß fassen können und in dem Sie, abhängig davon, wo Sie wohnen, auch keine gigantischen Summen für den Einstieg aufbringen müssen.

> *Vermieter werden im Schlaf reich.*
>
> JOHN STUART MILL

In Deutschland sollten Sie allerdings stets bedenken, dass das Wohnraummietrecht sehr stark auf Mieterschutz ausgerichtet ist. So ist beispielsweise die ordentliche Kündigung der Mieter nur unter sehr speziellen Voraussetzungen möglich (vor allem bei Eigenbedarf). Auch gibt es gesetzliche Vorschriften zur Beschränkung der Miethöhe bzw. der maximal zulässigen Mieterhöhungen.

Im Bereich der Wohnimmobilien gibt es für Anleger verschiedene Möglichkeiten. Wir haben es hier zu tun mit Einfamilienhäusern, Reihenhäusern und Eigentumswohnungen innerhalb eines Mehrfamilienhauses oder einer Wohnanlage.

EINFAMILIENHÄUSER

Ein Einfamilienhaus ist, wie der Name schon sagt, ein Wohnhaus für einen einzelnen Haushalt. Es ist der häufigste und der Standard-Immobilientyp. Laut dem Statistikportal Statista gibt es in den USA 213,3 Millionen und in Deutschland 16,0 Millionen Einfamilienhäuser.

Ein Einfamilienhaus ist freistehend und hat keine gemeinsamen Mauern oder Flächen mit Nachbarhäusern. Das Grundstück, auf dem ein solches Haus steht, ist gewöhnlich ein Teil des gesamten Objekts.

Von den in den USA existierenden Einfamilienhäusern waren 2019 rund zwölf Millionen vermietet, die damit ein Drittel aller Mietobjekte ausmachten. Diese Zahl ist ein Hinweis auf die Chancen, die für Investoren bestehen. Gleichwohl ist zu beachten, dass man mit einem Einfamilienhaus nicht dieselbe Mietrendite wird erzielen können wie mit einem größeren Mehrfamilienhaus. Es ist aber auch möglich, mehrere Einfamilienhäuser zu vermieten.

Die Investition in ein Einfamilienhaus bietet Steuervorteile, man kann es verkaufen, wenn man es nicht mehr haben will, der Finanzierungsaufwand hält sich meist in einem vernünftigen Rahmen und man findet gewöhnlich schnell Mieter für ein solches Objekt.

Neben dem begrenzten Gewinnpotenzial bestehen die Nachteile eines Einfamilienhauses darin, dass im Lauf der Zeit Reparaturen und Instandhaltungsmaßnahmen erforderlich werden, dass auch ein zeitweiliger Leerstand nicht auszuschließen ist und dass es weniger Finanzierungsoptionen gibt als bei anderen Immobilienarten. In Deutschland kommen außerdem noch die beträchtlichen Nebenkosten (Maklergebühr, Notar, Grundbuchkosten, Grunderwerbsteuer) bei einem Kauf bzw. Verkauf hinzu.

REIHENHÄUSER

Reihenhäuser sind gewöhnlich zwei- bis dreistöckige Wohnhäuser, die mit anderen Wohnhäusern verbunden sind. Jedes Haus besitzt einen eigenen Eingang, meist an der Vorder- und an der rückwärtigen Seite. Das Grundstück, auf dem ein Reihenhaus liegt, gehört gewöhnlich zum Objekt, oft gehört es aber auch der gesamten Eigentümergemeinschaft, deren Mitglieder dann Inhaber der einzelnen Reihenhäuser sind.

Reihenhäuser können entlang von innerstädtischen Straßen gebaut werden oder in Vorortsiedlungen. In Städten bilden sie oft typische »Reihenhaus-Siedlungen«. Manchmal (eher in Vorortsiedlungen) unterhalten sie als Wohnungseigentümergemeinschaften (kurz WEG) gemeinschaftliche Einrichtungen wie Tennisplätze, Schwimmbäder oder Parks. Vermietete Reihenhaus-Komplexe haben meist eine Hausverwaltung, die Richtlinien für die Instandhaltung und das Erscheinungsbild der Objekte festlegt. Für ihre Tätigkeit verlangt die Hausverwaltung eine Vergütung von den Eigentümern.

Reihenhäuser zu kaufen, um sie zu vermieten, kann aus mehreren Gründen vorteilhaft sein. Sie sind gewöhnlich preisgünstiger als Einfamilienhäuser und erfordern oft weniger Instandhaltungsaufwand, weil weniger Grundstücksfläche zu verwalten ist. Reihenhäuser liegen häufig in gefragten Wohngebieten, nicht weit entfernt von Straßen und Schulen und sind dadurch attraktiv für Mieter. Zu ihren Nachteilen zählen die Kosten für die Hausverwaltung und ein geringeres Wertsteigerungspotenzial als bei Einfamilienhäusern.

EIGENTUMSWOHNUNGEN

Eigentumswohnungen sind abgetrennte Wohneinheiten in größeren, mehrstöckigen Wohnhäusern. Wie Reihenhäuser teilen sie Mauern mit Nachbarwohnungen, grenzen aber auch an benachbarte Wohneinheiten, die über oder unter ihnen liegen. Die Inhaber von Eigentumswohnungen bilden in Deutschland üblicherweise die bereits erwähnten Wohnungseigentümergemeinschaften (WEGs). Jedem WEG-Mitglied gehört jeweils die Eigentumswohnung als sogenanntes Sondereigentum. Der WEG zusammen gehört das Gemeinschaftseigentum, sprich die tragenden sowie zur gemeinsamen Nutzung bestimmten Gebäudeteile sowie üblicherweise auch das Grundstück. Ebenfalls zum Gemeinschaftseigentum gehören Einrichtungen wie Aufzüge, Parkplätze, Hauseingangsbereiche, Dächer und Erholungsflächen.

ANMERKUNG

Ein Wohngebäude mit mehr als fünf Wohneinheiten gilt in den USA gewöhnlich als gewerbliches Objekt. Dies kann sich für Käufer auch auf die Art der Finanzierung auswirken. In Deutschland sind auch solche Wohngebäude oft in privater Hand. Allerdings gehören sie dann Wohnungseigentümergemeinschaften (WEGs).

Die Bewohner zahlen monatliche Raten, das sogenannte Hausgeld, das für die Deckung der Kosten der gemeinschaftlich genutzten Einrichtungen verwendet wird. Im Hausgeld enthalten ist in Deutschland zudem die sogenannte Instandhaltungsrücklage, eine Art Sparguthaben, das aufgebaut wird, um später größere Investitionen für die Renovierung und Modernisierung des Gemeinschaftseigentums stemmen zu können. Weil sich der Eigentümer nicht selbst um die Instandhaltung kümmern muss – das übernimmt die Hausverwaltung –, ist der Kauf und die Vermietung von Eigentumswohnungen ein Immobilieninvestment, das mit relativ wenig Aufwand verbunden ist. Sie müssen sich nur um die Pflege und Wartung des Inneren Ihrer Eigentumswohnung kümmern. Inwiefern sich die Hausverwaltung auch um die Vermietung der jeweiligen Wohneinheit und um die Anliegen der Mieter kümmert, muss allerdings speziell vereinbart werden.

Nicht nur ihre Instandhaltung ist relativ unproblematisch, Eigentumswohnungen sind auch erschwinglich und bieten zahlreiche Annehmlichkeiten, die ihrer Vermietbarkeit zugutekommen. Sie liegen meist in attraktiven Wohngegenden. Ein Nachteil neben dem zu zahlenden Hausgeld besteht darin, dass es nur eingeschränkte Möglichkeiten gibt, das Objekt zu verbessern und seinen Wert zu steigern, wodurch das Aufwertungspotenzial des Objekts begrenzt wird. Die Preise von Eigentumswohnungen reagieren auch sensibler auf Marktzyklen als andere Arten von Wohnimmobilien und es kann möglicherweise schwieriger sein, eine Finanzierung dafür zustande zu bringen. In Deutschland sind außerdem Streitereien innerhalb der WEG, etwa über anstehende Instandhaltungsmaßnahmen oder über Maßnahmen, die einzelne Mitglieder an ihren Wohneinheiten vornehmen, sehr häufig. Sie münden nicht selten in einen Gerichtsprozess.

Mehrparteienhäuser (USA)

Mehrparteienhäuser, die im Kern Einfamilienhäuser sind, die gemeinsame Mauern haben, können sehr interessante Anlagemöglichkeiten bieten. Mehrparteienwohnanlagen, die zwei Wohnungen (Duplex), drei Wohnungen (Triplex) oder vier Wohnungen (Quattroplex) umfassen, werden oft auf Grundstücken in Gegenden gebaut, in denen ein Mangel an Baugrundstücken herrscht, um den vorhandenen Platz maximal zu nutzen. Es kommt häufiger vor, dass Anleger ein Mehrparteienhaus kaufen und selbst in einer der Wohnungen wohnen und die übrigen Wohnungen vermieten.

GRAFIK

Abb. 21

Mehrparteienhäuser sind relativ problemlos zu verwalten und kosteneffizienter als Einfamilienhäuser. Mehrparteienhäuser mit maximal fünf Wohneinheiten werden in den USA gewöhnlich als Wohnimmobilie eingestuft, jene mit mehr als fünf Wohneinheiten hingegen als gewerbliches Immobilienobjekt. Mehrparteienhäuser bieten zahlreiche Vorteile, können aber relativ hohe Versicherungskosten verursachen.

In Deutschland zählen solche Objekte wahlweise zu den Einfamilien- oder den Reihenhäusern. Sie stehen meist im Privateigentum, mitunter gehören sie auch einer WEG.

Gewerbeimmobilien

GRAFIK

Abb. 22

Gewerbeimmobilien erfordern gewöhnlich größere Anlagesummen als Wohnimmobilien, können aber auch wesentlich höhere Erträge abwerfen. Zudem ist es häufig leichter, die Finanzierung für den Kauf einer Gewerbeimmobilie auf die Beine zu stellen als für eine Wohnimmobilie, weil gewerbliche Objekte einen höheren Cashflow liefern können. In Deutschland gilt außerdem: Für eine gewerbliche Vermietung greift nicht der spezielle Mieterschutz, der im Bereich von Wohnraummietverträgen Vermietern hierzulande das Leben mitunter schwer macht.

ANMERKUNG

Bei der Investition in Gewerbeimmobilien sollte man einen langfristigen Anlagehorizont mitbringen. Nach den Prognosen von Fachleuten wird beispielsweise in den USA die Zahl der Einkaufszentren und der Einzelhandelsgeschäfte um mehr als 25 Prozent sinken, weil die Verbraucher einen wachsenden Teil ihrer Einkäufe über das Internet tätigen. Laut den US Commercial Real Estate Services könnte die Nachfrage nach Büroflächen in den USA dauerhaft um bis zu 15 Prozent zurückgehen. Die Tendenz dürfte in Europa, und speziell in Deutschland, vergleichbar sein. Andererseits nimmt der Bedarf an Lagerfläche zu und viele Mehrfamilienhäuser sind voll belegt. Doch wie bei jeder anderen Anlageart werden Angebot und Nachfrage regeln, welche Arten von Immobilien sich künftig besser oder schlechter entwickeln. Wie bei den Wohnobjekten gibt es auch bei den Gewerbeimmobilien viele verschiedene Varianten wie etwa Mehrfamilienhäuser, Einzelhandelsimmobilien, Industrie- und Bürogebäude sowie Mischformen. Betrachten wir kurz die jeweiligen Vor- und Nachteile dieser Anlagen.

Einige Segmente des gewerblichen Immobilienbereichs – Hotels, Bürogebäude, Einkaufsmeilen und Restaurants – hatten stark unter den Auswirkungen der Covid-19-Pandemie zu leiden, andere Teile der Branche haben sich jedoch im Jahr 2021 wieder zu erholen begonnen.

Mehrfamilienhäuser

GRAFIK
Abb. 23

Mehrfamilienhäuser beherbergen, wie der Name sagt, mehrere Familien unter einem Dach. Die Wohnungen sind in der Regel größer und in vielfältigerer Weise nutzbar als bei den bereits vorgestellten Mehrparteienhäusern, weil zu diesem Segment unter anderem auch Apartmenthäuser, Studentenheime und Senioren-Wohngemeinschaften gezählt werden. Mehrfamilienhäuser sind natürlich teurer als Einfamilienhäuser, doch Finanzinstitute gewähren normalerweise bereitwillig Kredite für ihren Kauf. Das hängt damit zusammen, dass die Mieterschaft in diesen Objekten meist relativ konstant bleibt, auch wenn hin und wieder eine Familie auszieht, was bedeutet, dass ein regelmäßiger Cashflow vorhanden ist und nur ein geringes Risiko besteht, dass der Kreditnehmer zahlungsunfähig werden könnte.

Ein Investor, der sich ein Portfolio aus Mietimmobilien aufbauen möchte, ist mit einem Mehrfamilienhaus gut bedient, weil es eine größere Zahl von Wohneinheiten umfasst, sich zugleich aber die Aufgaben wie Inspektion, Instandhaltung und dergleichen bündeln lassen und damit überschaubar bleiben.

Die Verwaltung eines Mehrfamilienhauses kann zeitaufwendig sein, daher engagieren viele Eigentümer eine Hausverwaltung, welche die Suche nach neuen Mietern, die Durchführung von Instandhaltungsmaßnahmen und die Erstellung der jährlichen Betriebskostenabrechnungen, Wirtschaftspläne sowie andere regelmäßige Aufgaben übernimmt. Immobilienverwalter erhalten in Deutschland in der Regel eine fixe Vergütung für ihre Tätigkeit.

Einzelhandelsimmobilien

Einzelhandelsimmobilien sind ein breites Segment im Bereich der Gewerbeimmobilien und umfassen Einkaufszentren, freistehende Läden, Einkaufspassagen, Lebensmittelgeschäfte und Restaurants. Wie bereits erwähnt, leiden viele Einzelhandelsgeschäfte unter den veränderten Einkaufsgewohnheiten, und anderen haben darüber hinaus Schließungen oder ein Mangel an Kunden im Gefolge der Pandemie stark zugesetzt. Selbst große Namen wie die amerikanische Kaufhaus- und Versandhauskette Nordstrom waren betroffen; im Mai 2020 gab Nordstrom bekannt, dass sie aufgrund der Auswirkungen der

GRAFIK
Abb. 24

Pandemie dauerhaft 16 ihrer 116 Läden und drei Boutiquen schließen werde. Wenn große, stark frequentierte Läden zumachen – bekannte, profilierte Firmen, die kleineren Läden eine gewisse Hilfestellung bieten, indem sie einen großen Kundenstamm heranziehen –, werden auch andere Läden in einer Einkaufsmeile dadurch in Mitleidenschaft gezogen.

Doch der Mensch ist ein soziales Wesen, und nicht jeder möchte ausschließlich im Internet einkaufen. Ladenflächen werden bereits teilweise einer neuen Nutzung zugeführt und in »Erlebniszentren« umgewandelt, wo Kauflustige Produkte ausprobieren, Videofilme anschauen oder sich anderweitig unterhalten lassen können. So wurden in Standorten von Target, dem zweitgrößten Discount-Einzelhändler in den USA, Disney Stores eröffnet, und Apple Stores locken Kunden mit spezialisierten Dienstleistungen und bieten die Möglichkeit, die neuesten Produkte der Firma kennenzulernen. Main Street America, eine Organisation, die sich darum bemüht, in kleineren Städten und mittelgroßen Gemeinden alte Geschäftsviertel zu revitalisieren und neue Einkaufs- und Versammlungsmöglichkeiten und gastronomische Angebote zu schaffen, entwickelt sich prächtig und hat bereits mehr als 1600 Kommunen als Teilnehmer an ihrem Programm gewonnen.

ANMERKUNG

In Amerika gibt es eine spezielle Bezeichnung für jenes Segment des Einzelhandels (Retail), das Einkaufen mit Unterhaltung (Entertainment) verbindet: Man nennt es Retail-tainment.

Nach Ansicht vieler Analysten ist dies eine Weiterentwicklung des Einzelhandels und nicht dessen Ende, und sie glauben, dass deshalb Einzelhandelsflächen noch immer einen guten Marktwert haben. Wenn Sie eine Geldanlage im Einzelhandelsbereich erwägen, sollten Sie sich sorgfältig informieren über Trends, Lage, Kosten, Aussichten und andere Faktoren. Erkundigen Sie sich bei Mitgliedern kommunaler Planungskommissionen, bei Stadtentwicklungsbehörden oder Stadtplanern über vorgesehene Erweiterungen oder Planungen zur Schaffung neuer Einzelhandelsflächen. Investments im Einzelhandelsbereich zeichnen sich durch verschiedene Vorteile aus: lange Laufzeiten der Mietverträge, eine vielfältige Auswahl in Bezug auf die Größe und den Objekttyp, in die man investieren kann, höhere Renditen als bei Wohnimmobilien und weitere Faktoren. Es gibt allerdings auch Nachteile.

Außer dass sie sehr rasch auf die konjunkturelle Entwicklung reagieren, besteht bei Einzelhandelsobjekten auch das Risiko, dass sie hinfällig werden, wenn das Einkaufszentrum, in das sie eingebunden sind, geschlossen wird oder das Stadtviertel, in dem sie liegen, schwere Zeiten durchmacht. Dann wird es nahezu unmöglich, neue Mieter bzw. Pächter zu finden und Sie haben ein Objekt am Hals, das nicht mehr vermietbar ist.

Industrieobjekte

GRAFIK

Abb. 25

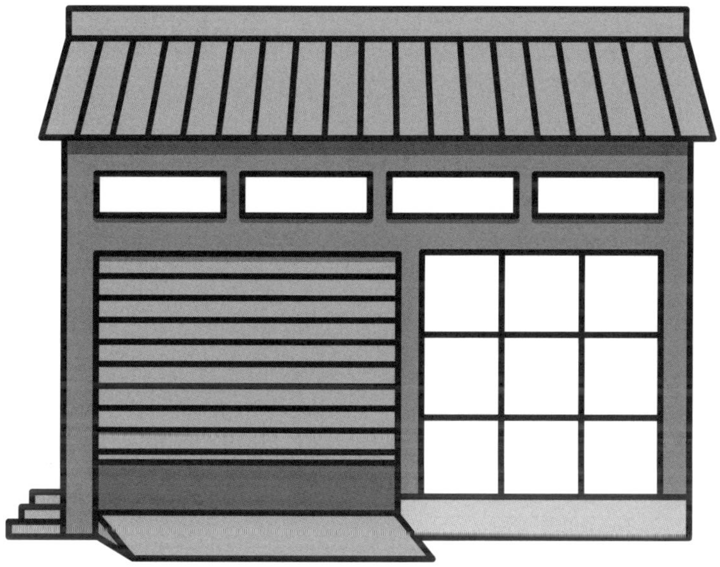

Hierbei handelt es sich um Immobilien, in denen Produkte entwickelt, hergestellt, gelagert oder ausgeliefert werden. Die Pandemie hat den Einzelhandel und andere Immobiliensektoren stark beeinträchtigt, doch die Industrie-Immobilien haben die Krise gut gemeistert, weil der Bedarf an Produktions- und Lagerkapazitäten gestiegen ist. Lagerhäuser und Logistikzentren waren besonders gefragt, weil die Bedürfnisse der Online-Käufer befriedigt werden mussten.

Industrieobjekte erfordern in der Regel hohe Investitionen, viele dieser Immobilien haben jedoch relativ niedrige Betriebskosten und sind weniger verwaltungsintensiv als andere Immobilienarten. Die Mietverträge für Industrieobjekte haben meist längere Laufzeiten und die Objekte sind resistenter gegenüber einer Rezession.

Mieter von Industriegebäuden interessieren sich für Merkmale wie Deckenhöhen, die verfügbare Bürofläche, die Zahl der Laderampen und natürlich die Lage. Industrie-Immobilien liegen gewöhnlich in der Nähe von großen Straßen oder Autobahnen, Bahnstationen oder Häfen, wenngleich sich in jüngster Zeit der Trend entwickelt hat, Lagerhäuser in der Nähe jener Wohngebiete zu bauen, in denen ihre Kunden leben. Dieser Bereich wird als letzte Meile bezeichnet und repräsentiert das letzte Wegstück, den finalen Teil im Auslieferungsprozess des E-Commerce.

Büroimmobilien

Bürogebäude können eine lukrative Anlage sein, doch auch dieser Bereich wurde durch die Covid-19-Pandemie hart getroffen, als Millionen Beschäftigte in das »Homeoffice« geschickt wurden. Im April 2021 erreichte in den USA die Leerstandsquote bei Bürogebäuden in Innenstadtbereichen mit 16,4 Prozent den höchsten Stand seit einem Jahrzehnt. Für Deutschland hat die Bundesbank auf Basis von Daten des Immobilien-

GRAFIK

Abb. 26

dienstleisters bulwiengesa eine entsprechende Statistik veröffentlicht.* Hier bewegten sich die Leerstandsquoten von insgesamt 127 Städten, darunter sieben Großstädten, Anfang 2021 bei knapp 4 Prozent.

Es gibt verschiedene Arten von Büroimmobilien, von kleinen freistehenden Bürogebäuden in Kleinstädten bis zu Hochhäusern in Großstädten. In einem großen Bürogebäude können viele Mieter untergebracht werden, was zu erklecklichen Mieteinnahmen führen kann. Häufig aber sind Bürogebäude mit hohen Betriebskosten verbunden.

Mischnutzung

Immobilien mit Mischnutzung sind Objekte, die sowohl Wohnraum als auch Gewerbeflächen umfassen. Die Palette reicht von sogenannten »Tante-Emma-Läden« mit Gütern des täglichen Bedarfs, wo die Eigentümer oft im selben Haus über dem Laden wohnen, bis zu Hochhäusern mit Firmenzentralen und Luxuswohnungen im obersten Stockwerk. Das Hudson Yards in der West Side von Manhattan ist ein Beispiel für Immobilien mit Mischnutzung, denn das Gebäude beherbergt Büroflächen, Einzelhandelsgeschäfte, Restaurants, Eigentumswohnungen, ein Hotel und einen Bauernmarkt.

Früher lagen Wohnungen, Einkaufsgeschäfte und Produktionsbetriebe in einem Stadtviertel oft in unmittelbarer Nachbarschaft. Im Zuge der Industrialisierung bildeten sich in den Städten unterschiedliche, voneinander abgegrenzte Bereiche heraus. Es entstanden Wohngebiete, in denen es nur Wohnhäuser gab, Gewerbezonen mit Ladengeschäften und Industriegebiete mit Fabriken.

Der Bedarf an Wohnungen führte schließlich in den Städten zum Bau von Gebäuden, die eine Mischnutzung ermöglichten, und es ist nicht ungewöhnlich, dass sich im Erdgeschoss ein Geschäft befindet und in den oberen Stockwerken Wohnungen.

Eine Investition in Immobilien für Mischnutzung hat Vor- und Nachteile. Die Eigentümer können mehr als nur eine Fläche vermieten und können die Kosten für Strom, Müllbeseitigung, Internetanschluss und Versicherungen auf die einzelnen Bereiche aufteilen. Dass man gewerbliche und Wohnungsmieter hat, kann ein gewisses Sicherheitspolster bei einem konjunkturellen Abschwung darstellen.

* Quelle: https://www.bundesbank.de/resource/blob/615372/dd525af90c9d3530a88993688592c19c/mL/20-leerstandsquote-fuer-bueroimmobilien-in-deutschland-data.pdf

Ein Nachteil von Immobilien für Mischnutzung besteht darin, dass in den USA spezielle Genehmigungen für die verschiedenen Nutzungsbereiche eingeholt werden müssen, was zeitaufwendig sein und Mühen und Kosten verursachen kann. In Deutschland haben Sie es als Investor üblicherweise mit einer Eigentümergemeinschaft zu tun, sofern Sie nicht alleiniger Inhaber des betreffenden Gebäudes sind. Und da die Kreditgeber sowohl die gewerbliche als auch die Wohnungsnutzung des Objekts berücksichtigen müssen, kann es mitunter schwierig sein, eine Finanzierung für ein solches Projekt zu bekommen.

Grundstücke

Die meisten Immobilienanleger entscheiden sich für Bestandswohnimmobilien oder für Gewerbeimmobilien, aber auch unbebaute Grundstücke sind eine Möglichkeit. Grundstücke haben eine grundlegende Gemeinsamkeit mit den anderen Arten von Immobilieninvestments: Wenn eine Aufwertung des Objekts möglich ist und man warten kann, bis diese sich realisiert, oder wenn man es verpachtet, wird man mit dem Investment einen Ertrag erzielen. Es gibt mehrere Möglichkeiten, ein Grundstück aufzuwerten. Wenn Sie die Zeit und die erforderliche Energie haben, können Sie unbebautes Land in einem gut zugänglichen Gebiet erwerben und die nötigen rechtlichen Schritte unternehmen, um eine Grundstückserschließung in die Wege zu leiten, wie etwa die Einstufung des Grundstücks im Flächennutzungsplan der Stadt oder der Gemeinde zu verändern, Bebauungsgenehmigungen zu beantragen oder die Erlaubnis zur Aufteilung des Grundstücks zu erwirken und dergleichen. Wenn dies erledigt ist, können Sie das Grundstück für die Erschließung vorbereiten, indem Sie einen Anschluss an die Wasserversorgung und die Abwasserentsorgung einrichten und Zufahrten bauen lassen.

Eine Grundstückserschließung ist kein einfaches Unterfangen und auch nichts, was man ohne fachkundige Unterstützung in Angriff nehmen sollte. Sie müssen sicher sein können, dass Ihre Anstrengungen dazu führen, dass das Grundstück schließlich bebauungsreif wird. Gelingt dies nicht, waren all Ihre Bemühungen umsonst und Ihre beträchtlichen finanziellen Aufwendungen waren vergeblich.

Eine andere Strategie besteht darin, einfach zu warten, bis sich eine Wertsteigerung des Grundstücks einstellt. Grundstücke zu kaufen in einer Region, der Wachstumspotenzial zugeschrieben wird, erhöht die Chancen auf eine Wertsteigerung. Gebiete, die über größere Straßen erreichbar sind, werden eher zu Wachstumsregionen werden, ebenso jene, die bereits an Versorgungseinrichtungen angeschlossen sind. Man könnte auch Land pachten. Viele Landwirte zum Beispiel pachten Agrarflächen, um dort Feldfrüchte anzubauen oder Tiere zu züchten. Manche Grundstückseigentümer verpachten Land als Stellplatz an Besitzer von Booten oder Reisemobilen, andere verpachten Waldgebiete an Jäger.

INTERESSANTE FAKTEN

Wenn Sie noch nichts von CurbFlip gehört haben, wird diese US-amerikanische Erfindung Sie wahrscheinlich interessieren. CurbFlip ist eine App, die häufig als »das Airbnb für Parkplätze« bezeichnet wird, denn sie ermöglicht es Menschen, die ungenutzte Parkplätze besitzen – wie zum Beispiel eine Zufahrt –, diesen Platz an jemanden zu vermieten, der einen Stellplatz sucht. So ergab eine kurze Recherche auf der Internetseite von CurbFlip zum Beispiel, dass in Washington D.C. eine Zufahrt in der Nähe verschiedener Sehenswürdigkeiten und der U-Bahn für 450 Dollar im Monat vermietet wird, und ein Fahrweg in der Nähe des Flughafens von Miami wurde für 40 Dollar pro Tag angeboten. In Deutschland ist CurbFlip allerdings noch nicht angekommen. Aber das könnte sich durchaus noch ändern.

Was immer Sie mit dem Grundstück vorhaben, das Sie erwerben wollen, es empfiehlt sich in jedem Fall, vorher Ihre Pläne mit städtischen Behörden, Stadtplanern, einem Anwalt oder Steuerberater zu besprechen. Konsultieren Sie ebenfalls andere Personen, die sich mit der Nutzung von Grundstücken und in anderen Fragen auskennen, die Auswirkungen haben können auf Ihren Kauf und Ihre beabsichtige Nutzung des Grundstücks.

REITs und Immobilienfonds

Wenn Sie in Immobilien investieren möchten, aber nicht die Verpflichtungen übernehmen wollen, die mit dem Besitz physischer Immobilien verbunden sind, können Sie Real-Estate-Investment-Trusts (REITs) oder offene sowie geschlossene Immobilienfonds ins Auge fassen, das sind Kapitalsammelstellen, welche die Gelder einer größeren Zahl von Anlegern bündeln und im Immobiliensektor investieren. Die Einnahmen und Erträge aus diesen Objekten werden dann als Dividenden an die Anteilseigner ausgeschüttet.

REITS gibt es in Deutschland allerdings nur eine Handvoll, das Modell hat sich, anders als in den USA nicht so recht durchgesetzt. Es handelt sich um börsennotierte Immobiliengesellschaften, die mindestens 85 Prozent ihres Kapitals in Immobilien stecken und mindestens 75 Prozent ihrer Erträge als Dividenden ausschütten müssen. Dafür sind sie von der Gewerbe- und Kapitalertragsteuer befreit, die Besteuerung erfolgt auf der Ebene der Anteilsinhaber.

Daneben gibt es offene und geschlossene Immobilienfonds. Offene Immobilienfonds investieren in eine Vielzahl von Immobilien. Der Kauf von Anteilen ist jederzeit möglich, der Verkauf an bestimmte Kündigungsfristen gebunden (Haltefrist mindestens 24 Monate nach Kauf, Kündigungsfrist mindestens 12 Monate). Geschlossene Immobilienfonds investieren üblicherweise nur in ein bestimmtes Objekt, zumeist ein Gewerbe- oder Wohngebäude. Anteile können nur während der Zeichnungsfrist erworben und können erst nach Ende der Laufzeit wieder an den Fondsinitiator zurückgegeben werden.

MEIN TIPP

REITs und Immobilienfonds ermöglichen es, auch mit weniger Kapital in den Immobilienmarkt zu investieren. Bei offenen Immobilienfonds sollten Sie allerdings die gesetzlich vorgeschriebene Mindesthaltedauer und Kündigungsfrist beachten. Geschlossene Immobilienfonds sind häufig mit sehr hohen Gebühren fürs Fondsmanagement belastet, und nicht wenige geraten während des Projektverlaufs in wirtschaftliche Schwierigkeiten. Wer als Investor hier sein Geld anlegen möchte, sollte sich sehr gut im Immobilienmarkt auskennen und das jeweilige Projekt, dessen Geschäftsmodell und die prognostizierten Erträge sehr genau unter die Lupe nehmen.

Warum Ihr Eigenheim kein Investment ist

Ihr Heim, der Ort, an dem Sie jeden Morgen aufwachen, täglich einen großen Teil Ihrer Zeit verbringen und sich nachts schlafen legen, kann sehr vieles sein, aber nach meiner Auffassung ist es kein Investment – zumindest nicht im engeren Sinn des Wortes. Ein echtes Investment wirft Erträge ab und produziert Einkommen. Eine selbstgenutzte Wohnung erfüllt nur selten diese Kriterien. Da Eigenheime meistens mit Fremdkapital finanziert werden, übersteigen ihre Gesamtkosten (wenn man die Zinsen einrechnet) den späteren Verkaufspreis des Eigenheims oft bei weitem. Wenn die Zinsen hoch sind, ist es

INFLATIONSBEREINIGTE PREISE DER US-IMMOBILIEN SEIT 1900

GRAFIK

Abb. 27

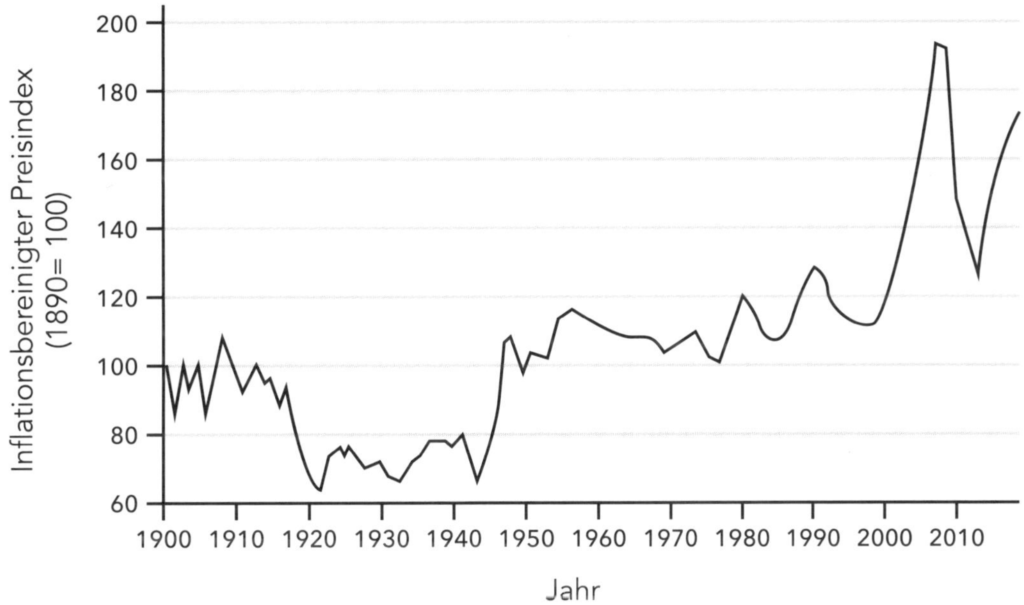

Quelle: Observations (ObservationsAndNotes.blogspot.com)

nicht ungewöhnlich, dass man für das Eigenheim insgesamt das Doppelte oder Zweieinhalbfache des Einstandspreises zahlt.

Viele Menschen betrachten ihr Eigenheim als eine großartige Anlage, die im Laufe der Zeit ihren Wert steigern wird und die sie dann für das Zwei- oder Dreifache dessen werden verkaufen können, was sie ursprünglich dafür gezahlt haben. Dadurch – so die gängige Meinung – lässt sich ein schöner Gewinn einstreichen. Das ist auch manchmal der Fall. Normalerweise aber steigt der Wert einer selbst genutzten Wohnimmobilie im Laufe der Zeit nur etwas stärker als die Inflation. Laut dem Case-Shiller Home Price Index, der die Preisentwicklung am US-amerikanischen Immobilienmarkt widerspiegelt, ist der Wert US-amerikanischer Immobilien über die Jahrzehnte inflationsbereinigt um knapp 1 Prozent gestiegen.

Auch für Deutschland gibt es Indizes, welche die Immobilienpreis-Entwicklung abbilden, so zum Beispiel der vdp-Immobilienpreisindex. Bis Ende der 2000er-Jahre sanken die Preise für Wohnimmobilien. Seit etwa 2010 steigen sie aber, zunächst gemächlich, zuletzt aber rasant.* Ob es bei solchen Preissteigerungen bleibt, darf bezweifelt werden und hängt nicht zuletzt von der Zinspolitik der Europäischen Zentralbank ab. Ob Eigentümer einer Wohnimmobilie somit ihr Objekt teurer verkaufen können, ist keinesfalls sicher.

Weil Ihr Heim Ihnen und Ihrer Familie Unterkunft bietet, können Sie es nicht einfach verkaufen, wenn dafür auf dem Markt ein guter Preis zu erzielen wäre, so wie Sie es mit Aktien oder Anleihen oder anderen Anlagen tun können. Sie können das Eigenheim erst verkaufen, wenn Sie es nicht mehr zum Leben brauchen, und Sie haben keinen Einfluss darauf, in welcher Verfassung sich der Immobilienmarkt dann befinden wird. Diese Illiquidität beschränkt Ihre Fähigkeit, günstige Marktbedingungen zu nutzen.

---

* Quelle: https://www.baulinks.de/webplugin/2020/0235.php4

Zudem benötigen Sie wahrscheinlich das Geld, das Sie durch den Verkauf erlösen, um sich anderswo eine Bleibe zuzulegen. Wenn Sie in eine preisgünstigere Wohnung ziehen oder sich eine Mietwohnung nehmen, bleibt Ihnen vielleicht ein gewisser Gewinn, oft aber fließt der Verkaufserlös in das nächste Eigenheim.

Ein Eigenheim bietet die Möglichkeit, sich darüber Geld zu beschaffen, was sehr hilfreich sein kann, wenn Renovierungen anstehen oder die Ausbildung eines Kindes zu finanzieren ist. Sie können eine lastenfreie oder nahezu abbezahlte Immobilie (oder ein Baugrundstück) beleihen und dafür ein zinsgünstiges Hypothekendarlehen zur freien Verfügung in Anspruch nehmen. Voraussetzung für dieses Darlehen ist in der Regel, dass Sie über ein regelmäßiges Einkommen verfügen. Das Darlehen ist in festen Raten zu einem festgelegten Zinssatz zurückzuzahlen. In manchen Ländern wie beispielsweise den USA besteht auch die Möglichkeit, eine immobilienbezogene Kreditlinie (*home equity line of credit, HELOC*) in Anspruch zu nehmen, das ist ein Kreditspielraum, den man nach Bedarf in Anspruch nehmen kann, bis ein bestimmter Betrag erreicht ist. Bei einer Kreditlinie sind in der Regel keine festen Ratenzahlungen zu leisten, und der Zinssatz ist variabel. Diese Möglichkeit der Geldbeschaffung durch Beleihung eines Immobilienobjekts ist attraktiv, erzeugt jedoch auch eine Verbindlichkeit, denn der Immobilieneigentümer muss den Kredit mit Zinsen zurückzahlen. In Deutschland ist diese Form der Kreditaufnahme nicht üblich.

Eine andere Möglichkeit, sich über das Eigenheim Geld zu beschaffen, die Cash-out-Umschuldung (Umschuldung mit Auszahlung), ist ebenfalls bei uns unüblich, in den USA aber gang und gäbe: Hier wird eine bestehende Hypothek durch eine neue Hypothek ersetzt, die sich auf einen höheren Betrag beläuft, als Schulden auf der Immobilie lasten. Dadurch kann sich der Immobilieneigentümer die Differenz zwischen dem neuen Kreditbetrag und der laufenden Hypothek auszahlen lassen, abzüglich 20 Prozent Eigenkapital, das im Eigenheim verbleiben muss, und etwaiger Nebenkosten oder Gebühren.

Für Senioren gibt es zudem eine Möglichkeit, die in Deutschland noch recht neu ist, in den USA aber schon länger existiert: Die sogenannte Umkehr-Hypothek, eine Art der Immobilienverrentung. Dabei handelt es sich um einen Kreditvertrag, bei dem die Immobilie als Sicherheit dient. Abhängig von den Darlehensbedingungen kann der Kredit als Einmalbetrag oder in festen monatlichen Raten ausgezahlt werden und für die Deckung von Ausgaben eingesetzt werden, ohne dass der Hauseigentümer Hypothekenraten zu zahlen hat. Während der Laufzeit des Kredits steigen die Schulden des Hauseigentümers, und der Wert der Immobilie vermindert sich. Wenn der Eigentümer stirbt oder auszieht, wird der Erlös aus dem Verkauf des Hauses zur Begleichung sämtlicher Kosten verwendet, die mit der Umkehr-Hypothek verbunden waren, also der Kreditsumme, der Zinsen, der Gebühren und der Versicherungsprämien. Die Erben können auch die Hypothek ablösen und das Haus behalten, wenn sie wollen. Umgekehrte Hypotheken sind kompliziert und nicht für jedermann geeignet, daher sollte man sich eingehend über die Zusammenhänge informieren, wenn man ein solches Konstrukt ins Auge fasst. Das gilt erst recht in Deutschland, wo es noch keinerlei gesetzliche Rahmenbedingungen für derlei Konstrukte gibt. Verbraucherschützer warnen, dass die Gefahr groß ist, von den Anbietern solcher Umkehr-Hypotheken über den Tisch gezogen zu werden.

Es kostet viel Geld, in einem Haus zu leben und dieses instand zu halten. Neben den Kreditraten fallen die Kosten für Strom- und Wasserversorgung an, ferner sind Steuern und Versicherungen zu zahlen. Es müssen die laufenden Betriebskosten beglichen werden, und manchmal gibt es auch größere Ausgaben, wie beispielsweise für ein neues Dach. Im Laufe der Zeit können diese Kosten einen möglichen Wertzuwachs des Hauses leicht übersteigen.

Zweifellos bietet der Besitz eines Eigenheims viele Vorteile, und ich möchte Ihnen keineswegs davon abraten, ein Haus zu erwerben oder für längere Zeit zu behalten. Ich möchte nur aufzeigen, dass man die Thematik auch in einem anderen Licht sehen kann als üblich. Wenn Sie das Eigenheim für deutlich mehr Geld verkaufen können, als Sie dafür gezahlt haben und einen erklecklichen Gewinn einstreichen können, ist das schön für Sie. Aber unter dem Strich betrachtet, hätte es Ihnen wahrscheinlich mehr Vermögenszuwachs gebracht, wenn Sie das Geld, das Sie in Ihr Haus »investiert« haben, in andere Anlageklassen wie etwa Aktien gesteckt hätten.

ANMERKUNG

Wenn ich 400.000 Dollar zu investieren hätte und damit die bestmögliche Rendite erzielen möchte, würde ich das Geld, ohne zu zögern, in ein Investment-Portfolio stecken statt in ein Haus. 400.000 Dollar in ein Haus zu »investieren«, das mich über eine 30-jährige Hypothek das Zwei- oder Zweieinhalbfache dieses Betrages kosten würde, ist nicht zu vergleichen mit der Anlage dieses Betrages in einem Investment-Portfolio, das im Verlauf von 30 Jahren an Wert gewinnen wird. Legen wir die sogenannte 72er-Regel zugrunde, wonach sich eine Anlage bei 7 Prozent Ertrag alle zehn Jahre verdoppelt und bei 10 Prozent alle sieben Jahre, gehen wir von der niedrigeren Zahl aus und rechnen wir aus, wie viel diese 400.000 Dollar nach 30 Jahren wert sein würden. In diesen 30 Jahren würde sich das Geld dreimal verdoppeln: von 400.000 auf 800.000 Dollar, von 800.000 auf 1,6 Millionen Dollar und von 1,6 auf 3,2 Millionen Dollar. In einer Immobilie angelegt würden nach Case-Shiller diese 400.000 Dollar auf ungefähr 540.000 Dollar steigen oder um 1 Prozent über der Geldentwertungsrate, die in den USA seit 1926 bei durchschnittlich 3 Prozent im Jahr liegt.

Das Investment finanzieren, verwalten und sichern

Eine Geldanlage in Immobilien kann lohnend sein, erfordert aber Zeit, Anstrengung und Ressourcen. Sie müssen sich darüber klar werden, wie Sie Ihr Vorhaben finanzieren wollen und welchen Kreditbetrag Sie sich leisten können. Wenn Sie dann ein Darlehen erhalten und ein Objekt gekauft haben, muss dieses verwaltet und abgesichert werden, was zu einer ständigen Aufgabe wird.

Eine direkte Immobilienanlage, der Kauf eines Objekts, um es zu vermieten, ist nicht jedermanns Sache. Wenn Sie sich aber dazu entschließen, sollten Sie das Vorhaben gründlich planen und sich eingehend darüber Gedanken machen, wie Ihr Investment finanziert, verwaltet und abgesichert werden soll.

Die Immobilienanlage finanzieren

Seit dem amerikanischen Immobiliencrash von 2007/2008, der in die große Finanzkrise mündete, wurden die Kreditvergaberichtlinien der Banken drastisch verschärft. Heute bekommt nicht mehr praktisch jeder ohne Weiteres einen Immobilienkredit wie vor der Krise, Sie müssen vielmehr die Darlehensgeber überzeugen, dass Sie und Ihre geplante Anlage es verdienen, dass man Ihnen eine Chance gibt.

Das ist generell zu begrüßen, es heißt aber auch, dass Sie dem Kreditgeber überzeugend darstellen müssen, dass Sie wissen, was Sie tun, und sich über die Bedeutung und die Tragweite des Vorhabens, das Sie ins Auge gefasst haben, voll im Klaren sind. Sie müssen eine plausible Schätzung der Gesamtkosten vorlegen und imstande sein, diese zu erläutern. Es gibt unterschiedliche Arten von Kreditgebern und von Darlehen, und die Finanzierungsmöglichkeiten und die Regeln der Banken verändern sich ständig. Holen Sie sich auf jeden Fall professionellen Rat, bevor Sie eine Immobilienfinanzierung abschließen.

ACHTUNG

Versuchen Sie es unbedingt zu vermeiden, bei der kreditgebenden Bank um ein zweites Darlehen anzusuchen, weil das erste Ihren Kapitalbedarf nicht vollständig gedeckt hat. Dies führt dazu, dass Sie in den Augen der Bank an Kreditwürdigkeit einbüßen, was es erschweren kann, in der Zukunft einen weiteren Kredit zu erhalten. Außerdem verlangen die Darlehensgeber für einen zweiten Kredit in der Regel höhere Zinsen, was ins Geld gehen kann. Leihen Sie sich gleich beim ersten Mal die benötigte Summe.

Der Einsatz eines Hebels, also die Aufnahme von Fremdkapital, ist ein großer Vorteil für Immobilieninvestoren, denn es ermöglicht Ihnen, die Erträge Ihres Investments zu steigern. Richtig genutzt, ermöglicht es die Aufnahme von Fremdkapital, mit jedem Dollar oder Euro, der investiert wird, einen höheren Ertrag zu erwirtschaften und zugleich weniger eigenes Geld einsetzen zu müssen. Je mehr Geld Sie zur Verfügung haben, desto mehr Objekte können Sie erwerben. Wenn der Wert Ihrer Immobilie steigt oder Sie Einnahmen aus Vermietung erzielen, können Sie dieses Geld nutzen, um Ihr Darlehen zurückzuzahlen, um Renovierungen oder Verbesserungen vorzunehmen, die den Wert des Objekts erhöhen, oder um weitere Objekte zu erwerben.

Die Art des Darlehens, um das ein Investor nachsucht, ist abhängig von der Art der Immobilie, die erworben werden soll, und von weiteren Faktoren. Doch alle Darlehensarten haben einige Gemeinsamkeiten. Immer gibt es eine Kreditsumme, das ist die Kapitalsumme, die von der Bank geliehen wird. Alle Arten von Darlehen sind zinstragend, das ist die Gebühr, die der Kreditgeber für das Ausleihen des Geldes verlangt. Und alle Darlehensarten besitzen eine Laufzeit, das ist der Zeitrahmen, innerhalb dessen Sie das Darlehen zurückzahlen müssen.

Die Finanzierung einer Immobilieninvestition erfordert es, dass Sie sich mit den Hypothekenbedingungen, den Kreditmöglichkeiten und anderen Themen vertraut machen, was durchaus mühevoll sein kann; aber Ihre Mühe wird belohnt durch eine Vielzahl von steuerlichen Vorteilen, die mit Immobilieneigentum verbunden sind, und auf die wir Kapitel 11 »Steuerplanung« eingehen werden.

Das Immobilienobjekt verwalten

Befassen wir uns nun mit der Verwaltung der verschiedenen Arten von Immobilien, die wir vorgestellt haben. Aufgrund der Natur der Sache sind einige Immobilienarten leichter zu verwalten als andere.

REITs und Immobilienfonds sind eher pflegeleichte Investments und man muss nur ihre Wertentwicklung beobachten. Die anderen Immobilienarten müssen Sie entweder selbst verwalten oder Sie müssen jemanden engagieren, der diese Aufgabe für Sie übernimmt. Wenn Sie voll berufstätig sind und Ihre Geldanlagen als Nebenjob betrachten, kann es schwierig werden, die Immobilien in eigener Regie zu verwalten, und es erscheint sinnvoll, sich darüber Gedanken zu machen, wie Sie Ihre Zeit am besten nutzen können. Wenn Sie auf Ihr gesamtes Familienleben verzichten, weil Sie ständig mit Reparaturen und anderen Problemen der Mieter beschäftigt sind, wäre es die Kosten wert, jemanden zu beauftragen, der diese Dinge für Sie erledigt. Aber natürlich wird sich niemand so gewissenhaft um Ihr Mietobjekt kümmern wie Sie selbst, und die Verwaltung in eigener Regie bietet auch Vorteile. Eine Immobilienverwaltung verschlingt normalerweise einen erheblichen Teil des Mietertrags, wenn Sie die Arbeit also selbst erledigen, können Sie viel Geld sparen. Und Sie können auch ruhiger schlafen, wenn Sie wissen, dass Ihre Objekte optimal verwaltet werden.

Doch ein guter Verwalter hat auch einiges zu bieten, kennt sich aus mit den lokalen Regelungen und den steuerlichen Zusammenhängen und weiß, wie man passende Mieter findet für eine Wohnung und wie viel Miete für vergleichbare Wohnungen verlangt wird.

Wie Sie Ihr Immobilienobjekt verwalten, ist Ihre persönliche Entscheidung, und es gibt für beide Möglichkeiten Gründe, die dafür und die dagegen sprechen. Aber auch wenn Sie einen Hausverwalter haben, müssen Sie erreichbar sein, Konflikte beilegen und dringende Probleme in Angriff nehmen.

Das Immobilienobjekt absichern

Jedes Immobilieninvestment sollte mittels geeigneter Versicherungen geschützt und abgesichert werden. Wenn Sie Wohnungen besitzen und vermieten, brauchen Sie verschiedene Versicherungspolicen, insbesondere eine Gebäudeversicherung sowie eine Haus- und Grundbesitzer-Haftpflicht, die Sie gegen hohe Schadensansprüche schützt, denn Sie haften für alle Schäden, die Dritten wie Mietern, Besuchern oder Passanten im Zusammenhang mit der Immobilie widerfahren.

ANMERKUNG

Wie beim Abschluss aller anderen Versicherungen sollte man sich auch bei der Versicherung von Immobilienanlagen an qualifizierte Fachleute wenden.

Wenn Sie die Mieteinnahmen, die Sie mit Ihrem Objekt erzielen, für Ihren Lebensunterhalt benötigen, sollten Sie auch den Abschluss einer Mietausfallversicherung ins Auge fassen, die Sie vor Verlusten durch längere Leerstände schützt. Ein Leerstand kann unerwartet eintreten und lässt sich nicht vorhersagen. Sie sollten zwar bei den Projektionen für Ihre Einnahmen und Ausgaben auch die Möglichkeit von Leerständen einkalkulieren; eine Mietausfallversicherung kann aber von unschätzbarem Wert sein, wenn Ihre Immobilie durch Brand, Überflutung oder andere Ereignisse unbewohnbar wird.

Sie erinnern sich vielleicht, dass ich weiter vorn in diesem Buch dafür plädiert habe, die persönliche Haftung zu begrenzen, indem man eine Gesellschaft für beschränkte Haftung (GmbH) gründet, die das Privatvermögen im Fall von Klagen schützt. Wie Sie wissen, kommt es nicht selten zu Prozessen, die hohe Kosten verursachen können. In den USA gibt es auch die Form einer Series LLC (*series limited liability company, SLLC*), die eine Gruppe von Vermögensanlagen schützt und diese gegeneinander abschottet vor einer potenziellen Haftung für die anderen, was sinnvoll erscheint, wenn man mehrere Immobilien besitzt. In Deutschland gibt es nichts Vergleichbares. Doch lohnt sich die Überlegung, ob eine GmbH nicht das Richtige für Ihre Immobilien-Investments ist. Die Gründung ist auch schon möglich, wenn Sie nur eine einzige Immobilie kaufen möchten. Sie können eine Gesellschaft mit beschränkter Haftung alleine oder mit Partnern betreiben. Eine GmbH schützt nicht nur das Privatvermögen, sie kann es auch erleichtern, ein Darlehen zu erhalten, und bietet manchmal gewisse steuerliche Vorteile, auf die wir in Kapitel 11 eingehen werden.

Neben der Errichtung einer Gesellschaft mit beschränkter Haftung können Sie noch weitere Maßnahmen ergreifen, um Ihre Haftung zu begrenzen, indem Sie sicherstellen, dass Ihre Objekte gut instandgehalten werden und dass alles dokumentiert wird, was Sie zu deren Absicherung unternehmen. Sie sollten regelmäßige Überprüfungen durchführen (oder durch die Hausverwaltung durchführen lassen), um größere Schäden, strukturelle Probleme oder andere Schwachpunkte offenzulegen. Wählen Sie Ihre Mieter mit Umsicht und achten Sie darauf, dass Sie hieb- und stichfeste Mietverträge haben, in denen die Pflichten von Mieter und Vermieter klar geregelt sind.

Kapitelzusammenfassung

- Geldanlage in Immobilien bietet Vorteile, birgt aber auch Risiken.
- Die wichtigsten Arten von Immobilienanlagen sind Wohn-, Gewerbe- und Industrieimmobilien.
- REITs und Immobilienfonds ermöglichen eine Diversifikation im Immobiliensektor, ohne dass man physische Immobilienobjekte erwerben muss.
- Aus verschiedenen Gründen ist eine selbstgenutzte Wohnimmobilie keine Immobilieninvestition.
- Sie können sich selbst und Ihre Immobilien durch die richtigen Versicherungen schützen, sofern diese stets auf dem aktuellen Stand gehalten werden, und Sie können eine Gesellschaft mit beschränkter Haftung gründen, um Ihr persönliches Haftungsrisiko zu begrenzen.

TEIL II

ANLAGESTRATEGIEN UND -TAKTIKEN

| 5 |
Die Zeit für sich arbeiten lassen

Kapitelüberblick

- Investmentrendite
- Inflation
- Die richtige Anlagemischung finden
- Investieren in Fonds

ZITAT

> *Der Zinseszinseffekt ist wie das achte Weltwunder. Wer ihn versteht, verdient daran, alle anderen bezahlen ihn.*
>
> ALBERT EINSTEIN

In der Welt der Geldanlage ist Zeit ein kostbares Gut. Aus diesem Grund legen Ihre Eltern, die viel früher in den Ruhestand gehen werden als Sie, Wert darauf, dass Sie rechtzeitig Geld ansparen für Ihren eigenen Ruhestand, auch wenn Sie selbst im gegenwärtigen Augenblick vielleicht meinen, dass tausend andere Dinge wichtiger seien. Aber vielleicht haben Sie bereits erkannt, dass Ihre Eltern Recht haben. Je früher Ihr Geld investiert wird, umso mehr Zeit steht zur Verfügung, um seinen Ertrag zu steigern und das Kapital zu mehren.

BEISPIEL

Nehmen wir als Beispiele einen 25-Jährigen, der anfängt, jeden Monat 200 Dollar zur Seite zu legen, und einen 35-Jährigen, der ebenfalls beginnt, 200 Dollar im Monat zu sparen. Beide Anleger erzielen dieselbe jährliche Rendite, nämlich durchschnittlich 6 Prozent. Obwohl der 35-Jährige später begonnen hat, wird er mit 65 Jahren nur 24.000 Dollar weniger investiert haben als der heute 25-Jährige. Doch wenn der 25-Jährige in den Ruhestand geht, wird das Kapital, das ihm zur Verfügung steht, um 200.000 Dollar höher sein. Das ist die Macht der Zeit.

Dass der 35-Jährige weniger erfolgreich ist als der 25-Jährige, liegt am Phänomen des »Zinseszinses«. Der Zinseszins ist nicht besonders schwer zu verstehen, doch dass sich die Öffentlichkeit seiner Macht so wenig bewusst ist, das ist schon erstaunlich. Wenn Sie Zinszahlungen, Dividenden oder Kapitalerträge erhalten, haben Sie die Möglichkeit, diese Beträge in die ursprüngliche Anlage zu reinvestieren. Im Lauf der Zeit werfen Ihre

Zinseinnahmen dann selbst Zinsen ab, und Ihre Dividendenzahlungen beginnen eigene Dividenden hervorzubringen. Der kumulative Effekt ist exponentieller Natur und kann von entscheidender Bedeutung sein für Ihre Vermögensbildung.

Um die Macht des Zinseszinses zu veranschaulichen, nehmen wir ein hypothetisches Investment von 500 Dollar, das 10 Prozent Zinsen im Jahr abwirft. Wie bereits erwähnt, sind die Aktienkurse in den vergangenen 100 Jahren um durchschnittlich 10 Prozent pro Jahr gestiegen.

GRAFIK

Abb. 28

EINLAGE = 500 DOLLAR ZINSSATZ = 10 %	
ANZAHL DER JAHRE	**ANLAGEWERT**
5	\$805,26
10	\$1.296,87
15	\$2.088,62
20	\$3.363,75
25	\$5.417,35
30	\$8.724,70
35	\$14.051,22
40	\$22.629,63
45	\$36.445,24

Dank des Zinseszinses steigt der Wert dieser Anlage von 500 Dollar nach 45 Jahren auf 36.500 Dollar. Für einen 25-jährigen Anleger, der etwa mit 70 Jahren in den Ruhestand gehen möchte, bietet sich hier dank des Zinseszinses eine gewaltige Hebelmöglichkeit. Eine beliebte und einfache Methode zur Berechnung des Ertrags einer Anlage, bei der die Zinsen reinvestiert werden, ist die sogenannte 72er-Regel. Sie besagt folgendes: Wenn man die Zahl 72 durch den jährlichen Zinssatz dividiert, erhält man die Zahl der Jahre, die für eine Verdoppelung des Kapitals erforderlich sind.

Kehren wir zurück zu unserem Beispiel mit 500 Dollar. Wenn wir ermitteln wollen, wie lange es dauert, bis sich diese Anlage auf 1.000 Dollar verdoppelt, müssen wir folgende Berechnung durchführen:

GRAFIK

Abb. 29

72 : 10 = Die Zahl der Jahre, die erforderlich sind für eine **Verdoppelung** der Anlagesumme bei einem jährlichen Zinssatz von 10 % **= 7,2 JAHRE**

In der 72er-Formel wird der Zinssatz als ganze Zahl und nicht als Prozentwert ausgedrückt. Das heißt, unsere 10 Prozent Zinsen werden als die Zahl 10 und nicht als 10 Prozent angegeben.

Die Rendite errechnen

Die Rendite, die sich mit einer Anlage erzielen lässt, wird errechnet, indem man den gegenwärtigen Wert eines Investments zur ursprünglichen Anlagesumme ins Verhältnis setzt. Die Höhe der Rendite (des Ertrags) wird gewöhnlich als prozentualer Wert angegeben und folgendermaßen berechnet:

(gegenwärtiger Wert des Investments – ursprüngliche Anlagesumme) / (ursprüngliche Anlagesumme)

Eine Aktie, die 2017 für 30 Dollar gekauft wurde und im Jahr 2035 90 Dollar kostet, hat eine Rendite von 200 Prozent erbracht.

(90 $-30 $) / 30 $ = 200 %

Wenn ein Investment den Anlegern eine Dividende oder eine andere Ausschüttung einbringt, müssen auch diese Beträge nach der Ertragsformel berechnet werden:

(gegenwärtiger Wert des Investments – ursprüngliche Anlagesumme) + andere Ausschüttung / (ursprüngliche Anlagesumme)

Eine Aktie, die 2017 für 80 Dollar gekauft wurde und im Jahr 2025 155 Dollar wert ist und insgesamt 5 Dollar Dividende pro Aktie ausgeschüttet hat, hat einen Ertrag von 100 Prozent erbracht.

((155 $ - 80 $) + 5 $) / 80 $ = 100 %

Man kann nicht nur die Rendite einzelner Aktien oder Anleihen oder eines Portfolios insgesamt berechnen, sondern auch diejenige von Aktienindizes wie etwa dem Dow Jones oder dem S&P 500. Dieser Gesamtgewinn (»total return«) wird täglich berechnet, in der Regel aber nur einmal im Monat veröffentlicht. Bei der Berechnung des Gesamtertrags eines Index wird die Veränderung seines Kurswertes über einen bestimmten Zeitraum erfasst (üblicherweise einen Monat oder ein Jahr). Sämtliche Dividenden, die gezahlt wurden, werden in den Endwert des Index eingerechnet und das Ergebnis wird als Prozentsatz angegeben. »Der Total Return des Dow Jones betrug im vergangenen Jahr 5,1 Prozent.«

Die Gesamterträge sind vor allem deshalb wichtig, insbesondere für Anleger, die noch am Anfang stehen, weil sie es ermöglichen, das historische Verhalten des Marktes zu bewerten. Wenn man die jährlichen Erträge des US-Aktienmarkts seit 1802 erfasst, ergibt sich eine durchschnittliche jährliche Rendite von 8,2 Prozent, haben Analysten herausgefunden. Dieser Durchschnittswert verändert sich, wenn man unterschiedliche Zeitabschnitte betrachtet. So lag zum Beispiel der durchschnittliche jährliche Ertrag des US-amerikanischen Aktienmarkts seit 1926 bei 10,1 Prozent. Abb. 30 zeigt die Renditen des US-amerikanischen Aktienmarkts, positive wie negative Renditen, seit 1929.

Wer nach vergleichbaren Statistiken zum deutschen Aktienmarkt sucht, der findet zwar keine so lange zurückreichenden Zeitreihen, aber doch immerhin eine Auswertung über einen Zeitraum von 50 Jahren. Das Renditedreieck des Deutschen Aktieninstituts (DAI) bietet sogar noch mehr: Es informiert Anleger über die erzielte Rendite eines DAX-Investments für jeden beliebigen Anlagezeitraum innerhalb der vergangenen 50 Jahre, wobei das Ein- und Ausstiegsjahr jeweils frei wählbar ist. Im Gesamtzeitraum von 50 Jahren lag die jährliche Rendite bei durchschnittlich 8 Prozent.

JÄHRLICHE RENDITE DES DOW JONES

1929–2020

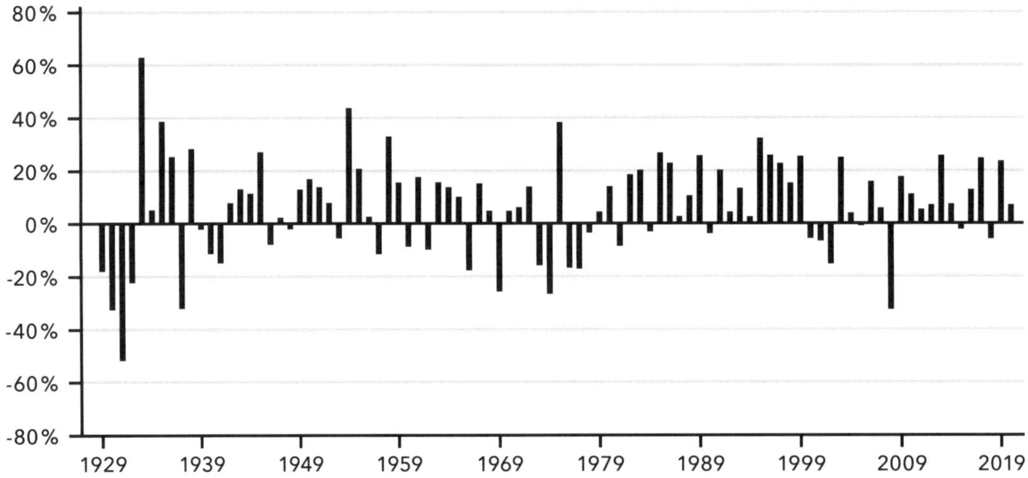

GRAFIK

Abb. 30

Für einen angehenden Investor, der sein Geld langfristig anlegen möchte, ist es wichtig zu verstehen, wie sich der Aktienmarkt über längere Zeitabschnitte entwickelt. Das ist eine Voraussetzung, um nicht in Panik zu geraten und sich nicht zu unbedachten und verlustbringenden Verkäufen verleiten zu lassen, wenn die Kurse einbrechen und dramatische Wertverluste des Portfolios für Entsetzen sorgen. Wie Sie in Kapitel 2 gelesen haben, sinken die Aktienkurse in Bärenmärkten, erholen sich aber anschließend wieder und steigen in den Bullenmärkten wieder kräftig an. Erfolgreiche Langfristanleger müssen darauf vertrauen, dass der Markt aus seinen Fehlern lernt.

MEIN TIPP

Ich versuche, meine Kunden davon abzuhalten, in schwache Marktphasen hinein zu verkaufen. Stattdessen ermutige ich sie, bei Marktschwäche zu kaufen. Wenn ein Bärenmarkt anbricht, bieten sich in der Regel großartige Kaufgelegenheiten, und wenn die Aktienkurse bullish nach oben stürmen, kann man daran denken, einige Verkäufe zu tätigen. Wer in einen starken Markt hinein verkauft, kann die Verkaufserlöse dazu verwenden, das Portfolio auszubalancieren und sicherzustellen, dass die Anlagemischung weiterhin stimmig ist. Es ist auch ein guter Zeitpunkt, sich einige Aktien näher anzuschauen, die sich nicht so gut schlagen und sie gerade dann zu kaufen, wenn sie besonders schwach erscheinen. Vereinfacht gesagt, sollte man in Schwäche hinein kaufen und in Stärke hinein verkaufen.

Die Inflation berücksichtigen

Schon in der Einleitung zu diesem Buch wurde die Inflation kurz angesprochen, aber dieses wichtige Thema erfordert eine ausführlichere Betrachtung. Inflation ist der Kaufkraftverlust einer Währung. Im Laufe der Zeit ist immer mehr Geld erforderlich, um eine bestimmte Menge von Gütern oder Dienstleistungen zu kaufen; das ist leicht zu verstehen. Die Ursachen dieses Phänomens aber sind vielen Menschen nicht verständlich. Und noch weniger verstanden wird die Beständigkeit der Inflation im Zeitablauf.

Fangen wir mit den Ursachen an. Inflation entsteht zum einen, wenn die Nachfrage nach Gütern und Dienstleistungen das Angebot übersteigt, das von der Wirtschaft zur

Verfügung gestellt wird. Wenn zum Beispiel die Marketingaktivitäten der Smartphone-Hersteller die Nachfrage nach den neuesten Smartphone-Modellen so stark in die Höhe treiben, dass die Firmen nicht genügend Geräte produzieren können, um diese Nachfrage zu befriedigen, dann steigen auch die Kosten der Smartphones. Man muss mehr Geld ausgeben, um ein Gerät erwerben zu können.

Eine andere Ursache der Inflation ist unabhängig von der Nachfrage: ein Anstieg der Produktionskosten. Wenn zum Beispiel neue handelspolitische Vorgaben die Möglichkeit der US-amerikanischen Hersteller beschränken, Bauteile aus China zu beziehen oder die Produktion teilweise in andere Länder auszulagern, dann steigen die Kosten für die Herstellung eines neuen Smartphones wie auch dessen Kaufpreis.

Inflation kann auch entstehen, wenn die Verfügbarkeit oder Lieferbarkeit eines Gutes, einer Dienstleistung oder eines Rohstoffes durch irgendetwas eingeschränkt wird. Wenn zum Beispiel ein großer Streik von Beschäftigten die Smartphone-Hersteller daran hindert, ihre neuen Geräte an die Kunden auszuliefern, werden möglicherweise die Vertriebskosten in die Höhe getrieben, was sich in höheren Preisen der neuen Geräte niederschlägt.

Smartphones und andere Konsumgüter sind nicht die einzigen Produkte, die von Inflation betroffen sein können. Auch Aktien zum Beispiel können sich inflationieren, bisweilen sogar in dramatischem Ausmaß. Während der Dotcom-Blase Anfang der 2000er Jahre entwickelte sich ein solch enormer Hype um Technologie- und Internetaktien, dass die Nachfrage sprunghaft emporschnellte und die Kurse dieser Aktien in den Himmel schossen. Dieses Phänomen wurde nicht durch ein begrenztes Angebot an Aktien verursacht (es befanden sich ausreichend große Stückzahlen im Umlauf), sondern die Nachfrage war so groß, dass die Kurse dadurch nach oben getrieben wurden – zumindest für eine gewisse Zeit. Als die Blase platzte, stürzten die Kurse der Technologieaktien ab und kamen wieder zurück auf den Boden der Tatsachen.

Zusammenfassend lässt sich sagen, dass Inflation durch verschiedene ökonomische Faktoren verursacht werden kann und zu kurz- oder langfristigen Anstiegen der Preise von Gütern und Dienstleistungen führen kann. Ich behalte stets die Inflation im Blick, denn wir haben zum Beispiel im April 2021 erlebt, dass die Verbraucherpreise in den USA um 4,2 Prozent im Vergleich zum Vorjahresmonat gestiegen sind – das war der größte Anstieg seit 2008. Trotz der Preissteigerungen für bestimmte Güter, die durch hohe Nachfrage verursacht wurden, lag die Inflationsrate während der Covid-19-Pandemie auf ungewöhnlich niedrigem Niveau. Weil die Menschen im Zuge der Öffnungsschritte nach der Pandemie ihre Aktivitäten wieder aufnehmen und auch die Kauflaune zurückkehrt, haben manche Firmen Schwierigkeiten, die steigende Nachfrage zu bedienen, und auch die Lieferketten geraten teilweise unter Druck.

Die Zentralbanken und viele Volkswirtschaftler betrachten diese Situation als ein vorübergehendes Problem und erwarten keine dauerhaft hohen Inflationsraten. Wir werden sehen.

Die Kehrseite der Inflation ist die Deflation, das heißt der Rückgang der Preise für Güter und Dienstleistungen. Das mag zunächst aus Sicht der Verbraucher positiv erscheinen, kann aber eine allgemeine wirtschaftliche Schwäche signalisieren. Wenn eine Deflation auftritt, schieben die Verbraucher ihre Käufe auf, weil sie erwarten, dass die Preise noch weiter zurückgehen. Dies kann die Unternehmen dazu bringen, ihre Produktion zu drosseln, was zu Entlassungen und Absenkungen der Löhne und Gehälter führt. Im Allgemeinen wird eine Deflation durch einen Rückgang der Nachfrage oder eine Erhöhung des Angebots hervorgerufen. Ein deflationärer Druck in der Wirtschaft (die Preise werden nach unten gedrückt) ist gewöhnlich komplexer als inflationärer

Druck. Wenn eine Deflation auftritt, ist es auf die kurze Sicht oft sehr schwierig, genau zu erklären, was geschehen ist und warum, bis man schließlich das Phänomen in eine längerfristige Perspektive einordnen kann. Mit anderen Worten werden die Ursachen einer Deflation erst im Laufe der Zeit deutlicher erkennbar.

Obwohl die Gründe oft nicht völlig klar sind (was im Rahmen dieses Buches nicht näher ausgeführt werden kann), hält sich eine Inflation in fast allen Volkswirtschaften über einen längeren Zeitraum. Wenn Sie zum Beispiel 100.000 Dollar oder Euro auf Ihrem Konto haben, können Sie mit diesem Geld heute mehr Güter oder Dienstleistungen erwerben als in fünf Jahren. Die Beständigkeit der Inflation lässt sich zum Teil auf Handlungen und Entscheidungen der Zentralbanken in den einzelnen Ländern zurückführen. Diese Banken, die teilweise von den Regierungen gelenkt werden, sorgen durch verschiedene Methoden dafür, dass die Inflation in einem langsamen und gleichmäßigen Tempo steigt, was die Stabilität und das Wachstum der Wirtschaft fördert.

Was bedeutet Inflation für Sie als Anleger? Da die Beständigkeit der Inflation eine relevante ökonomische Triebkraft ist, wären langfristig (und auch kurzfristig) ausgerichtete Anleger schlecht beraten, wenn sie die Inflation nicht in ihre Ruhestandsplanung und sonstigen Anlageentscheidungen einbeziehen würden.

Betrachten wir wie beim Aktienmarkt auch hier die langfristige Entwicklung, ist festzustellen, dass sich die Inflationsrate in Amerika seit 1926 durchschnittlich auf rund 3 Prozent im Jahr belief. Der Aktienmarkt ist nominell um durchschnittlich 10,1 Prozent pro Jahr gestiegen; unter Einrechnung der Inflation betrug der tatsächliche Wertanstieg der Aktien somit nur 7,1 Prozent. Viele Finanzberater empfehlen, bei der Planung der Altersvorsorge von einer Inflationsrate von 3 Prozent auszugehen. Doch auf Jahresbasis kann es starke Schwankungen der Inflationsrate geben, nämlich zwischen 14,4 Prozent (1947) und -9,9 Prozent (1932). Wie der Aktienmarkt ist auch die Inflationsrate zum einen sehr volatil und bewegt sich zum anderen auf lange Sicht im positiven Bereich.

Die 72er-Regel – die wir weiter vorne vorgestellt haben als einfache Methode, mit der sich berechnen lässt, wie lange es dauert, bis sich der Wert einer Geldanlage bei einem bestimmten Zinssatz verdoppelt – kann auch genutzt werden zur Berechnung der vermögensmindernden Auswirkung der Inflation (Abb. 31).

GRAFIK

72 : (INFLATIONSRATE) = Die Anzahl der Jahre, die erforderlich ist, um die Kaufkraft eines bestimmten Geldbetrags zu halbieren.

Abb. 31

BEISPIEL

Bei einer angenommenen durchschnittlichen Inflationsrate von 3 Prozent würde es 24 Jahre (72:3) dauern, bis ein Betrag von 1.000 Dollar (oder irgendein anderer Betrag) die Hälfte seiner Kaufkraft eingebüßt hat.

ZITAT

> *Wenn man den Lebensunterhalt mit Zinseinkünften bestreitet, verliert man mit jedem Lebensjahr an Kaufkraft.*
>
> TED SNOW

ACHTUNG

Die Inflation ist besonders für Ruheständler von Bedeutung, die zum Teil von den Erträgen festverzinslicher Anlagen leben wie etwa Anleihen, Zahlungen aus Lebensversicherungen oder Pensionen. Diese Einkommensquellen verzeichnen gewöhnlich keine Wertsteigerung und sind daher schutzlos der Inflation ausgeliefert. Nicht zuletzt aus diesem Grund empfehle ich Ruheständlern, einen gewissen Teil ihres Geldes in Aktien anzulegen.

Die richtige Anlagemischung finden

Eine der Hauptfragen, auf die Sie und Ihr Finanzberater bei der Zusammenstellung Ihres langfristigen Portfolios eine Antwort finden müssen, ist die Frage nach der richtigen Anlagemischung. Welche Art von Investments möchten Sie tätigen, in welcher Größenordnung und in welchem Verhältnis zueinander? Ein langfristig ausgerichtetes Portfolio kann aus unterschiedlichen Anlageklassen bestehen: aus Aktien, Anleihen, Publikumsfonds, ETFs usw.

Wie bereits in den vorhergehenden Kapiteln erwähnt, ziehen Finanzberater eine Vielzahl von allgemeinen Regeln heran, um ihren Kunden dabei zu helfen, eine Anlagemischung zu finden, die ihren Lebensumständen und ihren Anlagezielen am besten entspricht. Eine der Hauptfragen, die sich dabei immer stellt, lautet: Welchen Anteil meines Geldes soll ich in Aktien anlegen und welchen in Anleihen und anderen Anlagearten?

Um einen Anhaltspunkt zu gewinnen, wie diese Frage für bestimmte Anleger beantwortet werden kann, wollen wir die Renditen von Aktien über einen längeren Zeitraum mit Anleiherenditen vergleichen. In Bezug auf die langlaufenden Anleihen (je länger die Laufzeit, desto höher die Rendite) seit 1926 ergibt sich eine durchschnittliche jährliche Rendite von 5,5 Prozent. Da die Inflationsrate in diesem Zeitraum durchschnittlich 3 Prozent betrug, errechnet sich eine Nettorendite von 2,5 Prozent jährlich. Wie dargestellt, lag im Vergleich dazu die Nettorendite von Aktien seit 1926 durchschnittlich bei 7,1 Prozent. Aktien sind jedoch schwankungsintensiver als Anleihen, und wenn wir uns dem Ruhestand nähern, möchten wir nicht das Risiko eingehen, dass wir vielleicht aufgrund einer Rezession mehrere Jahre mit geringen Einnahmen auskommen müssen. Andererseits sind Anleihen zwar weniger liquide als Aktien, stellen aber eine zuverlässige Einkommensquelle dar, die in Form von Zinszahlungen an die Anleger fließt. Verlässlichkeit ist eine schöne Sache, aber vergessen Sie nicht, dass Anleihen sich sehr schwertun, mit der Inflation Schritt zu halten.

Letztlich geht es immer darum, das richtige Verhältnis zu finden und sich eine solide Anlagemischung zusammenzustellen, die gut diversifiziert ist und Ihren konkreten Bedürfnissen entspricht. Aufgrund der Vielzahl von Anlagemöglichkeiten, die der Markt bietet, gibt es viele Wege zu einem ausgewogenen, diversifizierten Portfolio. Werfen wir speziell einen Blick auf die Diversifizierung im Aktienbereich.

Diversifizierung der Aktien

Wie Sie bereits in Kapitel 1 gelesen haben, ist ein diversifiziertes Portfolio von entscheidender Bedeutung für den Anlageerfolg, und dies lässt sich erreichen, indem man sich eine Mischung aus unterschiedlichen Aktientypen zusammenstellt. Nachfolgend finden Sie einige Möglichkeiten, wie sich im Portfolio Ausgewogenheit und Diversifizierung herstellen lassen.

- Defensive mit zyklischen Aktien mischen. Defensive Aktien, wie etwa Aktien aus dem Gesundheitssektor oder von Nahrungsmittelherstellern, können einen gewissen Ausgleich schaffen zu zyklischen Werten, wie etwa den Aktien von Reise- und Tourismusveranstaltern. Das hängt, wie bereits in Kapitel 2 erwähnt, damit zusammen, dass defensive Aktien wesentlich weniger durch die allgemeine Verfassung der Konjunktur beeinflusst werden als zyklische Aktien. In einem Konjunkturabschwung verzichten viele Menschen auf eine Urlaubsreise, sie müssen aber weiterhin Lebensmittel kaufen.

GRAFIK

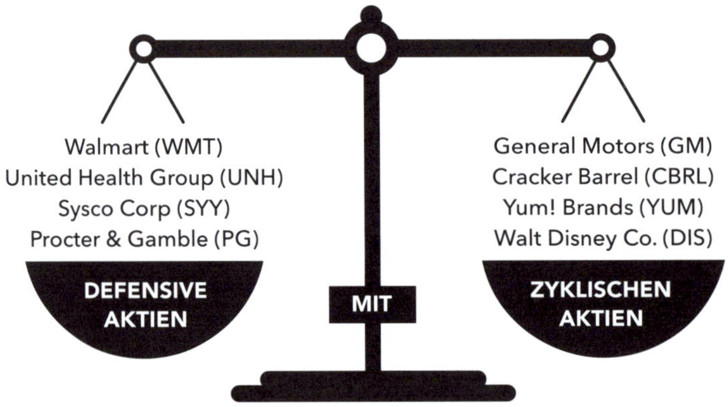

Abb. 32

- Aktien mit unterschiedlicher Marktkapitalisierung mischen. Die drei großen Kategorien bezüglich des Börsenwerts (gering, mittel und hoch kapitalisierte Aktien) wurden in Kapitel 2 beschrieben. Unter bestimmten Umständen entwickeln sich geringer kapitalisierte Werte außerordentlich gut, während die großen Werte schwächeln. In anderen Phasen ist das Gegenteil der Fall. Ein Portfolio, das nur hoch kapitalisierte Aktien enthält, könnte also für längere Zeit stagnieren, während ein Portfolio voller Small Caps unter bestimmten Umständen den Bach hinuntergehen könnte. Ein gutes Portfolio enthält immer eine Mischung aus gering, mittel und hoch kapitalisierten Aktien.

GRAFIK

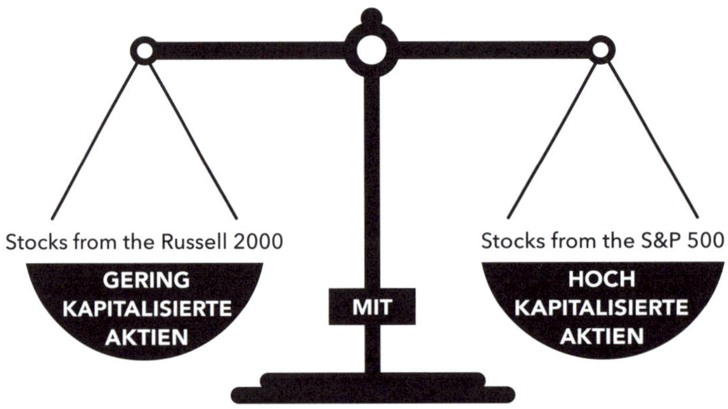

Abb. 33

MEIN TIPP

Historisch betrachtet, erwirtschaftet ein Portfolio aus Small Caps höhere Erträge als ein Portfolio mit hoch kapitalisierten Werten. Dennoch kann eine ausgewogene Portfolio-Mischung die Erträge stabilisieren und eine gewisse Absicherung in schwierigen wirtschaftlichen Phasen bieten. Außerdem sollte man nicht zu viel Geld in eine einzige niedrig kapitalisierte Aktie stecken, denn kleinere Unternehmen haben ein größeres Insolvenzrisiko. Eine alternative Möglichkeit bestünde darin, einen diversifizierten Investmentfonds oder einen ETF (worauf wir später in diesem Kapitel eingehen werden) zu kaufen, der sich auf kleine Aktien konzentriert.

ANMERKUNG

Abb. 32 bezieht sich zwar speziell auf US-amerikanische Small und Large Caps, doch nach historischen Untersuchungen zeigen sich ähnliche Trends auch im internationalen Bereich und den Schwellenländern beim Vergleich zwischen kleinen und großen Aktien.

- Value-Aktien mit Wachstumsaktien mischen. Als Value-Aktien werden gewöhnlich Aktien bezeichnet, die aus starken und etablierten Marktsegmenten stammen und ein niedriges Kurs-Gewinn-Verhältnis (KGV, siehe dazu Kapitel 2) aufweisen. Wachstumsaktien sind Aktien, die mit einer eindrucksvollen und vielversprechenden Story ausgestattet sind. Oft handelt es sich um Werte, die aus einem brandaktuellen Sektor kommen und von denen man einen starken Kursaufschwung erwartet. Die Nachfrage nach diesen Titeln ist groß; ihr KGV ist hoch und sie gelten daher als teuer. Doch ihr Kurs ist gerechtfertigt (oder das glauben wir zumindest), denn in wenigen Jahren wird die betreffende Aktie abheben und wir werden froh sein, dass wir noch rechtzeitig einsteigen konnten. Diese Erwartung kann sich bewahrheiten oder auch nicht, aber wer Value- und Wachstumsaktien in einem ausgewogenen Verhältnis ins Portfolio nimmt, erhält eine gute Mischung aus Stabilität und Chance.

GRAFIK

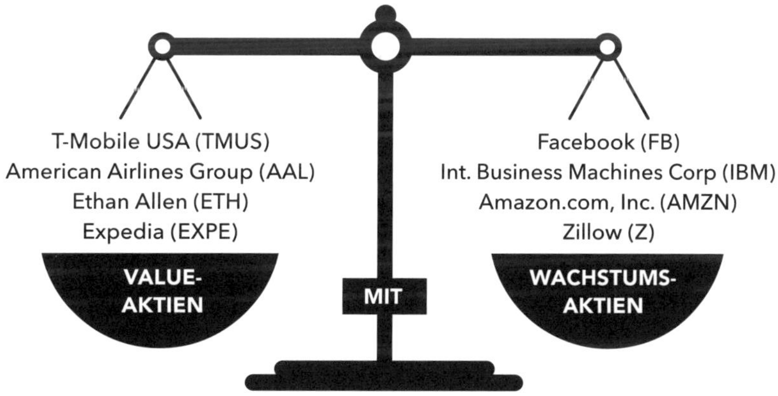

Abb. 34

MEIN TIPP

Value-Aktien entwickeln sich häufig besser als Wachstumsaktien, aber nicht immer. Meiner Ansicht nach sollte in einem guten Portfolio der Anteil der Value-Aktien größer sein als jener der Wachstumsaktien, doch sollten beide Aktientypen darin vertreten sein.

ANMERKUNG

Abb. 34 bezieht sich zwar speziell auf US-amerikanische Value- im Vergleich zu US-amerikanischen Wachstumsaktien, doch nach historischen Untersuchungen zeigen sich ähnliche Trends auch im internationalen Bereich und in Schwellenländern beim Vergleich von Value- und Wachstumsaktien.

GRAFIK

Abb. 35

VALUE VS. WACHSTUMSAKTIEN LAUT FAMA/FRENCH	
BEURTEILUNGSZEITRAUM	**VALUE-AKTIEN ÜBERTREFFEN WACHSTUMSAKTIEN**
1 Jahr	61 % der Zeit
5 Jahre	77 % der Zeit
10 Jahre	88 % der Zeit
15 Jahre	97 % der Zeit

- Mit Korrelationen arbeiten. Korrelationen messen die Reaktion unterschiedlicher Aktien auf dieselben Einflussfaktoren. So nimmt man zum Beispiel an, dass Aktien, die mit der Vermarktung von Erdöl zu tun haben, eine hohe Korrelation mit dem Ölpreis aufweisen. Wenn der Ölpreis steigt, klettern auch die Kurse dieser Aktien nach oben. Andere Wertpapiere weisen negative Korrelationen auf, wie zum Beispiel der Wert des US-Dollars mit dem Wert von Gold. Wenn der Dollar an Wert verliert, gewinnt das Gold an Wert. Positive und negative Marktkorrelationen gibt es in nahezu allen Marktsegmenten, und sie ändern sich auch im Lauf der Zeit. Sie belegen nicht notwendigerweise eine Kausalität zwischen den beiden Zahlen, die verglichen werden, aber es ist hilfreich, sie zu beachten. Gute Portfolio-Manager halten immer eine Mischung negativ korrelierter Wertpapiere oder Wertpapiere mit niedriger Korrelation. Diese Strategie stabilisiert das Portfolio, während es stetig wächst, und vermindert die Gefahr, dass es plötzliche starke Verluste erleidet, die sämtliche Bereiche des Portfolios betreffen.

DIGITAL ASSETS

Vergessen Sie nicht, die kostenlosen digitalen Hilfsmittel zu nutzen, die Sie mit dem Kauf dieses Buches erhalten. Neben anderen Hilfsmitteln finden Sie dabei eine Tabellenkalkulation, die einfach zu benutzen ist und Ihnen hilft, eine ausgewogene Strategie zur Asset Allocation in Ihrem Portfolio zu entwickeln. Sie finden die Tabelle und die übrigen Digital Assets unter: www.clydebankmedia.com/investing-assets

Mehr über Korrelationen

Korrelationen zwischen Wertanlagen werden auf einer Skala von -1 bis +1 bewertet, wobei -1 anzeigt, dass eine negative Korrelation besteht, und der Wert 1 besagt, dass eine vollständige positive Korrelation vorliegt. Eine Korrelation von 0 bedeutet, dass keine erkennbare Beziehung zwischen den Anlagen besteht; die Entwicklung der einen Anlage hat vermutlich keinen positiven oder negativen Einfluss auf die andere. Ein gut diversifiziertes Portfolio enthält Anlage-Korrelationen zwischen -1 und +1. Einige Ihrer Anlagen werden zweifellos eine hohe Korrelation miteinander aufweisen. Das ist schön, solange Sie ein Gegengewicht schaffen können durch andere Anlagen, die nicht stark miteinander korreliert sind.

Wenn Ihre Anlagen allgemein eine sehr hohe Korrelation aufweisen und sich der Wert in Richtung 1 bewegt, ist Ihr Gesamt-Portfolio einem höheren Risiko und größerer

Volatilität ausgesetzt. Kleine Veränderungen in einem Marktsegment haben das Potenzial, massiv auf den Gesamtwert Ihres Portfolios durchzuschlagen.

Weisen Ihre Anlagen dagegen Korrelationswerte zwischen -1 und 1 auf, besitzt Ihr Portfolio wahrscheinlich mehr Stabilität und ist einem geringeren Risiko ausgesetzt.

GRAFIK

Abb. 36

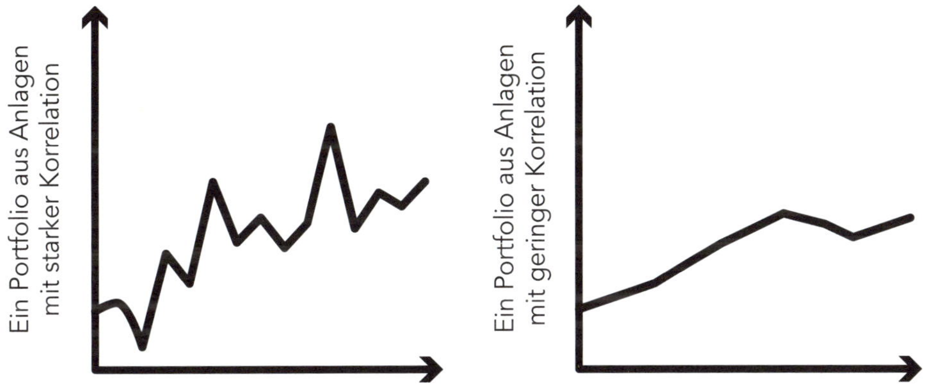

Anlegen in Indizes und Investmentfonds

Es gibt mehrere Instrumente, mit denen sich die Entwicklung breitgefächerter Börsenindizes wie etwa des Dow Jones oder des S&P 500 nachvollziehen lässt. Man kann sein Geld nicht direkt in diese Indizes investieren, doch Investmentgesellschaften wie zum Beispiel BlackRock oder Vanguard bieten Indexfonds an, die all jene Aktien enthalten, die zu einem bestimmten Index zusammengefasst worden sind.

BEISPIEL

Ein Fonds, der den Dow Jones Industrial Average abbildet, umfasst alle 30 Unternehmen, die den Dow Jones bilden. Diese Aktien werden in einem neuen Produkt - dem Indexfonds - gebündelt, der üblicherweise als Exchange Traded Fund (ETF) gehandelt wird.

Indexfonds sind eine bestimmte Art von Investmentfonds. Solche Investmentfonds sollen es den Anlegern ermöglichen, ihre Portfolios zu diversifizieren, ohne selbst die einzelnen Aktien kaufen zu müssen. Investmentfonds werden aufgelegt, wenn Anleger ihr Geld einem Fondsmanagement anvertrauen, das eine Mischung von Aktien, Anleihen oder anderen Wertpapieren zusammenstellt, in die das eingesammelte Geld der Anleger investiert wird. Viele junge, angehende Anleger sind nicht in der Lage, eine Vielzahl einzelner Aktien zu kaufen (und auch wenn sie es sich leisten könnten, wüssten sie wahrscheinlich nicht, welche sie auswählen sollen), und daher beginnen sie ihre Anlegerlaufbahn mit dem Kauf von Publikumsfonds oder ETFs, die bereits eine Diversifikation mit sich bringen.

Einige Investmentfonds, vor allem Indexfonds, brauchen nicht die Expertise eines erfahrenen Fondsmanagements, weil sie direkt an die Entwicklung des zugrunde liegenden Index gekoppelt sind. Diese Investmentfonds werden auch als passiv verwaltete Fonds bezeichnet. Sie haben nur einen geringen Ausgabeaufschlag, denn die Verwaltungskosten sind niedrig. Aktiv verwaltete Publikumsfonds dagegen stützen sich auf das Fachwissen, die fortlaufenden Recherchen und die Entscheidungen von Fondsverwaltern. Das kostet Geld. Deshalb sind aktiv verwaltete Fonds teurer, sollten aber, jedenfalls in der Theorie, eine bessere Wertentwicklung aufweisen, weil sie von Fachleuten sorgfältig gemanagt werden (was in der Praxis aber nicht immer der Fall ist).

Manche Investmentfonds schütten die Erträge, die dem Fonds zugeflossen sind, also Dividenden, Zinsen oder Gewinne aus Verkäufen, an die Anleger aus. Dividenden stammen aus den im Fonds enthaltenen Aktien, Zinsen kommen von den Anleihen. Die Gewinne aus Verkäufen kommen durch die Entscheidungen des Fondsmanagements zustande, eine oder mehrere Aktien- oder Anleihepositionen zu verkaufen, die im Fonds enthalten sind. Das Fondsmanagement kann entscheiden, ob die Erträge des Fonds an die Anteilsinhaber ausgeschüttet oder stattdessen im Fonds verbleiben (thesauriert) und reinvestiert werden sollen. In beiden Fällen jedoch verlangt der Fiskus seinen Anteil. Die Fondsgesellschaft stellt den Anlegern zu diesem Zweck eine jährliche Bescheinigung über die ausgeschütteten oder thesaurierten Erträge zur Verfügung, die sie für ihre Steuererklärung verwenden können.

ANMERKUNG

Wenn der Anteilswert eines Investmentfonds unter Ihren Einstandswert fällt und Sie Ihre Anteile verkaufen, können diese Verluste steuerlich mit künftigen Gewinnen verrechnet werden.

Anders als ETFs oder Aktien, deren Kurse während eines Handelstages ständig schwanken, stellen Investmentfonds am Ende eines Handelstages einen Nettoinventarwert (Net Asset Value, NAV) fest. In Deutschland gibt es jedoch viele aktiv gemanagte Fonds, die inzwischen, genau wie ETFs, an der Börse notieren. Bei börsengehandelten Fonds – gleichgültig, ob aktiv oder passiv gemanagt, werden fortlaufend Kurse gestellt; diese richten sich aber nicht nach Angebot und Nachfrage, sondern stellen vielmehr eine näherungsweise Ermittlung des NAV dar. Der NAV hingegen, den die Fondsgesellschaft einmal täglich ausweist, entspricht dem Schlusskurs einer Aktie. Er wird errechnet, indem man die Summe aller bewerteten Vermögensgegenstände des Fonds (abzüglich Gebühren und andere Verbindlichkeiten) durch die Zahl der ausstehenden Fondsanteile dividiert. In Abb. 37 wird dazu ein Beispiel vorgestellt.

Die Vermögensgegenstände dieses Beispielfonds umfassen lediglich vier Aktienpositionen (ein Mangel an Diversifizierung, der in der Praxis bei in der EU zum Vertrieb zugelassenen Publikumsfonds aber nicht vorkommt). Deren Börsenwert beträgt insgesamt 13,2 Milliarden Dollar. Der Fonds hat 15 Millionen Dollar an Verbindlichkeiten aufgrund von Gebührenaufwendungen und anderen Ausgaben. Insgesamt sind 300 Millionen Fondsanteile ausstehend. Um den NAV des Fonds zu berechnen, nehmen wir die

BEISPIEL FÜR EINEN PUBLIKUMSFONDS

mit 300 Mio. ausstehenden Anteilen

GRAFIK

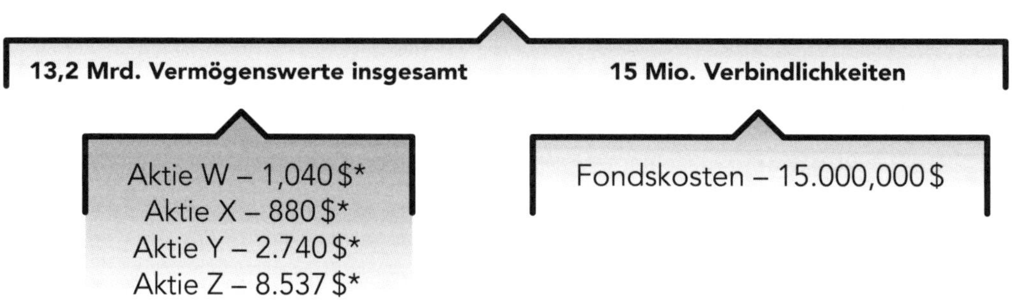

Abb. 37

* Marktwert der Aktien (in Mio.)

13,2 Milliarden, ziehen davon 15 Millionen ab und teilen die Differenz durch 300 Millionen. Der NAV dieses Beispielfonds beträgt also rund 44 Dollar – das ist der Preis pro Anteil, den Sie zu zahlen haben, wenn Sie in diesen Fonds investieren wollen.

Abb. 38 enthält eine Liste hypothetischer (nicht realer) Investmentfonds. Bei den Handelssymbolen von Investmentfonds steht am Ende immer ein X, wie Sie bemerken werden. Das ist ein Hinweis darauf, dass es sich um einen Fonds handelt und nicht um eine Einzelaktie. In Abb. 38 wird auch der NAV dieses Beispielfonds vom vorhergehenden Handelstag aufgeführt. In der Praxis (aber nicht in diesem Beispiel) werden dazu oft noch die absolute Veränderung des NAV angegeben und seine prozentuale Veränderung gegenüber dem vorhergehenden NAV (zwei Handelstage vor dem aktuellen Tag).

GRAFIK

Abb. 38

NAME	SYMBOL	NAV (PRO ANTEIL)	CHANGE VERÄNDERUNG (IN %)
ABC Index Fund	AINDX	213,23	-1,07 (-0,56 %)
FundCorp Value Stock	FVSFX	42,14	+0,53 (+1,26 %)
InvestorCorp Growth Stock Fund	IVCGX	15,26	+0,02 (+0,13 %)
ABC Biotechnology Portfolio Fund	ABIOX	20,01	-0,20 (-1,00 %)
FundCorp Retirement 2050 Fund	FRRDX	28,83	-0,23 (-0,81 %)
Investomatic Financial Index Fund	IFIXX	20,77	+0,01 (+0,05 %)
JohnnyMarket's Tech Stock Fund	JOTCX	6,82	-0,05 (-0,73 %)
InvestorCorps Emerging Market Fund	ICOEX	23,64	-0,16 (-0,68 %)
ABC Low Volatility Bond Fund	ABCBX	9,68	0,00 (0,00 %)

Dies sind keine echten Firmennamen und Symbole, sie sollen nur zeigen, wie Investmentfonds in Listen ausgewiesen werden.

Neben den Informationen, die in Abb. 38 enthalten sind, enthalten Fondsauflistungen oft auch Angaben zu ihrer Wertentwicklung, bezogen auf das laufende Jahr, auf drei, fünf und zehn Jahre.

ACHTUNG

Diese Wertentwicklung ist keinerlei Garantie dafür, dass sich der Fonds in Zukunft ähnlich entwickeln wird. In vielen Prospekten für Finanzprodukte findet sich auch die Ausschlussklausel: »Die Entwicklung in der Vergangenheit ist keine Garantie für die künftige Entwicklung.«

ANMERKUNG

Solche Wertentwicklungen werden gewöhnlich für den Vergleich von Anleihefonds (Rentenfonds) herangezogen. Wenn man diese Angabe für den Vergleich von Wertpapieren nutzt, ist es wichtig, Äpfel mit Äpfeln zu vergleichen, also ähnliche Anlageklassen: langlaufende mit kurzlaufenden Anleihen, Aktien mit Anleihen, etc.

In Abb. 38 fehlt noch eine weitere wichtige Kennziffer für Investmentfonds: die Gesamtkostenquote (Total Expense Ratio, abgekürzt TER). Das Management eines Investmentfonds arbeitet nicht kostenlos, vor allem nicht, wenn es sich um einen aktiv verwalteten Fonds handelt. Die Analysten müssen bezahlt werden. An die Broker, die im Auftrag des Fonds Aktien verkaufen und kaufen, müssen Gebühren entrichtet werden. Die Gesamtkostenquote gibt an, wie hoch der Prozentsatz der Fondserträge ist, der für die Verwaltung des Fonds ausgegeben werden muss. Je höher die Gesamtkostenquote ist, umso stärker wird der Wert der im Fonds enthaltenen Wertpapiere gemindert. Die Gesamtkostenquote unterscheidet sich von Fonds zu Fonds und bewegt sich in der Regel zwischen 0,5 und 3 Prozent.

GRAFIK

FORMEL FÜR DIE KOSTENQUOTE

$$\text{ER} = \frac{\text{GESAMTKOSTEN DES FONDS}}{\text{GESAMTVERMÖGEN DES FONDS}}$$

Abb. 39

Der Prozentsatz des Fondswerts, der für Verwaltungs- und andere Kosten aufgewendet werden muss, ist die Gesamtkostenquote.

ACHTUNG

In der Gesamtkostenquote werden nur die festen Kosten eines Fonds berücksichtigt. Die variablen Kosten, wie etwa die Handelskosten (die Gebühren, die ein Investmentfonds durch den Kauf oder Verkauf von Wertpapieren erzeugt) werden oft versteckt. Doch es gibt Informationsdienste wie etwa PersonalFund.com, die es Anlegern ermöglichen, sich über die variablen Kosten und andere Bestandteile der Kostenstrukturen eines Fonds zu informieren.

Publikumsfonds können Aktien, Anleihen oder eine Mischung aus beiden enthalten. Sie können unterschiedliche Marktstrategien und Risiken beinhalten. Fonds können auch auf soziale Wertvorstellungen von Anlegern zugeschnitten werden (siehe dazu Kapitel 13 über sozial verantwortliches Investieren). Die Finanzmarktaufsicht verlangt, dass Investmentfonds für ihre Produkte einen Prospekt herausgeben. In diesem Prospekt werden die Strategie des Fonds, seine Zielsetzungen und seine Risiken dargestellt. Es werden die Namen der Fondsmanager und Berater genannt und auch die Gebühren und Kosten des Fonds angegeben. Die Behörden verlangen, dass dieser Prospekt den Anteilseignern des Fonds zur Verfügung gestellt wird und auf Verlangen auch Investoren, die eine Anlage in dem Fonds in Erwägung ziehen.

Im Prospekt ausgewiesen sind auch die variablen Kosten, wie etwa die Kosten für den Handel innerhalb des Fonds, nämlich wenn der Fonds eine Wertpapierposition auflöst und ein anderes Wertpapier kauft. Ähnlich wie bei der Gesamtkostenquote gehen diese oft bedeutenden Kosten häufig unter.

Die meisten am Markt erhältlichen Investmentfonds sind »offene Fonds«. Anteile können in unbegrenzter Menge an das Publikum ausgegeben werden und werden auf der Grundlage ihres NAV ge- und verkauft. Es gibt auch »geschlossene Fonds«, die nur eine begrenzte Zahl von Anteilen ausgeben. Wenn die Nachfrage steigt, erhöht ein geschlossener Fonds den Preis für seine Anteile, anstatt weitere Anteile auszugeben. Der Preis beruht auf der Marktnachfrage nach dem Fonds und nicht auf seinem NAV.

Der Ausgabeaufschlag eines Investmentfonds ist die Kaufgebühr. Die Fondsgesellschaft reicht sie als Provision zumeist weiter an einen Berater oder Vermittler, der für den jeweiligen Kunden einen geeigneten Fonds gesucht und ausgewählt hat. Dieser Ausgabeaufschlag wird fällig bei Erwerb der Fondsanteile, und eine Rücknahmekommission wird beim Verkauf der Fondsanteile bezahlt. Rücknahmekommissionen können reduziert oder gestrichen werden, wenn ein Investor den Fonds für eine bestimmte Zeit hält. Anleger, die selbst nach einem geeigneten Fonds suchen wollen, wählen häufig Fonds ohne Ausgabeaufschlag.

Viele Investmentfonds verlangen eine »Rücknahmegebühr«, um Anleger davon abzuhalten, den Fonds als Vehikel für kurzfristiges Trading zu nutzen. Rücknahmegebühren sollen kurzfristige Spekulanten daran hindern, die Interessen der übrigen Fondsanleger zu gefährden. Wenn ein Investmentfonds gekauft und nach kurzer Zeit wieder verkauft wird, erhöht sich die Kostenquote. Da man Fondsanteile zumindest dann nicht einfach an andere Anleger verkaufen kann, wenn der betreffende Fonds nicht börsengehandelt ist, müssen die Fondsmanager Aktien, Anleihen oder andere Wertpapiere liquidieren, um den Verkaufsauftrag auszuführen, was die Performance des Fonds beeinträchtigt und die übrigen Fondsanleger schädigt. Schnelles Kaufen und Verkaufen von Fondsanteilen zwingt die Fondsgesellschaft auch dazu, ein größeres Liquiditätspolster im Fonds vorzuhalten, um die Verkäufer auszahlen zu können. Da Barbestände nicht im Wert steigen, liegt es nicht unbedingt im Interesse des Fonds oder seiner Anleger, eine große Cash-Position zu halten.

MEIN TIPP

Investmentfonds sind aus der Natur der Sache konservativere Anlagen als Einzelaktien. In einen guten Investmentfonds mit niedrigen Kosten zu investieren, kann sich auf längere Sicht auszahlen.

Exchange Traded Funds

Ein Exchange Traded Fund (ETF) ist gewissermaßen ein Zwitter zwischen einem Investmentfonds und einer Aktie. Wie Aktien werden ETFs im offenen Markt gehandelt. Auf CNBC oder anderen Börsensendern laufen die Kurse der ETFs über das Laufband. Wie Investmentfonds können ETFs eine Vielzahl von Wertpapieren enthalten und unterschiedliche Anlagestrategien und Ziele verfolgen.

Einige der beliebtesten und ältesten ETFs bilden die Kursentwicklung der großen Börsenindizes nach und eröffnen den Anlegern damit eine weitere Investitionsmöglichkeit. Andere ETFs sollen eine Verbindung unterschiedlicher Marktinteressen abbilden. Man kann ETFs kaufen, die sich aus Small Caps, Mid Caps oder Large Caps oder aus internationalen Aktien zusammensetzen. Andere ETFs ermöglichen es den Anlegern, in bestimmte Marktsegmente zu investieren. Es gibt ETFs, die sich auf Energie, den Gesundheitsbereich, Rohstoffe, Banken, Technologieunternehmen oder andere Branchen konzentrieren. Diese ETFs werden auch als »Sektorfonds« bezeichnet. Manche ETFs sind auf Wachstumsaktien ausgerichtet, andere auf Value-Aktien. Es gibt sogar ETFs, die sich auf bestimmte Anlagetaktiken spezialisieren, wie etwa das Schreiben von gedeckten Optionen (siehe dazu Kapitel 7).

Anders als aktiv gemanagte Fonds werden ETFs von den Fondsgesellschaften nicht direkt an Anleger verkauft (und zurückgekauft). Sie werden nach der Auflegung vielmehr über eine komplexe Reihe von Transaktionen im Markt platziert. Das Ergebnis ist ein fondsähnliches, diversifiziertes Wertpapier, das wie eine Akte an den Börsen gehandelt werden kann. Im Unterschied zu aktiven Anlagefonds müssen ETFs kein Cash-Polster vorhalten, um die Auszahlungen an verkaufswillige Investoren abzudecken. Aufgrund ihrer Konstruktion können ETF-Anteile in Form von »Creation Units« entweder an andere Investoren verkauft oder an den ETF zurückverkauft werden. Abb. 40 zeigt, wie ein ETF konstruiert ist.

Der Initiator, das heißt das Finanzinstitut, das den ETF entwickelt, ist der initiierende Akteur. Der Initiator entscheidet, welche Aktien, Anleihen oder sonstigen Vermögensgegenstände in den ETF aufgenommen werden sollen, wie diese Wertpapiere ausgewählt werden, in welchem Verhältnis sie aufgenommen werden und welche Art von Marktstrategie der ETF abbilden soll. Zur Markteinführung des ETF muss der Initiator einen Verkaufsprospekt für den ETF erstellen, ähnlich wie bei einem herkömmlichen Investmentfonds. Ein neu aufgelegter ETF muss von der nationalen Finanzdienstleistungsaufsicht, in den USA also von der SEC, zugelassen werden. Da die Börsenaufsichtsbehörden auch für den Anlegerschutz zuständig sind, überprüfen sie, ob ein neuer ETF durch eine tragfähige Zusammenstellung von Vermögensgegenständen unterlegt ist. In Deutschland unterliegt die Zulassung der europäischen bzw. der deutschen Finanzaufsicht.

Wenn der Antrag genehmigt ist, tut sich der Sponsor mit einer Bank oder einem größeren Finanzinstitut zusammen und beginnt mit der Markteinführung des ETF.

DIE AUFLEGUNG EINES ETF

GRAFIK

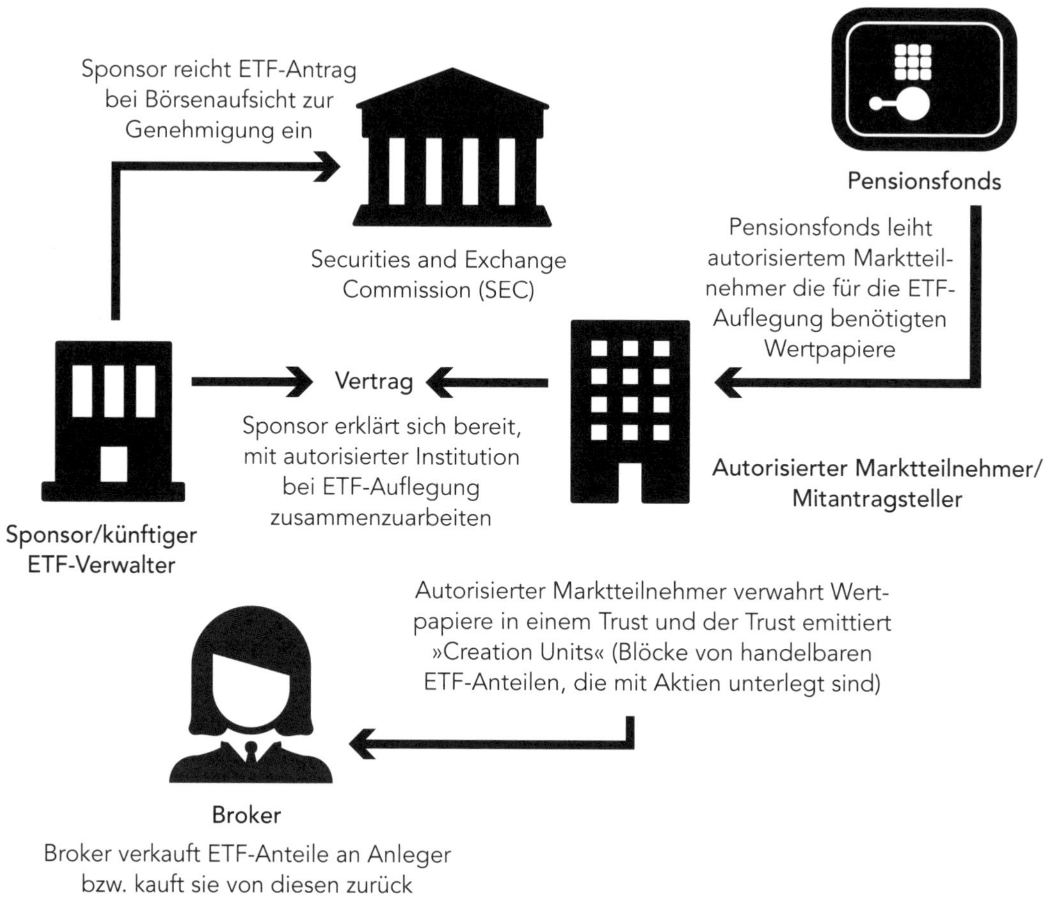

Abb. 40

BEISPIEL

Im Juli 2013 fungierten die Zwillingsbrüder Winklevoss, besser bekannt durch ihren Anspruch, die ursprünglichen Gründer von Facebook zu sein, als Initiatoren für die Auflegung eines ETF, dem die Kryptowährung Bitcoin zugrunde liegen sollte. Die SEC lehnte die Auflegung eines Fonds ab. Wäre sie genehmigt worden, hätten die Winklevoss-Zwillinge, Eigentümer von Winklevoss Capital, die Markteinführung des ETF nicht durch ihr Unternehmen organisiert, sondern andere Parteien, größere Brokerfirmen und Market Maker hinzugezogen.

Die Aufgabe des autorisierten Teilnehmers, eines Unternehmens, das zum Handel an der Börse zugelassen ist, besteht darin, die Vermögenswerte zu beschaffen, die für die Auflegung des ETF benötigt werden. Nehmen wir an, Winklevoss Capital hätte einen Vertrag mit Goldman Sachs geschlossen, einer Großbank mit enormer Schlagkraft. Goldman Sachs wäre in diesem Fall als autorisierter Teilnehmer aufgetreten. Autorisierte Teilnehmer wenden sich oft an Pensionsfonds, um die Vermögensgegenstände zu beschaffen, die für die Auflegung des ETF benötigt werden. Da Pensionsfonds Vermögenswerte langfristig halten, sind sie häufig bereit, diese Vermögensgegengenstände für eine gewisse Zeit zu verleihen (gegen Zinsen).

Der autorisierte Teilnehmer verwahrt diese Wertpapiere in einem Trust, und dieser Trust gibt dann sogenannte »ETF Creation Units« heraus, »Aktienblöcke«, welche die Vermögenswerte (Aktien) im Trust repräsentieren. Jeder Block repräsentiert mehrere zehntausend Aktien – in der Regel sind es 50.000 Stück. Nach der Erledigung dieser Formalitäten gibt es nun ein neues Unternehmen (den Trust), das Anteile emittiert wie eine reguläre börsengehandelte Gesellschaft.

ETFs sind also im technischen Sinn nicht mehr als Rechtsansprüche auf den Inhalt des Trusts. Der autorisierte Teilnehmer verkauft ETF-Anteile an Investoren und andere Broker, und die Preise dieser Anteile steigen und fallen mit der Marktnachfrage. Die Funktion des Trusts besteht darin, die dem ETF zugrunde liegenden Vermögenswerte zu verwalten und Dividenden oder Zinszahlungen zu vereinnahmen, die diese Wertpapiere möglicherweise abwerfen.

ANMERKUNG

ETFs wurden 1993 eingeführt und erfreuten sich nach der Finanzkrise großer Beliebtheit. Angezogen durch niedrige Gebühren, wandten sich viele Anleger den ETFs zu, nachdem sie mit aktiv verwalteten Publikumsfonds im Crash nach dem Zusammenbruch von Lehman Brothers (einer der größten Banken der Welt) im Jahr 2008 beträchtliche Wertverluste erleiden mussten. Im Jahrzehnt nach der Finanzkrise stieg in den USA laut der Softwarefirma Statistica die Summe der in ETFs investierten Gelder von 531 Milliarden Dollar auf 18,75 Billionen Dollar. Das ist zwar immer noch wesentlich weniger, als in Publikumsfonds angelegt ist, doch der Zuwachs war enorm.

Geld in ETFs anzulegen, ist in den vergangenen Jahren vor allem auch bei der jüngeren Generation (den »Millennials«) populär geworden. Im Jahr 2016 flossen dem ETF-Segment weitere Vermögenswerte in Höhe von 279 Milliarden Dollar zu, wodurch der Gesamtwert der in ETF angelegten Vermögen auf das Rekordhoch 2,459 Billionen Dollar stieg. Laut der Firma BlackRock Inc. sind »gegenwärtig mehr

Millennials in ETFs investiert als insgesamt Anleger im Durchschnitt (33 Prozent versus 25 Prozent)«. ETFs bieten jüngeren Anlegern eine Chance, ihre Anlagen zu diversifizieren, ohne die Inflexibilität und die hohen Kosten der Publikumsfonds in Kauf nehmen zu müssen.

MEIN TIPP

In den letzten Jahren sind immer mehr Anlegergelder in ETFs geflossen. Die Anleger werden verständlicherweise angezogen von einem bereits vordiversifizierten Anlagefonds, der mit niedrigeren Gebühren verbunden ist und passiv verwaltet wird - im Gegensatz zu vielen aktiv gemanagten Publikumsfonds. Ich halte ETFs für eine gute Ergänzung zu aktiv gemanagten Publikumsfonds, denn sie weisen mehr Liquidität auf und haben geringere interne Kosten. Ich möchte jedoch auch darauf hinweisen, dass diese aktienähnlichen Wertpapiere aufgrund ihrer Konstruktionsweise potenziell auch größere Risiken enthalten können als herkömmliche Investmentfonds.

Weitere Fonds und Investmentmöglichkeiten

Die Finanzwelt ist auf ihre Art ein botanischer Garten – ihre Vielfalt ist enorm. Die Kreativität und die Energie der Fondsmanager scheinen schier unerschöpflich. Nachfolgend einige Fondstypen, die ebenfalls bei Anlegern beliebt sind:

Geldmarktfonds

Es gibt Geldmarktfonds und Geldmarktkonten. Letztere werden von Banken, Sparkassen und genossenschaftlichen Kreditinstituten angeboten und von den staatlichen Einlagensicherungsfonds abgedeckt. Geldmarktkonten, dazu gehören vor allem Tagesgeld- und Festgeldkonten, sind vergleichbar mit herkömmlichen Sparkonten, abgesehen davon, dass sie oft mehr Zinsen abwerfen. Zudem begrenzen Geldmarktkonten die möglichen Transaktionen (Scheckausstellung, Abhebungen, Überweisungen etc.)

Geldmarktfonds investieren in sichere, kurzfristige und hochliquide Anlagen wie etwa kurzlaufende Anleihen und Schatzanweisungen – jene Art von Investments, die sehr stabil sind, aber weniger Zinsen abwerfen als Anleihen mit längerer Laufzeit.

Obgleich sie als sichere Anlagen gelten, sind Geldmarktfonds im Unterschied zu den meisten Geldmarktkonten nicht vom staatlichen Einlagensicherungssystem abgesichert, weil es sich dabei um Anlageprodukte handelt, nicht um Spareinlagen. Geldmarktfonds werden in den USA häufig von Vermögensverwaltern als »Abrechnungsfonds« für ihre Kunden eingesetzt. Wenn ein Kunde eines Vermögensverwalters eine Aktie verkauft, fließt der Erlös automatisch in den Geldmarktfonds. Wenn ein Kunde sein verwaltetes Vermögen aufstockt, wird das Geld sofort auf das für die Abwicklung des Handels genutzte Geldmarktkonto transferiert, bis der Kunde es anderweitig verwendet. In diesem Sinn fungieren Geldmarktfonds in einem verwalteten Konto als Cashreserven.

MERKE

Ein »Brokerkonto« bezeichnet schlicht ein Konto, das bei einem Wertpapierhändler oder einer Maklerfirma eröffnet wird und für den Handel mit Aktien, Anleihen und anderen Wertpapieren verwendet wird. In Deutschland ist es – abseits einer sehr vermögenden Klientel – hingegen nicht üblich, sein Geld einem Vermögensverwalter anzuvertrauen. Es ist jedoch möglich, auf eigene Faust ein Wertpapierdepot bei einer Depotbank zu eröffnen. Dazu gehört dann automatisch ein sogenanntes Verrechnungskonto, das man im weitesten Sinne ebenfalls als Geldmarktkonto bezeichnen könnte. Auch bei der automatischen Vermögensverwaltung, die Privatkunden von vielen Finanzdienstleistern und Banken angeboten wird (Stichwort »Robo Advisor«), ist stets ein Verrechnungskonto inbegriffen.

ANMERKUNG

Manche Brokerfirmen in den USA bieten ihren Kunden in Zusammenarbeit mit Banken Verrechnungskonten an, die durch die staatliche Einlagensicherung abgedeckt sind. Wenn Sie wissen möchten, ob auch Ihr Verrechnungskonto dazu gehört, können Sie sich durch einen Blick in Ihren Kontoauszug oder durch einen Telefonanruf beim Broker darüber informieren. Solche Verrechnungskonten gehören in Deutschland zu jedem Wertpapierdepot. Sie unterliegen der EU-weit gesetzlich vorgeschriebenen Einlagensicherung von 100.000 Euro. Manche Depotbanken sichern freiwillig sogar noch mehr ab.

Manche Brokerfirmen in den USA bieten ihren Kunden in Zusammenarbeit mit Banken Verrechnungskonten an, die durch die staatliche Einlagensicherung abgedeckt sind. Wenn Sie wissen möchten, ob auch Ihr Verrechnungskonto dazu gehört, können Sie sich durch einen Blick in Ihren Kontoauszug oder durch einen Telefonanruf beim Broker darüber informieren. Solche Verrechnungskonten gehören in Deutschland zu jedem Wertpapierdepot. Sie unterliegen der EU-weit gesetzlich vorgeschriebenen Einlagensicherung von 100.000 Euro. Manche Depotbanken sichern freiwillig sogar noch mehr ab.

Im Vergleich zu anderen Investmentfonds repräsentieren Geldmarktfonds eine im Rückgang begriffene Anlageform mit minimaler Volatilität. Geldmarktfonds sind so konzipiert, dass sie wie Bargeld funktionieren. Wenn der Eintritt in den Ruhestand näherrückt, können Anleger einen wachsenden Teil ihres Vermögens in einen Geldmarktfonds umschichten, um ihr Risiko zu vermindern und eine Grundlage zu schaffen für das Geld, das für die Altersversorgung gedacht ist. Ebenso wie Geldmarktkonten können auch Geldmarktfonds zeitweilig höhere Erträge abwerfen als Sparkonten.

Es kommt zwar selten vor, aber es ist möglich, dass Geldmarktkonten unter pari notieren. Dieses Phänomen ist in den USA während der Finanzkrise von 2008 nach der Lehman-Pleite aufgetreten. Ein Geldmarktfonds namens Reserve Primary Fund war gezwungen, den Anteilpreis von 1 Dollar auf 97 Cent herabzusetzen, nachdem er viel Geld hatte abschreiben müssen, das ihm Lehman schuldete. Eine Absenkung um 3 Cent mag nicht wie ein großer Verlust erscheinen, aber weil es sich um einen Geldmarktfonds handelte, den die Investoren gewissermaßen als unverwundbar durch Finanzmarktturbulenzen betrachtet hatten, machte dieser Vorgang Schlagzeilen. Der Reserve Primary Fund war zwar der einzige Geldmarktfonds, der damals landesweit Aufsehen erregte, doch mindestens 29 weitere Geldmarktfonds erlitten größere Verluste, die sie zwangen, den Wert ihrer Anteile auf unter 1 Dollar zu senken. Vorher war lediglich im Jahr 1994 ein Geldmarktfonds in derartige Schwierigkeiten geraten, als ein kleiner institutioneller Fonds aufgrund fehlgeschlagener Derivategeschäfte zu 96 Dollar pro Anteil hatte liquidiert werden müssen.

Zielfonds (Lebenszyklusfonds)

Zielfonds, auch Lebenszyklusfonds genannt, ermöglichen es Anlegern, in einen Fonds zu investieren, der auf ein bestimmtes Renteneintrittsalter zugeschnitten ist. Generell gilt: Je weiter Sie vom Eintritt in den Ruhestand entfernt sind, umso mehr wird Ihr Zielfonds Aktien gegenüber Anleihen übergewichten. Wenn Sie kurz vor dem Rentenbeginn stehen, wird der Fonds mehr in Anleihen und Cashpositionen anlegen.

MEIN TIPP

Meiner Meinung nach agieren Zielfonds allgemein etwas zu konservativ. Wenn Sie sich für einen Zielfonds entscheiden, sollten Sie darauf achten, dass er Ihrer Risikotoleranz entspricht; wählen Sie ihn nicht einfach deshalb, weil er auf Ihr Renteneintrittsdatum ausgerichtet ist. Sie könnten auch in Zielfonds investieren, die sich auf einen Zeitpunkt ausrichten, der fünf oder zehn Jahre nach Ihrem geplanten Renteneintritt liegt (wenn Sie beispielsweise 2030 in Rente gehen, suchen Sie sich einen Zielfonds, der auf 2035 oder 2040 ausgerichtet ist), weil diese Fonds aggressivere, renditeträchtigere Investmentgelegenheiten bieten.

Hedgefonds

Hedgefonds sind eine komplizierte Angelegenheit, relativ teuer und exklusiv. Investoren müssen eine jährliche Gebühr dafür zahlen, dass sie ihr Geld im Fonds anlegen dürfen (ungefähr 2 Prozent der Anlagesumme). Außerdem müssen sie 20 Prozent der erwirtschafteten Erträge abgeben. Hedgefonds nutzen eine Vielzahl von Investment- und Risikomanagement-Taktiken und tätigen auch hochriskante Geschäfte, die den Teilhabern des Fonds hohe Gewinne einbringen, wenn sie erfolgreich verlaufen. Um direkt an einem Hedgefonds teilhaben zu können, muss man ein »akkreditierter Investor« sein. Die Voraussetzungen, die erforderlich sind, um den Status eines akkreditierten Investors zu erlangen, sind in den einzelnen Ländern unterschiedlich. In den USA legt die SEC die Bedingungen fest. Akkreditierte Investoren müssen in den USA über ein Nettovermögen von 1 Million Dollar verfügen oder zwei Jahre nacheinander ein Jahreseinkommen von mindestens 200.000 Dollar nachweisen, wenn sie Single sind, bzw. 300.000 Dollar als Verheiratete. Banken, Investmentfirmen, wohltätige Einrichtungen und andere Unternehmen können ebenfalls den Status eines akkreditierten Investors beantragen. Durch diese Anforderungen sollen bestimmte Arten von Investments dem allgemeinen Publikum vorenthalten und sichergestellt werden, dass die teilnehmenden Investoren auch kompetent genug sind, um die Risiken zu verstehen, und wohlhabend genug, um mögliche Verluste zu verkraften. In Deutschland ist der Vertrieb von Hedgefonds an Privatanleger aus Gründen des Anlegerschutzes nicht erlaubt. Es gibt allenfalls eine Investmentmöglichkeit über Umwege, etwa über den Kauf von Aktien börsennotierter Hedgefonds-Betreiber oder über den Kauf offener Dach-Hedgefonds, die aufgrund ihrer größeren Risikostreuung zum Vertrieb zugelassen sind, aber ebenfalls hohe Gebühren mit sich bringen.

Anders als Publikumsfonds, ETFs und andere Investmentvehikel unterliegen Hedgefonds in den USA gegenwärtig nicht der Regulierung durch die SEC. Hedgefonds können nicht nur dieselben normalen Aktien und Anleihen halten, die man auch in einem von der SEC regulierten Fonds findet, sondern können auch noch andere komplexere Investment-Instrumente nutzen, wie etwa Leerverkauf (Aktien verkaufen, die man nicht besitzt und sie später zurückkaufen). Leerverkaufen bringt nur Gewinn, wenn die betreffende Aktie an Wert verliert. Hedgefonds spielen auf beiden Seiten des Zauns, erheben also den Anspruch, in steigenden und fallenden Märkten Geld zu verdienen. Daher kommt auch die englische Bezeichnung »Hedge«fonds [»hedge« = Hecke].

ANMERKUNG

Hedgefonds handeln auch mit Derivaten – das sind Optionen und Terminkontrakte (Futures), auf die wir ausführlicher in Kapitel 7 eingehen werden.

Wegen ihres hohen Risikos und ihrer ungewöhnlichen Wertpapierpositionen sind Hedgefonds nicht so liquide wie herkömmliche Investmentfonds, und sie unterliegen auch häufig Rückgabebeschränkungen, was es erschweren kann, die Anteile zu einem beliebigen Zeitpunkt zu verkaufen. Sie wenden sich an eine wohlhabende Klientel und richten ihr Marketing auch entsprechend aus.

Hedgefonds verwenden die Vergütungsstruktur für ihre Fondsmanager auch als Verkaufsargument. Anders als die Verwalter von Publikumsfonds, deren Gehalt unabhängig davon ist, ob der Fonds gut oder schlecht läuft, ist die Vergütung eines Hedgefonds-Managements an die Wertentwicklung des Fonds gekoppelt. Es ist zwar umstritten, ob Hedgefonds generell besser abschneiden als der Rest des Marktes, es lässt sich aber nicht bestreiten, dass sie aufgrund ihres Exklusivitätsfaktors, der leistungsbezogenen Managementvergütung und der komplexen Handelsmethoden insbesondere betuchten Anlegern attraktiv erscheinen.

Leibrenten (Sofortrenten)

Es gibt viele unterschiedliche Arten von Leibrenten (Sofortrenten). Feste Leibrenten sind vergleichbar mit selbst erstellten Auszahlplänen – man zahlt einen bestimmten Betrag ein und bis zum Tod wird regelmäßig eine Leibrente gezahlt. Diese Art von Leibrente hat im Grunde nichts mit Investieren zu tun, man zahlt das Geld in einen Versicherungsvertrag ein und kann dann davon ausgehen, dass die Leibrente zu fließen beginnt.

Es gibt auch variable Leibrenten (fondsgebundene Sofortrenten), die stärker anlageorientiert sind. Bei einer variablen Leibrente wird das eingezahlte Geld in Fonds investiert, die von den Kunden selbst ausgewählt werden können. Die zur Auszahlung gelangende Summe ist variabel und beruht auf der Wertentwicklung der zugrunde liegenden Fonds. Variable Leibrenten sind umstritten, weil sie, wie vielfach angenommen wird, mit höheren Gebühren belastet sind. Wenn man aber auch die Vorteile bedenkt, die mit höheren Gebühren einhergehen, kann ein Kauf durchaus sinnvoll sein. Leibrenten zahlen Provisionen an die Versicherungsmakler, die sie vertreiben, und daher sollten Sie sich als Anleger durch Vergleichsangebote vergewissern, dass sie sich in keinem Interessenkonflikt bezüglich des Vertriebs dieser Art von Anlagen befinden.

ANMERKUNG

Leibrenten werden oft kritisch betrachtet, weil sie komplex sind und Gebühren anfallen, doch bei vielen Menschen sind sie beliebt, weil sie ein regelmäßiges Einkommen bieten können. Das Volumen neu abgeschlossener Leibrentenverträge in den USA belief sich 2020 laut Angaben des Secure Retirement Institute auf 219 Milliarden Dollar. Das lag etwas unterhalb des Vorjahreswerts, doch der Aufwärtstrend dieser Anlageform wird dadurch nicht gebrochen.

Kapitelzusammenfassung

- Die Anlagerendite ist der prozentuale Wertanstieg einer Anlage im Verhältnis zum ursprünglichen Anlagebetrag.
- Die verschiedenen Vermögensarten (Aktien, Anleihen, Investmentfonds, ETFs etc.) können in einem Anlageportfolio strategisch gewichtet werden, um das Risiko des Portfolios zu vermindern.
- ETFs sind diversifizierte Wertpapiere, die wie Aktien an der Börse ge- und verkauft werden können.
- Hedgefonds sind teure, aktiv verwaltete Fonds, die in den USA nur für vermögende Privatanleger zugänglich und in Deutschland nicht zum Vertrieb zugelassen sind.

| 6 |
Anlagestrategien

Kapitelüberblick

- Grundsätzliche Herangehensweisen an die Geldanlage
- Der Durchschnittskosteneffekt
- Die Auswahl der richtigen Aktien
- Verhalten in einem Bärenmarkt

ZITAT

> *Ich erkläre Ihnen, wie Sie reich werden können. Schließen Sie die Türen. Seien Sie ängstlich, wenn andere gierig werden. Seien Sie gierig, wenn andere Angst bekommen.*
>
> WARREN BUFFETT

Investmentstrategien wurden von der Finanzwelt hervorgebracht und haben jeweils eine bestimmte Funktion darin, werden von Anlegern aber in ganz unterschiedlicher Weise genutzt. Ihre persönliche Anlagestrategie sollte sich auf verschiedene Faktoren stützen, wie etwa Ihre Risikotoleranz, Ihre Anlageziele, die Branchen und Sektoren, mit denen Sie am besten vertraut sind, den zeitlichen Aufwand, den Sie für die Recherche von Anlagechancen aufbringen wollen, und Ihre Ertragserwartungen.

In diesem Kapitel behandeln wir einige grundlegende Anlagestrategien, die ebenso einfach wie wirkungsvoll sind. Diese Strategien können Ihnen helfen, sich ein starkes strategisches Fundament aufzubauen, wenn Sie die Entwicklung Ihres persönlichen Anlagestils in Angriff nehmen.

Die Auswahl der richtigen Aktien

Wie bereits ausgeführt, ist die beste, sicherste und zuverlässigste Weise, an der Börse schöne Gewinne zu erwirtschaften, solide Aktien zu kaufen und langfristig daran festzuhalten.

Doch dabei stellt sich die Frage: Wie kann ich die richtigen Aktien auswählen? Die Antwort darauf ist nicht einfach, aber – und das ist die gute Nachricht – auch nicht besonders schwierig. Beim Aufbau eines Portfolios sollten Sie sich auf Branchen konzentrieren, die dauerhaft Bestand haben und im Laufe der Zeit eine höhere Nachfrage nach ihren Erzeugnissen verzeichnen werden. Das lässt zum Beispiel an Gesundheitsaktien denken. Aufgrund der alternden Bevölkerung, der fortdauernden Pandemie, der Gefahr, dass in Zukunft weitere Pandemien kommen werden, sowie aufgrund von anderen Faktoren wird der Gesundheitssektor gezwungen sein, weiter zu expandieren. Eine Ausweitung der Geschäftstätigkeit wird, sofern sie kompetent gemanagt wird, zu einer höheren Marktkapitalisierung führen, zu höheren Erträgen und letztlich auch zu höheren Aktienkursen.

Wenn Sie der Meinung sind, dass der Gesundheitssektor im Laufe der Zeit weiter an Bedeutung gewinnen wird, können Sie entweder in einen diversifizierten ETF oder einen Publikumsfonds investieren, der auf den Bereich Pharma und Gesundheitsvorsorge ausgerichtet ist, oder Sie können sich Aktien einiger Firmen aus diesem Sektor aussuchen, die Ihrer Ansicht nach von dieser Entwicklung wahrscheinlich besonders profitieren werden. Dazu sollten Sie eine fundamentale Analyse der jeweiligen Aktie anstellen (siehe dazu Kapitel 9). Informieren Sie sich über die Führung des Unternehmens, die Projekte, die das Unternehmen gegenwärtig verfolgt, und über seine finanzielle Situation. Schauen Sie sich an, ob sich die Verschuldung der Firma in einem vernünftigen Rahmen hält und wie ihre Wachstumshistorie aussieht. Investieren Sie möglichst in mehrere Unternehmen aus der Branche.

Wenn Sie ein aktiver Investor sein möchten, sollten Sie aufmerksam die Entwicklung der Branchen und der Unternehmen verfolgen, in denen Sie Ihr Geld angelegt haben.

MERKE

Aktienkurse steigen und fallen. Es ist daher nicht verkehrt, sich mit den Finanzberichten und Nachrichten über die Unternehmen und Branchen zu befassen, in denen Sie Ihr Geld anlegen oder anzulegen beabsichtigen.

Werden Sie Experte in verschiedenen Sektoren, das wird es Ihnen ermöglichen, intelligenter zu investieren, die Positionen auszubauen und gute Investmententscheidungen zu treffen, und kann Ihnen die Tür öffnen, auch mit Optionen und kurzfristigen Instrumenten (siehe dazu Kapitel 7 über Optionshandel) innerhalb der von Ihnen bevorzugten Branche zu operieren.

Eigenständig recherchieren

Eine weitere spannende und oftmals erfolgreiche Möglichkeit, Aktien zu finden, die sich als Langfristanlage eignen, ist das Aufspüren neuer Technologien oder Trends, die für längere Zeit Bestand haben werden, und dann in Unternehmen zu investieren, die an diesen Entwicklungen beteiligt sind. Vielleicht sind Sie ein passionierter Gamer und zutiefst überzeugt, dass die virtuelle Realität (VR) die Zukunft des Videospiels ist. Oder vielleicht glauben Sie, dass Bereiche wie künstliche Intelligenz, Finanztechnologie oder Reisen vermehrt an Bedeutung gewinnen und großartige Investmentgelegenheiten hervorbringen werden. Was immer Ihr Gespür Ihnen sagt, wenden Sie ein wenig Zeit und Mühe auf, um die langfristigen Entwicklungsmöglichkeiten der Branche zu recherchieren, für die Sie sich interessieren.

Nehmen wir an, Sie glauben fest daran, dass erneuerbare Energien eine verantwortungsvolle und nachhaltige Möglichkeit sind, unseren Energiebedarf zu decken, und Sie sind zuversichtlich, dass sich die Einstellung zu diesen alternativen Energiequellen im Zuge der Herausforderungen durch den Klimawandel weiter positiv entwickeln wird.

Sie haben gehört, dass Firmen und Energieversorger zunehmend Solar- und Windprojekte auf den Weg bringen, weil diese Art der Energieerzeugung günstiger ist als die Nutzung konventioneller Energieträger. Zudem werden Sie in Ihrer Einstellung dadurch bestärkt, dass die Regierungen diese Form der Energiegewinnung vermehrt fördern. Sie haben sich ausführlich über das Thema informiert und herausgefunden, dass zum Beispiel die US-Regierung angekündigt hat, im Lauf der nächsten vier Jahre insgesamt 2 Billionen Dollar in »Clean Energy«-Projekte zu investieren, weil die USA klimaneutral werden wollen.

Die US-amerikanische Regierung ist nicht der einzige Akteur, der in erneuerbare Energien investiert. Einige der größten Konzerne der Welt und Millionen Anleger, Groß- wie Kleinanleger, stecken Billionen von Dollar in diesen Markt, um nachhaltige Energieerzeugung zu fördern. Das *Wall Street Journal* berichtete vor einiger Zeit, dass amerikanischen Investmentfonds, die sich auf Umwelt und Klimaschutz konzentrieren, pro Tag 3 Milliarden Dollar frische Anlegergelder zufließen, wodurch sich das von diesen Fonds verwaltete Gesamtvermögen im 1. Quartal 2021 auf knapp 2 Billionen Dollar erhöhte. Täglich werden Anleihen und Darlehen in Höhe von mehr als 5 Milliarden Dollar emittiert bzw. vergeben, die zur Finanzierung alternativer Energieprojekte eingesetzt werden sollen, und große US-Banken haben Billionen von Dollar für diesen Sektor bereitgestellt.

Wenn Sie also nach Ihren Recherchen zu der Einschätzung gelangen, dass erneuerbare Energien ein Wachstumssektor sind und gute Anlagechancen bieten, können Sie sich einige Einzelaktien heraussuchen, die Sie in Ihr Portfolio aufnehmen wollen. Im Fall der erneuerbaren Energien ist klar, dass der Markt für diese Art von Produkten und Dienstleistungen wachsen wird. Wenn das Unternehmen, in das Sie investieren wollen, über ein kompetentes Management verfügt, können Sie sich darauf einstellen, dass die Marktkapitalisierung dieses Unternehmens, seine Erträge und auch sein Aktienkurs steigen werden.

Um die Stärken eines Managementteams zu bewerten, können Sie sich anschauen, wie lange die Top-Manager schon an Bord sind. Eine lange Verweildauer im Unternehmen gilt generell als ein Zeichen für ein kompetentes Management. Im Mission Statement einer Firma, der Darstellung des Unternehmensleitbilds, ist nachzulesen, welche Ziele sich das Unternehmen gesetzt hat. Sie können auch versuchen, herauszufinden, welche Manager Aktien ihrer eigenen Firma gekauft haben. Käufe und Verkäufe durch Manager und andere Personen, die dem Management nahestehen, müssen veröffentlicht werden. In Deutschland finden Sie entsprechende Angaben unter dem Stichwort »Director's Dealings« etwa auf der Internetseite der DGAP (www.dgap.de) und auf diversen Börsenportalen. Wenn Manager Aktien ihres eigenen Unternehmens kaufen und längere Zeit halten, spricht dies dafür, dass sie Vertrauen in die Firma haben. Man kann auch in der SEC-Datenbank EDGAR (Electronic Data Gathering, Analysis, and Retrieval) nach Form 14A suchen, einer Zusammenstellung, die Hintergrundinformationen zu einem Managementteam enthält, auch über die Gehälter der Manager.

Auch die Entwicklung des Ertragszuwachses des Unternehmens sollte man sich anschauen sowie den Verschuldungsgrad, also das Verhältnis zwischen Schulden und Eigenkapital (Debt to Equity Ratio), seine Entwicklung im Vergleich zu ähnlichen Unternehmen, das Kurs-Gewinn-Verhältnis (KGV) und die Verwendung der Dividenden. Wenn die Ergebnisse Ihrer Recherchen Ihre Überzeugung untermauern, dass ein bestimmtes Unternehmen oder eine bestimmte Branche interessant und aussichtsreich ist, können Sie guten Gewissens einige Stück der betreffenden Aktie in Ihr Portfolio aufnehmen.

Schauen, was die Profis machen

Ein weiterer Faktor, der eine Rolle spielen kann bei der Entscheidung, welche Aktie man kaufen soll, ist das Verhalten anderer Investoren. Es ist immer schön, wenn man entdeckt, dass professionelle Investoren eine ähnliche Meinung haben, was die Aktienauswahl betrifft.

Die Entscheidungen von Anlageprofis kann man am besten über die Hedgefonds verfolgen – die am stärksten aktiv verwaltete von allen Fondsarten. Hedgefonds-Händler stehen ständig unter dem Druck, die Performance der von ihnen verwalteten Fonds zu verbessern, und legen daher ein hohes Maß an Aktivität an den Tag.

Über Internetseiten wie HedgeMind.com und TipRanks.com können Sie Hedgefonds-Managern folgen und sehen, welche Aktien sie kaufen und verkaufen. Um diese Seiten in vollem Umfang nutzen zu können, müssen Sie ein kostenpflichtiges Abonnement abschließen, zumindest TipRanks bietet aber auch eine kostenlose Basis-Mitgliedschaft an. Doch weil nach den SEC-Vorschriften jeder Hedgefonds, der mehr als 100 Millionen Dollar Anlegergelder verwaltet, jedes Quartal die in seinem Portfolio gehaltenen Positionen veröffentlichen muss, können Sie diese Informationen auch kostenlos auf Internetseiten wie WalletHub oder Kiplinger finden. Ein Aufruf von WalletHub ergab zum Beispiel die zehn populärsten Aktien der Hedgefonds im März 2012 (Abb. 41). Langfristig ausgerichtete Investoren wie Warren Buffett handeln nicht so aktiv wie ein typischer Hedgefonds, und daher kann man nur wenige tagesaktuelle Informationen über sie finden. Doch wenn Buffett oder eine andere Investmentlegende einen großen Kauf oder Verkauf tätigt, wird man davon auch auf den Titelseiten der Wirtschaftspresse lesen. Und es ist einfach, die größten Aktienpositionen von Investoren wie Buffett oder Carl Icahn zu finden. Abb. 42 führt die drei Top-Positionen von Buffett und Icahn und von zwei weiteren milliardenschweren Investoren auf.

GRAFIK

Abb. 41

Rang	Name des Unternehmens	Symbol	Veränderungen gegenüber dem vergangenen Quartal
1	Apple, Inc.	AAPL	↑
2	Bank of America Corp.	BAC	↑
3	Microsoft Corp.	MSFT	↑
4	Amazon.com, Inc.	AMZN	↓
5	Alphabet, Inc.	GOOG	---
6	American Express Company	AXP	---
7	Facebook, Inc.	FB	↓
8	The Coca-Cola Company	KO	---
9	Visa, Inc.	V	↓
10	PayPal Holdings, Inc.	PYPL	↑

Quelle: WalletHub.com
Die zehn beliebtesten Aktien der Hedgefonds (März 2021)

MEIN TIPP

Es ist interessant zu wissen, was Milliardäre kaufen, verkaufen und in ihren Portfolios halten, doch in der Finanzwelt ist es oft schwierig, den nächsten aufgehenden Stern zu entdecken. Wenn Sie imstande wären, den nächsten großen Investor zu identifizieren und dessen Aktionen nachzuvollziehen, bevor er berühmt wird, ja, dann würden auch Sie einen schönen Reibach machen. Das Problem bei der Nachahmung der Handlungen bereits bekannter Investoren besteht darin, dass Sie am Ende einer Erfolgsstory noch aufspringen. Denn diese Investoren haben bereits eine große Anhängerschaft, die umgehend die Kurse der von ihnen gekauften Wertpapiere hochtreibt, wenn diese bekannt gemacht werden. Diese künstlichen Preisbewegungen beschränken Ihre potenzielle Gewinnspanne, auch wenn die Erfolgssträhne des berühmten Investors noch länger anhalten sollte, was aber nicht garantiert ist.

Abb. 42

WARREN BUFFETT Der fünftreichste Mensch der Welt Geboren: 30.8.1930 in Omaha, Nebraska	CARL ICAHN Auf Platz 117 der reichsten Menschen Geboren: 16.2.1936 in New York
Berkshire Hathaway Inc.	Icahn Enterprises L.P.
TOP 3 POSITIONEN: 1. Apple, Inc. (AAPL) 2. Bank of America Corp. (BAC) 3. American Express Company (AXC)	**TOP 3 POSITIONEN:** 1. Occidental Petroleum Corp. (OXY) 2. CVR Energy, Inc. (CVI) 3. Cheniere Energy, Inc. (LNG)
RAY DALIO Auf Platz 85 der reichsten Menschen Geboren: 8.8.1949 in Greenwich, Connecticut	**GEORGE SOROS** Auf Platz 280 der reichsten Menschen Geboren: 12.8.1930 in Katonah, New York
Bridgewater	Soros Fund Management
TOP 3 POSITIONEN: 1. Walmart, Inc. (WMT) 2. The Procter & Gamble Company (PG) 3. The Coca-Cola Company (KO)	**TOP 3 POSITIONEN:** 1. Liberty Broadband Corp. (LBRDK) 2. D.R. Horton, Inc. (DHI) 3. Amazon.com, Inc. (AMZN)

Die wichtigsten Aktienpositionen von vier Milliardären

Kaufen an schwachen Tagen

Die Haltung eines »Contrarians« – die antizyklische Herangehensweise – ist ein Investmentansatz, bei dem ein Anleger die Stimmung des Marktes zu erfassen versucht und dann das Gegenteil dessen tut, was die Mehrheit der Marktteilnehmer tut. Wenn alle Anleihen kaufen, kaufen Sie Aktien. Wenn die Aktien des Transportsektors auf neue Höhen klettern, dann verringern Sie Ihr Engagement in diesem Bereich, indem Sie einige Papiere verkaufen. Wenn der Kurs eines Blue Chips nach einer Gewinnwarnung einen kräftigen Dämpfer bekommt, ist dies ein günstiger Zeitpunkt, um vielleicht einige Stück dieser Aktie einzusammeln.

Da ich auch dem konträren Investmentansatz einiges abgewinnen kann, habe ich 2014 internationale Aktien gekauft, für mich selbst wie auch für meine Kunden. Weil die US-amerikanische Wirtschaft sehr gut lief, wurde viel Geld aus internationalen Aktien abgezogen. Die Finanzmedien berichteten negativ über ausländische Aktien, was deren Kurse zusätzlich nach unten drückte. Es war ein perfekter Kaufzeitpunkt.

Man muss sich gar nicht besonders auskennen in der Finanzgeschichte, um zu sehen, dass auch internationale Aktien, wie die meisten anderen wichtigen Aktienkategorien, steigen und fallen und manchmal unten bleiben oder oben, und das oft jahrelang, bis sie sich wieder in die entgegengesetzte Richtung bewegen. Geduldige, disziplinierte Anleger können diese stetigen Wellenbewegungen antizipieren, aber viele Anleger sind weder geduldig noch diszipliniert. So wie manche Menschen ihr eigenes Blut nicht sehen können, können manche Anleger nicht an Investments festhalten, die über längere Zeit stagniert haben oder sich über mehrere Jahre nicht so gut entwickeln wie die großen Aktienindizes.

Das ist ein verständliches, wenngleich irrationales Handeln (und gehört zu jenen Verhaltensmustern, auf die wir in Kapitel 8 ausführlicher eingehen werden). Es ist leichter für Anleger wie mich, die seit Jahrzehnten Ebbe und Flut an den Märkten erlebt haben, ein Bewusstsein für dauerhafte, langfristige und fundierte Marktrealitäten zu entwickeln.

Eine der einfachsten und effizientesten Investmentstrategien besteht darin, an schwachen Tagen zu kaufen oder auch in längeren Phasen, in denen es mit den Kursen abwärts geht. Diesem Verhalten liegt die Annahme zugrunde, dass sich die meisten Aktien wieder erholen und dass sich auch die Märkte insgesamt wieder erholen. Das ist kein Wunschdenken, sondern eine historische Tatsache. Wenn Sie Ihr Geld am Markt anlegen wollen und auf Bargeld sitzen, das nichts einbringt, insbesondere wenn die Zinsen niedrig sind, mag es Ihnen vielleicht schwerfallen, geduldig auf einen Rückgang der Kurse zu warten.

Vergessen Sie dabei aber nicht, dass das Geld, das Sie auf einem Sparkonto geparkt haben, einen Wert repräsentiert in Form einer Chance. Sofern sich die Dinge nicht grundlegend verändern, verlieren Sie Geld, wenn die Inflationsrate höher ist als der Ertrag der Bareinlage. Doch wenn Sie an dem Bargeldbestand festhalten, haben Sie die Möglichkeit, zu handeln, wenn sich eine günstige Gelegenheit bietet. Insbesondere für ältere Anleger, die ohnehin dazu neigen, einen größeren Teil ihres Vermögens in Bargeld oder ähnlichen Anlagen zu halten, sollte es nicht schwierig sein, Bargeld locker zu machen, wenn die Börsen nach unten gehen. Sie können zum Beispiel ein paar Anleihen liquidieren. Wenn die Konjunktur einbricht und Sie Anleihen besitzen, die Sie in einer konjunkturellen Boomphase erworben haben, wird deren Wert höher sein als jener der Anleihen, die im Wirtschaftsabschwung emittiert werden. Sie können diese gesunden, hoch rentierlichen Anleihen mit Gewinn verkaufen und das Geld in den Aktienmarkt investieren.

Wenn Sie dennoch Bedenken haben, während einer konjunkturellen Talfahrt Aktien zu kaufen, dann können Sie sich an Unternehmen halten, die weitgehend resistent sind gegenüber einer Rezession, wie etwa aus den Bereichen Gesundheit oder Basiskonsumgüter. Die Kurse dieser Aktien werden wahrscheinlich auch im Zuge der allgemeinen Marktschwäche nach unten gedrückt, aber weil diese Unternehmen auch in einer Rezession einen soliden Cashflow haben, werden sie nicht zahlungsunfähig werden oder abhängig von opportunistischen, auf hohe Zinserträge erpichten Darlehensgebern. Andere Branchen, deren Cashflow auch in einer Rezession kaum beeinträchtigt wird, sind Waffenhersteller und Unternehmen, die sich mit Tabak und Alkohol beschäftigen. Wenn Sie keine solchen »unmoralischen« Aktien ins Portfolio nehmen wollen, finden Sie stabile Anlagen in anderen Bereichen wie Telekom, Versorger und Konsumgüter, um nur einige zu nennen. Mit den ethischen Fragen der Geldanlage werden wir uns in Kapitel 13 eingehender auseinandersetzen. Auch Vorzugsaktien (siehe Kapitel 2) bieten Stabilität und eine gewisse Verlässlichkeit in Phasen der Stagnation oder Rezession.

ANMERKUNG

Als sich die Angst vor dem Coronavirus ausbreitete, verkrochen sich die Menschen in ihrem Zuhause und die US-amerikanische Wirtschaft geriet im Februar 2020 in eine Rezession, wobei jedoch die Aktien mancher Branchen kräftig anzogen, während andere abstürzten. Besonders gut entwickelte sich Walmart, eine Firma, die praktisch all die Dinge verkauft, die Verbraucher in einer Pandemie zu Hause haben möchten, von Lebensmitteln und anderen Konsumgütern bis zu Haarfärbemitteln und Spielen. Auch die Firmen Dollar General, PepsiCo und Hershey schlugen sich relativ gut in dieser schweren Zeit.

Der Durchschnittskosteneffekt

Der Durchschnittskosteneffekt (Cost Average Effect) lässt sich gezielt nutzen. Das heißt, eine Aktie, die man haben möchte, über eine gewisse Zeit für einen festgelegten Betrag zu kaufen, ungeachtet des jeweiligen Aktienkurses, ist eine geschickte Möglichkeit, sich eine Investmentposition zu potenziell optimalen Kosten aufzubauen. Diese Strategie kann auch dazu beitragen, die Bedeutung der Volatilität über die Dauer der Investmentphase zu vermindern.

BEISPIEL

Nehmen wir an, wir haben eine Fundamentalanalyse des Unternehmens Boingo Wireless Inc. (WIFI) durchgeführt. Wir sind zu dem Schluss gekommen, dass diese Aktie, obwohl sie im vergangenen Jahr eine schwierige Phase durchgemacht hat, ein solides Langfrist-Investment ist und dass seine jüngste Schwäche uns einen guten Einstiegspreis bescheren kann.

Wir entscheiden, 1.000 Dollar in WIFI-Aktien zu investieren, wollen den Aufbau der Position aber nicht überstürzen. Mit Hilfe des Durchschnittskosteneffekts können wir nach und nach in die Aktie einsteigen und sicherstellen, dass wir den niedrigstmöglichen Kaufpreis bezahlen. Folgendermaßen funktioniert es: Wir legen eine Kaufperiode fest, sagen wir, ein Jahr. Im Laufe dieses Jahres wollen wir 1.000 Dollar in WIFI anlegen, aber nicht alles auf einen Schlag, sondern verteilt auf zwölf monatliche Käufe mit jeweils ungefähr 83,33 Dollar (1.000 Dollar/12).

Wenn die WIFI-Aktie in unserem ersten Monat zu einem Kurs von 16 Dollar gehandelt wird, kaufen wir fünf Stück für insgesamt 80 Dollar. Im nächsten Monat – nehmen wir an, WIFI steht jetzt bei 13 Dollar – kaufen wir sechs Stück. Im folgenden Monat kostet WIFI 14 Dollar und wir kaufen abermals sechs Aktien. Dies führen wir zwölf Monate lang fort, bis wir den vorgesehenen Betrag von 1.000 Dollar komplett investiert haben.

In der Theorie ermöglicht es der Durchschnittskosteneffekt den Anlegern, mehr Stücke einer Aktie für den gleichen Geldbetrag zu kaufen. Im Laufe von zwölf Monaten haben wir 1.000 Dollar investiert und damit 67 WIFI-Aktien erworben. Hätten wir die 1.000 Dollar gleich komplett im ersten Monat investiert, als die Aktie 16 Dollar kostete, hätten wir nur 62 Stück kaufen können. Da der Kurs der Aktie am Ende bei 17 Dollar stand, repräsentieren diese fünf Stück einen Wertzuwachs in Höhe von 85 Dollar.

In Deutschland bieten übrigens mehrere Depotbanken sogenannte Aktiensparpläne an. Das heißt: Sie geben die Rate, die Ziel-Aktie und das Sparintervall ein, und Ihr Favorit wird nach und nach automatisch gekauft. Aktien-Sparpläne ermöglichen auch Bruchteilskäufe. Das heißt: Wie viele Stück für Ihre jeweilige Sparrate gekauft werden, darum kümmert sich die Depotbank, und Sie brauchen sich auch keine Sorgen zu machen, wenn die Rechnung »Sparrate geteilt durch Aktienkurs« keine glatte Stückzahl ergibt. Dann wird die Aktie eben in Bruchteilen in Ihr Depot gelegt.

GRAFIK

Abb. 43

	JAN	FEB	MAR	APR	MAY	JUN	JUL	AUG	SEP	OCT	NOV	DEC
INVESTIERTE SUMME	≈ $83,33	≈ $83,33	≈ $83,33	≈ $83,33	≈ $83,33	≈ $83,33	≈ $83,33	≈ $83,33	≈ $83,33	≈ $83,33	≈ $83,33	≈ $83,33
AKTIENKURS	$16	$13	$14	$12	$14	$18	$20	$16	$12	$13	$17	$17
ERWORBENE STÜCKZAHL	5	6	6	7	6	5	4	5	7	6	5	5

Durchschnittspreisstrategie für den Kauf von WIFI

Die Durchschnittskostenstrategie ist allerdings keine Garantie dafür, dass Anleger mehr Aktien für ihr Geld kriegen. Wenn Sie Geld anlegen möchten und sich dafür entscheiden, eine Position über einen bestimmten Zeitraum scheibchenweise aufzubauen, besteht immer das Risiko, dass Sie am Ende mehr zahlen für weniger Aktien, als Sie ursprünglich hätten aufwenden müssen, wenn Sie das Geld auf einmal investiert hätten. Außerdem haben Sie, wenn Sie eine Strategie verfolgen, bei der Sie häufigere Geschäfte tätigen, oft höhere Ausgaben in Form von Gebühren und Provisionen. In unserem WIFI-Beispiel muss der Anleger die Kosten der zwölf monatlichen Käufe einberechnen. Wenn jede Transaktionen 5 Dollar (60 Dollar insgesamt) kostet, dann müssen die 250 Dollar Gewinn, den diese Strategie erbracht hat, auf 190 Dollar reduziert werden. Bei Aktiensparplänen nach deutschem Modell sind die Gebühren allerdings nicht unbedingt höher als bei einer Einmal-Order, im Gegenteil! Bei Sparplänen zahlen Sie meist einen bestimmten, niedrigen Prozentsatz des investierten Betrags. Auf die Zahl der durchgeführten Käufe kommt es dann nicht an.

FRAGE

Ist die Nutzung des Durchschnittskosteneffekts in einem steigenden oder einem fallenden Markt erfolgreicher?

Betrachten wir dazu folgendes Szenario: Sie wollen jeden Monat 1.000 Dollar investieren und entscheiden sich dafür, die Durchschnittspreisstrategie anzuwenden und schrittweise eine Position in einer Aktie aufzubauen, die momentan für 10 Dollar gehandelt wird. Abb. 44 zeigt, wie sich diese Strategie in zwei unterschiedlichen Marktsituationen auswirken würde. Im ersten Fall (in einem »steigenden Zyklus«) gewinnt die Aktie kontinuierlich an Wert. Im zweiten Fall (in einem »fluktuierenden Zyklus«) fällt der Aktienkurs zunächst und gewinnt dann allmählich wieder an Stärke.

WELCHER MARKT IST BESSER FÜR DIE DURCHSCHNITTSPREISMETHODE

GRAFIK

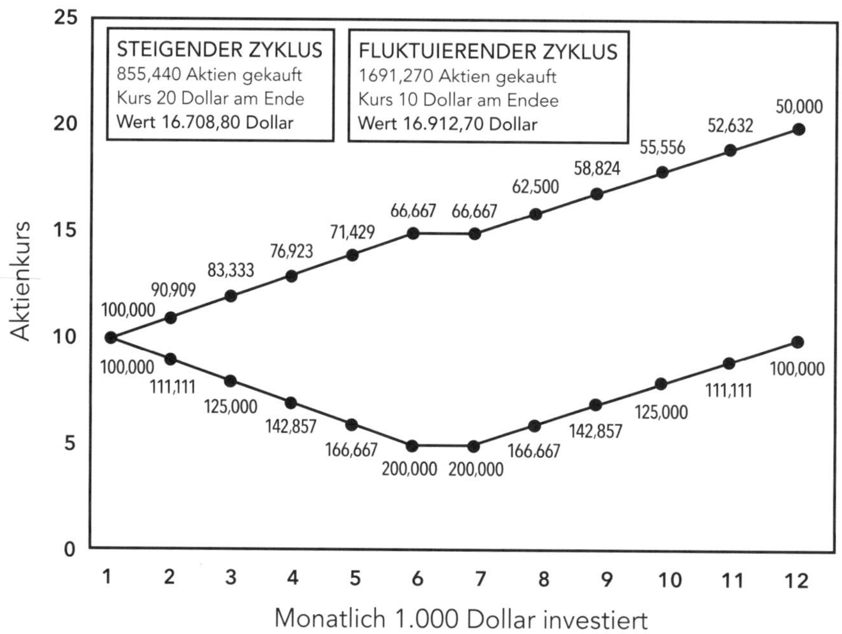

Abb. 44

Am Ende der zwölf Monate hat die Nutzung des Durchschnittskosteneffekts im fluktuierenden Zyklus zu einem höheren Anlagewert geführt, die Position ist jetzt nämlich 16.912,70 Dollar wert gegenüber 16.708,80 Dollar im anderen Fall. Das hängt damit zusammen, dass der Anleger während des fluktuierenden Zyklus mehr Aktien in kürzerer Zeit kaufen konnte. Am Ende der zwölf Monate besaß der Anleger, der im fluktuierenden Zyklus investierte, etwa doppelt so viele Aktien wie der Anleger, der im steigenden Zyklus kaufte. Weil ersterer im Kaufzeitraum eine größere Stückzahl von Aktien erwerben konnte, verzeichnete er auch höhere Gewinne, als die Aktie zu steigen begann, und konnte schließlich auch den Anleger überrunden, der sich im steigenden Zyklus über eine Einmalanlage in der Aktie engagierte, obwohl die Aktie am Ende dieses Zyklus doppelt so viel wert war. Letztlich ist immer die Anzahl der Aktien, nicht der Kurs der Aktie der entscheidende Faktor für den Vermögensaufbau. Ein Satz, den man sich merken sollte.

ZITAT

> *Letztlich ist immer die Anzahl der Aktien, nicht der Kurs der Aktie der entscheidende Faktor für den Vermögensaufbau.*
>
> TED SNOW

Der Durchschnittskosteneffekt ist ein gutes Hilfsmittel für Anleger, die mit dem Investieren beginnen oder besonders vorsichtig sind bei der Geldanlage und zunächst einmal die Wassertemperatur prüfen wollen, bevor sie in den Pool springen. Mit Hilfe des Durchschnittskosteneffekts können Sie sich auch einigermaßen abschirmen gegen einen Börsencrash oder eine heftige Korrektur. Einen hohen Geldbetrag in den Markt zu investieren, kurz bevor dieser einbricht, kann einigermaßen entmutigend sein. Die Märkte steigen zwar langfristig, doch ein kräftiger Rückschlag kann immer kommen und sehr schmerzhaft sein, das sollten Sie stets im Hinterkopf behalten. Ob die Nutzung des Durchschnittskosteneffekts eine geeignete Methode für eine bestimmte Art von Investment ist, lässt sich herausfinden, indem man den zur Anlage vorgesehenen Betrag ins Verhältnis setzt zum gesamten Anlagekapital, das verfügbar ist. Wenn Sie über einen nennenswerten Betrag verfügen und einen größeren Teil davon an der Börse anlegen wollen, können Sie dies schrittweise umsetzen, indem Sie sich den Durchschnittskosteneffekt zunutze machen. Wenn Sie aber nur 5 Prozent Ihres investierbaren Kapitals anlegen wollen, wäre eine Einmalanlage vorzuziehen.

MERKE

Wenn Sie das für den Aktienkauf benötigte Geld aus Ihrer Barreserve nehmen (statt aus anderen Vermögenspositionen), kann der Durchschnittskosteneffekt Ihnen helfen, Ihre Risikoexposition im Falle eines plötzlichen Crashs zu vermindern, und es Ihnen ermöglichen, beim Kursrückgang mehr Stück der Aktie zu erwerben. Andererseits können Ihnen bei Nutzung des Durchschnittskosteneffekts Dividenden entgehen, weil diese nur auf Aktien gezahlt werden, die man schon besitzt und nicht solche, die man erst noch erwerben möchte. Zudem verpassen Sie mögliche Kursgewinne, wenn der Markt steigt, während Sie darauf warten, die nächste Tranche im Rahmen Ihrer Durchschnittspreisstrategie zu kaufen.

Eine hilfreiche Variante des Durchschnittspreisverfahrens ist die Einteilung der Anlagetranchen auf der Grundlage des Aktienwerts. Das wird auch »Durchschnittswertmethode« genannt. Nehmen wir an, Sie wollen 10.000 Dollar in eine Aktie investieren, und zwar verteilt über ein Jahr. Im ersten Monat investieren Sie 833 Dollar (1/12 von 10.000 Dollar). Im folgenden Monat fällt die Aktie um 15 Prozent, sodass Ihre investierten 833 Dollar jetzt nur noch 708 Dollar wert sind. Ihr Investment hat an Wert eingebüßt, aber die Aktie ist jetzt billiger. Entsprechend dem Durchschnittskostenverfahren investieren Sie für die nächste Tranche 833 Dollar zuzüglich 125 Dollar und damit insgesamt 958 Dollar. Die Zahl 125 Dollar ergibt sich aus der Subtraktion des aktuellen Wertes der Anlage (708 Dollar) vom ursprünglichen Anlagebetrag (833 Dollar). Wenn der Wert Ihrer Anlage steigt, statt zu fallen, tun Sie das Gegenteil. Nehmen wir an, Ihr Investment steigt im zweiten Monat um 15 Prozent, von 833 auf 958 Dollar. Anstatt zusätzlich 125 Dollar im Folgemonat anzulegen, investieren wir 125 Dollar weniger, weil die Aktie jetzt teurer ist. Wenn wir diese Strategie ein volles Jahr durchhalten, werden wir theoretisch weniger Geld für mehr Aktien bezahlen müssen und können uns schon als langfristigen Gewinner betrachten.

Die Nutzung des Durchschnittskosteneffekts ist eine langfristig ausgelegte Strategie und erfordert Durchhaltewillen und Vertrauen in die langfristige Stärke der ausgewählten Aktie. Auch hier gilt: Eine solche Strategie ist nicht erforderlich, wenn Sie keine größeren Beträge investieren. Doch wenn Sie sich für eine solche Strategie entscheiden, müssen Sie Disziplin aufbringen und sich strikt an Ihren Plan halten. Es ist nicht einfach, mehr und mehr Geld in eine Anlage zu stecken, wenn deren Wert zum Beispiel für drei Monate in Folge gefallen ist. Doch als Anleger werden sie immer wieder erleben, dass etwas, das der eigenen Intuition widerspricht, der richtige Weg sein kann, den man fortsetzen sollte. In Kapitel 8 werden wir uns ausführlicher damit befassen, wie man Emotionen und rationale Strategien voneinander trennen kann.

Strategien in einem Bärenmarkt

Ich wiederhole es gebetsmühlenartig und Sie werden diesen Rat auch von sämtlichen Anlageberatern hören: Versuchen Sie nicht, den Markt zu »timen«. Gleichwohl gibt es Strategien, die Sie nutzen können, um Verluste zu begrenzen. Wenn Sie einen Kursrückgang befürchten, geben Sie einfach Stop-Loss-Orders für Ihre Aktien ein, sodass diese automatisch verkauft werden, wenn es nach unten geht. In normalen Zeiten ist es angemessen, einen Stop-Loss 10 bis 15 Prozent unter den Kaufpreis zu legen, je nachdem, wie schwankungsfreudig die Aktie ist und wie hoch der Verlust sein darf, den Sie in Kauf zu nehmen bereit sind. Wenn also Ihre Aktie 100 Dollar kostet, könnten Sie die Verlustbegrenzung auf 90 Dollar festsetzen (10 Prozent) oder auf 85 Dollar (15 Prozent). Wenn Sie mit einem größeren Markteinbruch rechnen, kann auch ein Stop-Loss von 5 Prozent unter dem Kaufkurs sinnvoll sein.

ACHTUNG

Sie sollten einen Stop-Loss-Auftrag nicht zu knapp unter den aktuellen Kurs legen, denn dadurch könnte die Verkaufsorder schneller ausgelöst werden, als Sie erwarten, um dann zu erleben, dass sich der Kurs doch rasch wieder erholt. Vielmehr sollten Sie einen Stop-Loss-Auftrag strategisch an Stop-Kursen platzieren, die Sie vor einem größeren Verlust schützen, aber nicht zu nahe am aktuellen Kurs sind, damit Sie nicht Gefahr laufen, viel zu schnell aus dem Markt geworfen zu werden.

Manche Anleger arbeiten nicht mit formellen Stop-Loss-Aufträgen, sondern überwachen ihre Aktien lieber direkt und geben dann eine Standard-Verkaufsorder auf, wenn der Kurs unter ihren individuellen Stop-Kurs fällt.

MERKE

Auch wenn Sie einen Stop-Loss-Auftrag für eine Aktie eingegeben haben, garantiert Ihnen der Broker nicht, dass Sie die Aktie genau zu dem Kurs verkaufen können, den Sie festgelegt haben. Wenn Sie lieber auf Stop-Loss-Orders verzichten, können Sie stattdessen persönliche Benachrichtigungen oder E-Mail-Alarme nutzen. Einige Depotbanken oder Online-Finanzplattformen bieten eine Benachrichtigung an, wenn eine Aktie unter einen angegebenen Kurs fällt (oder darüber steigt). Nachdem Sie benachrichtigt worden sind, können Sie eine limitierte Verkaufsorder für Ihre Aktie(n) eingeben, die Ihren Broker beauftragt, die Transaktion zum gewünschten Kurs durchzuführen. Wenn sich kein Käufer findet, sollten Ihnen keine Kosten entstehen, denn dann kommt der Verkauf nicht zustande.

Ihre Ausstiegsstrategie ist von vielen Faktoren abhängig, wie etwa der Volatilität der Aktie und dem Ziel des Investments. Wenn Sie vor dem Kauf eine Fundamentalanalyse und eine Technische Analyse der Aktie durchgeführt haben, sollten Sie sich auch mit einer Ausstiegsstrategie befassen, um Ihre Verluste zu begrenzen, falls die Aktie den Rückwärtsgang einlegt. Wenn Sie zu schnell aussteigen, laufen Sie Gefahr, Ihre Papiere zu früh zu verkaufen, wenn Sie aber zu spät verkaufen, fallen größere Verluste an, als nötig gewesen wären. Für Investoren, die auch in negativen Phasen Geld verdienen möchten, die immer wieder auftreten, gibt es sogenannte »Bärenmarkt-Fonds«.

Diese Fonds arbeiten mit Leerverkäufen und anderen Strategien, die potenziell sehr einträglich sein können bei einer Abwärtswende. Bärenmarkt-Fonds, die aktiv verwaltet werden oder auch schlicht einem Index folgen können, werden häufig falsch gehandhabt von Investoren, die sie als einen Ort der Zuflucht in Abschwungphasen sehen, wenn ihre sämtlichen anderen Positionen rasch Verluste erleiden. Um zumindest ein bisschen Geld zu verdienen mit dem Abwärtstrend, stecken sie größere Summen in Bärenmarkt-Fonds in der Hoffnung, dass es noch schlimmer werden möge. Der erfahrenere Bärenmarkt-Investor nutzt einen solchen Fonds als Absicherung gegen einen Kursrückgang. In einem normalen Markt verliert dieser Fonds jährlich vielleicht 10 Prozent seines Wertes, bietet in einem rückläufigen Markt aber ein gutes Ruhekissen. Bärenmarkt-Fonds können also als eine Art Versicherung für das Portfolio fungieren. Man zahlt jedes Jahr ein bisschen Geld, um in schwierigen Zeiten einen Rettungsanker zu haben. Wenn Sie nicht vertraut sind mit dem Leerverkaufen als Anlagetaktik, erhalten Sie im folgenden Kapitel grundlegende Informationen dazu.

Kapitelzusammenfassung

- Eine Cash-Reserve zu halten, auch in einem starken Bullenmarkt, gibt Anlegern die Chance, Aktien mit Abschlag zu kaufen, wenn es zu einem plötzlichen Kursrutsch kommt.
- Unterschiedliche Branchen analysieren, Makrotrends identifizieren und die eigenen Anlageentscheidungen mit jenen bekannter Investmentprofis abgleichen – all dies kann dazu beitragen, eine tragfähige Strategie zu entwickeln.
- Der Durchschnittskosteneffekt ermöglicht es Anlegern, schrittweise Positionen aufzubauen; in manchen Szenarien kann dies dazu führen, dass sich mehr Aktien für das gleiche Geld erwerben lassen.
- Bärenmarkt-Fonds können, sofern sie richtig genutzt werden, eine Versicherung sein, die ein Portfolio im Falle eines heftigen Kursrutsches schützt.

| 7 |

Auf der Short-Seite mitmischen

Spekulation, Risiko, Nervenkitzel

Kapitelüberblick

- Optionshandel
- Pennystocks
- Terminkontrakte (Futures)
- Andere hochriskante Investments

ZITAT

Derivate sind finanzielle Massenvernichtungswaffen.

WARREN BUFFETT

Wie Sie in diesem Buch erfahren haben, sind Investoren und Trader die beiden Hauptakteure am Aktienmarkt. Der typische Investor kauft und hält Aktien, weil er darauf hofft, dass sich im Lauf der Zeit substantielle Gewinne einstellen, die dann irgendwann realisiert werden können. Ein Trader hingegen kauft und verkauft Aktien oder – wenn er Leerverkäufe (Shortselling) betreibt – verkauft Aktien zuerst und kauft sie später zurück. Zudem handeln Trader auch gern mit Derivaten wie Optionen oder Terminkontrakten (Futures), die den Kauf oder Verkauf einer bestimmten Stückzahl eines bestimmten Wertpapiers zu einem bestimmten Zeitpunkt erfordern. Trader verfolgen sehr aufmerksam die täglich oder vielleicht sogar stündlich sich verändernde Stimmung der Anleger in Bezug auf ein Wertpapier. Sie interessieren sich weniger für die Natur des zugrunde liegenden Vermögenswerts oder für fundamentale Finanzkennzahlen. Trader verdienen Geld, indem sie eine Position eröffnen und schnell wieder abstoßen bzw. liquidieren. Einem Trader sind starke Marktschwankungen durchaus willkommen. Es ist viel Geld (und auch schnelles Geld) zu verdienen, wenn man kräftige Bewegungen eines Aktienkurses vorhersagen kann. Wenn das wirklich so einfach wäre, aber das ist es nicht.

In Wirklichkeit ist es beim Trading leichter, Geld zu verlieren, als Geld zu verdienen. Durch viele Untersuchungen wurde bestätigt, dass weniger als 10 Prozent der Trader erfolgreich sind. Viele Analysten halten auch die Zahl von 10 Prozent für zu optimistisch und glauben, dass die Zahl erfolgreicher Trader eher bei 1 Prozent liegt. Trading erfordert eine wesentlich höhere Transaktionshäufigkeit als Investieren. Mehr Handelsgeschäfte bedeuten auch mehr Provisionen und Gebühren, die an die Broker zu zahlen sind, und mehr Slippage-Kosten. Slippage (»Schlupf« oder »Schwund«) bezieht sich auf den geringen Verlust, der beim Ausstieg aus einer Position häufig auftritt. Sie haben zum Beispiel die

Absicht, eine Aktie zu verkaufen, wenn diese den Kurs von 65 Dollar erreicht, ihr tatsächlicher Verkaufspreis kann aber dann ein bisschen niedriger sein. Die Kosten häufiger Transaktionen summieren sich rasch. Trader, die Gewinne erzielen wollen, müssen die Fähigkeit besitzen, durchgängig die Daten richtig zu interpretieren und sicherzustellen, dass sich ihr Geld auf der richtigen Seite des Zauns befindet. Dies erfordert ein Maß an Sachverständnis und Beschlagenheit, insbesondere in der Technischen Analyse, das nur durch jahrelange Übung erreicht werden kann.

Wer Trading eher als Hobby betreibt, mit begrenztem Wissen darüber, was er tut, der spekuliert im Grunde. Sie erzielen vielleicht ein paar schöne Gewinne, doch wenn Sie meinen, damit eine neue berufliche Bestimmung gefunden zu haben, empfiehlt es sich, mit Vorsicht und Bescheidenheit ans Werk zu gehen. Forscher der University of California, Berkeley, haben herausgefunden, dass Trader dazu neigen, Erfolge ihren angeborenen Fähigkeiten zuzuschreiben, was zu Übermut und langfristig zu Verlusten führt. Trading kann eine aufregende Sache sein und Spaß machen, wogegen überhaupt nichts einzuwenden ist. Doch man sollte realistisch bleiben, was die langfristigen Erfolgschancen und Möglichkeiten betrifft. In diesem Kapitel werden wir einige der beliebtesten Tradingarten vorstellen, von denen einige, insbesondere der Optionshandel, auch in eher traditionelle Anlagestrategien eingebunden werden können.

Daytrading

Daytrading ist das Kaufen und Verkaufen von Wertpapieren innerhalb eines Handelstages. Diese ganz kurzfristig ausgerichtete Herangehensweise an den Aktienmarkt steht in deutlichem Gegensatz zum herkömmlichen »Kaufen-und-Liegenlassen« (Buy-and-hold-) Ansatz, der von langfristigen Anlegern verfolgt wird. Der »passionierte Daytrader« ist ein Begriff, der professionelle Anleger oder Unternehmer beschreibt, die hauptberuflich als Trader tätig sind. Obgleich die aufregende, temporeiche Lebensweise professioneller Börsenhändler verlockend wirkt auf viele Möchtegern-Profitrader (wer wollte nicht gern in wenigen Stunden Tausende Dollar verdienen?), schaffen es nur wenige, die in dieses Gebiet einsteigen, sich dauerhaft zu behaupten. Die meisten verlieren einen Großteil ihres Anfangskapitals, was wahrscheinlich ein Grund ist, warum Daytrader oft sehr schnell zu anderen Anlagestilen wechseln. Wenn Sie sich ernsthaft mit Aktienhandel beschäftigen, werden Sie wahrscheinlich auch die Sirenengesänge von Brokern vernehmen, die für das kurzfristige Trading werben und einen schnellen und einfachen Weg zum Reichtum versprechen. Diese Verkaufsmaschen sind in den Finanzmedien weit verbreitet. Es ist wichtig, die Anreize richtig einzuordnen, die von Brokerfirmen geboten werden, die für Daytrading werben. Broker verdienen ihr Geld durch die Gebühren und Provisionen, die beim Kauf von Aktien oder bei Verkaufstransaktionen anfallen. Je mehr Sie handeln, umso mehr Provisionen werden Ihrem Konto belastet. Daytrader sind daher eine wichtige Zielgruppe von Brokern.

ANMERKUNG

Das Daytrading entwickelte sich zu einem beliebten Zeitvertreib während der Coronavirus-Pandemie, als Menschen, die ihren Job verloren hatten, sich nach alternativen Einkommensmöglichkeiten umschauten, oder auch andere sich zu Hause langweilten. Marktexperten vermuten auch, dass die Schließung der Casinos während der Pandemie manche Spieler dazu veranlasste, an die Börse zu wechseln. Das Brokerhaus TD Ameritrade berichtete im September 2020, dass sich die Aufrufe ihrer Internetseite, auf der nach Anleitungen zum Börsenhandel gesucht wurde, sich in den vorhergehenden neun Monaten nahezu vervierfacht hatten.

ACHTUNG

Während die Zahl der Daytrader in der Pandemie nach oben schnellte, nahm auch die Volatilität des Aktienmarkts zu, was gefährlich sein kann für Börsenneulinge. Die Average True Range (ATR), ein technisches Instrument zur Messung der Schwankungen der Märkte, stand zwischen 2015 und März 2020, als der Coronavirus-Lockdown verhängt wurde, im Bereich von 29. Im März 2020 stieg dieser Wert zeitweilig auf 248, was den Handel an den Börsen erheblichen Unwägbarkeiten aussetzte.

Daytrader suchen nach Aktien, die eine hohe Volatilität und eine hohe Liquidität aufweisen. Wenn ein Trader die Richtung einer markanten Preisbewegung, die Volatilität, richtig einzuschätzen vermag, steigen seine Gewinnchancen. Die Liquidität ist wichtig, weil sie sicherstellt, dass Aktien problemlos ge- und verkauft werden können. Was bringt es, wenn der Wert einer Aktie in die Richtung steigt oder fällt, die Sie erwartet haben, Sie aber Ihren Kauf oder Verkauf nicht durchführen können?

Optionshandel

Optionshandel ist der Kauf und Verkauf von Optionen. Mit einer Option erwirbt ein Investor das Recht, ein Wertpapier zu einem bestimmten Preis in einem bestimmten Zeitfenster zu kaufen oder zu verkaufen. Im Lauf der Zeit verändert sich der Wert der Option. Zudem wird der Wert des Kontrakts auch durch die Schwankungen des Wertes des zugrunde liegenden Basiswerts beeinflusst.

BEISPIEL

Sie kaufen eine Option, die es Ihnen ermöglicht, ein bestimmtes Kleid zu einem Preis von 100 Dollar zu erwerben, und zwar zu einem beliebigen Zeitpunkt innerhalb der nächsten neun Monate. Für den Erwerb dieser Option zahlen Sie 50 Dollar. Das ist die sogenannte »Prämie«. Nehmen wir an, das Kleid kostet zum Zeitpunkt des Kaufes des Kontrakts 125 Dollar. Wenn Sie Ihre Option sofort ausüben, könnten Sie theoretisch einen Gewinn erzielen, im konkreten Fall jedoch nicht. Sie hätten 150 Dollar ausgegeben, um das Kleid zu erwerben (100 Dollar für den Kauf des Kleides entsprechend den Bedingungen des Kontrakts zuzüglich 50 Dollar Prämie für den Erwerb des Kontrakts). Es wäre also besser, das Kleid direkt für 125 Dollar zu kaufen.

GRAFIK

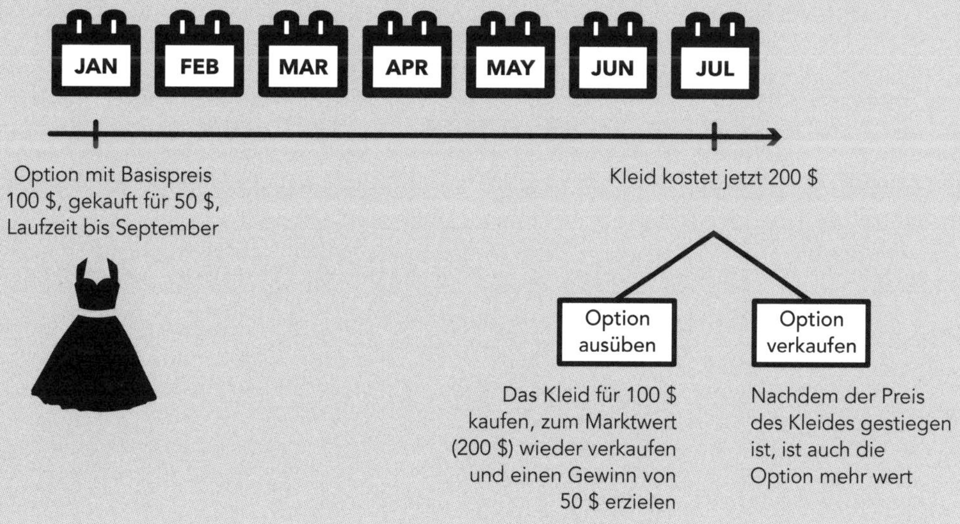

Abb. 45

Nehmen wir nun aber an, dass das Kleid sechs Monate nach Ihrem Optionskauf von Kate Middleton in einem hochwertigen Modekatalog präsentiert wird. Jetzt kostet das Kleid 200 Dollar, und Sie besitzen die Option noch immer. Wenn Sie die Option nun ausüben, erzielen Sie einen Gewinn von 50 Dollar. Sie erwerben also das Kleid für 100 Dollar und verkaufen es umgehend zum aktuellen Marktwert von 200 Dollar, was eine Differenz von 100 Dollar ergibt. Davon ziehen Sie die Prämie von 50 Dollar ab, die Sie für die Option gezahlt haben, worauf Ihnen ein Gewinn von 50 Dollar verbleibt.

In einem anderen Szenario stellt Kate Middleton ebenfalls das Kleid vor und dessen Preis steigt auf 200 Dollar, Sie kaufen aber nicht das Kleid, sondern verkaufen Ihre Option einfach an eine andere Partei. Erinnern Sie sich: Als Sie die Option mit Basispreis 100 Dollar für 50 Dollar kauften, kostete das Kleid 125 Dollar. Jetzt, da es 200 Dollar kostet, ist Ihre Option, die erst in drei Monaten ausläuft, wesentlich mehr wert als die 50 Dollar, die Sie vor sechs Monaten dafür bezahlt haben.

Ersetzen wir das Kleid in unserem Beispiel durch Aktien oder andere Vermögenswerte, dann haben wir das Prinzip des Optionshandels kurz und bündig zusammengefasst. Die Optionsmärkte können ein kompliziertes und herausforderndes Umfeld sein, das für Börsenneulinge oder konservative Anleger eher nicht geeignet ist. Daytrader handeln häufig auch Optionen, weil die Volatilität und die Liquidität beim Optionshandel eine ebenso wichtige Rolle spielen wie beim kurzfristigen Handel mit Aktien.

Der Standard-Optionshandel dreht sich um Call und Puts. Eine Call-Option (Kaufoption) wird vom Inhaber eines Vermögenswerts geschrieben/verkauft. Der Käufer einer Call-Option erwirbt das Recht, die betreffende Aktie zu einem bestimmten Preis innerhalb eines bestimmten Zeitrahmens zu erwerben. Eine Put-Option (Verkaufsoption) wird von einem Händler geschrieben/verkauft, der bereit ist, einen bestimmten Vermögenswert zu einem bestimmten Preis innerhalb eines bestimmten Zeitrahmens zu kaufen. Der Käufer (Eigentümer) einer Put-Option besitzt das Recht, Anteile dieses Vermögenswerts zu einem bestimmten Preis innerhalb eines bestimmten Zeitrahmens zu verkaufen.

Wenn Sie dies alles ein wenig verwirrt, sehen Sie es einmal so: Wenn Sie eine Call-Option kaufen, das heißt besitzen (was wir im Beispiel mit dem Kleid getan haben), kaufen Sie das Recht, eine Aktie (einen Vermögenswert) zu einem vorab festgelegten Preis zu erwerben (was wir getan haben, als wir das Kleid im Juli für 100 Dollar einforderten, obwohl sein Marktpreis im Juli 200 Dollar betrug). Wir besaßen die Call-Option und haben sie ausgeübt. Und wenn wir eine Put-Option kaufen (besitzen), haben wir das Recht, die Aktie zu einem festgesetzten Preis wieder am Markt zu verkaufen.

Das sind die Kernelemente der Options-Strategie:

- Wenn man eine Call-Option kauft, möchte man, dass der Kurs der Aktie steigt.
- Wenn man eine Call-Option verkauft, möchte man, dass der Kurs der Aktie auf dem aktuellen Niveau bleibt oder fällt.
- Wenn man eine Put-Option kauft, möchte man, dass der Kurs der Aktie sinkt.
- Wenn man eine Put-Option verkauft, möchte man, dass der Kurs der Aktie auf dem aktuellen Niveau bleibt oder steigt.

BEISPIEL

Nehmen wir an, Sie kaufen eine Put-Option mit Basispreis 100 Dollar anstatt eine Call-Option mit Basispreis 100 Dollar auf das Kleid aus dem vorhergehenden Beispiel. Diese Put-Option würde praktisch wertlos werden, wenn der Kurs auf 200 Dollar hochschießen sollte. Sie hätten dann zwar noch immer das Recht, das Kleid für 100 Dollar zu verkaufen, aber warum sollten Sie das tun? Dazu müssten Sie zuerst das Kleid zu seinem gegenwärtigen Marktpreis (200 Dollar) erwerben. Sie hätten 100 Dollar verloren zuzüglich der Prämie, die Sie für den Kauf der Option gezahlt haben. Kein gutes Geschäft. Wenn dagegen irgendetwas geschehen würde, das den Preis des Kleides auf 50 Dollar drücken würde, dann würde Ihre Put-Option (gehen wir davon aus, dass Sie 25 Dollar Prämie gezahlt haben, um sie zu erwerben), in die Gewinnzone laufen! Sie könnten das Kleid zum aktuellen Marktpreis (50 Dollar) kaufen und die Put-Option mit Basispreis 100 Dollar ausüben, um das Kleid für 100 Dollar zu verkaufen. Nach Abzug der Optionsprämie, die Sie beim Kauf der Option aufgewendet haben, bleibt Ihnen ein Gewinn von 25 Dollar.

Die Hauptfaktoren, welche die Prämie einer Option beeinflussen, sind natürlich der aktuelle Preis des zugrunde liegenden Vermögenswerts (des Basiswerts) und die Laufzeit des Kontrakts. Je länger die Laufzeit des Kontrakts, umso höher die Prämie. Optionen werden nicht nur von Daytradern verwendet. Traditionelle Investoren, vor allem vermögende Privatleute, die erhebliche Beträge in den Märkten investieren, können ihren Einsatz durch Optionen hebeln. Eine beliebte Strategie ist das Verkaufen einer gedeckten Kaufoption (Covered Call). Eine gedeckte Kaufoption zu haben, heißt einfach nur, dass der Optionsschreiber (Verkäufer) genügend Anteile eines Basiswerts besitzt, um sämtlichen Verpflichtungen nachkommen zu können, falls die Option vom Käufer ausgeübt werden sollte.

BEISPIEL

Ich besitze 100 Aktien der Firma ABC und schreibe eine Call-Option, die der Gegenpartei das Recht gibt, 100 ABC-Aktien zu jedem beliebigen Zeitpunkt innerhalb der nächsten drei Monate für 54 Dollar pro Aktie zu kaufen. Nehmen wir an, die ABC-Aktie notiert zu dem Zeitpunkt, an dem ich die Option schreibe, bei 53 Dollar. Der »Ausübungspreis« für meine Option (54 Dollar) ist um einen Dollar höher als der gegenwärtige Marktwert des zugrunde liegenden Wertpapiers (53 Dollar). Damit der Käufer meiner Option einen Gewinn erzielen kann, muss der Kurs der ABC-Aktie steigen. Der Käufer zahlt eine Optionsprämie von 50 Cent pro Aktie. Bei 100 Aktien sind das 50 Dollar, die er mir zahlt, um das Recht zu besitzen, zu jedem beliebigen Zeitpunkt innerhalb der nächsten drei Monate ABC-Aktien von mir für 54 Dollar pro Stück zu erwerben.

ANMERKUNG

Optionskontrakte beziehen sich gewöhnlich auf 100 Aktien (ein Kontrakt = 100 Aktien). Eine Call-Option auf Aktien zu verkaufen, die man bereits besitzt, auch als Verkauf einer Kaufoption bezeichnet, ist eine eher konservative Optionsstrategie.

Warum sollte ich als Anleger der Idee etwas abgewinnen können, eine gedeckte Kaufoption zu schreiben? Nun, vielleicht möchte ich den zugrunde liegenden Vermögenswert (die Aktie) verkaufen, und der Ausübungspreis, der in der gedeckten Call-Option festgesetzt ist, die ich verkaufe, erscheint mir durchaus angemessen. Ich könnte die Aktienposition schlicht auflösen, aber warum sollte ich nicht vorher noch eine kleine Prämieneinnahme erzielen, indem ich eine gedeckte Kaufoption schreibe? Wenn die Aktie steigt und die Option nicht ausgeübt wird, freue ich mich über die Prämieneinnahme. Wenn ich will, kann ich weitere Kaufoptionen schreiben, bis eine davon ausgeübt wird und ich meine Aktien loswerde. Dann habe ich keine Position mehr, habe aber einige Extraeinnahmen erzielt. Das Risiko besteht darin, dass der Aktienkurs kräftig nach oben schnellt, über den Ausübungskurs der Kaufoption hinaus, die ich verkauft habe, sodass ich mehr Geld verdient hätte, wenn ich meine Aktien zum neuen Marktkurs verkauft hätte, statt zum Ausübungspreis der Kaufoption.

ACHTUNG

Zu beachten sind auch die steuerlichen Implikationen beim Verkauf von gedeckten Kaufoptionen oder bei anderen Arten des Optionshandels. Prämieneinnahmen durch den Verkauf von gedeckten Kaufoptionen werden in den USA gewöhnlich als kurzfristige Kapitalerträge betrachtet, die, wie Sie in Kapitel 11 lesen können, mit einem höheren Steuersatz belegt werden als langfristige Kapitalerträge. Wenn Call-Optionen gekauft und schließlich ausgeübt werden, was zum Erwerb eines Vermögenswerts führt, sollte die Kostenbasis für den Erwerb dieses Vermögenswerts auch die Prämie beinhalten, die für den Kauf der Option gezahlt wurde. Das Formular 1099, das Sie, wenn Sie in den USA steuerpflichtig sind, von Ihrem Broker am Jahresende erhalten, beinhaltet wahrscheinlich nicht die steuerlichen Auswirkungen Ihrer Optionsgeschäfte. Sie müssen sich selbst um die Erfassung der Daten kümmern und Ihren steuerlichen Pflichten nachkommen, die sich aus Ihren Optionsgeschäften ergeben. Wenn Sie erst vor kurzem mit dem Optionshandel begonnen haben und unsicher sind bezüglich der steuerlichen Aspekte, wenden Sie sich an Ihren Steuerberater.

In Deutschland trifft die Steuerpflicht alle Stillhaltergeschäfte, also das Schreiben bzw. Verkaufen von Optionen, dessen Optionsprämien üblicherweise der Abgeltungssteuer unterliegen. Gleiches gilt für Gewinne, die durch das Ausüben der Option entstehen. Eine Verrechnung von Optionsverlusten ist nur mit Optionsgewinnen möglich. Der Gesetzgeber hat 2021 die Verrechnung auf maximal 20.000 Euro pro Jahr beschränkt, was darüber hinausgeht, muss in Folgejahre vorgetragen werden. Allerdings halten einige Experten diese gesetzliche Regelung für rechtlich nicht haltbar – ob sie Bestand hat oder verworfen wird, muss noch gerichtlich geklärt werden. Mehr dazu finden Sie in Kapitel 11.

Unser Beispiel dazu, wie Optionshandel zur Verbesserung traditioneller Anlagepraktiken eingesetzt werden kann, ist stark vereinfacht. Es gibt viele komplexe, auf Optionen basierende Strategien, mit denen Anleger Verluste abmildern und Gewinne steigern können. Viele dieser Strategien beinhalten das Schreiben oder Kaufen unterschiedlicher Optionen auf ein und dieselbe Aktie. Es gibt auch verschiedene Strategien von Optionshändlern, die darauf beruhen, dass zwei unterschiedliche, manchmal auch entgegengesetzte Positionen eingegangen werden. Die »Straddle«-Strategie zum Beispiel erfordert den Kauf einer

Put- und einer Call-Option auf dieselbe Aktie mit demselben Ausübungspreis. Bei der »Strangle«-Strategie werden ebenfalls Put- und Call-Optionen auf ein und dieselbe Aktie gekauft, wobei jedoch der Put-Ausübungspreis niedriger ist als der Call-Ausübungspreis. Weiterführende Informationen zum Optionshandel finden Sie im *Options Trading Quick-Start Guide* der Clyde Bank.

Margin-Handel

Viele Broker sind bereit, Anlegern einen Kredit für den Aktienkauf zu gewähren. Einen Aktienkauf auf Kredit, das heißt mit Fremdkapital, nennt man auch »auf Marge kaufen«. Der Anleger muss am Ende den geliehenen Betrag zuzüglich Provisionen, Gebühren und Zinsen an den Broker zurückzahlen. Der Handel auf Margin bietet Anlegern eine Möglichkeit, ihre Rendite zu steigern.

BEISPIEL

Nehmen wir folgendes Szenario: Eine Aktie wird zu 50 Dollar gehandelt und Sie wollen 100 Stück davon kaufen. Anstatt die erforderlichen 5.000 Dollar zu bezahlen, kaufen Sie auf Margin, zahlen 2.500 Dollar und leihen sich die restlichen 2.500 Dollar vom Broker. (Nach den Richtlinien der SEC dürfen nicht mehr als 50 Prozent eines Kaufes über Kredit finanziert werden.) Wenn der Kurs der Aktie auf 75 Dollar steigt, sind Ihre 100 Aktien 7.500 Dollar wert. Nachdem Sie das Darlehen des Brokers (2.500 Dollar) zurückgezahlt haben, verbleiben Ihnen 5.000 Dollar - der doppelte Betrag, den Sie ursprünglich gezahlt haben, um auf Margin zu kaufen (2.500 Dollar.) Sie haben 100 Prozent Gewinn erzielt (abzüglich Zinsen, Gebühren und Provisionen). Hätten Sie den Kauf von 100 Aktien komplett mit eigenem Geld finanziert, hätte Ihre Rendite nur 50 Prozent betragen.

Aktien auf Kredit zu kaufen, ist eine Form von Leverage, also die Verwendung eines Hebels: Sie setzen Geld ein, das zu einem festen Zinssatz geliehen ist, um die eigene Finanzkraft zu steigern. Wenn Sie sich von der Bank Geld leihen, um ein Haus zu kaufen, nutzen Sie die Finanzkraft der Bank, um mehr zu erreichen, als Ihnen mit Ihren eigenen Mitteln möglich wäre. In ähnlicher Weise nutzen Unternehmen ihre Aktionäre und Anleihebesitzer, um größere Kapitalsummen bewegen zu können. Wenn Sie Aktien auf Marge kaufen, nutzen Sie Ihren Broker, um eine größere Stückzahl von Aktien für weniger Geld zu erwerben. Wenn Ihre Einschätzung der Aktie zutreffend ist, wird Ihr Ergebnis ein größerer Gewinn sein, der durch ein kleineres Anfangsinvestment erzielt wird. Aber wenn Sie sich irren, könnten Sie heftige Verluste erleiden, die über den Verlust Ihres investierten Kapitals hinausgehen.

Wenn sie auf Margin handeln und der Kurs der gekauften Aktie fällt, sind Sie immer noch verpflichtet, dem Broker das geliehene Geld zurückzuzahlen zuzüglich Zinsen und Provisionen. Wenn die Aktie unter eine bestimmte Schwelle fällt, wird Ihnen der Broker einen sogenannten »Margin Call« schicken, einen Hinweis, dass Ihr Kontostand zu niedrig ist, um die Sicherheitsleistung für Ihre Position abzudecken. In diesem Fall muss der Anleger entweder Kapital nachschießen auf sein Brokerkonto oder die Aktie verkaufen, dem Broker sämtliche geliehenen Beträge zurückzahlen und den Rest als Verlust abschreiben.

Zinsen auf Aktien, die über Margin gekauft wurden, summieren sich mit der Zeit, weshalb Margin-Käufe ungeeignet sind für langfristige Anlagen. Um Aktien auf Margin kaufen zu können, müssen Sie je nach Broker mindestens 2.000 Dollar als Bargeld oder als handelbare Wertpapiere zur Verfügung haben. Ihr Broker hat das Recht, diese Vermögenswerte, falls erforderlich, zu liquidieren, um die Rückzahlung des Kredits abzudecken.

ANMERKUNG

Aktien, deren Kurs unter 5 Dollar liegt (sogenannte Pennystocks) können nicht auf Margin gekauft werden. Gleiches gilt für Aktien, die gerade erst über ein IPO an der Börse eingeführt wurden.

Leerverkaufen

Leerverkaufen (Shortselling) ist eine Strategie, die von Anlegern verwendet wird, die eine Wette abschließen wollen auf die Entwicklung einer bestimmten Aktie oder eines Vermögenswerts. Wenn der Wert dieses Vermögenswerts sinkt, gewinnt der Anleger Geld, der diese Akte leerverkauft (»geshortet«) hat. Wie der Handel auf Margin erfordert auch das Leerverkaufen, dass man sich Wertpapiere von einem Broker leiht, mit dem man vereinbart, sie zu einem bestimmten Zeitpunkt zuzüglich Zinsen zurückzugeben. Leerverkaufen ist wie der Margin-Handel ein riskantes Geschäft. Wenn die Aktie, die Sie leerverkauft haben, steigt, könnten Ihre Verluste theoretisch unbegrenzt sein.

GRAFIK

Abb. 46

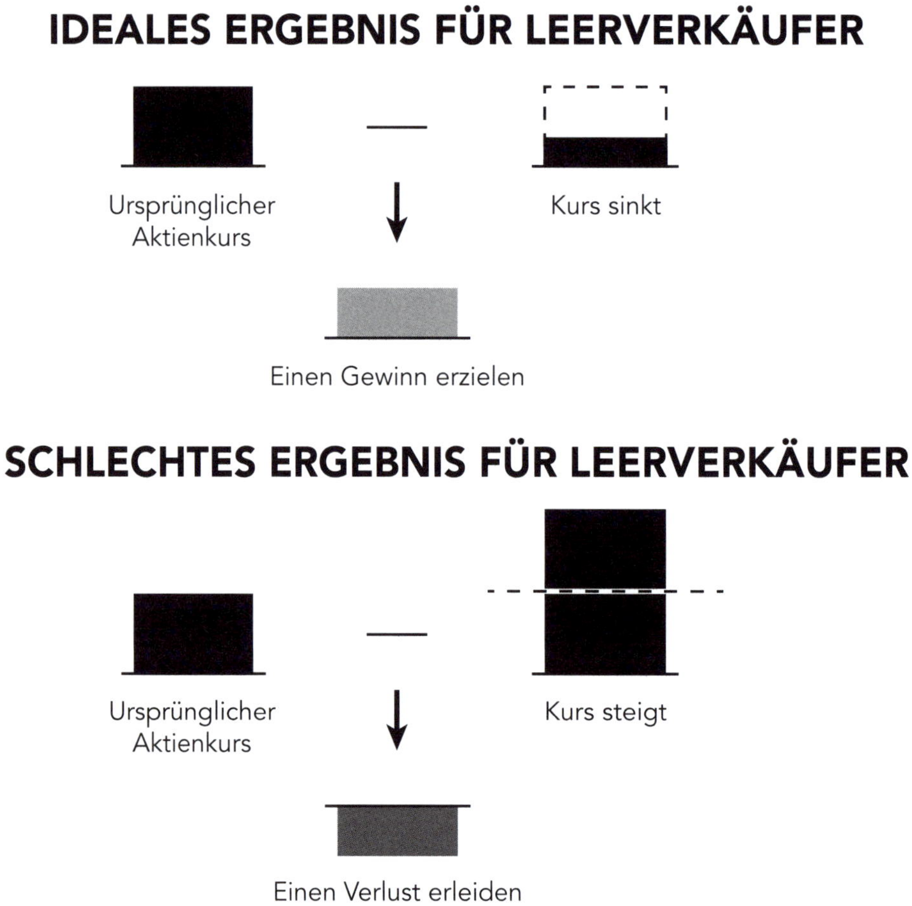

Wie diese Abbildung zeigt, gibt es keine Garantien beim Leerverkaufen, und es können auch große Verluste auftreten

Wenn ein Anleger eine Aktie leerverkaufen will, leiht er sich Stücke von einem Broker und verkauft diese umgehend. Wenn der Kurs der Aktie sinkt, erwirbt er dieselbe Zahl von Aktien am Markt und gibt sie dem Broker zurück. Wenn die Aktie nicht fällt (oder sogar steigt), ist der Anleger gezwungen, einen höheren Preis zu zahlen, um jene Stückzahl zu erhalten, die er benötigt, um dem Broker die geliehenen Aktien zurückzugeben. In beiden Fällen ist der Anleger verpflichtet, Zinsen auf die geliehenen Aktien zu zahlen (Abb. 46). Je länger die Aktien ausgeliehen sind, umso mehr Zinsen häufen sich an und umso stärker muss die Aktie fallen, damit der Anleger das Geschäft mit einem Gewinn abschließen kann.

In der Finanzwelt werden häufig die Ausdrücke »long gehen« und »Long-Position« verwendet, die sich auf die herkömmliche Kaufen-und-Halten-Strategie beziehen, bei welcher der Anleger auf einen Kursanstieg der Aktie hofft. »Short gehen« oder eine »Short-Position eröffnen« bedeutet, dass der Anleger wünscht, dass diese Aktie in einem relativ kurzen Zeitraum an Wert einbüßt.

Im Januar 2021 haben wir ein paar interessante Beispiele für Shortselling erlebt, als kleine Privatanleger große Investmentfirmen attackierten, indem sie die Kurse von Aktien in die Höhe trieben, gegen die diese Firmen mit Leerverkäufen gewettet hatten. Am bemerkenswertesten und auffälligsten waren die Vorgänge um die Aktie des amerikanischen Einzelhändlers GameStop (Abb. 47). Mitglieder der Community WallStreetBets, eines Unterforums des sozialen Netzwerks Reddit, taten sich zusammen, um Hedgefonds auszubremsen, die gegen GameStop gewettet hatten, das unter dem Kürzel GME gehandelt wird. Als die Hedgefonds die GameStop-Aktie leerverkauften, ein häufiger Vorgang im Markt, stiegen immer mehr dieser Kleinanleger in den Markt ein und kauften die Aktie, um deren Kurs hochzutreiben. In den ersten Wochen des Jahres 2021 schoss der Kurs der GameStop-Aktie von 18 Dollar auf den Höchstkurs von 348 Dollar. Anschließend fiel die Aktie wieder, verharrte jedoch deutlich über ihrem Ausgangsniveau. Anfang Juni 2021 wurde die GME-Aktie bei 248,50 Dollar gehandelt. Melvin Capital, ein Hedgefonds, der von dem Leerverkaufs-Fiasko bei GameStop maßgeblich betroffen war, verlor im Januar angeblich mehr als die Hälfte seines Vermögens durch GameStop und andere fehlgeschlagene Wetten und geriet an den Rand der Insolvenz.

DIE WILDE WOCHE VON GAMESTOP

Die Aktie schießt aufgrund massiv steigender Nachfrage durch ein Reddit-Unterforum nach oben

GRAFIK

Abb. 47

MEIN TIPP

Leerverkaufen ist eine spekulative Praxis und wesentlich schwieriger als langfristiges Investieren. Wenn Sie Leerverkäufe in Ihre Investmentstrategie einbauen wollen, sollten Sie gründlich und umfassend recherchieren. Leerverkäufer besitzen nicht nur eine gehebelte Position, für die sie Zinsen zahlen müssen, auch ihr Verlustpotenzial ist unbegrenzt.

Pennystocks

Ein Pennystock ist nach der Definition der SEC eine Aktie, deren Kurs unter 5 Dollar liegt. Diese Schwelle ist die einfachste, wenn vielleicht auch nicht die präziseste Methode, um einen Pennystock zu identifizieren. Manche Investoren meinen, die Schwelle von 1 Dollar wäre angemessener. Pennystocks gelten im Allgemeinen als besonders schwankungsfreudig und weit weniger liquide als konventionellere Aktien. Pennystocks werden im sogenannten OTC-Markt (»over-the-counter«) oder außerbörslichen Markt gehandelt, oft weil sie keine Zulassung für den Handel an traditionellen Börsenplätzen erhalten. OTC-Märkte sind in der Regel weniger stark reguliert und haben niedrigere Standards als die herkömmlichen Börsenplätze. OTC-Märkte sind keine zentralisierten Börsenplätze, sondern Netzwerke von Finanzmarktteilnehmern, die mit exotischen oder hoch riskanten Wertpapieren (wie etwa Pennystocks) handeln. Unternehmen, die ihre Aktien ausschließlich über OTC-Märkte handeln, müssen zum Beispiel keine Finanzberichte bei der Börsenaufsicht einreichen, was bedeutet, dass sie nicht der gleichen strengen öffentlichen Kontrolle unterliegen wie Aktien, die zum Amtlichen Markt und anderen regulierten Börsensegmenten zugelassen sind. Die Attraktivität des Handels mit Pennystocks beruht zum Teil auf Erzählungen von sagenhaften Gewinnen mit solchen Werten.

BEISPIEL

Im Jahr 1995 wurde die Monster Beverage Corporation, der Hersteller der berühmten Monster Energydrinks, zu 69 Cent pro Aktie gehandelt. Heute ist Monster (MNST) an der Nasdaq gelistet und notierte am 1. Juni 2021 bei mehr als 94 Dollar – ein enormer Kursanstieg um mehr als 6.000 Prozent!

Aufgrund solcher spektakulären Einzelfälle und der niedrigen Kosten ist das Investieren in Pennystocks bei manchen Anlegern sehr beliebt.

Forex

Forex bedeutet »foreign exchange« (Fremdwährungsmarkt) und bezieht sich auf den Handel mit Devisen. Der Forex-»Markt« ist wesentlich mehr als nur ein weiterer Handelsplatz für Anleger und Spekulanten. Er ist auch ein bedeutendes Instrument für die Weltwirtschaft. Devisenbörsen sind von entscheidender Bedeutung für den globalen Handel, das Outsourcing von Produktionsabläufen und den Tourismus. Der Gesamtwert des Forex-Marktes übersteigt den Wert aller anderen Handelsmärkte. Im Jahr 2019 belief sich der Tagesumsatz des Forex-Marktes auf mehr als 6,5 Billionen Dollar, das mehr als 35-Fache des Aktienmarkts. Laut DailyForex, einer Informationsseite für Forex-Händler, hat der globale Forex-Markt ein Volumen von 2,4 Billiarden Dollar.

Der Forex-Markt umfasst den Spotmarkt, den Forward-Markt und den Terminkontrakt-Markt. Der Spotmarkt, auch als physischer Markt oder Kassa-Markt bezeichnet, ist ein Markt, auf dem Währungen zum aktuellen Preis ge- und verkauft werden. Wenn Sie zum Beispiel den internationalen Flughafen in einem fremden Land verlassen und sich in einer Wechselstube Landeswährung beschaffen wollen, handeln Sie auf dem Spotmarkt. Wenn Sie Ihre Bank aufsuchen, bevor Sie eine Auslandsreise antreten, um sich ausländische Devisen zu besorgen, wird auch diese Transaktion auf dem Spotmarkt abgewickelt.

Die Forward- und Terminkontrakt-Märkte funktionieren ähnlich, beinhalten aber eine Verpflichtung, eine ausländische Währung zu einem bestimmten Termin zu kaufen. Forward-Kontrakte werden gewöhnlich mit einer Bank ausgehandelt, und die Transaktion erfolgt im Direkthandel. Es wird ein Preis (oder ein Wechselkurs) vereinbart und die Transaktion soll zu einem festgesetzten Termin erfolgen. Forexhändler und internationale Unternehmen nutzen Forward-Kontrakte oft als Absicherung gegen Inflation. Ein Forward-Kontrakt für eine Fremdwährung – der einem Futures-Kontrakt ähnelt – soll üblicherweise einen Monat, drei Monate, sechs Monate oder ein Jahr nach dem Abschluss des Vertrags erfüllt werden. Wenn der Forward-Preis einer Währung (der Wechselkurs der Währung, die in der Zukunft geliefert werden soll) höher ist als der Spotpreis (der aktuelle Wechselkurs), sagt man, dass diese Währung mit einem Aufschlag gehandelt wird. Ist der Forward-Preis niedriger als der Spotpreis, wird die Währung mit einem Abschlag gehandelt.

Der Forexhandel auf Terminmärkten umfasst den Kauf und Verkauf von »Terminkontrakten«, welche die Verpflichtung enthalten, eine ausländische Währung zu einem bestimmten Wechselkurs zu kaufen. Futures-Kontrakte unterscheiden sich von Forward-Kontrakten dadurch, dass sie mehrmals an einem öffentlichen Handelsplatz ge- und verkauft werden können. Forward-Kontrakte werden im Unterschied dazu privat ausgehandelt und üblicherweise nicht auf einem Sekundärmarkt gehandelt.

Der Wert von Forward- und Futures-Kontrakten wird von Angebot und Nachfrage auf dem Markt bestimmt. Wenn man sich die Preise der Forward- und Futures-Kontrakte anschaut, erhält man Anhaltspunkte, welche Veränderungen die Anleger bei den Wechselkursen der Währungen erwarten.

Manche Regierungen erlauben nicht, dass der Wert ihrer Währung jederzeit vom Markt bestimmt wird, sondern legen den Wert ihrer Währung künstlich fest, indem sie diese an den Wert der Währung eines anderen Landes koppeln. China und Saudi-Arabien zum Beispiel haben ihre Währungen an den US-Dollar gekoppelt. Forex-Trading kann kompliziert sein. Mehr darüber erfahren Sie in dem Buch *Forex Trading QuickStart Guide* von Troy Norman, das bei ClydeBank Media erschienen ist.

Rohstoffkontrakte

Der Handel mit Rohstoffkontrakten hat seine Wurzeln in der Landwirtschaft. Die Landwirte wollten sich vor Marktschwankungen schützen, indem sie Forward-Kontrakte mit Käufern abschlossen, die ihnen garantierten, dass sie eine bestimmte Menge von Agrarerzeugnissen zu einem bestimmten Zeitpunkt und zu einem festgesetzten Preis verkaufen konnten. Der heutige Markt für Rohstoff-Terminkontrakte ist eher ein Tummelplatz für Trader, die einen wilden Ritt lieben. Wenn ein Händler einen Terminkontrakt kauft, hat er üblicherweise nicht die Absicht, dessen Basiswerte zu liefern oder zu kaufen. Vielmehr zielt er auf eine ständige Erneuerung des Kontrakts (Rollen) ab, was ihm einen Gewinn einbringt.

BEISPIEL

Nehmen wir an, ich erkläre mich bereit, 500 Barrel Rohöl am Ende eines Dreimonatszeitraums zu kaufen. Der Futures-Preis für Öl beträgt 50 Dollar pro Barrel, auch wenn der Spotpreis (der aktuelle Preis) nach diesen drei Monaten höher liegen sollte. Wenn der Ölpreis auf 60 Dollar steigt und mein Terminkontrakt noch zwei Monate läuft, wird dieser Kontrakt mehr wert sein. Falls ich befürchte, dass der Ölpreis vor dem Auslaufen des Kontrakts wieder fallen könnte, kann ich mich entschließen, meine Position durch sogenanntes »Rollen« aufzulösen. In diesem Fall würde mich die Erneuerung des Kontrakts zwingen, meine 500 Barrel Öl im folgenden Monat zu verkaufen (der mit dem Ende der dreimonatigen Laufzeit meines ursprünglichen Kontrakts zusammenfällt). Da der Preis des Basisgegenstands (Rohöl) gestiegen ist, wird auch der Preis des Kontrakts höher sein. Der neue Kontrakt - jener, den ich vor dem Ende seiner Laufzeit verkaufe - wird dann mehr wert sein als mein ursprünglicher Kontrakt.

Der Wert eines Terminkontrakts entspricht der damit verbundenen Gesamtverbindlichkeit. Im vorhergehenden Beispiel könnte man den Wert meines ursprünglichen Rohölkontrakts, der den Kauf von 500 Barrel für 50 Dollar pro Barrel festschrieb, auf 25.000 Dollar beziffern. Doch beim Kauf dieses Kontrakts muss ich nicht dessen Gesamtwert bezahlen. Terminkontrakte sind hoch gehebelt – das heißt, ein kleiner Geldbetrag wird eingesetzt, um eine wesentlich größere Finanzposition zu bewegen.

Einen Terminkontrakt kann man gewöhnlich kaufen und verkaufen durch die Hinterlegung einer Sicherheitsleistung, die etwa 10 Prozent des gesamten Kontraktwerts beträgt. Eine Standard-Sicherheitsleistung für unseren Öl-Terminkontrakt würde uns 2.500 Dollar kosten (10 Prozent von 25.000 Dollar). Wenn der Ölpreis im zweiten Monat auf 60 Dollar steigt, ist der Terminkontrakt 30.000 Dollar wert. Wenn wir uns für den Ausstieg entscheiden und die Position durch Verkauf des Kompensationskontrakts auflösen, werden die 5.000 Dollar Gewinn unserem Brokerkonto gutgeschrieben. Wenn dagegen der Ölpreis fällt, verlieren wir nicht nur unser ursprüngliches Investment von 2.500 Dollar, sondern werden weitere Gelder auf unserer Brokerkonto nachschießen müssen, um den Verlust auszugleichen.

Brokerhäuser die den Handel mit Terminkontrakten anbieten, verlangen von den Händlern eine Mindestdeckung, eine sogenannte Margin. Diese Margin dient als Puffer für den Ausgleich von Verlusten. Wenn der Wert des Kontos unter die Margin fällt, muss es mit frischem Geld aufgefüllt werden, bevor neue Trades ausgeführt werden können.

Sie können die Entwicklung Ihrer Futures-Positionen ganz einfach täglich verfolgen, indem Sie den Barwert Ihres Kontos überprüfen. Über Clearingstellen buchen Terminbörsen am Ende eines Handelstages von den Konten ihrer Kunden Gelder ab oder schreiben Gelder gut, um den aktuellen Wert der Kontrakte des Kunden wiederzugeben. Der Reiz des Terminhandels besteht darin, dass er das Potenzial für schnelle und hohe Gewinne birgt. Doch wie bei allen derartigen Marktchancen sind damit zwangsläufig auch entsprechende Risiken verbunden.

Kapitelzusammenfassung

- Trading ist etwas anderes als Investieren und beinhaltet häufig größere Risiken, birgt aber auch höheres Gewinnpotenzial.
- Optionshandel ist das Kaufen und Verkaufen von Kontrakten, die den Kauf einer Aktie zu einem bestimmten Zeitpunkt und einem bestimmten Preis garantieren.
- Leerverkauf und Aktienhandel auf Margin sind hochriskante Aktivitäten, die es erfordern, sich Aktien oder Geld von einem Broker zu leihen.
- Pennystocks sind hoch volatil, weniger liquide und weniger reguliert als Standard-Wertpapiere, doch die Aussicht auf hohe Gewinne bei kleinen Anlagesummen lockt viele Trader, die den Nervenkitzel suchen, in den Pennystocks-Markt.
- Der Forex-Markt (Devisenhandel) ist ein Instrument für den globalen Handel und ein Paradies für Devisenspekulanten.
- Die Märkte für Rohstoff-Terminkontrakte ermöglichen den Handel von hoch gehebelten, hoch riskanten Kontrakten, die zum Kauf oder Verkauf von bestimmten Gütern zu einem bestimmten Preis und einer bestimmten Zeit verpflichten.

| 8 |
Psychologie des Investierens

Kapitelüberblick

- Behavioral Finance
- Markt-Timing
- Trends und Blasen
- 52-Wochen-Hochs und -Tiefs

> *Die Märkte können länger irrational bleiben als Sie solvent.*
>
> JOHN MAYNARD KEYNES

Als nichtprofessioneller Anleger besitzen Sie einen bedeutenden Vorteil gegenüber den Managern großer Fonds und anderen Finanzprofis. Man nehme als Beispiel einen typischen Hedgefonds-Manager. Er ist möglicherweise ein echtes Genie und kennt den Markt wie seine Westentasche. Dennoch hat er mit Gegenwind zu kämpfen. Er steht ständig unter dem Druck, seinen Anlegern zu beweisen, dass er anhaltend hohe Gewinne generieren kann. Er kann sich in einem Bullenmarkt keine Verlustserie erlauben oder mit seinem Fonds unterdurchschnittliche Ergebnisse abliefern. Um das Wachstum zu erzielen, das die Kunden erwarten, muss er ständig aktiv sein: Optionskontrakte kaufen, Shortpositionen aufbauen, Aktien kaufen und schnell wieder abstoßen. Alle diese Aktivitäten erzeugen Ausgaben, wie etwa Brokerprovisionen, Slippage und andere Kosten. Er wird wahrscheinlich gut bezahlt – aber um seine Kunden zu halten, muss er die Vergütung, die er erhält, rechtfertigen. Warum sonst sollte ein Investor in einen Hedgefonds investieren, wenn er das gleiche oder ein besseres Ergebnis durch den Kauf eines nicht aktiv verwalteten Investmentvehikels wie eines ETF erreichen könnte?

Der große Vorteil, den Sie als Amateur-Anleger haben, besteht darin, dass Sie von diesem Druck verschont bleiben. Sie müssen nicht jeden Tag oder jede Woche irgendetwas kaufen oder verkaufen. Sie können sich einmal im Quartal die Entwicklung Ihres Portfolios anschauen, es ein- oder zweimal im Jahr anpassen oder rebalancieren, und alles ist in Ordnung. Sie müssen keine großen Risiken eingehen, um den Markt zu schlagen. Sie müssen lediglich Geduld aufbringen, sich an Ihren gut durchdachten Plan halten und diszipliniert handeln. Als langfristiger Anleger können Sie Ihr eigener schlimmster Feind werden. Sprunghaftigkeit, emotionale Bindungen an bestimmte Anlagepositionen und andere psychologische Fallstricke sind weit verbreitet unter Anlegern und können den Wert eines Portfolios nach unten ziehen. Mit dieser Problematik haben sich in jüngerer Zeit vermehrt auch Fachleute beschäftigt, was zur Entwicklung eines relativ neuen Forschungsgebiets führte, das als Behavioral Finance (verhaltensorientierte Finanzmarkttheorie) bezeichnet wird.

Das wachsende Feld der Behavioral Finance

Aus meiner Sicht kann man festhalten, dass sich viele Menschen nicht immer völlig rational verhalten. Es ist daher keine Überraschung, dass irrationales Verhalten auch auf dem Finanzmarkt und bei Anlageentscheidungen auftritt.

In den 1970er-Jahren haben die Psychologen Daniel Kahneman und Amos Tversky herausgearbeitet, dass sich Menschen häufig irrational verhalten, wenn sie wirtschaftliche Entscheidungen treffen. Es dauerte eine Weile, bis dieser Gedanke auch in Finanzkreisen akzeptiert wurde, doch im Laufe der Zeit fand diese Vorstellung zunehmend Resonanz. Tversky starb 1996, gerade als dieser Ansatz allmählich auch von Ökonomen anerkannt wurde, doch Kahneman erhielt sechs Jahre später den Alfred-Nobel-Gedächtnispreis für Wirtschaftswissenschaften (Wirtschaftsnobelpreis), mit dem die Arbeit der beiden Wissenschaftler gewürdigt wurde. Ihr Forschungsgebiet entwickelte sich zur anerkannten Theorie der Behavioral Science, als deren Väter Tversky und Kahneman heute gelten.

In jüngerer Zeit hat der Psychologe Dan Ariely, Professor an der Duke University, die auf den Finanzmarkt bezogene Verhaltensökonomik weiterentwickelt. In seinem Werk *Predictably Irrational: The Hidden Forces That Shape Our Decisions* (dt. Ausgabe: *Denken hilft zwar, nützt aber nichts: Warum wir immer wieder unvernünftige Entscheidungen treffen*, Droemer, München 2015) untersucht Ariely Beispiele für diese Verhaltensweisen, von denen einige nachfolgend aufgeführt werden:

- Die Leute zahlen für etwas, das sie eigentlich nicht brauchen, wenn sie dazu etwas, das »kostenlos« ist, als Bonus erhalten. Das Kostenlose ist ein emotionaler Schalter, erklärt Ariely, und veranlasst Menschen, unnötige Dinge zu kaufen, wenn es dazu etwas umsonst gibt. Amazon erkannte diesen Effekt gleich am Anfang (und erzielte damit einen enormen Umsatzsprung), als es Kunden Gratisversand anbot, wenn diese zwei Bücher anstatt nur einem bestellten.

- Wir neigen dazu, »Ankerpreise« für Produkte und Dienstleistungen festzulegen und nutzen diese dann, um die Preise ähnlicher Artikel zu vergleichen. Selbst wenn ein Preis willkürlich festgesetzt ist, wird er, sobald er akzeptiert ist, zu einem Standard, mit dem andere Produkte oder Dienstleistungen verglichen werden. Ein Kunde, der zum Beispiel eine Flasche Discount-Flüssigwachsmittel neben einer Flasche der bekannten Marke Tide sieht, kauft wahrscheinlich das billigere Produkt, weil er meint, damit ein Schnäppchen zu machen. Das hat damit zu tun, dass der Preis von Tide zu einem Ankerpreis für Flüssigwaschmittel geworden ist.

- Ein Ankerpreis wird vergessen, wenn eine neue Erfahrung als so andersartig empfunden wird, dass sie als unvergleichbar erscheint. Ariely erklärt, dass es die Firma Starbucks schaffte, die Einschätzung des Ankerpreises für eine Tasse Kaffee zu verändern, indem sie das Erlebnis des Café-Besuchs veränderte. »Starbucks tat alles in seiner Macht Stehende, ein ganz anderes Kaffeeerlebnis zu schaffen – so anders, dass wir nicht mehr auf die Preise unseres früheren Kaffeeerlebnisses als Anker zurückgriffen, sondern für den neuen Anker offen waren, den Starbucks für uns bereithielt.«

Auch andere Forscher betätigen sich auf dem expandierenden Gebiet der Behavioral Finance, und heute wird allgemein anerkannt, dass psychologische Einflüsse und Verzerrungen nicht nur das Verhalten der Menschen auf finanziellem Gebiet beeinflussen – auch das Verhalten von Investoren und von Menschen, die in der Finanzbranche arbeiten –, sondern auch dazu beitragen, dass Marktanomalien auftreten wie etwa heftige Sprünge oder herbe Rücksetzer der Aktienkurse.

Einige Neigungen, die irrationales Verhalten von Anlegern fördern, sind zum Beispiel Übermut und überzogener Optimismus, eine Herdenmentalität, eine Risikoaversion sowie das Gefühl, Situationen unter Kontrolle zu haben, die sich der Kontrolle entziehen.

Solange wir nicht lernen, diese Emotionen zu beherrschen, sind wir gut beraten, davon auszugehen, dass psychologische Faktoren auch weiterhin unser Verhalten auf finanziellem Gebiet beeinflussen werden ebenso wie die Marktpreise und andere Bedingungen.

Forschungen bestätigen die Auswirkungen irrationalen Verhaltens

DALBAR Inc. ist ein unabhängiges Marktforschungsunternehmen der Finanzdienstleistungsbranche, das unter anderem das Verhalten von Anlegern erforscht und bewertet. DALBAR hat über viele Jahre eingehende Untersuchungen durchgeführt, die ergeben haben, dass Anleger, die auf eigene Faust operieren, dauerhaft unterdurchschnittliche Erträge erwirtschaften.

Der S&P 500-Index verzeichnete in den 20 Jahren bis Ende Dezember 2019 einen durchschnittlichen jährlichen Anstieg um 6,06 Prozent. Im selben Zeitraum kamen Aktienfondsanleger auf eine durchschnittliche jährliche Rendite von 4,25 Prozent. Woran liegt das? Die Anleger haben zu hohen Kursen gekauft und zu tiefen Kursen verkauft und sich zu anderen irrationalen Verhaltensweisen hinreißen lassen.

Aus den Erhebungen von DALBAR ergibt sich eine klare Erkenntnis. Das Anlegerverhalten hat einen größeren Einfluss auf den Anlageerfolg als die Performance der Fonds. In einem Bericht mit dem Titel Quantitative Analysis of Investor Behavior (QAIB) hat DALBAR herausgearbeitet, dass Anleger, die ruhig und gelassen bleiben und sich durch kurzfristige Schwankungen nicht verprellen lassen, wesentlich bessere Ergebnisse erzielen als jene, die häufig kaufen und verkaufen.

MERKE

Die Anlageergebnisse werden stärker vom Verhalten der Anleger beeinflusst als von der Entwicklung der Märkte.

Im 2019 erschienenen *Retirement Guide* von J.P. Asset Management ist ein Chart enthalten, der zeigt, wie negativ es sich auf die Anlageergebnisse auswirkt, wenn man die stärksten Tage am Aktienmarkt verpasst, weil man zu früh ausgestiegen ist oder zu häufig umschichtet. J.P. Morgan schaute sich die zehn stärksten Tage im Zeitraum vom 4. Januar 1999 bis zum 31. Dezember 2018 an und stellte fest, dass Anleger, die an diesen Tagen nicht im Markt waren, ungefähr die Hälfte ihrer möglichen Erträge verpassten.

Abb. 48 zeigt, wie sich eine Anlage von 100.000 Dollar in diesen 20 Jahren entwickelt hätte – abhängig davon, an wie vielen dieser Top-Tage das Geld investiert gewesen wäre.

GRAFIK

Abb. 48

1.4.1999 – 31.12.2018	DOLLAR VALUE	ANNUALIZED PERFORMANCE
Voll investiert (S&P 500 Index)	29.845 $	5,62 %
Ohne die 10 besten Tage	14.895 $	2,01 %
Ohne die 20 besten Tage	9.359 $	-0,33 %
Ohne die 30 besten Tage	6.213 $	-2,35 %
Ohne die 40 besten Tage	4.241 $	-4,20 %
Ohne die 50 besten Tage	2.985 $	-5,87 %
Ohne die 60 besten Tage	2.144 $	-7,41 %

Quelle: J.P. Morgan

ZITAT

> *Ihr Geld ist wie ein Stück Seife. Je öfter Sie es benutzen, umso weniger wird es.*
>
> GENE FAMAR JR.

Die Versuchung des Markt-Timings

Sie wissen mittlerweile, was ich davon halte, den Markt »timen« zu wollen, also den optimalen Ein- und Ausstiegszeitpunkt erwischen zu wollen. Die meisten Finanzberater vertreten, ähnlich wie ich, die Auffassung, dass es wesentlich besser und erfolgversprechender ist, gute Aktien zu kaufen und diese länger zu halten.

Gleichwohl kann ich verstehen, dass angesichts der Möglichkeit von Mail-Alarm-Meldungen und Stop-Loss-Orders der Eindruck entstehen kann, dass Markt-Timing, also Wertpapiere rechtzeitig vor einem Kurseinbruch zu verkaufen, als ein lohnenswerter Versuch erscheinen kann.

Es gibt verschiedene Formen von Markt-Timing. Manche Anleger arbeiten mit einer 25-Prozent-Regel, einer informellen Regel, die man in eigener Regie umsetzen kann. Sie besagt, dass man eine Aktie verkaufen sollte, wenn sie 25 Prozent von ihrem höchsten Stand seit Kauf verloren hat. Manche Anleger wenden diese und andere willkürliche Regeln auf all ihre Portfolio-Positionen an und liquidieren ihre sämtlichen Wertpapiere, um den Hauptstoß eines Crashs zu vermeiden, wenn die Kurse auf Talfahrt gehen. Sie entscheiden dann auch entsprechend ihrer subjektiven Einschätzung, wann es opportun ist, wieder in den Markt zu gehen. Das kann problematisch sein, denn genau die richtigen Zeitpunkte zum Ausstieg und zum Einstieg zu finden, ist schwieriger, als es erscheint. Daten zeigen, dass Anleger, die diesem Ansatz folgen, langfristig der Marktentwicklung hinterherhinken.

MERKE

Um mit Markt-Timing erfolgreich zu sein, müssen Sie zwei zutreffende Voraussagen machen:

1. Sie müssen einen bevorstehenden Bärenmarkt korrekt prognostizieren und Ihre Positionen vor dem Kursrutsch abstoßen.
2. Sie müssen einen bevorstehenden Bullenmarkt korrekt prognostizieren und Ihre Positionen zurückkaufen oder aufstocken, bevor die Aktien steigen.

Abb. 49 zeigt, wie groß der Unterschied ist zwischen dem Ergebnis des Versuchs, die richtigen Ein- und Ausstiegszeitpunkte im Markt zu finden, und der Umsetzung einer überlegten Asset Allocation. Mitunter kann der Anschein entstehen, als würde Erfolg oder Scheitern unserer Investments davon abhängen, dass wir »zum richtigen Zeitpunkt einsteigen«, langfristig aber verändert dies das Ergebnis nur geringfügig. Langfristiger Erfolg beruht darauf, dass man einen disziplinierten Anlageplan aufstellt und sich auch daran hält.

DIGITAL ASSETS

Unser individualisierbares Arbeitsblatt kann zusammen mit allen anderen kostenlosen digitalen Hilfsmitteln von Investing QuickStart Guide in englischer Sprache heruntergeladen werden unter: www.clydebank.com/investing-assets.

BEDEUTUNG DER VERMÖGENSALLOKATION

GRAFIK

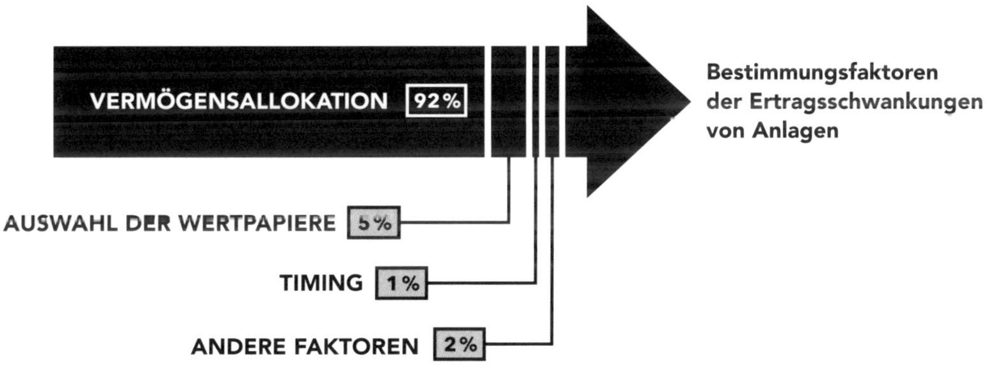

Abb. 49

Da wir wissen, wie verheerend ein Börsencrash sein kann, erscheint es auf den ersten Blick als eine gute Idee, alles zu verkaufen, wenn sich ein grundlegender Umschwung ankündigt. Was dabei jedoch oft gern übersehen wird, ist die Tatsache, dass sich der Markt stets aufwärts und abwärts bewegt, oft auch unter erheblichen Schwankungen und in Bullen- wie in Bärenmärkten. Wenn Sie falsch liegen mit Ihrer Einschätzung zur Richtung des Marktes in einem bestimmten Zeitraum und wenn Sie Ihrer Annahme folgen, werden Sie höchstwahrscheinlich Geld verlieren.

Um das Verlustpotenzial von übertrieben ehrgeizigen Versuchen des Markt-Timings zu demonstrieren, hat *The Vanguard Group* die Entwicklung einer hypothetischen Anlage von 10.000 Dollar in einem Marktindex von 1988 bis 2013 errechnet. Einer der Parameter lautete, dass die gesamte Anlagesumme aus dem Markt genommen wird, sobald ihr Wert um 25 Prozent gefallen ist. Ähnlich wie bei den weiter vorn vorgestellten Ergebnissen von J.P. Morgan ging es hier darum zu simulieren, was geschehen würde, wenn ein Anleger komplett ausstieg, sobald es ungemütlich zu werden drohte, und erst wieder in den Markt zurückkehrte, wenn sich die Wogen geglättet zu haben schienen (also genau das tat, wovon Warren Buffett abrät). Das Ergebnis war, dass sich dieses Investment im Lauf der Zeit wesentlich schlechter entwickelt hätte als der Markt, und zwar um ungefähr 36 Prozent schlechter über einen Zeitraum von 26 Jahren.

Die Versuchung des Markt-Timings ist für viele Anleger eine große psychische Belastung. Wer hat sich nicht schon einmal die Charts von Aktien und Indizes in den Finanzkrisen von 2008 und 2020 angeschaut und sich ausgemalt, wie es gewesen wäre, wenn er vor dem Crash alles verkauft hätte und dann massiv wieder eingestiegen wäre, als der Markt seinen Boden erreichte? Es wäre doch so einfach gewesen! Nein, das stimmt nicht.

Das Verhalten des Marktes lässt sich im Rückblick erklären, kann aber in der aktuellen Situation nicht verlässlich prognostiziert werden. Die Fähigkeit, historische Marktbewegungen zu erfassen, aufzuzeichnen und zu erklären, erschwert es psychologisch, die Realität zu akzeptieren, dass wir nicht wissen, wohin sich der Markt zu einem bestimmten Zeitpunkt entwickeln wird. Diese Vermessenheit und das Gefühl, Kontrolle über eine Situation zu haben, in der wir in Wirklichkeit keine Kontrolle haben, sind nur schwer zu erschüttern und beeinflussen unser Verhalten. Vergessen wir nicht, dass wir gleichermaßen unzutreffende, aber auch zutreffende Prognosen abgeben können. Damit sich dies in signifikanter Weise auszahlen könnte, müssten wir mehrmals hintereinander richtig liegen. Wir wissen aber, dass der Markt trotz aller Volatilität, die kommt und geht, letztlich immer selbst den richtigen Weg findet.

Weitere Stolpersteine, die es zu meiden gilt

Die Behavioral Finance hat uns noch auf weitere Fallen aufmerksam gemacht, in die Anleger häufig tappen, die aber auch in Situationen außerhalb des Finanzbereichs eine Rolle spielen können. Es kann sein, dass sich ein Anleger so sehr in eine bestimmte Aktie verliebt, dass sie die Zusammensetzung eines ganzen Portfolios durcheinander bringt, ähnlich wie ein Hobby oder eine Aktivität das Leben eines Menschen aus dem Gleichgewicht bringen kann.

Wir sollten uns etwas eingehender mit diesen Fallen befassen, die plötzlich auftauchen und unsere Herangehensweise an unsere Anlagen beeinflussen können. Schauen wir uns einige häufige Fehler an, die Anleger begehen, und warum man sie klugerweise zu vermeiden versuchen sollte.

Aktien sind keine Kinder

Sich allzu sehr an eine bestimmte Aktie zu binden, kann zu schweren Fehlern führen. Manche Anleger behandeln die Top-Performer in ihren Portfolios ähnlich wie ihre liebsten Kinder. Sie hüten sie wie ihren Augapfel und möchten zuschauen, wie sie heranwachsen und gedeihen. Diese Einstellung kann kontraproduktiv sein, wenn nicht sogar verhängnisvoll.

Wenn der Wert einer Aktie steigt, ist das sehr erfreulich, sie sollte aber auch nicht so stark steigen, dass sie das Portfolio aus dem Gleichgewicht bringt. Ich kann Sie gar nicht oft genug daran erinnern, wie wichtig die Aufteilung Ihrer Anlagen ist.

Wenn Sie ein Portfolio haben, das zu 50 Prozent aus Aktien, 40 Prozent aus Anleihen, 7 Prozent Immobilien und 3 Prozent Bargeld besteht, und einige Ihrer Aktien laufen so gut, dass der Aktienanteil insgesamt von 50 auf 55 Prozent steigt, sollten Sie erwägen, ein paar dieser Aktien zu verkaufen, damit Sie etwas Geld in die übrigen Anlageklassen investieren und das Portfolio wieder ausbalancieren können. Wenn Sie sich innerhalb des Aktienportfolios für eine Aufteilung in 20 Prozent Technologieaktien, 30 Prozent Rohstoffaktien, 25 Prozent Medizin und Pharma sowie 25 Prozent Finanzaktien entschieden haben, sollten Sie sich bemühen, diese anteilsmäßige Aufteilung beizubehalten. Wenn zum Beispiel der Wert Ihrer Technologieaktien jenen der anderen Bereiche übersteigt, erscheint es sinnvoll, einige Techwerte abzugeben und den Erlös in die anderen Segmente zu investieren, um die Asset Allocation nach Branchen aufrechtzuerhalten.

Bei der Geldanlage ist die Intuition oft der Feind der Klugheit. Wenn Sie sehen, dass Ihre Technologieaktien ein 52-Wochen-Hoch erreichen, mag es verlockend erscheinen, dabei zu bleiben und vielleicht noch weitere Werte aus diesem Sektor zu kaufen. Das wäre aber nicht klug. Je mehr die Diversifizierung in den Hintergrund rückt, umso stärker sind Sie dem Risiko ausgesetzt. Was ist, wenn eine Marktkorrektur den Technologiesektor in eine Abwärtsspirale schickt wie 2001 nach dem Platzen der Technologieblase? Was ist, wenn sich abermals zeigt, dass das Wachstum der Technologiebranche zumindest zum Teil das Ergebnis einer maßlosen Übertreibung ist und nicht einer gesunden Bewertung der Aktien? Wenn Sie zulassen, dass dieser Sektor überproportional an Gewicht zulegt in Ihrem Portfolio, setzen Sie sich einem zusätzlichen Risiko aus. Scheuen Sie sich nicht, auch einmal zumindest einen Teil Ihrer stärksten Werte zu verkaufen.

Eine andere Form der Verbundenheit mit Aktien, die sich ähnlich kontraproduktiv auswirken kann, ist die Weigerung, sich einzugestehen, dass man einen Fehler begangen hat, wenn sich ein Investment als missglückt oder als Verlustbringer erweist. Anstatt die Verluste zu begrenzen, beharren viele Anleger stur darauf, dass sie alles richtig gemacht haben, auch wenn sie mitansehen müssen, wie ihr Investment immer mehr an Wert verliert. Doch Vorsicht: Eine Position gleich bei den ersten Anzeichen von Schwäche zu verkaufen, ist ebenfalls problematisch. Wichtig ist vielmehr, dass Sie Ihren Stolz und Ihre Emotionen von einer objektiven Bewertung Ihrer Position trennen. Wer Geld anlegt, begeht hin und wieder einen Fehler. Große Investoren erkennen ihre Fehler schneller und binden sich nicht emotional an eine Anlageposition.

Trends sind nicht immer Ihr Freund

Das Entstehen einer Aktienblase, so unheilverkündend sie sein mag, ist ein guter Zeitpunkt, sich aufmerksam dem Aktienmarkt zuzuwenden. Es hat den Anschein, dass alle noch auf den Zug aufspringen wollen oder, wie es Psychologen nennen, die mit Behavioral Finance vertraut sind, eine Herdenmentalität an den Tag legen und glauben, anstrengungslos das große Geld verdienen zu können. Gegen das Geldverdienen ist nichts einzuwenden, auch nicht dagegen, viel Geld zu verdienen, es ist jedoch wichtig, auch in einem entfesselten Bullenmarkt einen kühlen Kopf zu bewahren und sich nicht von der Illusion mitreißen zu lassen, das Geld würde gewissermaßen auf der Straße liegen und man müsse nur zugreifen. Denken Sie darüber nach. Die Börse kann nicht ewig steigen. Irgendwann geht den Anlegern das Geld für neue Aktienkäufe aus, wenn die Kurse der Aktien immer höher und höher klettern.

Unternehmen, die eine solch hohe Bewertung erreicht haben, geraten unter starken Druck, neue, das gesamte Leben verändernde Produkte zu präsentieren und sich außergewöhnliche Einnahmequellen zu erschließen, die ihre luftigen Bewertungen rechtfertigen. In der Technologieblase Ende der 1990er-Jahre legte der Aktienmarkt fünf Jahre in Folge (1995-1999) jährlich um 20 Prozent zu. Insbesondere die Nasdaq (der Technologie-Index) geriet außer Rand und Band. Die KGVs einiger besonders hoch bewerteter Technologieaktien erreichten ein absurdes Niveau und stiegen auf Werte von 200 oder 300, während sich das durchschnittliche KGV des S&P 500 historisch zwischen 13 und 15 bewegt. Dass diesen Aktien vom Markt solch hohe Bewertungen zugestanden wurden, erscheint auch nach den Grundregeln der Volkswirtschaftslehre vollkommen abwegig.

Gleichwohl glaubten viele Anleger vor dem Hintergrund der Pseudomystik des neu aufkommenden Phänomens – des Internets –, dass die Technologieaktien und die Technologie im Allgemeinen die Rettung für alle globalen Finanzprobleme darstellen würden. Ein nie mehr endender Bullenmarkt erschien als eine weitere Möglichkeit, wie die Technologie unser Leben vervollkommnen würde. In dieser Phase eines gefährlichen Hypnotismus, als die Anleger vom hellen Schein und den Versprechungen des neuen Jahrtausends geblendet wurden, erschien der Gedanke, dass man auf den Schwingen der Technologie und der Dot.com-Aktien mühelos zu Reichtum gelangen könne, gar nicht allzu abwegig. Es war eine verrückte Zeit.

In einer Situation, in welcher der Markt durch und durch bullish ist und alles zu schön erscheint, um wahr zu sein, sollten Sie nicht gierig werden oder übermütig oder übertrieben optimistisch. So schwer es sein mag, achten Sie weiter auf ein ausgewogenes Portfolio, indem Sie Positionen, Sektoren und Werte verkaufen oder ausdünnen, die einen überproportional großen Anteil am Portfolio erreicht haben.

MERKE

Verkaufen Sie in Stärke und kaufen Sie in Schwäche.

Widerstehen Sie der Versuchung, mehr Geld, als Sie sich leisten können, in den Markt zu stecken, um an einem Trend möglichst lange teilhaben zu können. Es ist oft schwierig, zu erkennen, wann es Zeit ist, auszusteigen, auch wenn Sie schöne Gewinne erzielt haben. Denken Sie immer daran, dass Sie Verluste erleiden könnten, auf die Sie nicht vorbereitet sind, wenn sich der Markt gegen Sie wendet. Eine sinnvollere Herangehensweise ist es daher, sich auf ein diversifiziertes Portfolio aus Aktien, ETFs oder Investmentfonds zu stützen. Ärgern Sie sich nicht über verpasste Chancen und grübeln Sie nicht darüber nach, wie viel Geld Sie hätten verdienen können, wenn Sie anders investiert hätten. Es gibt bei der Geldanlage immer wieder Szenarien und Situationen, in denen man sich die Frage nach »hätte«, »könnte« und »sollte« stellt, aber damit muss man zu leben lernen.

MEIN TIPP

Als langfristig ausgerichteter »Kaufen-und-Halten«-Anleger interessiere ich mich besonders für Trends. Die Technische Analyse überlasse ich gerne den Tradern. Der einzige Trend, den ich verfolge, sind die Entscheidungen der Federal Reserve bei den kurzfristigen Zinsen. Wenn die Fed die Leitzinsen anhebt, und die Anleihen mit längerer Laufzeit reagieren nicht entsprechend, sondern stagnieren, und die Zinsstrukturkurve flacht sich ab (siehe dazu Kapitel 3), dann fange ich an, mir Sorgen zu machen wegen einer möglicherweise heraufziehenden Rezession.

Vermeiden Sie überstürzte Entscheidungen

Besonnene Anleger handeln nicht aus einem Impuls heraus, sondern nach sicherer Beurteilung. Es ist verlockend, einem »heißen Tipp« zu folgen, den man von einem Bekannten bekommen hat, der bei einer Bank arbeitet, weil man glaubt, hier habe man es mit einem Insider zu tun. Das ist kein rationales Verhalten, aber man möchte gern glauben, dass man etwas weiß, was der Markt nicht weiß. Eine gute Möglichkeit, sich vor impulsiven Käufen oder Verkäufen zu schützen, besteht darin, den Entscheidungsprozess zu verlangsamen. Widerstehen Sie der Versuchung, eine Entscheidung allein aufgrund der Kursentwicklung einer Aktie in der Vergangenheit zu treffen. Nehmen Sie sich etwas Zeit, jedes Wertpapier, das Sie vielleicht in Ihr Portfolio aufnehmen wollen, einer Fundamentalanalyse zu unterziehen.

Schauen Sie sich die Mitbewerber an. Verschaffen Sie sich einen Überblick über die KGVs anderer Unternehmen in der Branche und überprüfen Sie, ob die Aktie als »billig« eingestuft wird. Informieren Sie sich darüber, welche Dividendenzahlungen Sie zu erwarten haben und recherchieren Sie, wie wahrscheinlich es ist, dass diese Dividenden gesenkt oder erhöht werden. Nehmen Sie sich Zeit, um sich die Bilanz des Unternehmens anzuschauen. Wenn aus der Bilanz hervorgeht, dass die Firma in Schwierigkeiten steckt, versuchen Sie herauszufinden, wie lange es dauern wird, bis sie sich wieder erholt. Befassen Sie sich mit möglichen Worst-Case-Szenarien. Definieren Sie ein Ziel für Ihr Investment und bleiben Sie dabei realistisch. Legen Sie sich auch eine Ausstiegsstrategie zurecht. Wie hoch darf der Verlust sein, den Sie zu tolerieren bereit sind?

Diese Überlegungen benötigen mehr Zeit als ein paar Stunden. Vielleicht steigt die Aktie in dieser Zeit ärgerlicherweise schon um 3 Prozent. Lassen Sie dadurch nicht aus dem Konzept bringen. Halten Sie an Ihrer Vorgehensweise fest und setzen Sie sie zielstrebig um – sobald Sie zu einer Entscheidung gelangt sind.

Die psychologische Wirkung von 52-Wochen-Hochs und -Tiefs

Aktien haben die Tendenz, einen Boden und eine Decke auszubilden. In vielen Fällen entstehen diese Begrenzungen im Bereich von 52-Wochen-Hochs bzw. -Tiefs, die in den Finanzmedien oft besonders herausgestellt werden. Ein 52-Wochen-Tief einer Aktie erzeugt eine psychologische Barriere. Wenn eine Aktie ein 52-Wochen-Tief erreicht, kaufen viele Anleger diese Aktie, weil sie annehmen, dass sie nicht noch viel tiefer fallen werde. Diese steigende Nachfrage kann dann die Wahrnehmung eines Kursbodens Realität werden lassen und aufgrund der vielen neuen Käufer macht die Aktie einen Sprung nach oben. Technische Analysten sprechen in diesem Fall von einer »Unterstützung«.

Das Gegenteil einer Unterstützung ist der »Widerstand«. Ein Kurswiderstand hindert eine Aktie daran, über ein bestimmtes Niveau hinaus zu steigen. Wie ein 52-Wochen-Tief einen psychologisch motivierten Boden erzeugen kann, so kann ein 52-Wochen-Hoch einen psychologisch erzeugten Widerstand bilden, weil die Anleger den Eindruck gewinnen, dass eine Aktie, die ein 52-Wochen-Hoch erreicht hat, wahrscheinlich nicht mehr weiter nach oben klettern wird. Viele Anleger verkaufen dann das Papier, wodurch der Preis nach unten gedrückt wird, und verstärken damit die Annahme, dass bei dieser Marke ein Widerstand liegt.

Dies sind nur einige der psychologischen Faktoren, die Einfluss haben auf die Anleger, ihre Investments und den Markt im Allgemeinen. Wenn Sie mehr erfahren möchten über Dan Ariely und seine Theorien über irrationale wirtschaftliche Entscheidungen, können Sie sich seinen TED-Talk »Are We in Control of Our Own Decisions« auf Ted.com oder den TED-Talks auf YouTube anschauen.

Kapitelzusammenfassung

- Behavioral Finance, die sich mit der Rolle der Psychologie beim Anlegerverhalten befasst, ist ein rasch wachsendes Forschungsgebiet.
- Disziplin und Beharrlichkeit sind Grundvoraussetzungen für eine gesunde Anlegerpsychologie.
- Geben Sie einem ausgewogenen Portfolio den Vorzug vor einer einzelnen »Highflyer«-Aktie.
- Die Bewegung der Aktienkurse kann durch 52-Wochen-Hochs bzw. -Tiefs begrenzt werden, die psychologisch verstärkte Böden und Widerstände bilden.

TEIL III

DER EINSTIEG IN DAS GESCHÄFT

| 9 |
Zeit der Entscheidung

Wissen umsetzen in Handeln

Kapitelüberblick

- Lehren von berühmten Investoren
- Die Auswahl von Investments
- Elemente der Fundamentalanalyse
- Wachstumsaktien oder Value-Investing?

ZITAT

> *Entscheide dich für ein Geschäft, das jeder Idiot betreiben kann, denn über kurz oder lang wird es wahrscheinlich auch jeder Idiot betreiben.*
>
> PETER LYNCH

Es gibt eine Vielzahl von Gesichtspunkten, die zu berücksichtigen sind, wenn es um die Wahl einer Aktie oder einer anderen Art von Investment geht, von denen einige bekannter und allgemeiner akzeptiert sind als andere. Vielleicht haben Sie schon von Fundamentalanalyse oder Technischer Analyse gehört, zwei beliebten Methoden zur Bewertung und Auswahl von Aktien, auf die wir in diesem Kapitel eingehen werden. Nicht bekannt sein dürfte Ihnen wahrscheinlich die Prospect Theory (Prospekt-Theorie oder Neue Erwartungstheorie), die auf der Annahme beruht, dass Anleger Verlust und Gewinn auf unrealistische Weise wahrnehmen und daher Verluste um jeden Preis vermeiden wollen und dadurch die Chance auf größere Gewinne vergeben. Oder die Odd-Lot Theory (Kleinmengen-Theorie), die das Verhalten von Privatanlegern beobachtet, die gewöhnlich mit kleinen, oft ungeraden Stückzahlen handeln. Wenn diese Kleinanleger in großer Zahl verkaufen, könnte man dies als Einstiegssignal deuten. Man kann sich leicht verzetteln, wenn man sich mit solchen wenig bekannten und umstrittenen Theorien beschäftigt, ich rate aber dazu, damit keine Zeit zu verschwenden, denn diese Informationen brauchen Sie nicht, um als Anleger Erfolg zu haben.

Manche Anleger wenden eine Menge Zeit für Recherchen und Analysen auf, um möglichst viel über ein Unternehmen und dessen Aktie herausbekommen, bevor sie sich zum Kauf entschließen. Andere verfolgen einen eher passiven, auf den breiten Markt ausgerichteten Ansatz und legen sich eine breite Palette von Aktien zu, weil sie auf einen allgemeinen Marktanstieg setzen. Wieder andere nutzen unkonventionelle Analysemethoden wie die Prospekt-Theorie oder die Kleinmengen-Theorie. Auf welche Weise Sie Ihre Anlagen auswählen, sollte in erster Linie von Ihren Anlagezielen abhängig sein, dem Zeithorizont, den Sie zugrunde legen und dem Risikoniveau, mit dem Sie sich wohlfühlen.

In diesem Kapitel geht es um den Entscheidungsprozess bei der Geldanlage und um einige Techniken, die man zur Aktienauswahl heranziehen kann. Wir werden uns mit grundlegenden Methoden zur Bewertung von Investments mittels Finanzberichten und anderen Quellen befassen. Zunächst aber möchten wir ein interessantes, zum Nachdenken anregendes Anlagemodell vorstellen, das an der Wall Street häufig diskutiert wird.

Wie man eine Aktie, einen ETF oder ein anderes Wertpapier auswählt

Für Langfristanleger ist der Auswahlprozess oft recht einfach. Zunächst besteht oft eine gewisse Vertrautheit mit dem Unternehmen oder der Branche, in der es tätig ist – vielleicht ist man dort Kunde oder die Aktie wurde von einem Freund empfohlen oder man hat im Fernsehen davon gehört. Wenn das Interesse geweckt ist, schaut man sich ein paar historische Charts an und wirft vielleicht auch einen kurzen Blick auf einige finanzielle Kennzahlen, das KGV oder die Dividendenrendite. Dann geht es um die Frage, ob das Unternehmen eine Zukunft hat; ist es in der Lage, ein fortbestehendes oder wachsendes Bedürfnis im Markt zu befriedigen? Können Sie sich vorstellen, diese Aktie auch noch in 20 Jahren zu besitzen?

Das narrative Element – die Geschichte, die Sie sich selbst über die Aktie erzählen, oder ein anderes Wertpapier, dessen Kauf Sie erwägen – kann auf unterschiedliche Weise aufgezogen werden. Selbst wenn Sie nur in Firmen investieren, die es auch in 20 Jahren noch geben wird, wie Warren Buffett sagt, können weder Sie noch Buffett oder irgendjemand sonst die Zukunft vorhersagen. Auch gute Unternehmen können scheitern. Auch Buffett, der eine Aktie kauft, um sie 20 Jahre oder länger zu halten, trifft nicht immer die richtige Entscheidung und verkauft manchmal Aktien schneller als geplant, um einen Verlust zu begrenzen. Mit der Überwachung des Portfolios werden wir uns später in diesem Kapitel eingehender befassen. Zunächst möchte ich Sie bitten, sich damit zu beschäftigen, wie Sie Ihre Anlagen auswählen.

Langfristig ausgerichtete Anlageprofis wie Buffett und James Altucher halten viel davon, dauerhafte Makrotrends zu identifizieren und die Unternehmen auszumachen, die davon profitieren. In seinem Buch *The Forever Portfolio,* das 2008 herauskam, erwähnt Altucher die Angst vor einer großen Pandemie, die Bedeutung von sauberem Trinkwasser, den Schutz vor Computerviren und die Beseitigung von Tattoos als Beispiele für Marktkräfte, die wahrscheinlich Jahrzehnte überdauern werden. Er bezeichnet diese Kräfte als »flutartige demographische Kräfte«. Altuchers Strategie besteht darin, in einen Korb von Unternehmen zu investieren, die aufgrund ihrer Marktstellung von diesen Trends profitieren werden, und er bevorzugt dabei Unternehmen mit soliden Bilanzen (und steckt größere Beträge in sie). Hätte man sich an Altuchers Theorie aus *The Forever Portfolio* orientiert und in großem Stil Aktien von Moderna, GameStop und Penn National Gaming gekauft – die sich während der Corona-19-Pandemie allesamt gut geschlagen haben –, könnte man sich selbst auf die Schulter klopfen.

Ich möchte Altuchers Analyse dahingehend ergänzen, dass es verschiedene Marktphänomene gibt, die ähnlich verbreitet und von noch größerer Bedeutung sind als die »flutartige[n] demographischen Kräfte«, die er anführt. Die globale Nahrungsmittelversorgung zum Beispiel liegt zum weit überwiegenden Teil in der Hand von rund einem Dutzend großer Konzerne, von denen die meisten börsennotiert sind. Diese kleine Gruppe von Unternehmen besitzt Hunderte von Handelsmarken. Aufgrund der dominierenden Stellung dieser Firmen in einer so grundlegenden Branche ist es nicht verwunderlich, dass Warren Buffett »den Nahrungsmittelmarkt pulverisiert hat« durch seine zahlreichen Übernahmen in diesem Bereich.

Egal in welchen Sektor man investieren möchte oder welcher Strategie man folgen möchte, ist Folgendes zu beachten: Es ist einfach, sich ein paar gut laufende Aktien herauszupicken, vor allem wenn sich der Markt insgesamt im Aufschwung befindet. Ein herausragender Investor zeichnet sich hingegen dadurch aus, dass er in der Lage ist, den Markt dauerhaft zu übertreffen. Das ist das erklärte Ziel und das entschlossen verfolgte Ziel von Leuten wie Buffett, John Templeton, Peter Lynch und anderen Investmentlegenden. Eine »Outperformance« gegenüber dem Markt zu erreichen, ist auch der Auftrag all der »genialen« Hedgefonds- und Publikumsfondsmanager. Wenn Anleger diesen Fondsverwaltern beträchtliche Gebühren zahlen, dann erwarten sie auch bessere Ergebnisse, als sie selbst erzielen könnten, wenn sie ihr Geld schlicht in einen Indexfonds stecken würden. Es geht immer darum, den Markt zu schlagen.

Bevor wir uns damit beschäftigen, wie man den Markt übertreffen kann, ist der Hinweis angebracht, dass überhaupt nichts dagegen einzuwenden ist, wenn Börsenneulinge nach Bauchgefühl eine bestimmte Aktie kaufen, einen gewissen Geldbetrag in sie investieren und eine Weile beobachten, wie sich die Aktie entwickelt. Dies ermöglicht es angehenden Anlegern, das Verhalten des Marktes kennenzulernen, ihre eigene Risikotoleranz auszuloten und sich mit der Volatilität des Marktes auseinanderzusetzen. Wenn der Markt bullish gestimmt ist, werden Sie wahrscheinlich eher gewinnen als verlieren. Bleiben Sie dabei, halten Sie an Ihrer Lieblingsaktie fest und tauchen Sie Ihre Zehen schon mal ein bisschen ins Wasser ein.

Aktien-Screener nutzen

Im Laufe der Zeit sollten die Recherchen, die Sie vor einem Aktienkauf durchführen, etwas anspruchsvoller und komplexer werden. Wenn Ihr Sachverständnis zunimmt, sollten Sie sich bemühen, ein Portfolio aufzubauen, das besser abschneidet als die Indizes, aus denen Ihre Aktienpositionen stammen. Wenn Sie sich zum Beispiel auf Small Caps konzentrieren, könnten Sie Ihre Performance anhand des Russell 2000 Index bewerten, in Deutschland anhand von MDax und SDax. Wenn Sie eher auf hoch kapitalisierte Aktien setzen, wäre der S&P 500 der passende Vergleichsmaßstab, in Deutschland würden Sie auf den Standardwerteindex Dax schauen.

Angehende Anleger lernen gleich am Anfang, dass es eine schier unüberschaubare Vielzahl von Aktien und Wertpapieren gibt, die sie persönlich nicht kennen. Viele dieser Aktien werden sich besser entwickeln als der breite Markt, und sie werden jenen, die das Glück hatten, sie zu kaufen, fantastische Gewinne bescheren.

Eine sehr effiziente Möglichkeit, auch weniger bekannte Werte aufzustöbern, ist die Verwendung eines Aktien-Screeners. Diese Instrumente werden von Brokern und anderen Firmen angeboten, manchmal kostenlos, manchmal gegen eine Gebühr. Screener ermöglichen es Anlegern, nach Aktien zu suchen, die bestimmten Auswahlkriterien entsprechen.

Nehmen wir an, Sie suchen nach Energieaktien, die ein KGV von unter 17 haben. Ihr Screener liefert Ihnen eine Liste von Werten, die dieser Vorgabe entsprechen und unter denen Sie auswählen können. Sie können das Aktienuniversum auch nach Verschuldungsgrad, Wachstumstrends, Gewinn pro Aktie und einer Vielzahl anderer Kennziffern durchforsten. Mit Hilfe von Screenern können Sie das historische Verhalten von Aktien besser beurteilen: Wenn Sie Aktien kaufen wollen, die historisch das erwartete Quartalsergebnis übertroffen haben, können Sie den Screener nach solchen Werten suchen lassen.

ANMERKUNG

Wenn eine Aktie die prognostizierten Quartalsergebnisse übertrifft oder verfehlt, gilt dies als eine positive oder negative »Gewinnüberraschung«.

Als CFP®-Anwender nutze ich gelegentlich Screener, um nach Aktien und REITs zu suchen, die höhere Erträge ausschütten. Dabei geht es mir meist darum, für Kunden ein Portfolio zusammenzustellen, das ausreichend hohe Einnahmen generiert, sodass ein Verkauf eines Teils dieser Aktien und damit eine Schmälerung des ursprünglichen Anlagekapitals nicht notwendig wird. Nachdem genügend ertragsstarke Wertpapiere ermittelt und gekauft sind, können wir das Portfolio des betreffenden Kunden auf eine »kritische Masse« bringen, ab der die Dividendenzuflüsse ausreichend sind, um damit die Lebenshaltungskosten zu bestreiten. Diese ertragsstarken Wertpapiere stellen eine sehr interessante Alternative zu Anleihen dar, die nicht immer hohe Erträge bieten und im Unterschied zu Aktien auch keine Wertsteigerung in einem Bullenmarkt erleben. Abhängig von Ihrer Risikotoleranz können Aktien, die hohe Dividenden ausschütten, ein guter Ersatz für Anleihen sein.

Das ewige Anlagerätsel und die allgemeinen Marktkräfte

Wenn Sie mit der Geldanlage beginnen, sollten Sie sich darauf einstellen, dass es manchmal auch Frustrationen geben wird. Sie werden erleben, dass eine Aktie, die Sie gerade verkauft haben, auf neue Höchstkurse steigt. Und Sie werden erleben, dass ein Papier, das Sie als grundsolide eingeschätzt haben, massiv abstürzt. Zu allem Überfluss werden Sie sich in solchen Fällen meist erst hinterher erklären können, warum die Aktie sich so und nicht anders verhalten hat.

Es gibt ein Phänomen bei der Geldanlage, das ich das »ewige Anlagerätsel« nenne. Und dieses Phänomen ist auch häufig im Sport anzutreffen. Vor dem Aufeinandertreffen zweier Teams oder Einzelathleten, die mehr oder weniger als gleich stark eingeschätzt werden, kann keiner vorhersagen, welcher der beiden Beteiligten den Sieg davontragen wird. Doch wenn alles vorbei ist und eines der Teams oder einer der Athleten als Sieger hervorgegangen ist, fällt es überhaupt nicht schwer, zu erklären, warum die eine Seite gewonnen und die andere verloren hat. An der Börse ist es ganz ähnlich.

Man nehme als Beispiel die Schwierigkeiten, in welche die amerikanischen Autohersteller GM und Ford in der Finanzkrise 2008 gerieten. Nach gängiger Meinung konnte man annehmen, dass sich GM wegen seiner Größe in einer besseren Position als Ford befinden würde, um die Krise der Autoindustrie zu überstehen. Doch am Ende war GM, nicht Ford, das Unternehmen, das auf Kosten der Steuerzahler gerettet werden musste. Ford dagegen schlug sich relativ gut in dieser Zeit. Rückblickend können wir erklären, weshalb GM in eine solch missliche Lage geriet. Die Kombination aus seinen Pensionsverpflichtungen und seiner Verschuldung dezimierte seine Cashreserven. Das Unternehmen steuerte auf den Abgrund zu. Ohne eine staatliche Rettungsaktion hätte GM nach wenigen Wochen seine Beschäftigten und Lieferanten nicht mehr bezahlen können. Es ist unmöglich, zuverlässig vorherzusagen, wer gewinnen wird und wie hoch, aber in der Nachbetrachtung können wir immer ganz genau erklären, warum eine Aktie sich gehalten hat, gestiegen oder gefallen ist.

> Obwohl man hinterher immer klüger ist, ist es durchaus möglich, dass sich Anleger in übertriebener (oder dogmatischer) Weise auf vergangene Trends verlassen. Wie Jeremy Siegel meinte: »Die Rückschau spielt unserem Gedächtnis Streiche.«

Theoretisch kann ein besseres Verständnis dieser Faktoren unser Wissen vertiefen und bessere Entscheidungen ermöglichen. Wenn wir die zahlreichen Lehren zusammenfassen wollen, die uns der Markt immer wieder erteilt, können wir mit den Faktoren auf der Makro-Ebene oder den allgemeinen Marktkräften anfangen, die den Markt insgesamt beeinflussen.

- **Zinsen:** Wenn die US-Notenbank, oder im Euroraum die EZB, die Zinsen senkt, reagiert die Wirtschaft meist positiv, es entstehen neue Arbeitsplätze und der Geldumlauf erhöht sich. Niedrigere Zinsen bedeuten, dass Geld billiger wird. Zudem wird dadurch ein Umfeld geschaffen, in dem Kredite nicht mehr so lukrativ sind für den Kreditgeber. Dies bietet Anlegern mehr Anreize, ihr Geld in Aktien zu investieren, statt es auf der Bank zu lassen. Wenn dagegen die Zinsen hoch sind, neigen die Anleger eher dazu, ihr Geld auf dem Bankkonto zu halten und zumindest einen minimalen Ertrag zu erzielen, ohne sich den Risiken des Aktienmarkts aussetzen zu müssen.

- **Politische Stabilität:** Der Markt wird auch durch die Politik beeinflusst, wenn eine politische Krise auftritt oder ein hohes Maß an Unsicherheit aufkommt im Hinblick auf bestimmte politische Entscheidungen, auf Wahlen oder internationale Ereignisse, die Investoren nervös machen. Nervöse Anleger investieren nicht in Aktien, sondern bringen ihr Geld in Sicherheit, bis sich die Lage wieder beruhigt.

- **Beschäftigung:** Eine hohe Beschäftigungsquote ist ein Zeichen, dass die Unternehmen zuversichtlich in die Zukunft blicken und ihre Geschäftstätigkeit ausweiten wollen. Niedrige Beschäftigung weist darauf hin, dass die Unternehmen ihre Zielvorgaben verfehlen und die Kosten senken müssen. Investoren interessieren sich generell in Phasen hoher Beschäftigung mehr für Aktien, daher schwanken die Nachfrage und die Preise von Aktien gewöhnlich in direkter Korrelation zur Beschäftigungsquote.

- **Steuern:** Die Ankündigung von Steuersenkungen wirkt als allgemeine Stimulation für den Markt, während Steuererhöhungen die Unternehmen beunruhigen und die Aktienkurse nach unten drücken können.

- **Wirtschaft:** Die Wirtschaft unterliegt einem ständigen Auf und Ab der ökonomischen Aktivität, was man als »Konjunkturzyklen« bezeichnet. Der Konjunkturzyklus, der häufig anhand des Bruttoinlandsprodukts (BIP) gemessen wird, expandiert und kontrahiert im Zusammenhang mit Phasen wirtschaftlichen Wachstums und wirtschaftlichen Rückgangs. Eine Wirtschaft, die in der Rezession steckt, ist durch niedrige Zinssätze gekennzeichnet, den Abzug von Geld aus Aktien und Fonds und eine verstärkte Hinwendung zu Bargeld und kurzlaufenden Anleihen. Eine expandierende Wirtschaft hingegen ist gekennzeichnet durch steigende Zinsen und zunehmende Investitionen in Fonds und Einzelaktien.

Sir John Templeton würde sagen, die beste Zeit, um in Aktien und Fonds zu investieren, ist eine »Phase des maximalen Pessimismus«. Publikumsfonds, die Aktien halten, geben ihre Netto-Kapitalabflüsse (Geld, das aus dem Fonds abgezogen wird) bekannt. Diese und andere Daten können Sie nutzen, um herauszufinden, wann die Anleger am pessimistischsten gestimmt sind.

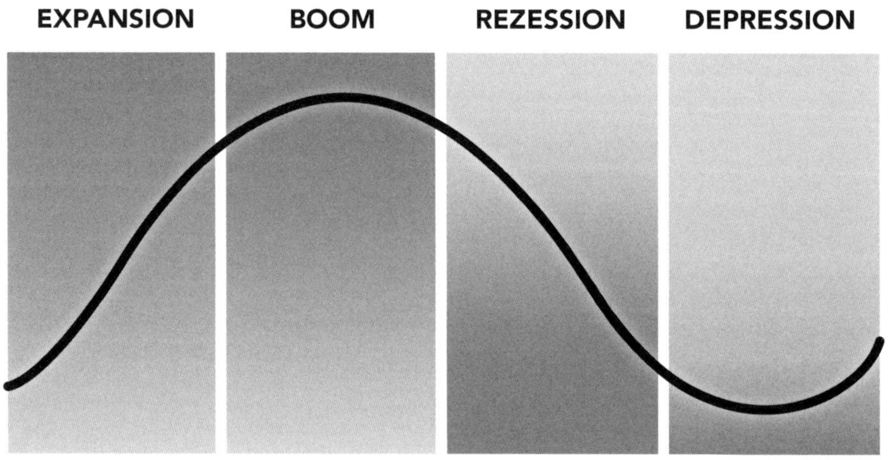

Abb. 50

Ein weiteres hilfreiches Marktbarometer sind die Renditen auf aktuelle Treasury-Notes, insbesondere die 10-jährigen. Wie bereits in Kapitel 3 dargestellt, ist ein Zehnjahres-Hoch der Zinsen ein Zeichen für einen kompetitiven Markt, weil die T-Notes dann höhere Zinsen bieten müssen, um Käufer zu finden. Niedrigere Renditen weisen darauf hin, dass es genügend Kaufinteressenten gibt. Die Schatzanweisung ist auch mit einer niedrigeren Verzinsung auf dem Anlagemarkt wettbewerbsfähig, denn die Investoren stecken ihr Geld lieber in Anleihen als in Aktien.

In einer idealen Welt würde man mehr Anleihen und Bargeld und weniger Aktien halten, wenn sich die Konjunktur verschlechtert. Wenn die Wirtschaft dagegen gut läuft, ist es angebracht, mehr Aktien als Anleihen im Portfolio zu haben, weil man dadurch die Wachstumschancen besser nutzen kann. Da wir aber bedauerlicherweise nicht die Zukunft vorhersagen können, werden wir nicht in jeder Situation ein perfekt ausbalanciertes Portfolio haben. Deshalb ist es wichtig, einen persönlichen Anlageplan aufzustellen – ein Set von Parametern und Allokationszielen, die dazu beitragen können, das Risiko zu begrenzen und das Gewinnpotenzial besser auszuschöpfen.

Zu diesem Plan kann es auch gehören, einen Teil der Aktien zu verkaufen und mehr Anleihen zu kaufen, wenn der Markt um einen bestimmten Prozentsatz zulegt. Man kann sich aber auch entscheiden, mehr Aktien zu kaufen und sich von einem Teil der Anleihen zu trennen, wenn der Markt um einen bestimmten Prozentsatz gefallen ist. Die Gewichtungen, die Sie für sich festlegen, sollten unterschiedlichen Faktoren Rechnung tragen. Wenn der Markt zum Beispiel gerade eine Rezession hinter sich hat und eine längere Wachstumsperiode zu erwarten ist, könnte man die Gewichtungen anpassen und an den Aktien festhalten, so lange der Markt Stärke zeigt. Wenn andererseits der Markt ein Hoch erreicht und neue Höhen erklimmt und es schon lange keinen Bärenmarkt mehr gegeben hat, könnte es an der Zeit sei, die Gewichtungen wieder strenger zu handhaben und zum Teil aus Aktien auszusteigen und dafür den Anteil der Anleihen zu erhöhen.

Marktstrategien: Wie man in guten wie in schlechten Zeiten erfolgreich ist

Manche Investoren versuchen, den Markt zu »timen«. Sie versuchen, vorherzusagen oder zu erraten, wann der nächste Crash kommt, und verkaufen all ihre Aktien, um ihre Gewinne vorher noch zu sichern. Einige gehen sogar so weit, dass sie Geld in »Bärenmarkt-Fonds« anlegen, die bei einer Abwärtsbewegung Gewinne erzielen sollen. Die Bewegungen des Marktes vorherzusagen und genau den richtigen Zeitpunkt für Käufe oder Verkäufe zu finden, ist jedoch sehr schwierig und wird auch von Anlageprofis skeptisch gesehen.

Um mit Markt-Timing erfolgreich zu sein, müssen Sie zweimal Recht haben. Zuerst müssen Sie das Top des Marktes richtig prognostizieren und Ihre Wertpapiere zum Höchstkurs verkaufen. Dann müssen Sie erkennen, wann der Markt einen Boden erreicht hat und zu Tiefstkursen wieder einsteigen. Wenn Sie sich bei Ihrem Versuch des Markt-Timings einmal irren, zahlen Sie nicht nur unnötige Gebühren, Sie erleiden auch Verluste in Form von Opportunitätskosten. Historisch wird der Großteil der Kursgewinne an einigen wenigen besonders profitablen Handelstagen des Jahres erzielt. Wenn Sie Ihr gesamtes Geld abziehen, um eine Abwärtsphase zu vermeiden, riskieren Sie erhebliche Verluste im Fall einer Börsenrally, die Ihnen entgeht.

Während nur rund 1 Prozent der Performance des Portfolios aus erfolgreichem Markt-Timing resultiert, gehen 93 Prozent auf das Konto einer klugen Asset Allocation – wenn man dauerhaft eine ausgewogene Mischung verschiedener Anlagearten hält und auf eine vernünftige Balance von Chancen und Risiken achtet. Wenn Sie Ihre Vermögensaufteilung stets im Blick behalten und Ihr Portfolio erforderlichenfalls immer wieder ausbalancieren, verbessern Sie Ihre Chancen, zu niedrigen Preisen zu kaufen und zu hohen zu verkaufen. Sie vermindern zudem Ihr Risiko und sind dennoch stets in den wichtigen Sektoren (wie etwa internationalen und Schwellenländer-Aktien) engagiert.

Sie haben vielleicht ein stark aktienlastiges Portfolio, wenn der Markt nach unten dreht. In diesem Fall sollten Sie nicht der Versuchung erliegen, zu verkaufen. Aktien kommen wieder zurück. Wenn Sie in Panik geraten und verkaufen, erleiden Sie Verluste, die nicht nötig sind, und beeinträchtigen damit vielleicht irreparabel Ihre Chancen, Ihre Anlageziele zu erreichen. Dieses bedauerliche Phänomen habe ich in den ersten Jahren meiner beruflichen Tätigkeit immer wieder erlebt, als ich für einen Discountbroker arbeitete. Ich habe unzählige Anleger gesehen, die zügellos in fallende Kurse hinein verkauften, meist aufgrund ihrer Angst, dass sich die Märkte nie wieder erholen würden. Eine viel bessere Strategie ist es, zu kaufen, wenn die Kurse unten sind, denn viele Aktien, die von einem allgemeinen Kursrutsch in Mitleidenschaft gezogen werden, erholen sich wahrscheinlich wieder und werfen am Ende einen schönen Gewinn ab.

MERKE

Bärenmärkte sind vorübergehender Natur. Unsere Volkswirtschaft hat sich ausnahmslos nach jeder Rezession wieder erholt.

Auch Dividendeneinnahmen können Sie nutzen, um Ihr Portfolio wieder auszubalancieren. Ihr Broker wird Ihnen wahrscheinlich gern die Möglichkeit bieten, Dividenden automatisch in jene Aktien oder Fonds zu reinvestieren, von denen sie kommen. Als CFP®-Anwender habe ich eine etwas andere Herangehensweise. Anstatt Dividendenzahlungen und Kapitalerträge automatisch zu reinvestieren, übertrage ich solche Einnahmen oft auf die Verrechnungskonten meiner Kunden, um dort die Cash-Position zu verstärken.

Sobald ein bestimmter Bargeldbetrag auf dem Verrechnungskonto vorhanden ist, schauen wir uns das Portfolio an und identifizieren jene Bereiche, die sich nicht so gut wie die anderen entwickelt haben. Dann reinvestieren wir das Geld. Indem wir die schlechter gelaufenen Segmente verstärken, erhalten wir mehr Aktien für weniger Geld. Im Lauf der Zeit kann sich diese Herangehensweise für die Kunden deutlich auszahlen.

Das Verhalten von Wertpapieren auf dem Markt lässt sich nicht beherrschen und nicht immer vorhersagen, aber man kann die Diversifikationsstrategie des eigenen Portfolios kontrollieren. Betrachten wir einige weitere Ansätze zur Diversifizierung, die man bei der Auswahl von Aktien und anderen Wertpapieren beachten sollte.

Emerging Markets

Anleger können erwägen, einen Teil ihres Portfolios mit Titeln aus Schwellenländern zu bestücken. Vor 30 Jahren noch entfiel der Großteil der globalen Wirtschaftsleistung auf die entwickelten Volkswirtschaften. Doch im Zuge der fortschreitenden Globalisierung und des Abbaus von Handelshemmnissen werden immer mehr Güter in Schwellenländern, den Emerging Markets, erzeugt – heute steuern diese Volkswirtschaften mehr als die Hälfte zum Welt-Bruttoinlandsprodukt bei. Ende 2020 machten Aktien aus Emerging Markets 13 Prozent des globalen Aktienmarkts aus.

Emerging Markets oder Schwellenländer sind Volkswirtschaften, die rasch zu den entwickelten Ländern aufschließen. Beispiele dafür sind etwa Brasilien, Mexiko, Pakistan, Indien, Saudi-Arabien, China und Vietnam. Während Bedenken bezüglich der politischen Stabilität, wachsender protektionistischer/isolationistischer Bestrebungen und der Nachhaltigkeit der Modernisierung manche Anleger eher abschrecken, können sich mutige Investoren, die in ihren Portfolios auch Risiken einzugehen bereit sind, durchaus in Emerging-Market-Fonds engagieren.

Wenn Sie über 60 Jahre sind und allmählich an den Ruhestand denken, sollten Sie etwas vorsichtiger sein mit Anlagen in Schwellenländern. Obwohl sich die Wertpapiere aus diesen Ländern in den vergangenen Jahren positiv entwickelt haben, ist das langfristige Bild eher durch Schwankungen geprägt.

MEIN TIPP

Ich sehe Investments in Schwellenländern ähnlich wie Anlagen in Small Caps. Hier gibt es eine Menge Wachstumspotenzial. Wichtig ist Diversifizierung, weil Schwellenländerbörsen heftigen, wiederkehrenden Schwankungen unterworfen sind. In einem Jahr kann ein Korb aus Emerging-Markets-Aktien durchschnittlich um 80 Prozent steigen, im folgenden Jahr aber um 60 Prozent fallen.

Internationale Anlagen

Neben der Anlage in Schwellenländern wird auch das Engagement in internationalen Aktien allgemein von vielen Anlegern als Möglichkeit genutzt, um das Risiko eines heimischen Börsenabschwungs etwas abzufedern. Internationale Anlagen bieten zudem ein zusätzliches Gewinnpotenzial. Neben den üblichen Erträgen wie Dividenden und Kursgewinnen können internationale Anlagen auch Währungsgewinne generieren, wenn die ausländische Währung gegenüber der heimischen Währung steigt. Wenn Sie zum Beispiel Aktien eines Bergbauunternehmens aus Kanada kaufen (eines Landes, das bekannt ist für aussichtsreiche Minengesellschaften) und der Kanadische Dollar (der

»Loonie«) gewinnt an Wert im Verhältnis zum US-Dollar, dann wird Ihr Investment automatisch mehr wert. Wenn Sie die Aktie verkaufen, erhalten Sie mehr US-Dollar pro Aktie.

Wie Sie bereits wissen, bieten die Wechselkursschwankungen der Währungen eine zusätzliche Chance. Wenn das Land, in dem Ihre internationalen Anlagen liegen, einen Währungskollaps erleidet, wird der Ertrag, den Sie in Ihrer heimischen Währung erhalten, automatisch sinken. Wenn es sich aber um ein solides Unternehmen handelt, bieten die Währungsturbulenzen eine gute Gelegenheit, die Position zu günstigeren Kursen aufzustocken. Ihre internationalen Anlagen werden nicht nur durch den Wert der Währung des Anlagelandes beeinflusst, sondern auch durch Veränderungen der Zinsen, das politische Klima und die Steuergesetze des betreffenden Landes.

Die drei größten Anlegerfehler

Im Laufe der Jahre habe ich viele Fehler bei der Geldanlage kennengelernt. Ob Sie es glauben oder nicht, auch ich habe hin und wieder Fehler gemacht. Nachfolgend einige Fehler, die immer wieder auftreten:

1. Zu konservativ anlegen: Dass man sich der Pensionierung nähert, heißt nicht, dass man die eigene Anlagestrategie dramatisch verändern muss. Auch nach dem Renteneintritt können wir noch 20, 30 oder 40 Jahre leben; unsere Anlagen müssen weiterhin wachsen und die Inflation ausgleichen.

2. Zu spät anfangen: Wie bereits weiter vorn erwähnt (obwohl man es nicht oft genug sagen kann), kommen Sie mit Ihrem Geld weiter, je früher Sie beginnen, es zu investieren.

3. Nicht genügend investieren: Das Geld, das Sie in Anlagen stecken, sollte einen festen Teil Ihres monatlichen Budgets ausmachen.

Investor-Erträge versus Investment-Erträge

Neuere Studien zeigen, dass die meisten Anleger, die auf eigene Faust handeln, schlechter abschneiden als die Märkte. Dieses Phänomen wird manchmal als der Unterschied zwischen Investor-Erträgen und Investment-Erträgen bezeichnet. Der Investor ist der menschliche Akteur, der sich zu Panikverkäufen verleiten lässt, die Entwicklung der Vergangenheit als Indikator für künftige Ergebnisse nimmt und vielen weiteren geldvernichtenden Zwängen und Illusionen unterliegt, die zu einem schlechten Anlageverhalten führen.

Die Investment-Komponente bezieht sich auf den Markt allgemein, der natürlich keine schlechten Verhaltensweisen hervorbringen kann, sondern schlicht den Ertrag liefert, den er liefert. Die Investments schneiden besser ab als die einzelnen Investoren, das ist die Kernaussage.

Dieses Phänomen ist nicht nur ein schönes Argument dafür, dass man sich um einen guten Anlageberater bemühen sollte, es zeigt auch, wie schwierig es ist, Disziplin bei der Geldanlage aufzubringen. Viele der Anlagetechniken und -strategien, die in diesem Buch bisher behandelt wurden, haben vielleicht Ihr Interesse geweckt. Aber wenn es darum geht, diese Ideen in die Praxis umzusetzen, werden Sie feststellen, dass es schwieriger ist als gedacht, sich adäquat und in dauerhafter Weise auf den Markt einzustellen.

MEIN TIPP

Zeit ist im Markt hundertmal so wichtig wie der Versuch, den richtigen Zeitpunkt zum Handeln zu finden. Lassen Sie den Markt sein Werk verrichten und kommen Sie ihm nicht in die Quere.

Theorien, Geschichte und Lehren

Eine Theorie über die Anlage in Aktien, die Markteffizienzhypothese (Efficient Market Hypothesis, EMH), besagt, dass sämtliche Informationen über eine Aktie bereits in den Kursen enthalten sind. Ungeachtet aller exklusiven Informationen, die einzelne Marktteilnehmer zu haben glauben, spiegelt der Kurs einer Aktie nach der EMH-Theorie bereits alle öffentlich zugänglichen Informationen wider.

BEISPIEL

Nehmen wir an, die Firma MineCorp verkündet die Inbetriebnahme eines patentierten neuen Abbaumeißels, der die Effizienz der Kohleförderung deutlich steigern soll. Nachdem die Information öffentlich bekannt geworden ist, spiegelt sie sich umgehend im Aktienkurs der MineCorp wider. Die Tatsache, dass Sie als potenzieller Käufer der MineCorp-Aktie die Nachricht über den neuen Abbaumeißel lesen, bevor Sie sich für den Kauf entscheiden, verschafft Ihnen – nach der EMH-Theorie – keinen Vorteil gegenüber einem Anleger, der die Meldung nicht gelesen hat, sondern einfach nur eine Bergbau-Aktie kaufen wollte. Gleiches gilt für den Anleger, der nicht nur die Meldung mitbekommen hat, sondern sich auch eingehend mit der Bilanz und den Steuererklärungen von MineCorp befasst hat, bevor er seine Kaufentscheidung getroffen hat.

Alle Informationen, die in diesen Finanzdokumenten enthalten sind, sind nach der EMH-Theorie bereits im Kurs der Aktie berücksichtigt und eingepreist, worauf sich eine Frage stellt, die häufig an der Börse diskutiert wird: Warum soll man überhaupt Recherchen anstellen? Warum nicht einfach investieren?

Es gibt keine Möglichkeit, die Markteffizienzhypothese zu beweisen oder zu widerlegen, dennoch darf man auch Kritik anbringen. Zum einen beruht der Kurs einer Aktie auf dem abstrakten Konzept der Nachfrage. Keine Bank, keine Investmentfirma oder staatliche Behörde führt eine umfassende und standardisierte fundamentale Analyse der Aktie durch und schreibt dem Markt dann einen bestimmten Kurs vor. Finanzinstitute können ihre Meinung zu verschiedenen Aktien kundtun, doch am Ende ist der Aktienkurs schlicht eine Kennzahl dafür, was Investoren für die künftigen Erträge des betreffenden Unternehmens zu zahlen bereit sind. Und die Bereitschaft von Anlegern, für eine Aktie einen bestimmten Betrag zu bezahlen, ist nicht immer aus Effizienz erwachsen und führt auch manchmal dazu, dass Aktienkurse verzerrt werden, wie es zum Beispiel im Zusammenhang mit dem Börsengang (Initial Public Offering, IPO) des Instant-Messaging-Dienstes Snapchat im Jahr 2017 zu beobachten war.

Getrieben von dem Hype hinter der Firma, preschte Snapchat (Kürzel SNAP an der New York Stock Exchange) mit Vehemenz an die Börse. Wie bei den meisten IPOs waren die ursprünglichen Anteilseigner von Snapchat vertraglich an eine bestimmte »Haltedauer« ihrer Aktien gebunden. Sie durften erst Aktien verkaufen, wenn eine bestimmte Haltefrist abgelaufen war. Solche Haltefristen sollen verhindern, dass Firmenangehörige ihre Stücke auf den Markt werfen und dadurch den Aktienkurs drücken. Am 31. Juli

2017 endete diese Haltefrist, und die Snapchat-Aktie fiel um 5 Prozent – ein durchaus signifikanter Rückgang –, als die Firmeninsider ihre Stücke verkauften. Das Handelsvolumen, das mit der Wahrnehmung nachlassenden Vertrauens in die Firma bzw. die Aktie verbunden war, drückte die Nachfrage nach der Aktie nach unten. SNAP-Aktien erschienen zumindest für kurze Zeit weniger wertvoll, als sie tatsächlich waren. Im Verlauf dieses Handelstags erholte sich die Aktie und stieg wieder auf ihren »normalen« Wert.

Diese verwirrenden Faktoren, die mit dem Börsengang eines Unternehmens verbunden sind, sind ein Beispiel dafür, dass im Kurs einer Aktie manchmal wichtige Dimensionen ihres Wertes unberücksichtigt bleiben, was zu einer Kursverzerrung führt – und die Markteffizienzhypothese in Frage stellt.

Eine weitere Ursache für Preisverzerrungen: Blasen

Eine andere bedeutsame Verzerrung von Preisen stellt sich ein, wenn der Preis eines Sektors oder des Marktes allgemein aus nicht erkennbaren oder nachvollziehbaren Gründen steigt. Wie Sie bereits in der Einleitung gelesen haben, wird dies als eine »Blase« bezeichnet und ist das Ergebnis einer Herdenmentalität, die Investoren dazu verleitet, die Kurse auf irrationale Weise in ungerechtfertigte Höhen zu treiben. In den Jahren von 2005 bis 2007 sind unzählige Anleger »reich« geworden aufgrund des rasanten Preisanstiegs der Immobilien. Ähnlich wie bei der Technologieblase Ende der 1990er-Jahre erlebten die Anleger, wie ihre Nachbarn und Freunde rasch Vermögen anhäuften, wollten auch dabei sein und kauften ebenfalls. Die steigende Nachfrage nach diesen Assets trieb die Preise weiter in die Höhe, wodurch der scheinbar unaufhaltsame Aufwärtstrend bestätigt zu werden schien. Immer noch sprangen neue Anleger auf, die ebenfalls die Chancen nutzen wollten, die sich im Immobiliensektor zu bieten schienen. Doch wie wir wissen, war alles zu schön, um wahr zu sein und viele Investoren verloren am Ende einen Großteil ihres Vermögens, als die Blase platzte.

Der Finanzkollaps von 2008, der Beginn der Finanzkrise, stand in engem Zusammenhang mit der Immobilienblase. Hypothekenbesicherte Wertpapiere (Investments, die darauf beruhten, dass die fälligen Hypothekenzahlungen regelmäßig geleistet wurden) wurden in rauen Mengen auf den Markt geworfen. Dass sie mit einer hohen Bonitätsstufe versehen waren, täuschte darüber hinweg, dass sie mit toxischen Assets vollgestopft waren. Diese wenig werthaltigen Papiere wurden dann zusammen mit Hunderten anderer hypothekenbesicherter Wertpapiere zu Fonds gebündelt. Laut den dazu erstellten Prospekten besaßen diese Fonds einen hohen Bonitätsgrad und schienen nicht ausfallgefährdet – sie galten als sichere Investments.

ANMERKUNG

Die strukturellen Gründe der Subprime-Krise liegen keineswegs nur in der Gier der Wall Street und der schwachen Börsenaufsicht zur damaligen Zeit. Schon ein Jahrzehnt vor dem Zusammenbruch hatte US-Präsident Bill Clinton in dem Versuch, die Bildung von Wohneigentum zu fördern, unbeabsichtigt die Grundlagen für diese Krise geschaffen, indem er die Banken ermutigte, auch »Subprime«-Kredite (Kredite an Schuldner mit geringer Bonität) zu vergeben.

In seinem Buch *The Random Walk Guide to Investing* stellt Burton C. Malkiel auf unterhaltsame Weise die großen Spekulationsblasen in der Geschichte des Börsenhandels dar, die es immer wieder gab, seit sich im 13. Jahrhundert Kaufleute an der Börse von

Antwerpen trafen, um dort Rohstoffe zu kaufen und zu verkaufen und Anleihen zu handeln. In seinem Buch bringt Malkiel auch das Beispiel der South Sea Company aus dem Jahr 1711. Die englische Regierung hatte damals dieser South Sea Company das Monopol über den Handel mit Südamerika eingeräumt. Die Investoren standen Schlange, und die Aktie der Gesellschaft schoss nach oben. Der Kurs der South-Sea-Aktie stieg so schnell, dass die Anleger eine gekaufte Aktie schon nach wenigen Tagen mit großem Gewinn wieder verkaufen konnten. Der sprunghafte Anstieg dieses Wertpapiers weckte Begehrlichkeiten und förderte das Entstehen eines neuen Anlagetrends in England. Schon bald sprossen überall neue »Investmentchancen« aus dem Boden.

Bei vielen dieser Angebote handelte es sich um Humbug oder Unsinn, doch die Nachfrage nach Investmentgelegenheiten war so groß, dass die Menschen nicht mehr nach fundierten Berichten und Plänen fragten, sondern nur noch nach einer überzeugenden, verlockenden Geschichte. Sie suchten nach einem Grund, um ihr Geld irgendwo anlegen zu können. So spezialisierte sich eine Firma auf die Einfuhr von Eseln aus Spanien, obwohl es in England schon mehr als genug Esel gab. Eine andere Gesellschaft behauptete, sie könne die Kriegführung revolutionieren durch die Einführung eines Maschinengewehrs, das Kugeln unterschiedlicher Art abfeuern konnte, je nach der Religion der Zielpersonen. Eine weitere Idee, vielleicht die ehrgeizigste und lächerlichste von allen, warb um Anlagegelder für eine Gesellschaft, die »ein äußerst vorteilhaftes Unternehmen gründen wird, wobei aber niemand weiß, worum es sich handelt«.

ANMERKUNG

Auch zu den heutigen Kryptowährungen gibt es unterschiedliche Meinungen, doch manche Finanzanalysten waren überzeugt, dass die Kryptoblase im Jahr 2021 platzen werde. Der Wert des Bitcoins und der anderen Kryptowährungen war seit Beginn dieses Jahres stark gestiegen, und bekannte Analysten sagten einen Absturz ähnlich wie 2018 voraus, als der MVIS CryptoCompare Digital Assets 10 Index (der auf seiner Internetseite beschrieben wird als »modifizierter, nach Kapitalisierung gewichteter Index, der die Performance der zehn bedeutendsten und liquidesten digitalen Assets abbildet«). Die Blase war noch nicht geplatzt, als dieses Buch in Druck ging, und es bleibt abzuwarten, was geschehen wird.

Wer an die Bedeutung von Recherche, Besonnenheit und den Wert von Finanzanalysen glaubt, wird die zahlreichen Spekulationsblasen der Vergangenheit als Beleg dafür nehmen, dass die Markteffizienzhypothese zumindest teilweise fehlerhaft ist. Gleichwohl sollte auch der aktuelle Preis einer Aktie oder eines anderen Vermögensgegenstands nicht unberücksichtigt bleiben. Es gibt Abermillionen Anleger, die durch ihre unterschiedlichen Bewertungen die Nachfrage nach Aktien bilden und formen. Der Markt als Ganzes weiß viel mehr als der Einzelne. Man bedenke stets, dass Menschenmassen auf irrationale, sogar verrückte Weise handeln können.

ZITAT

> *Ich kann die Bewegungen der Himmelskörper berechnen, aber nicht, wohin die verrückte Menge einen Börsenkurs treiben kann.*
>
> SIR ISAAC NEWTON (DER ZU DEN GROSSEN VERLIERERN DER SÜDSEEBLASE ZÄHLTE)

Anlageempfehlungen von berühmten Investoren

In seinem Buch *The Forever Portfolio* gibt der Autor und Anleger James Altucher den Lesern seine Empfehlungen in Bezug auf die Auswahl solider Aktien, die sich als Langfristanlage eignen. Wie viele talentierte Trader versteht es Altucher, die Dinge zu erkennen, die ihm (und auch jedem anderen) unmittelbar vor Augen stehen. Unter anderem empfiehlt er Anlegern, eher die weniger spektakulären Aktien zu kaufen, also Aktien, die nicht regelmäßig in den Finanzmedien auftauchen. Das mag als eine recht vereinfachte Herangehensweise an die Aktienauswahl erscheinen (und das ist es auch), doch die tiefere Botschaft lautet, dass sich die Anleger stets der Kräfte bewusst sein sollten, die hinter Angebot und Nachfrage stehen. Apple Inc. ist keineswegs ein schlechtes Investment, aber es ist eine derart bekannte Aktie mit einem so hohen Handelsvolumen, dass hier ständig Nachfrage entsteht durch Börsenneulinge und andere Marktteilnehmer.

Altucher empfiehlt, nach Schnäppchen Ausschau zu halten in den dunklen, weniger frequentierten Nischen des Aktienmarkts. Man betrachte zum Beispiel den kanadischen Automobilzulieferer Magna International. Auf dem Papier ist das eine eher langweilig erscheinende Firma, die Ersatzteile für Autos herstellt. Gleichwohl handelt es sich um ein stetig wachsendes, solides Unternehmen (Magna-Aktionäre haben im Jahr vor dem Erscheinen der Erstauflage dieses Buches 33,5 Prozent verdient und in den vorhergehenden fünf Jahren insgesamt 102 Prozent).

Altucher erwähnt Magna nicht explizit, doch er spricht das Unternehmen Barnes Group an, das Bauteile für Flugzeugmotoren und Eisenbahnen herstellt. Barnes ist eine weitere Aktie, die zwar nicht für viel Aufsehen sorgt, aber in der Vergangenheit kontinuierlich Gewinne für ihre Anleger generiert hat. Zudem hat Barnes Group mehr als 100 Prozent seines Wertes für die Investoren erwirtschaftet, seit Altucher *The Forever Portfolio* im Jahr 2008 herausbrachte.

Altuchers Lobeshymne auf »langweilige« Aktien soll nicht heißen, dass Sie es automatisch vermeiden sollten, in bekannte oder beliebte Aktien zu investieren. Wenn Sie sich besonders für die Aktien einer bestimmten Firma interessieren – vielleicht einer Firma, mit der Sie vertraut sind, deren Produkte Sie gern verwenden –, dann erwägen Sie durchaus einen Kauf der Aktie! Warum nicht? Wenn Sie ein echter Fan sind, werden Sie auch die nötigen Recherchen über das Unternehmen gerne durchführen. Sollten Sie sich dann zum Kauf entschließen, werden Sie auch gerne die aktuellen Firmenmeldungen verfolgen. Vielleicht besuchen Sie auch die Aktionärsversammlung der Firma. Der berühmte Investor und Fondsmanager Peter Lynch sagte: »Sie sollten wissen, was Sie besitzen und warum Sie es besitzen.« Lynch ist bekannt für seine eigenartige, aber vielleicht auch geniale Angewohnheit, Frauen beim Einkaufen zu beobachten und genau zu schauen, welche Reaktionen sie auf unterschiedliche Produkte und Verkaufsgeschäfte zeigen. Vielleicht aufgrund seiner aufmerksamen, beobachtenden Natur kaufte Lynch auch Aktien von Hanesbrands Inc., Dunkin Donuts und Walmart, lange bevor diese Marken allgemein bekannt wurden.

Die Investmentlegende Warren Buffett rät Anlegern, sich nur mit Aktien zu befassen, die sie lange zu halten bereit sind. »Wenn Sie nicht bereit sind, eine Aktie zehn Jahre zu halten, sollten Sie auch nicht darüber nachdenken, sie zehn Minuten lang zu besitzen.« Buffett bestätigt Lynch (oder vielleicht umgekehrt) durch seine Weigerung, in Unternehmen oder Branchen zu investieren, die er nicht versteht. In der Vergangenheit hat Buffett öfter behauptet, er verstehe die komplizierten Geschäftsmodelle von Technologiefirmen nicht und wies ihnen eine untergeordnete Rolle in seinem Firmenportfolio zu, doch im Lauf der Zeit begann er sich doch stärker für einige Technologieunternehmen zu interessieren, nachdem diese die Tragfähigkeit ihres Geschäftsmodells unter Beweis gestellt hatten. Altucher, der neben *The Forever Portolio* auch das Buch *Trade Like Warren Buffett* geschrieben hat, hat sich in seiner Anlagephilosophie anscheinend stark von Buffett inspirieren lassen, insbesondere in Bezug auf die Beibehaltung einer disziplinierten, langfristigen Schwerpunktsetzung. Altucher zitiert Buffett mit den Worten: »Wenn ein Unternehmen auch in zwanzig Jahren noch existieren wird, dann ist es möglicherweise jetzt ein guter Kauf.«

Sir John Templeton ist ein weiterer hochangesehener Investor, der berühmt ist für seine Fähigkeit, zu tiefen Kursen zu kaufen und zu hohen zu verkaufen. Der Ansatz, in Schwäche hinein zu kaufen und in Stärke zu verkaufen, den ich oft auch meinen Kunden ans Herz lege, geht auf Templeton zurück. Er fühlte sich stets zu Firmen und Ländern hingezogen, die, wie er es bezeichnete, an einem »Punkt des maximalen Pessimismus« angelangt waren. So war Templeton einer der Ersten, der nach dem Zweiten Weltkrieg in Japan investierte, und er gehörte auch zu den Ersten, die Mitte der 1980er-Jahre, rechtzeitig vor dem wirtschaftlichen Kollaps Japans, ihre japanischen Aktien verkauften.

Zu meinen Favoriten gehört auch Jeremy Siegel, Professor für Finanzwissenschaft an der Wharton School und Autor des hochgelobten Werkes *Stocks for the Long Run*. Auch er versteht es trefflich, die häufigen und oft katastrophalen Fehler, die Anleger begehen, zu benennen und zu analysieren. Laut Siegel »beeinflusst die Angst das menschliche Verhalten viel stärker als das eindrucksvolle Gewicht der historischen Evidenz«.

Die eigenen Investments im Auge behalten

Es besteht ein grundlegender Unterschied zwischen Investieren und Traden. Wenn Sie investieren, sind Sie langfristig ausgerichtet. Sie verfolgen bestimmte finanzielle Ziele wie etwa Ihre Altersvorsorge oder den Erwerb einer Immobilie. Wenn Sie Trading betreiben, versuchen Sie mit begrenztem Wissen über den Markt zu handeln, weil Sie glauben, etwas entdeckt zu haben, was andere nicht erkannt haben. Sie tätigen Transaktionen und erzielen Gewinne (oder erleiden Verluste) in rascher Folge, indem Sie kaufen und verkaufen, oft sogar am selben Tag. Trading hat etwas Spekulatives, während Investieren gewöhnlich mit einer etwas engeren Bindung des Anlegers an die Interessen des betreffenden Unternehmens einhergeht. Trader dagegen kaufen und verkaufen Aktien von Unternehmen, ohne viel über das Geschäft der Firma zu wissen, geschweige denn dessen Bilanz zu kennen. Ein Trader interessiert sich in erster Linie für die kurzfristigen Bewegungen einer Aktie.

ZITAT

> *Nur sehr selten hört man davon, dass jemand mit Markt-Timing über Jahre hinweg Gewinne erzielt hätte. Mir jedenfalls ist noch nie ein solches Genie untergekommen.*
>
> JACK BRENNAN

Das soll nicht heißen, dass Investoren nicht manchmal auch kurzfristig handeln würden. Das tun sie durchaus, aber sie tun es im Kontext einer angestrebten Asset Allocation oder als Reaktion auf makroökonomische Veränderungen. Die Herangehensweise eines Anlegers besteht darin, Wertpapiere zu kaufen und zu halten, oft so lange wie möglich. Anleger und Trader sind auf unterschiedlichen Wegen zu ihren Zielen unterwegs. Beide sind Turbulenzen und Unsicherheiten ausgesetzt, doch dies gilt in erster Linie für den Trader (Abb. 51).

Wir werden uns mit den Schwierigkeiten von Tradern in diesem Kapitel noch befassen. Für den Anleger ist die ständige Überwachung des Portfolios eine undankbare Aufgabe. Wenn Sie sich zu sehr von den kleinen Tagesschwankungen des Marktes oder auch den Veränderungen auf Monatsbasis beeinflussen lassen, werden Sie nur vom allgemeinen Hintergrundrauschen abgelenkt und bringen nicht viel zustande. Wenn Sie ein impulsives Temperament haben, vor allem wenn Sie Verluste nicht verkraften können, schaden Sie sich damit eher, als dass es Ihnen Nutzen bringt. Ein schwacher Tag am Markt kann Sie dann dazu verleiten, vorzeitig Investments aufzulösen, die eigentlich als längerfristige Positionen gedacht waren. Aktien steigen und fallen, bewegen sich bisweilen auch dramatisch in die eine oder die andere Richtung und legen oft eine hektische, aber bedeutungslose Aktivität an den Tag. Ein erfahrener, kompetenter Anleger schaut sich die Entwicklung seines Portfolios nur ein paarmal im Jahr an, nimmt sich aber die Zeit, die aktuelle Entwicklung seiner Investments zu überprüfen und, falls erforderlich, die Gewichtung der einzelnen Positionen anzupassen.

GRAFIK

Abb. 51

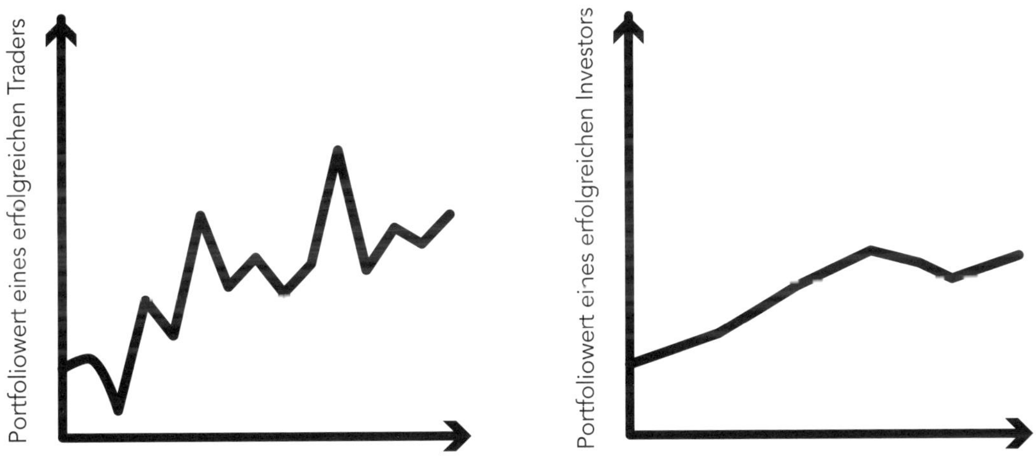

Diese Grafik vergleicht die Volatilität des Portfoliowerts (eines Investors und eines Traders) in einem Bullenmarkt

BEISPIEL

Nehmen wir an, Sie halten Aktien eines Pharmaunternehmens, die in den Himmel schießen und schließlich 50 Prozent des Gesamtwerts Ihres Portfolios ausmachen. Eine kluge Vorgehensweise wäre es, einen Teil dieser Aktien zu verkaufen und das Geld in andere Sektoren oder andere Anlageklassen zu reinvestieren. Dadurch sichern Sie Ihr Portfolio gegen heftige Rückschläge ab für den Fall, dass der Highflyer plötzlich wieder auf den Boden zurückgeholt werden sollte. Damit haben Sie die herausragende Performance dieser Pharmaaktie in ein ausgewogenes Portfolio integriert (und haben jetzt einen höheren Portfoliowert).

Sie müssen Ihr Portfolio sicherlich nicht jeden Tag neu ausbalancieren. Einmal im Jahr ist ausreichend, so lange es keinen schweren konjunkturellen Einbruch gibt. Im Falle eines solchen Abschwungs sollten Sie aber nicht nur ans Rebalancing denken, sondern Ihre Investments allgemein stärker auf die veränderte wirtschaftliche Situation ausrichten. In einer Aufschwungphase können Sie erwägen, einige Ihrer am besten gelaufenen Aktien oder Fonds zu verkaufen und das frei gewordene Geld in jene Anlagebereiche Ihres Portfolios zu stecken, die etwas zurück sind.

Manche Anleger lassen ihre Investments keinen Moment aus den Augen, schauen mehrmals täglich nach den Kursen, um keinen Anstieg oder Rückgang zu verpassen. Wenn Sie nicht ablassen können von der tagtäglichen Verfolgung der Kurse Ihrer Anlagen, ist das auch in Ordnung. Aber erwarten Sie nicht, dass Ihre übertriebene Aufmerksamkeit auch zu überdurchschnittlichen Ergebnissen führt. Sofern Sie nicht ein übermäßig talentierter Trader sind (kein Anleger), bringt Ihnen die kurzfristige, auf die Minutenebene bezogene Bewegung Ihrer Aktien und Fonds praktisch keine relevanten Informationen. Und am wichtigsten ist: Geraten Sie nicht in Panik und lassen Sie sich nicht zu übereilten Verkäufen verleiten, wenn der Markt nach unten geht. Dass Sie von Zeit zu Zeit erleben müssen, wie Sie Geld verlieren, ist der Preis, den Sie für Ihren Sitz in der ersten Reihe zahlen.

Auch wenn es vielleicht nichts einbringt, aber wenn Sie schon das Portfolio ständig mit Argusaugen beobachten, sollten Sie vielleicht auch gleich nach neuen Anlagemöglichkeiten Ausschau halten. Machen Sie es sich nicht zur Gewohnheit, immer wieder Ihre aktuellen Positionen zu verkaufen, um der nächsten großen Chance nachzulaufen, die um die Ecke kommt. Sondern legen Sie sich stattdessen eine Investment-Wunschliste an und nutzen Sie diese dazu, sich zu motivieren, Ihr Verrechnungskonto immer wieder durch Einzahlungen etwas aufzustocken. Insbesondere für langfristig ausgerichtete Anleger gilt: Regelmäßig Einzahlungen auf Ihr Investmentkonto zu leisten, ist eine der wichtigsten und einträglichsten Investmentstrategien, die man verfolgen kann.

Fundamentalanalyse und Technische Analyse von Aktien

In der Finanzwelt gibt es ein Konzept namens Due Diligence (»sorgfältige Prüfung« oder »im Verkehr gebotene Sorgfalt«). In Bezug auf Wertpapiere fand dieser Ansatz zunehmende Beachtung, als die US-Regierung und auch andere Staaten Firmen, die Wertpapiere an der Börse einführen, gewisse Offenlegungspflichten auferlegten. Durch den Securities Act von 1933 wurden in den USA Börsenmakler-Gesellschaften verpflichtet, mittels einer Due-Diligence-Prüfung spezifische Informationen über Wertpapiere zu recherchieren und diese bekannt zu machen, bevor das Papier in den öffentlichen Handel eingeführt werden durfte. Diese gesetzliche Vorschrift stellte sicher, dass keine Scheinfirmen über eine Brokerfirma an die Börse gehen und wertlose Aktien verkaufen konnten, ohne dass der Broker persönlich haftbar gemacht werden konnte. Nach diesem Gesetz aus dem Jahr 1933 sind Maklerfirmen, die keine solche Due-Diligence-Prüfung der Wertpapiere durchführen, deren Handel sie ermöglichen, oder diese Informationen nicht den Kunden zur Verfügung stellen, haftbar für Verluste, die Käufern entstehen.

Eine ähnliche Due-Diligence-Prüfung (wenngleich nicht gesetzlich vorgeschrieben) sollte vom Erwerber eines Wertpapiers durchgeführt werden – also von Ihnen. Bevor man sich für den Kauf einer Aktie oder eines anderen Wertpapiers entscheidet, ist man immer gut beraten, den zugrunde liegenden Vermögenswert oder Basiswert genauer unter die Lupe zu nehmen. Im Fall einer Aktie ist das Unternehmen, das diese Aktie emittiert hat, die Basis. Fundamentalanalyse ist die Bewertung der grundlegenden quantitativen und qualitativen Merkmale, welche die finanzielle Lebensfähigkeit dieser Basis eines Wertpapiers bestimmen. Technische Analyse kann man beschreiben als die Suche nach bestimmten Mustern und Trends eines Börsenkurses in einem bestimmten Zeitraum.

Die Due-Diligence-Prüfung, die man beim Kauf eines Fonds vornimmt, unterscheidet sich etwas von der Prüfung einer Aktie. Man kann sich einen ausführlichen Prospekt über den Fonds besorgen, der Informationen über den Inhalt des Fonds bietet, aber die meisten Anleger nehmen sich nicht die Zeit, diesen Prospekt zu lesen. In Bezug auf einen Fonds könnte die Due-Diligence-Prüfung auch so aussehen, dass man sich über das Fondsmanagement, über die Gebühren und sonstigen Kosten, die mit dem Fonds verbunden sind, informiert, prüft, ob der Fonds irgendwelchen Investmentbeschränkungen unterliegt, wie das Verhältnis zwischen Aktien und Anleihen ist und dergleichen.

Zur Sprache der Technischen Analysten gehören Ausdrücke wie »der Aktienkurs befindet sich in einer Seitwärtsbewegung« oder »die Aktie hat einen Widerstand erreicht«. Technische Analyse beruht auf Charts, Grafiken, Zahlen, Trends, Handelsvolumen und Wahrnehmung, während sich die Fundamentalanalyse mehr mit den finanziellen Kennzahlen beschäftigt – und unmittelbar und objektiv die finanzielle Verfassung eines Unternehmens oder eines anderen Basiswerts unter die Lupe nimmt.

Trader setzen im Unterschied zu Anlegern eher auf die Technische als auf die Fundamentalanalyse. Für einen Trader spielt es keine Rolle, ob der Aktienkurs eines Unternehmens gerechtfertigt ist oder nicht oder ob er nachhaltig ist oder nicht. Ihn interessiert, ob man vorhersagen kann, ob der Kurs der Aktie in einigen Tagen oder einigen Stunden steigen oder fallen wird. Gute Technische Analysten befassen sich mit der Geschichte. Sie achten auf Ausreißer im Handelsvolumen, die ein Hinweis darauf sind, dass ein großer institutioneller Investor tätig geworden ist, und sie wissen, wie der Aktienkurs in einem solchen Fall reagieren wird. Sie wissen auch, wann eine Aktie zu einer Erholung ansetzen kann, nachdem eine Marktkorrektur auch ihren Kurs vorübergehend nach unten gedrückt hat.

Trotz des Wertes einer guten Technischen Analyse ist die Fundamentalanalyse weniger abstrakt und leichter zu handhaben. Zudem ist die Herangehensweise für Investoren kostengünstiger als der Trading-Ansatz.

Mehr Trades bedeuten mehr Geschäftskosten in Form von Brokergebühren.

Betrachten wir nun die Grundlagen des Investierens im Hinblick auf die Fundamentalanalyse.

Corporate Governance

Zur Fundamentalanalyse gehört auch, dass man sich die Corporate Governance genau anschaut, ein Begriff, der sich auf die Art der Unternehmensführung und die Leistungsfähigkeit des Managements bezieht. Zur Struktur eines Unternehmens gehört in der Regel ein Leitungsteam, das sich zusammensetzt aus einem CEO (Chief Executive Officer), also der Firmenchef oder Vorstand, den Chief Financial Officers (CFO) oder Finanzvorständen, mehreren stellvertretenden Vorständen, den Chief Information Officer (CIO oder Vorstandssprecher) und weiteren Mitgliedern der obersten Führungsebene. Diese Führungskräfte sind Angestellte des Unternehmens und gehören dem Vorstand oder

Verwaltungsrat des Unternehmens an. Der Vorstand bzw. Verwaltungsrat hat gewöhnlich die Kompetenz, die Firmenpolitik festzulegen, an die sich das Management zu halten hat. Die Mitglieder des Vorstands werden bei Aktiengesellschaften des traditionellen europäischen Typs in der Regel vom Aufsichtsrat bestimmt, dessen Besetzung wiederum von den Aktionären festgelegt wird. Bei US-amerikanischen Aktiengesellschaften sowie europäischen Aktiengesellschaften neueren Typs (Societas europaea, kurz SE) bilden Vorstand und Aufsichtsrat in der Regel keine getrennten Gremien, sondern einen gemeinsamen Verwaltungsrat (Englisch: Board) an der Spitze des Unternehmens, auf dessen Besetzung die Aktionäre direkten Einfluss haben.

Bei der Überprüfung der Corporate Governance eines Unternehmens im Rahmen einer Fundamentalanalyse sollte man sich auch die Struktur und die Zusammensetzung der Führungsebene anschauen. Ihr sollten Manager angehören, die über einschlägige Qualifikationen und Erfahrungen verfügen. In den Richtlinien der Unternehmensleitung sollten Transparenz und Verantwortlichkeit sowie das Bekenntnis zur Wahrung der Interessen der Anteilseigner betont werden. Die Unternehmensziele sollten klar definiert und der Branche angemessen sein und die Möglichkeiten und Fähigkeiten des Unternehmens realistisch widerspiegeln. Jedes einzelne Ziel sollte mit einer praktischen, gut durchdachten Strategie unter klarer Betonung der Ergebniskontrolle verbunden werden.

Andere Unzulänglichkeiten oder Schwächen in der Corporate Governance sind schwieriger zu entdecken und zeigen sich erst, wenn es zu einer Krise kommt und der Kurs der Aktie bereits eingebrochen ist. Unzureichende Transparenz, schlechte Buchführung und mangelhafte Berichte, untätige Manager und schlechte Unternehmensführung – all dies kann dazu beitragen, dass sich eine unzureichende Corporate Governance in einer schlechten Kursentwicklung niederschlägt. Gleichwohl ist es sinnvoll, die Firma einer Prüfung zu unterziehen, auch wenn sich dadurch nicht alle Probleme entdecken lassen.

Jahresberichte und Bilanzen

Wer in ein börsengehandeltes Unternehmen investiert, hat auch Zugang zu den Finanzberichten der Firma, wie etwa den Bilanzen, den Steuererklärungen und der Gewinn- und Verlustrechnung. Zur Fundamentalanalyse eines Unternehmens gehört auch, diese Dokumente zu überprüfen, um die allgemeine finanzielle Situation der Firma einschätzen zu können. Unternehmen müssen jährlich einen umfassenden Finanzbericht vorlegen, der in den USA die Bezeichnung »10-K« trägt. Dieses Dokument enthält einen standardisierten Jahresabschlussbericht und weitere Angaben zur Entwicklung der Firma, zu Struktur und Gehalt der Vorstände und etwaigen Tochtergesellschaften. In Deutschland ist meistens vom »Geschäftsbericht« die Rede, der üblicherweise einen Lagebericht, die Gewinn- und Verlustrechnung sowie die Bilanz enthält.

Es gibt keinen klar definierten Standard für einen guten Finanzbericht. Am besten ist es, man liest und vergleicht die Berichte ähnlich großer Unternehmen in derselben Branche über einen gewissen Zeitraum.

Finanzberichte aus unterschiedlichen Branchen wie etwa Technologie, Einzelhandel und Gesundheitsversorgung sind unterschiedlich aufgemacht, und diese Berichte durchzuarbeiten, um einen Eindruck von den Eigenheiten der jeweiligen Branchen zu erhalten, kann sehr zeitaufwendig sein. Wenn Sie mit fundamentaler oder technischer Analyse beginnen, kann es hilfreich sein, sich auf einen bestimmten Sektor zu beschränken, für den Sie sich besonders interessieren. Informieren Sie sich über möglichst viele Firmen aus diesem Sektor. Lesen Sie Zeitungsartikel und Analystenberichte. Erwägen Sie, eine Börsenpublikation wie zum Beispiel *Value Line* zu abonnieren, die Ihnen zu einer Vielzahl von Wertpapieren umfassende Berichte und Kommentare liefert. Suchen Sie nach Kursmustern, die auf stetig steigende Umsätze und wachsende Gewinne hinweisen.

Achten Sie auch auf die Fremdkapitalquote (Debt-to-Asset Ratio) eines Unternehmens, die das Verhältnis zwischen den Verbindlichkeiten der Firma und dem durch Aktien repräsentierten Gesamtvermögen angibt. Eine weitere Kennziffer, die von Anlegern herangezogen wird, ist der Verschuldungsgrad (Debt-to-Equity Ratio) als Verhältnis des Fremdkapitals zum Eigenkapital, also die Forderungen von Kreditgebern an das Unternehmen im Verhältnis zum Stammkapital der Aktionäre.

Schulden sind ein allgegenwärtiges Phänomen in der Wirtschaft. Manche Branchen, wie etwa Versorger und Bergbau, weisen eine höhere Verschuldung auf, weil sie sehr kapitalintensiv sind.

Ausrüstung und Betriebsanlagen können in diesen Branchen sehr teuer sein und werden oft über Kredite finanziert. Andere Sektoren, wie etwa die Technologie, sind nicht annähernd so kapitalintensiv, sodass die entsprechenden Firmen auch weniger Schulden aufnehmen müssen. Je mehr sich eine Firma einem Verschuldungsgrad von 100 nähert, desto größer wird die Gefahr, dass sie schließlich mehr Schulden als Vermögenswerte hat. Schulden können in bestimmten Situationen ein Gegenwind sein, der die Umsätze und Erträge des Unternehmens beeinträchtigt. Unter anderen Umständen dagegen können Schulden Rückenwind bedeuten, wenn zum Beispiel ein verschuldetes Unternehmen Zugang zu Kapital hat, das es ihm ermöglicht, zum Beispiel Vertriebskampagnen zu starten, in Werbung zu investieren oder Betriebsgebäude zu erwerben.

Mit den Informationen aus den Finanzberichten können wir verschiedene Kennziffern berechnen, wie etwa die Fremdkapitalquote (Debt-to-Asset-Ratio) und den Verschuldungsgrad (Debt-to-Equity-Ratio). Als Faustregel kann man sagen, wenn die Fremdkapitalquote unter 0,5 liegt, befindet sich das Unternehmen in einer finanziell starken Position. Falls nötig, könnte das Unternehmen seine Vermögensgegenstände verkaufen und seine Schulden um mindestens das Zweifache abdecken. Das bedeutet gewöhnlich, dass das Risiko für die Anleger gering ist. Ein Unternehmen, das schon länger besteht und eine Strategie stetigen Wachstums verfolgt, hat wahrscheinlich eine relativ stabile Fremdkapitalquote. Man sollte jedoch ein Unternehmen nicht gleich deshalb aussortieren, weil es eine höhere Verschuldung hat. Eine Firma, die noch relativ jung ist oder auf rasche Expansion setzt, muss neue Schulden aufnehmen, und das ist in diesem Fall nicht unbedingt etwas Schlechtes. Es kann vielmehr dazu führen, dass die Aktie dieses Unternehmens mehrere Jahre lang kräftig steigt. Wenn ein Unternehmen, von dem Sie Aktien besitzen, Schulden aufnimmt, müssen Sie herauszufinden versuchen, ob die Firma diese Schulden auch verkraften kann. Hat das Unternehmen in der Vergangenheit schon ähnliche Kredite aufgenommen? War es in der Lage, seine Fremdkapitalquote zu reduzieren?

Schauen wir uns einmal die Bilanz einer fiktiven Firma namens WidgetCorp (WDGT) an.

ANMERKUNG

Eine Bilanz enthält immer Informationen über Vermögenswerte, Verbindlichkeiten und Eigenkapital. In Abb. 52 werden nur Vermögen und Verbindlichkeiten aufgeführt. Den Eigenkapital-Teil einer Bilanz besprechen wir, wenn wir uns mit dem Verschuldungsgrad befassen.

GRAFIK

Abb. 52

In Mio, US-Dollar	
Zahlungsmittel & Zahlungsmitteläquivalente	1.011,32 $
Kurzfristige Anlagen	3.753,74 $
Zahlungsmittel und kurzfristige Anlagen	4.765,06 $
Forderungen	833,03 $
Weitere Außenstände	–
Gesamtforderungen (Netto)	833,03 $
Gesamtbestandswert	–
Aktive Rechnungsabgrenzungen	194,21 $
Weiteres Umlaufvermögen	47,47 $
Gesamtumlaufvermögen	**5.839,77 $**
Gebäude/Ausrüstung, Gesamt (Brutto)	–
Kumulierte Abschreibung	–
Firmenwert (Netto)	5.406,47 $
Immaterielle Werte	414,40 $
Langfristige Anlagen	–
Sonstige Langfristanlagen	139,89 $
Gesamtaktiva	**12.697,25 $**
Verbindlichkeiten	88,02 $
Angefallene Kosten	691,27 $
Schuldwechsel/Kurzfristige Verbindlichkeiten	0,00 $
Langfristige Verbindlichkeiten/Finanzierungsleasing	–
Weitere kurzfristige Verbindlichkeiten	2.032,34 $
Kurzfristige Verbindlichkeiten insgesamt	**12.811,64 $**
Langfristige Verbindlichkeiten	1.892,20 $
Finanzierungsleasing	–
Langfristige Schulden insgesamt	1.892,20 $
GESAMTVERSCHULDUNG	**1.892,20 $**
Gestundete Ertragssteuern	217,66 $
Minderheitsbeteiligung	–
Weitere Verbindlichkeiten	350,92 $
GESAMTVERBINDLICHKEITEN	**5.272,41 $**

Der Wert der Gesamtaktiva von WidgetCorp beläuft sich auf 12,7 Milliarden Dollar. Ihre Gesamtverbindlichkeiten (Schulden) betragen 5,27 Milliarden Dollar. Falls Ihnen die Begriffe nicht ganz klar sind: »Kurzfristige Verbindlichkeiten« sind schlicht Schulden, die nach einem Jahr fällig werden, während andere Arten von Verbindlichkeiten erst später zur Rückzahlung anstehen. Wenn wir unsere Gesamtverbindlichkeiten (5,27 Mrd.) durch unsere Gesamtaktiva (12,7 Mrd.) dividieren, kommen wir auf eine Fremdkapitalquote (Debt-to-Asset-Ratio) von 0,415.

MERKE

Wenn ein Unternehmen in der Vergangenheit einen soliden Umgang mit Schulden an den Tag gelegt hat, können Schulden ein gutes Zeichen sein. Vielleicht versucht das Unternehmen, Kapital zu beschaffen für einen neuen und potenziell profitablen Geschäftszweig. Dann heißt es kaufen, kaufen, kaufen! Aber natürlich auf eigenes Risiko.

Aktienbesitzer sind im Grunde Firmenmitinhaber. Und wie jeder Firmeninhaber sollten sich auch Aktionäre der Risiken bewusst sein, denen das Geschäft ausgesetzt ist. Eine hilfreiche Kennziffer für die Bewertung des Geschäftsrisikos ist der Verschuldungsgrad (Debt-to-Equity-Ratio). Die Schuldenaufnahme durch ein Unternehmen ist ungefähr vergleichbar mit einem Spekulanten, der Aktien auf Kredit kauft (siehe Kapitel 7). Der zusätzlich verfügbare Kapitalbetrag kann der operativen Tätigkeit und den Investmentaktivitäten des Unternehmens mehr Durchschlagskraft verleihen (mehr Geld heißt, dass man mehr bewegen kann); doch wenn das Projekt schiefgeht, müssen dennoch die Kreditgeber und die Anleihegläubiger ausgezahlt werden, und die Aktionäre sind dann wahrscheinlich jene, die leer ausgehen. Das Verhältnis von Fremdkapital zu Eigenkapital wird gewöhnlich in den Übersichtsdaten zu einer Aktie an prominenter Stelle angegeben, doch man kann diese Kennziffern auch anhand der Firmenbilanz selbst errechnen. Wie bei der Fremdkapitalquote (Debt-to-Asset-Ratio) als Verhältnis zwischen Fremd- und Gesamtkapital gibt es auch in Bezug auf den optimalen Verschuldungsgrad (Debt-to-Equity-Ratio) als Verhältnis von Fremd- zu Eigenkapital große Unterschiede zwischen den Branchen. Im Allgemeinen aber geht man davon aus, dass er nicht über 2,0 liegen sollte.

GRAFIK

Abb. 53

In Millionen US-Dollar	
Rückkaufbare Vorzugsaktien	–
Vorzugsaktien, nicht rückkaufbar	0,00 $
Stammaktien	0,06 $
Kapitalrücklage	4.616,33 $
Gewinnrücklagen (Bilanzverlust)	8.114,52 $
Eigene Aktien – Stammaktien	-5.132,74 $
Gesamtbestand	-173,60 $
GESAMTWERT DES EIGENKAPITALS	**7.424,84 $**
Gesamtverbindlichkeiten & Eigenkapital	12.697,25 $
Ausgegebene Aktien – Stammaktienausgabe	–
AUSSTEHENDE STAMMAKTIEN INSGESAMT	**494,25 $**

Abbildung 53 ist der Eigenkapital-Abschnitt der Bilanz. Der Gesamtwert des Eigenkapitals der Firma beträgt 7,42 Milliarden US-Dollar. Nun müssen wir unseren Verschuldungsgrad errechnen. Aus Abbildung 52 wissen wir, dass sich unsere Gesamtverbindlichkeiten (kurz- und langfristige Schulden) auf 5,27 Milliarden US-Dollar belaufen. Anhand dieser Zahlen können wir errechnen, dass unsere Debt-to-Equity-Ratio 0,71 beträgt. Die Gläubiger des Unternehmens haben daher einen Anspruch von 71 Prozent auf jeden Dollar des Eigenkapitals, das von den Aktionären gehalten wird. Hier kommt das Konzept der Kapitalstruktur ins Spiel. Der Begriff Kapitalstruktur bezieht sich auf die Mechanismen, Beziehungen und Verträge, die ein Unternehmen aufbaut bzw. eingeht, um sein Kapital abzusichern. Abbildung 54 zeigt die Hierarchie einer Standard-Kapitalstruktur.

Gläubiger, die »Vorrangig besicherte Darlehen« gewährt haben, sind in einer weniger risikobehafteten Position als die anderen Kapitalgeber. Das Kapital, das diese Darlehensgeber der Firma leihen, ist mit Vermögenswerten des Unternehmens besichert. Wenn das Unternehmen zahlungsunfähig werden sollte, können diese Gläubiger Vermögenswerte der Firma pfänden und liquidieren. Im Fall einer Insolvenz haben diese besicherten Darlehen Vorrang vor den Ansprüchen der Anleihegläubiger, deren Anleihen nur noch zu einem Bruchteil zurückgezahlt werden, sofern die Anleger überhaupt noch etwas erhalten.

GRAFIK

Abb. 54

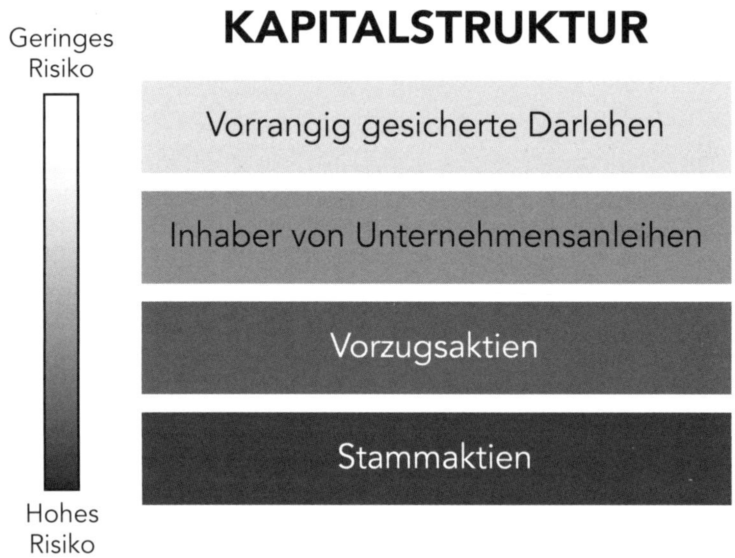

BEISPIEL

Ein Gläubiger, der einem REIT ein vorrangig besichertes Darlehen gewährt hat, hat einen Anspruch auf Immobilienbeteiligungen des REIT, falls dieser insolvent werden sollte.

Manche Anleger interessieren sich für Unternehmen, die stärker verschuldet sind, weil diese – vorausgesetzt, sie kommen regelmäßig ihren Zahlungsverpflichtungen nach, investieren in profitable neue Geschäftsfelder und bauen die Schulden kontinuierlich ab – im Lauf der Zeit höhere Erträge erwirtschaften werden. Viele konservative Anleger und Anleger, die hohe Dividenden wünschen, bevorzugen Unternehmen mit geringer Verschuldung oder ohne Schulden. Die erstgenannte Herangehensweise, das Investieren in Unternehmen mit höheren Schulden in der Hoffnung, dass diese Firmen auch überdurchschnittliche Erträge abwerfen werden, ist ein Beispiel für Growth Investing (Investieren in Wachstumsaktien). Wachstums-Anleger wollen in Firmen investieren, die mutig in neue, aussichtsreiche Geschäftsfelder vorstoßen. Wachstums-Investoren nehmen gern höhere Risiken in Kauf, wenn das höhere Gewinne bedeutet, und Unternehmen mit einem höheren Verschuldungsgrad gelten generell auch als riskanter.

Das Gegenteil des Growth Investing ist das Value Investing. Value-Investoren suchen nach einer guten Geldanlage in einer soliden Firma. Sie überprüfen Unternehmen, die unter fundamentalen Gesichtspunkten in Frage kommen, und interessieren sich besonders für Aktien, die unter ihrem Marktwert gehandelt werden. Wenn das Unternehmen schlechte oder enttäuschende Zahlen zur Umsatz- und Gewinnentwicklung veröffentlicht und der Aktienkurs dadurch vorübergehend (wie sie hoffen) nach unten gedrückt wird, werden Value-Investoren aktiv. Sie schauen sich die fundamentalen Kennziffern des Unternehmens an, und wenn sie feststellen, dass die aktuellen schlechten Zahlen nur ein Ausreißer nach unten sind, ansonsten aber bei der Firma weiter alles in Ordnung ist, steigen sie ein. Value-Investoren wollen, dass die Gewinne des Unternehmens an die Anleger weitergegeben werden. Sie bevorzugen daher Aktien mit einer höheren Dividendenrendite und sind weniger begeistert von Firmen, die einen Großteil ihrer Erträge zur Rückzahlung von Schulden nutzen.

In einer über mehrere Jahre angelegten Studie von Fama/French (auf die ich später noch einmal eingehen werde) wurden die Erträge von Wachstumsaktien mit jenen von

Abb. 55

VALUE VS. WACHSTUMSAKTIEN LAUT FAMA/FRENCH	
BEURTEILUNGS-ZEITRAUM	**VALUE-AKTIEN ÜBERTREFFEN WACHSTUMSAKTIEN**
1 Jahr	61 % der Zeit
5 Jahre	77 % der Zeit
10 Jahre	88 % der Zeit
15 Jahre	97 % der Zeit

Value-Aktien verglichen. An dieser Stelle Sehen Sie noch einmal die dazugehörige Abbildung, die wir bereits in Kapitel 5 gebracht haben (Abb.55).

Beta, Alpha und Smart Beta

In der Finanzwelt herrscht große Uneinigkeit darüber, was »Smart Beta« eigentlich bedeutet und welche Anlagestrategie damit zu verbinden ist, doch der Begriff hat in jüngster Zeit gewisse Beachtung gefunden, und ich halte es daher für angebracht, kurz darauf einzugehen. Es ist ein interessanter Ansatz, den Sie zumindest kennen sollten.

Betrachten wir zunächst, was »Beta« bedeutet. Beta ist eine Messgroße für die Schwankungsbreite einer Aktie im Verhältnis zum Gesamtmarkt. Wenn eine Aktie ein hohes Beta hat, gilt sie als riskanter als eine Aktie mit niedrigem Beta.

Bezogen auf Indizes wie den S&P 500 beträgt der Beta-Wert des Aktienmarkts 1. Wenn eine Aktie also einen Beta-Wert von 1 aufweist, ist ihr Risiko ebenso groß wie jenes des Gesamtmarkts. Ein Beta über 1,0 zeigt an, dass die Aktie volatiler ist als der Gesamtmarkt, ein Beta unter 1,0 weist darauf hin, dass die Aktie weniger stark schwankt als der Gesamtmarkt. Größere Unternehmen mit gut prognostizierbaren Erträgen und Dividenden haben niedrigere Beta-Werte als kleinere, weniger etablierte Firmen. Spaßeshalber möchte ich erwähnen, dass das fünfjährige Durchschnitts-Beta von Walmart 0,47 beträgt, von Target 0,00, von Amazon 1,15 und von Uber 1,55. Es gibt aber auch Firmen mit einem Beta von 4,0 und mehr, was auf ein hohes Maß an Volatilität hinweist.

Auch das »Alpha« kann man heranziehen bei der Suche nach Anlagemöglichkeiten, insbesondere bei Publikumsfonds. Alpha ist ein Maßstab für die Fähigkeit von Fondsmanagern, einen bestimmten Marktindex zu schlagen. Hierbei wird die Differenz zwischen dem tatsächlichen Ertrag eines Portfolios und dessen erwarteter Performance berechnet. Ein Investmentfonds, der in einem Jahr um 9 Prozent steigt, während der S&P 500 in diesem Zeitraum nur um 5 Prozent zulegt, weist ein hohes Alpha auf. Wenn der Wert des Fonds um 9 Prozent wächst, der S&P 500 aber um 15 Prozent anzieht, hat der Fonds ein niedriges Alpha. Der Bezugspunkt für das Alpha ist 0, was darauf verweist, dass sich der Wert des Investments genauso entwickelt hat wie der Index, der zum Vergleich herangezogen wird.

Smart Beta ist ein Ansatz zur Bewertung von Indexfonds und wurde 1952 von dem Ökonomen Harry Markowitz im Rahmen seiner Modernen Portfoliotheorie (MPT) entwickelt. Die MPT ist eine Strategie der Asset Allocation, die anhand von Begriffen wie Risiko, Ertrag und Korrelation die beste Anlagemischung für ein Portfolio ermittelt, um es möglichst risikoresilient zu gestalten.

Ein Smart-Beta-Portfolio kombiniert aktive und passive Investmentstrategien. Eine aktive Strategie ist mit häufigen Umschichtungen der Portfolio-Positionen verbunden, während bei einem passiven Ansatz Investments geprüft und nach einem Kauf oft für längere Zeit gehalten werden. Durch die Verbindung dieser beiden Ansätze nutzt Smart Beta die Vorteile bestimmter Performance-Faktoren (wie zum Beispiel die Tatsache, dass sich Aktien langfristig besser entwickeln als Anleihen oder dass Value-Aktien Wachstumswerte auf längere Sicht schlagen), um dadurch den Index, der als Benchmark (Vergleichsmaßstab) dient, zu übertreffen.

Das Ziel von Smart-Beta-Investmentfonds und ETFs besteht darin, eine hohe Rendite bei reduziertem Risiko zu erzielen und zugleich eine gewisse Diversifizierung des Portfolios sicherzustellen. Es gibt Hunderte von Fonds, die nach dem Smart-Beta-Prinzip arbeiten und von Fondsgesellschaften wie Vanguard, Guggenheim und iShares angeboten werden.

Weitere Methoden zur Begründung von Anlageentscheidungen

Neben den Kennzahlen, die in diesem Kapitel und diesem Buch insgesamt behandelt werden, gibt es eine Vielzahl weiterer Verhältnisgrößen und Bewertungsmethoden, die bei Investmententscheidungen herangezogen werden können. Wir könnten eine ganze Enzyklopädie füllen mit den vielfältigen Verwendungsmöglichkeiten dieser Hilfsmittel, und wenn Sie sich ernsthaft der Geldanlage widmen, werden Sie dabei zweifellos immer mehr lernen. Betrachten wir zunächst ein paar wichtige Kennzahlen, auf die Sie im Laufe ihrer Anlegerkarriere stoßen werden:

- Kurs-Buchwert-Verhältnis (KBV) oder Price-to-Book-Ratio (P/B): Das KBV ist eine substanzorientierte Kennzahl zur Beurteilung der Börsenbewertung einer Aktiengesellschaft. Dabei wird der Kurs einer Aktie durch den Wert ihrer Vermögensgegenstände dividiert. Man spricht von Buchwerten, weil Vermögensgegenstände wie Ausrüstung, Investments und Immobilien in den Rechnungsbüchern eines Unternehmens verzeichnet sind. Ein niedriges KBV wird von Value-Investoren bevorzugt, während Wachstumsinvestoren auch ein höheres KBV tolerieren.

- Price/Earnings to Growth (PEG): Das PEG-Ratio oder Kurs-Gewinn-Wachstums-Verhältnis (KGWV) setzt das Kurs-Gewinn-Verhältnis (KGV) in Relation zum Gewinnwachstum des Unternehmens in einem bestimmten Zeitraum. Diese Vergleichsgröße soll es Anlegern ermöglichen, Wachstumstrends mit Gewinntrends abzugleichen. Je niedriger das PEG ist, umso wertvoller ist die Aktie.

- Free Cash Flow (FCF): Der freie Cashflow beschreibt die liquiden Mittel, die einem Unternehmen nach Abzug aller Ausgaben zur Verfügung stehen. Diese verfügbare Liquidität kann zur Ausschüttung von Dividenden an die Aktionäre, zur Rückzahlung von Schulden, zum Rückkauf eigener Aktien oder zur Erweiterung der Geschäftsaktivitäten genutzt werden. Ein Unternehmen mit einem hohen freien Cashflow kann flexibler sein, doch eine Firma mit niedrigem oder sogar negativem Cashflow ist nicht notwendigerweise zum Untergang verurteilt. Auch sie kann größere Investitionen vornehmen.

Um sich mit diesen und anderen Kennziffern vertraut zu machen, suchen Sie sich am besten ein Marktsegment aus, das Sie besonders interessiert. Untersuchen Sie, wie Kapital, Schulden, Cash und andere Faktoren in diesem bestimmten Sektor gehandhabt werden. Schauen Sie sich an, wie sich der Wettbewerb der Unternehmen in diesem Sektor gestaltet und vergleichen Sie ihre finanziellen Kennzahlen. Berücksichtigen Sie dabei auch branchenbezogene oder allgemeine wirtschaftliche Meldungen, welche die Aktienkurse beeinflussen können.

MEIN TIPP

Ich suche mir gern Value-Aktien mit einem KGV, das niedriger ist als jenes vergleichbarer Aktien. Wenn ich eine Aktie finde, deren KGV unter jenem der Mitbewerber liegt, schaue ich mir als nächstes die Dividendenrendite an. Die Dividendenrendite ist bei unterbewerteten Aktien häufig etwas höher, weil ein größerer Teil der liquiden Mittel der Firma an die Aktionäre ausgeschüttet wird. Das betrachte ich als Hinweis darauf, dass diese Value-Aktie möglicherweise eine Kaufchance darstellen kann.

Die Bedeutung der Geduld bei der Langfristanlage

Einen Verlust zu realisieren, ist eine der wichtigsten Erfahrungen, die man als Börsenneuling machen muss. Sie kaufen eine Aktie, und diese verliert anschließend kontinuierlich an Wert. Das ist eine wichtige Erfahrung, weil Sie auf Ihrem Weg zum Erfolg noch viele Verluste erleiden werden. Größere Anlageerfolge sind nicht möglich, wenn Sie zu viel Angst davor haben, Fehler zu machen. Sogar Warren Buffett erleidet hin und wieder Verluste. Das ist unvermeidlich.

Wir haben bereits erwähnt, dass die ständige Überwachung des Portfolios Ihr Wohlbefinden beeinträchtigen kann. Die Bewegungen eines Tages, einer Woche oder auch einiger Monate spielen bei der Langfristanlage keine große Rolle. Vertrauen Sie in Ihre Investments und geben Sie ihnen die Zeit, die sie brauchen, um für Sie zu arbeiten. Wenn Sie sehr reaktionsfreudig sind und Aktien beim ersten Anzeichen von Schwierigkeiten verkaufen, zahlen Sie am Ende zu viele Gebühren und Provisionen und opfern die Chancen auf langfristige Gewinne. Schlimmer noch, Sie werden bald eine neue Möglichkeit finden, sich verrückt zu machen, wenn Sie die Aktie, die Sie zu früh verkauft haben, weiterverfolgen und mitansehen müssen, wie sie die Verluste wieder wettmacht und langfristig neue Höhen erklimmt.

Egal wie viele Erfahrungen Sie als Anleger schon gesammelt haben, Sie müssen sich stets bemühen, Geduld und Disziplin aufzubringen und zu akzeptieren, was Ihnen der Markt gibt oder nimmt. Wenn Sie Ihren ersten Verlust realisiert haben, auf Bargeld sitzen und darauf warten, dass sich eine neue vielversprechende Chance auftut, sollten Sie sich bewusst machen, dass Sie niemals ein perfekter Anleger sein werden. Perfektion ist unmöglich, doch Kompetenz ist erreichbar.

Wenn Sie mit Aktien handeln wollen, ist es wichtig, sich Regeln zu geben, die das eigene Verhalten insbesondere in Rückschlagphasen leiten. Kapitalerhalt ist von großer Bedeutung. Legen Sie also fest, wie hoch ein Verlust maximal sein darf, und halten Sie sich auch daran. So kann für manche Anleger zum Beispiel ein Maximalverlust von 10 Prozent eine angemessene Marke sein; wenn Sie also 1.000 Dollar in eine Aktie investieren und der Wert Ihrer Position sinkt auf 900 Dollar (-10 Prozent), dann sollten Sie den Verlust begrenzen und die Position auflösen.

Mit dieser Taktik der Verlustbegrenzung können Sie auch Ihre Gewinne absichern. Wenn Ihr 1.000-Dollar-Investment auf 1.500 Dollar steigt, können Sie die 10-Prozent-Schwelle zur Verlustbegrenzung nachziehen; wenn das Investment dann auf 1.350 Dollar fällt, verkaufen Sie und sichern sich 350 Dollar Gewinn.

MERKE

Stop-Loss-Orders (Kapitel 2) können auch genutzt werden, um automatisch aus einer Position auszusteigen, wenn deren Wert auf einen vorher festgelegten Betrag fällt.

Die Festlegung eines Maximalverlusts von 10 Prozent ist nur ein Beispiel für eine Regel, die Sie für sich selbst aufstellen können, um an der Börse diszipliniert zu agieren. Welche Regeln Sie auch immer festlegen, sie sollten zu Ihrem Anlageplan und zu Ihren Anlagezielen passen. Bemühen Sie sich, diszipliniert zu investieren, und lassen Sie nicht zu, dass sich emotionale Bindungen an Ihre Investments entwickeln. Statt sich emotional einer bestimmten Investmentposition zu verschreiben, sollten Sie beständiges finanzielles Wohlergehen für sich selbst und Ihre Familie anstreben.

Kapitelzusammenfassung

- Es gibt eine Fülle von Kennzahlen und Vergleichsgrößen, die bei der Aktienauswahl für Anleger hilfreich sein können.
- Faktoren wie Zinssätze, politische Stabilität, Beschäftigung und Steuern können die Aktienkurse beeinflussen.
- Investments in ausländische Aktien und Werte aus Schwellenländern können einen Beitrag leisten zum Aufbau eines gesunden, gegen Risiken widerstandsfähigen und diversifizierten Portfolios.
- Die Fundamentalanalyse bewertet die Stärke des zugrunde liegenden Vermögenswerts, während sich die Technische Analyse auf jene Faktoren konzentriert, die sich unmittelbar in den Kursbewegungen niederschlagen.
- Kennzahlen wie die Fremdkapitalquote (Debt-to-Asset-Ratio) können Investoren helfen, das Anlagerisiko besser einzuschätzen.
- Wachstumsinvestoren sind bereit, für höhere Gewinne auch mehr Risiko in Kauf zu nehmen, während Value-Investoren Unternehmen mit starken Fundamentaldaten bevorzugen, die stetige, verlässliche Erträge bringen.

| 10 |
Einen Investmentdienstleister auswählen

Kapitelüberblick

- Anlageberater – Gebühren und Referenzen
- Online-Anlageberater
- Robo-Advisors
- Börsen-Apps

ZITAT

> *Durch Planung zieht man die Zukunft in die Gegenwart vor, damit man jetzt etwas dafür tun kann*
>
> ALAN LAKEIN

Ich halte es für sinnvoll, es nicht auf eigene Faust zu versuchen, wenn man als Börsenneuling in die Geldanlage einsteigen will, insbesondere wenn es um größere Anlagebeträge geht. Es gibt eine Menge Bücher, Blogs und TV-Persönlichkeiten, die Anlegern einzureden versuchen, dass diese, wenn sie ihre tollen, einzigartigen Empfehlungen und Ratschläge beherzigen, keine Anlage- oder Finanzberater mehr benötigen. Diese Botschaft verfängt oft, weil viele Menschen von Natur aus skeptisch sind, welchen Nutzen ein Finanzberater bieten könnte. »Warum soll ich dafür Geld ausgeben?«, fragen sie. »Ich hätte mehr Geld verdient, wenn ich alles in diese Minenaktie gesteckt hätte, die ich letztes Jahr entdeckt habe.« Vielleicht wäre das tatsächlich der Fall gewesen, aber das heißt nicht, dass dies zum damaligen Zeitpunkt ein kluges oder vernünftiges Investment gewesen wäre.

Die Finanzdienstleistungsbranche hat eine Vielzahl von Produkten und Dienstleistungen im Angebot und verspricht, Anlegern Hilfestellung zu bieten und mit Rat und Tat zur Seite zu stehen, und es stimmt auch, dass viele dieser Angebote überteuert und nur begrenzt nutzbringend sind. Gleichwohl kann die richtige Unterstützung zur richtigen Zeit von der richtigen Seite einen großen Unterschied für Ihr Portfolio und für Ihre allgemeine Einstellung zum Markt ausmachen.

Es ist eine interessante Zeit für die Finanzbranche. Immer öfter hören wir von Robo-Advisors, digitalen Anlagehelfern, die auf der Grundlage von algorithmen-basierten Systemen automatische Empfehlungen zur Geldanlage geben, und von anderen Finanzmanagement-Anbietern, die deutlich kostengünstiger sind als herkömmliche Vermögensberater. Bedeutet das, dass die klassische Finanzberatung überholt ist? Ist es für mich an der Zeit, nach 35 Jahren Berufserfahrung in der Branche nun allmählich Schluss zu machen?

Aus vielerlei Gründen – von denen ich einige in diesem Kapitel darlegen werde – glaube ich, dass die Antwort Nein lautet. Obwohl für manche Anleger Robo-Advisors durchaus nützlich sein können, werden andere weiterhin Wert auf menschliche Beratung legen, insbesondere wenn heftige Marktschwankungen auftreten und die Anleger einen Berater und Begleiter suchen, dem sie vertrauen können. Wie sich herausstellt, können gewisse Feinheiten, Unsicherheiten und Anomalien, die bei der Finanzplanung auftreten, nicht durch genormte Empfehlungen abgedeckt und berücksichtigt werden, die aus einem allgemeinen Fragebogen zur Risikotoleranz abgeleitet sind.

Für welche Art von Investmentberatung Sie sich entscheiden, hängt von einer Vielzahl von Faktoren ab, unter anderem auch von folgenden Fragen:

- der Höhe des Betrags, der angelegt werden soll
- der Frage, ob Sie eher kurz- oder langfristige Gewinne anstreben
- der Frage, wie häufig Sie handeln möchten und sich auch in anderer Weise mit Ihren Investmentaktivitäten beschäftigen wollen
- dem Risikoniveau, mit dem Sie sich wohlfühlen
- Ihrer steuerlichen Situation
- Ihrem Emotionalen Quotienten (EQ) oder Ihrem Maß an emotionaler Intelligenz, die ebenfalls einen Faktor bei der Geldanlage darstellt

Viele dieser Faktoren hängen damit zusammen, in welcher Lebensphase Sie sich befinden. Wenn Sie in den Zwanzigern, Dreißigern oder Vierzigern sind, in die staatlichen Alterssicherungssysteme einzahlen und Ihre Ausgaben im Blick behalten und Ihre Steuern zahlen, mag es durchaus in Ordnung sein, wenn Sie Ihre Investments selbst verwalten. Mit der erforderlichen Recherche und dem richtigen Marktverständnis werden Sie mit Ihren Anlagen wahrscheinlich durchaus erfolgreich sein, sofern es sich nicht um besonders große Summen handelt oder andere besondere Umstände vorliegen.

Doch es gibt Zeiten, in denen selbst eingefleischte Do-it-yourself-Enthusiasten professionelle Hilfe brauchen können. Das ist normalerweise der Fall, wenn Menschen, die noch zehn Jahre oder weniger zum Eintritt in den Ruhestand haben, einen Gesamtüberblick über ihre finanzielle Situation bekommen möchten. Ein professioneller Finanzberater kann hilfreich sein bei Fragen wie etwa der langfristigen Steuerplanung, dem Umgang mit Immobilien, einem regelmäßigen Einkommen im Ruhestand, der Abdeckung der Gesundheitskosten und der Anlageplanung – alles wichtige Aufgaben, welche die Fähigkeiten vieler Menschen überfordern. Ein weiterer Vorzug eines professionellen Beraters besteht darin, dass er seinen Klienten helfen kann, keine emotionalen Bindungen zu Investments aufzubauen, und Ängste entkräften kann, die bei heftigen Markteinbrüchen viele Anleger dazu veranlassen, zum ungünstigsten Zeitpunkt Aktien zu verkaufen, wodurch manchmal ihre Portfolios und ihre Ruhestandsplanungen völlig über den Haufen geworfen werden. In Kapitel 8 haben wir uns bereits mit der Anlagepsychologie und dem Forschungsgebiet der Behavioral Finance beschäftigt. In diesem Kapitel wollen wir nun einige Wege ausleuchten, die bei der Auswahl eines guten Anlagedienstleisters zur Verfügung stehen.

Einen Finanzberater finden

Einen sachkundigen und vertrauenswürdigen Finanzberater zu finden, ist nicht leicht. Sie suchen jemanden, dem Sie vertrauen können und jemanden, dessen Persönlichkeit, Werte und Philosophie Sie bei sich selber wiederfinden. In Deutschland gibt es zudem deutlich weniger freie Finanzberater als in den USA; das Geschäft ist zu einem großen Teil in der Hand von Banken und deren Vermögensverwaltungen sowie Strukturvertrieben. Die meisten haben sich auf eine sehr wohlhabende Klientel spezialisiert – und die wenigsten bieten eine Rundumbetreuung an, die gleichermaßen Wertpapiere, Immobilien, Versicherungen und Steuern abdeckt.

Beachten Sie, dass Finanzberater ihre Vergütungsstrukturen gegenüber den Kunden offenlegen müssen. Wenn ein möglicherweise in Frage kommender Berater dies nicht von sich aus tut, fragen Sie ruhig danach. Viele Berater und Vermittler berechnen ihre Vergütung nach dem Handelsvolumen. Je mehr Sie, der Kunde, an der Börse kaufen und verkaufen, umso mehr Geld verdient der Vermittler an Ihnen. Manche Berater arbeiten auf der Basis eines Stundensatzes statt einer Provision. Andere erheben Gebühren, die nach einem festen Prozentsatz der verwalteten Vermögenswerte berechnet werden. Es gibt keine besseren oder schlechteren Arten einer Vergütung, sofern fair und transparent abgerechnet wird. Am wichtigsten ist es, jemanden zu finden, dem Sie Vertrauen entgegenbringen können, der Kompetenz vermittelt und dem Sie zutrauen können, dass er in Ihrem besten Interesse handelt.

Betrachten wir nun die Berufsbezeichnungen in der Branche und die Zertifikate etwas näher, auf die Sie bei der Suche nach dem idealen Berater stoßen werden. Die folgenden Angaben beziehen sich auf die Verhältnisse in den USA; Hinweise zum deutschen Markt finden Sie im Abschnitt »Anlage- und Vermögensberatung auf dem deutschen Markt«.

Anlageberater

Die Bezeichnung »Anlageberater« (Investment Advisor) wurde von der US-Regierung nach den finanziellen Turbulenzen der 1930er-Jahre geschaffen. In dieser Zeit wurde eine Reihe von Gesetzen verabschiedet, darunter auch der Investment Advisors Act von 1940. Diese Gesetze führten zur Schaffung der Securities and Exchange Commission (SEC), der US-amerikanischen Börsenaufsicht, die es der US-Bundesregierung ermöglichte, die Finanzbranche zu überwachen und zu regulieren. Gemäß dem Investment Advisors Act mussten sich Anlageberater bei der SEC registrieren lassen und ihre persönlichen Vermögenswerte offenlegen. Nach dieser Registrierung durften sie den Titel »Registered Investment Advisor« (RIA) führen.

RIA (gewöhnlich als »Investment Advisor« bezeichnet) vermeiden Interessenkonflikte häufig dadurch, dass sie eine standardisierte Pauschalgebühr erheben und vielleicht zusätzlich noch eine Provision, die auf den Wertzuwachs der von ihnen verwalteten Anlagen bezogen ist. Anlageberater (Investment Advisors) erhalten oft auch Handlungsvollmacht für die Konten, die sie verwalten, was bedeutet, dass sie befugt sind, Anlagepositionen zu kaufen oder zu verkaufen, ohne jedes Mal die Erlaubnis der Kontoinhaber einholen zu müssen. Diese Vollmachten müssen schriftlich festgelegt und vom Kunden explizit bestätigt werden.

Certified Financial Planner (CFP®)

In den USA ist neben all den komischen Buchstaben, die nach dem Namen eines Finanzberaters erscheinen, die Abkürzung CFP® aus mehreren Gründen die bedeutendste, wie das *Wall Street Journal* festgestellt hat. Das Certified Financial Planner Board of Standards Inc. wurde 1985 als gemeinnützige Organisation gegründet. Sie setzte sich zum Ziel, Informationen und Wissen über die Finanzbranche zusammenzustellen und der Öffentlichkeit zuverlässige Instrumente an die Hand zu geben, die es ihr ermöglichen, die

Angebote von Finanzberatern zu prüfen und zu bewerten. CFP müssen zumindest einen Bachelor-Abschluss besitzen, eine anspruchsvolle zweitägige Prüfung über vielfältige Themen der Finanzplanung absolvieren und mindestens eine dreijährige Berufspraxis in einem mit dem Finanzwesen in Zusammenhang stehenden Bereich vorweisen. Eine Zulassungsvoraussetzung ist zudem, dass sie eine Reihe von Kursen absolviert haben, die vom CFP® Board of Standards verlangt werden. CFP-Berater, die gegen ihre »treuhänderische Verantwortung« gegenüber ihren Kunden verstoßen, werden von der Organisation disziplinarrechtlich belangt. (Die treuhänderische Verantwortung der CFP-Berater ist eine gesetzliche Verpflichtung, Investmententscheidungen zu empfehlen – und auch zu tätigen, wenn sie dazu ermächtigt sind –, die im besten Interesse des Kunden liegen, und zwar unter Berücksichtigung der Umstände und rationaler Anlageziele.) Die Organisation stellt darüber hinaus sicher, dass sämtliche disziplinarischen Vorgänge in der Vergangenheit öffentlich eingesehen werden können.

Die Web-Domain »LetsMakeAPlan.org« wird vom CFP® Board of Standards als Verzeichnis verwendet. Über eine Suchfunktion lässt sich nach Informationen über CFP-Berater in einer bestimmten Region suchen, aber auch nach Spezialgebieten von Beratern und geforderten Mindestanlagesummen.

Fragen, die man einem potenziellen Finanzberater stellen kann:

- Welche Art von Dienstleistungen bieten Sie an?
- Sind Sie treuhänderisch tätig?
- Wie sieht Ihre Vergütungsstruktur aus?
- Wie viel muss ich für Ihre Dienste bezahlen?
- Mit welcher Art von Kunden arbeiten Sie gewöhnlich?
- Auf welchem Weg und wie oft setzen Sie sich mit mir in Verbindung?

Vertrauen ist gut, aber auch Kontrolle kann nicht schaden. Wenn Ihr potenzieller Berater als CFP®-Mitglied auftritt, überprüfen Sie die betreffende Person über die Internetseite des CFP® Board of Standards. Falls es Verstöße gegen die CFP®-Richtlinien gegeben haben sollte, werden diese hier ebenso aufgeführt sein wie auf der Seite BrokerCheck.Finra.org.

ANMERKUNG

FINRA steht für Financial Industry Regulatory Authority. Die FINRA ist in den USA die Genehmigungsbehörde, die für die Beaufsichtigung von Personen zuständig ist, die in der Wertpapierbranche tätig sind und von der Börsenaufsicht SEC dazu autorisiert worden. Sie ist die größte sich selbst regulierende Institution (SRO) in der US-amerikanischen Finanzbranche.

Sie haben auch das Recht, sich bei Ihrem potenziellen Finanzberater nach seinem ethischen Verhaltenskodex zu erkundigen. Dieser Verhaltenskodex sollte auch die treuhänderische Verantwortung beinhalten, die der Berater übernimmt und die ihn verpflichtet, sich nach bestem Wissen für die Interessen des Kunden einzusetzen. »Treuhänderisch« ist einer der beiden Hauptstandards der Verantwortlichkeit auf dem Gebiet der Finanzberatung. Der zweite Standard ist die »Tauglichkeit«. Finanzberater, die sich dazu bekennen, sind verpflichtet, ihre Anlageempfehlungen danach auszuwählen, dass sie zu Ihrer Situation und Ihren Anlagezielen passen, wobei sie aber nicht, wie beim treuhänderischen Standard, auch in Ihrem besten Interesse liegen müssen. Alle RIA- und CFP-Berater sind dem treuhänderischen Standard verpflichtet.

MEIN TIPP

Ich kann nicht oft genug betonen, wie wichtig es ist, dass ein Finanzberater zu treuhänderischer Verantwortlichkeit gegenüber seinen Kunden verpflichtet ist. RIA- und CFP-Berater sind von Gesetzes wegen an eine Treuepflicht und eine Sorgfaltspflicht gebunden sowie an eine Pflicht, Kundenanweisungen zu befolgen. Ein Berater, der sich nicht an diese rechtlichen Vorgaben hält, muss mit dem Entzug seiner Lizenz rechnen.

Finanzberater bieten unterschiedliche Arten von Dienstleistungen an. Wenn Sie keine Unterstützung bei der Auswahl von Investments benötigen, aber andere Finanzdienstleistungen (Versicherungen, Steuerberatung, Beratung bei Immobilienkauf, Ruhestandsplanung, Unternehmensplanung), erleichtern Sie sich das Leben ungemein, wenn Sie sich einen qualifizierten, verantwortungsbewussten Finanzplaner suchen, dem Sie vertrauen können. Falls Sie Unterstützung auf verschiedenen Gebieten benötigen – vielleicht bei Geldanlage und Versicherungen –, sollten Sie einen Berater bevorzugen, der mit mehreren Anbietern zusammenarbeitet und von diesen jeweils transaktionsbezogene Vergütungen erhält. Dies ermöglicht es dem Berater, unterschiedliche Investmentprodukte anzubieten, was auch dem Kunden zum Vorteil gereichen kann.

Als unabhängiger CFP®-Berater finde ich es sehr angenehm, dass ich aus Hunderten von Firmen und Anbietern wählen kann, wenn ich Produkte suche, die für die Bedürfnisse meiner Kunden am besten geeignet sind, sei es, dass in erster Linie anlagebezogene Lösungen gesucht werden oder andere Finanzdienstleistungen benötigt werden wie Versicherungen, Unternehmens- oder steuerliche Beratung oder Beratung beim Immobilienerwerb. Diese Breite der Auswahl- und Kombinationsmöglichkeiten im Hinblick auf die Bedienung der Wünsche und Bedürfnisse der Klienten ist einer der größten Vorteile, die wir als Menschen gegenüber unseren Roboterkollegen haben.

Wenn ich das Vertrauen der Kunden gewinnen kann, indem ich sie fair behandle und ihnen meine umfassenden Kompetenzen uneingeschränkt zur Verfügung stelle, arbeiten sie gerne mit mir zusammen, und oft nicht nur in einem Bereich, sondern auch auf verschiedenen Gebieten. Diese menschliche Herangehensweise an Finanzdienstleistungen erleichtert meinen Kunden das Leben und hilft mir, eine abgerundete und seriöse Angebotsplatte zu präsentieren. Und dass ich meine Arbeit liebe, tut ein Übriges.

ANMERKUNG

Ich werde die Werbung hier auf ein Minimum beschränken, das verspreche ich, aber wenn Sie wissen wollen, wie ich arbeite und was ich anbiete, besuchen Sie bitte meine Internetseite SnowFinancialGroup.com.

Die Sorgen der Mittelschicht

Seit einiger Zeit wird es für Angehörige der Mittelschicht, Einzelpersonen wie Familien gleichermaßen, zunehmend schwieriger, eine gute und kompetente Beratung zu finanziellen Fragen zu finden. Viele Finanzberater wollen nicht die Zeit aufbringen, persönlich Portfolios zu verwalten, deren Wert nur 50.000 oder 100.000 Dollar beträgt. Ich habe schon Horrorgeschichten darüber gehört, dass die Fragen von Leuten mit geringeren Anlagebeträgen an Callcenter weitergeleitet wurden von den Brokerunternehmen, die sich ausschließlich auf vermögende Privatkunden konzentrieren wollen. Manche Firmen nehmen auch gar keine Kunden mehr an, die nicht mindestens eine Million Dollar anzulegen haben, bzw. wenn sie sich doch dazu herablassen, verlangen sie höhere Gebühren für denselben Service. Nein, das Leben ist nicht immer fair. Vielleicht haben deshalb viele Anleger aus der Mittelschicht ihre Geldanlage selbst in die Hand genommen: Sie nutzen unabhängiges Research, die Empfehlungen von Freunden, Bekannten und Berufskollegen und Publikationen wie dieses Buch.

Es gibt Finanzdienstleistungsunternehmen, die sich speziell an Mittelschicht-Anleger wenden und vernünftige Bedingungen anbieten. Ich selbst habe festgestellt, dass flexible Vergütungsstrukturen, die auf unterschiedliche Portfoliogrößen abgestimmt sind, sehr sinnvoll sind. Und dabei bin ich sicherlich nicht der Einzige. Für Anleger aus der Mittelschicht ist es tatsächlich möglich, gute und wertvolle Unterstützung in der Finanzbranche zu finden. Sie müssen sich nur dessen bewusst sein, dass viele Firmen und Einzelberater Geschäftsmodelle verfolgen, die sich in erster Linie an vermögendere Anleger richten. Lassen Sie sich nicht entmutigen. Wenn Sie einmal den richtigen Berater gefunden haben, werden Sie diese Mühen wahrscheinlich so schnell nicht wieder auf sich nehmen müssen.

MEIN TIPP

Neben meiner Wenigkeit finden Sie auf der CFP®-Internetseite LetsMakeAPlan.org eine Vielzahl weiterer qualifizierter Berater. Die auf dieser Seite aufgeführten Berater nennen ihre Mindestanlagesummen, was Ihnen eine erste Orientierung bieten kann. Suchen Sie sich einige Kandidaten heraus, stellen Sie ihnen Fragen und lassen Sie sich nicht unter Zeitdruck setzen.

Anlage- und Vermögensberatung auf dem deutschen Markt

In Deutschland herrschen ganz andere Verhältnisse als in den USA. Die meisten Berater sind wahlweise auf Wertpapiere, auf Versicherungen oder auf Immobilien(finanzierung) spezialisiert, eine Kombination bieten längst nicht alle an. Grundsätzlich müssen Sie bei der Vermittlung von Geldanlagen und der Beratung in Vermögensfragen folgende Arten von »Beratern« unterscheiden:

- **Vermittler** arbeiten auf Provisionsbasis. Zumeist sind sie bei Banken angestellt – und entsprechend geneigt werden sie sein, Ihnen hauptsächlich Geldanlagen (vor allem Fonds und Versicherungen) aus dem eigenen Haus oder Finanzverbund zu empfehlen.

- **Honorarberater** werden von ihren Kunden bezahlt, also von den Anlegern, denen sie die entsprechenden Geldanlagen vermitteln oder doch zumindest empfehlen. Honorar-Anlagenberater dürfen keine Provisionen und auch keine Kickback-Zahlungen von Fondsgesellschaften annehmen bzw. müssen erhaltene Zahlungen an ihre Kunden weiterreichen. Honorar-Versicherungsberater erhalten keine Vermittlungs- und Bestandsprovisionen von Versicherern. Honorarberater (ob für Geldanlagen oder Versicherungen) dürfen nicht bei einzelnen Kunden und Aufträgen zum Provisionsmodell wechseln. Die Honorarberatung ist entsprechend kein Modell, das sich hierzulande am Markt durchgesetzt hat – es gibt nur eine Handvoll, die nicht provisionsgetrieben und zudem anbieterunabhängig arbeiten und davon leben können.

- **Makler:** Vor allem auf dem Versicherungsmarkt ist dieses Modell üblich. Es ist anbieterunabhängig, aber dennoch provisionsgetrieben: Versicherungsmakler vermitteln die Policen verschiedener Versicherer, werden aber über Provisionen von diesen bezahlt. Sie haben üblicherweise dennoch nicht alle Anbieter im Blick, schon deshalb nicht, weil nicht alle Versicherer hinreichend gute Provisionen bieten. Aber dennoch ist die Auswahl bei ihnen üblicherweise hinreichend groß, wogegen klassische Versicherungsvermittler nur eine einzige Versicherungsgesellschaft vertreten oder als Mehrfachagenten allenfalls zwei bis drei Versicherer im Angebot haben.

- Ebenfalls anbieterunabhängig, aber provisionsgetrieben sind **Finanzvertriebe** wie beispielsweise MLP oder AWD.

- Klassische **Vermögensverwaltungen** sind entweder frei oder an Banken bzw. Fondsgesellschaften angegliedert, bieten ihre Dienste aber zumeist nur sehr wohlhabenden Menschen oder Stiftungen an. Sie verwalten das ihnen anvertraute Geld üblicherweise treuhänderisch, bieten diesen Service aber nur ab einem bestimmten Mindest-Anlagebetrag an, der bei mindestens 100.000 Euro, meist aber sogar 500.000 oder 1 Million Euro liegt.

Dafür ist in Deutschland der Zugang zu den Börsen unabhängig von jedweden Beratern. Es gibt eine Unzahl von Online-Depotbanken (Direktbrokern) und Robo-Advisorn (siehe unten), die Privatleuten die Verwaltung ihrer Geldanlagen in Eigenregie ermöglichen.

Online-Broker (Internet-Depotbanken)

Der Börsenhandel wird heute zum weitaus größten Teil online abgewickelt. Sogar sehr konventionelle, alteingesessene Finanzdienstleistungsunternehmen wie Vanguard, Charles Schwab und Fidelity ermöglichen und fördern heute den Onlinehandel. Unterdessen hat eine neue Subbranche von Onlinebrokern das Online-Handelserlebnis auf eine neue Stufe gehoben durch die Entwicklung machtvoller und preisgünstiger Handelsplattformen, auf denen fast alle Geschäftsaktivitäten in virtuellen Räumen abgewickelt werden. Zu den bekannten virtuellen Plattformen gehören Firmen wie Robinhood, Acorns, SoFi, TradeStation, Interactive Brokers, Betterment, Fidelity und E*Trade. In Deutschland bekannt sind beispielsweise Comdirect, Consorsbank, ING, DKB, Maxblue, Smartbroker oder Trade Republic, im Fondsbereich auch die Fidelity Fondsbank oder eBase. Einige dieser Firmen flankieren ihren Online-Auftritt durch eine herkömmliche Marktpräsenz mit konventionellen Angeboten.

ACHTUNG

In jüngerer Zeit haben manche Onlinebroker die Handelsgebühren für die Kunden gesenkt. Das klingt gut und ist es oft auch, doch es können auch versteckte Gebühren in diesen Free Trades schlummern, die den Brokern als Lockvogelangebote dienen. Um die dadurch entstehenden Einnahmeverluste auszugleichen, könnten die Finanzdienstleister andere Portfoliogebühren erhöhen oder die Kunden dazu bewegen, teurere Services zu buchen, die sie vielleicht gar nicht benötigen.

Die meisten Anleger, die nach einem Onlinebroker suchen, achten vor allem auf die Provisionen der verschiedenen Plattformen, insbesondere die Gebühren. Wie traditionelle Maklerunternehmen verlangen auch Onlinebroker von ihren Kunden eine Provision für die Wertpapiertransaktionen, die über ihre Plattformen abgewickelt werden. Diese Provisionen bewegen sich gewöhnlich im Bereich von 5-10 Dollar pro Order bzw. in Deutschland 5 bis 25 Euro.

Ein weiterer wichtiger Faktor, den man beachten sollte, ist die Nutzerfreundlichkeit der Handelsplattform und damit verbundener Apps. *Forbes Advisor* und andere renommierte Quellen (in Deutschland zum Beispiel Finanztest, Finanztip und das Deutsche Institut für Servicequalität) haben Listen und Rankings der beliebtesten Online-Handelsplattformen erstellt, unter Angabe der Preise für die einzelnen Dienstleistungen.

Keine Angst, wenn Sie zunächst unsicher sind, welcher Broker für Sie am besten geeignet ist. Das Angebot ist sehr vielfältig, und Sie können immer Ihr Depot auflösen und zu einem anderen Anbieter wechseln, wenn Ihnen die Benutzeroberfläche, die Provisionsstruktur oder andere Elemente des Onlinebrokers nicht zusagen. Für einige Arten von Online-Anlagekonten wird eine Mindestanlage als Voraussetzung für eine Kontoeröffnung verlangt, wodurch sich die Auswahl bereits etwas reduziert. Manche Onlinebroker bieten Neukunden eine bestimmte Zahl provisionsfreier Transaktionen an.

Wenn Sie sich dafür entscheiden, auf einen Berater zu verzichten und Ihre Geldanlagen hauptsächlich über einen Onlinebroker abzuwickeln, gehen Sie bitte umsichtig vor. Sie können sicherlich den Großteil Ihrer Investments eigenständig verwalten, aber es wird wahrscheinlich auch Situationen geben, in denen ein professioneller Berater durchaus hilfreich sein könnte. In der ersten Zeit meiner beruflichen Tätigkeit, als es den internetbasierten Börsenhandel noch nicht gab, habe ich für ein Unternehmen gearbeitet, das sich als »Discount-Broker« bezeichnete (und auch tatsächlich einer war). Die bequeme Abwicklung und die günstigen Preise, die wir boten, entsprachen im Wesentlichen den Angeboten der heutigen internetbasierten Wertpapierdienstleister. Die Kunden kamen zu uns, weil sie ihre Portfolios selbst verwalten und selbstständig an der Börse agieren wollten. Im Gegenzug waren die transaktionsbezogenen Gebühren und Provisionen, die das Unternehmen verlangte, sehr moderat. Dieses Geschäftsmodell verkörperte einen ausgeprägten Laissez-faire-Ansatz, bot den Kunden nur minimale Beratung und ermöglichte ihnen maximale Freiheit bei ihren Anlageentscheidungen. Während manche Kunden damit gut zurechtkamen, trafen andere schlechte Entscheidungen, die sich zum Teil verhängnisvoll auf ihr Vermögen auswirkten, und ich hatte keine Möglichkeit, einzugreifen.

ANMERKUNG

Sie werden bemerken, dass viele Onlinebroker den Begriff »Optionen« in ihrem Namen tragen. Sogar E*Trade hat einen Ableger mit dem Namen OptionsHouse gegründet, wahrscheinlich, um die Aufmerksamkeit der vielen Trader zu gewinnen, die nach einem Anbieter suchen, über den sie Optionen handeln können. Doch viele Broker bieten ohnehin schon den Optionshandel an, auch wenn sie den Begriff »Optionen« nicht im Namen führen. Börsenneulinge, vor allem jene, die nicht gleich hochriskante Geschäfte tätigen wollen, sollten sich auf den Handel von Aktien und anderen Wertpapieren konzentrieren. Optionen, Futures und Leerverkäufe sind kompliziertere und riskantere Investmentinstrumente, die für Anfänger nicht geeignet sind.

Robo-Advisors

Robo-Advisors sind ein neuer, zunehmend an Bedeutung gewinnender Trend in der Anlagewelt, denn sie können durch den Einsatz computergenerierter Empfehlungen wesentlich niedrigere Kosten anbieten als herkömmliche Finanzberater. Nach einem Bericht in der *Financial Times* vom September 2020 nutzt gegenwärtig erst knapp einer von zehn US-amerikanischen Haushalten Robo-Advisor bei der Geldanlage, doch mittlerweile werden solche Systeme auch von den meisten großen Vermögensverwaltungsfirmen wie Charles Schwab oder Fidelity angeboten. Einige sehr innovative und kompetente Robo-Advisor-Services kommen von kleineren Firmen wie Wealthfront und Ellevest. In Deutschland haben sich FinTechs wie Scalable. Liqid, Growney oder Raisin Invest als Robo-Advisors einen Namen gemacht. Aber auch klassische Banken(gruppen) und Fondsgesellschaften mischen in diesem Geschäft mit, etwa Visualvest (als Teil von Union Investment, der Fondsgesellschaft der Volks- und Raiffeisenbanken), Bevestor (als Teil der Sparkassen-Fondsgesellschaft Deka) oder Quirion (als Robo-Advisor der Quirin-Bank, die in der persönlichen Beratung auf das Honorar- statt des Provisionsmodells setzt).

Was Robo-Advisors können

Auf der Grundlage einer auf einem Fragebogen beruhenden Risikoeinschätzung analysieren Robo-Advisors mittels komplexer Algorithmen Investmentportfolios und erstellen dazu Empfehlungen. Das Ergebnis ist vorgefertigtes Anlagemodell, das auf die Risikotoleranz und die Anlageziele des Investors abgestimmt ist.

Ein Robo-Advisor kann ein Portfolio ausbalancieren (das heißt, die Asset Allocation dahingehend ändern, dass die verschiedenen Anlageklassen im gewünschten Mischungsverhältnis darin abgebildet werden). Zudem beinhaltet das System zumindest in den USA oft auch ein Steueroptimierungs-Feature, das es den Anlegern ermöglicht, Positionen zu verkaufen, die sich schlecht entwickelt haben und die Verluste mit Gewinnen aus erfolgreichen Investments zu verrechnen. In Deutschland werden zwar die Anlagen selbst nicht steueroptimiert vorgenommen; eine Verrechnung der Verluste mit erzielten Gewinnen findet im Rahmen der gesetzlichen Vorgaben aber gleichwohl statt. Mit der Minimierung der steuerlichen Folgen von Investments befassen wir uns in Kapitel 11.

BEISPIEL

Jennifer hat in einem bestimmten Zeitraum Verluste von 30.000 Dollar realisiert durch den Verkauf eines schlecht gelaufenen Investmentfonds, andererseits aber hat sie einen Gewinn von 30.000 Dollar erzielt durch den Verkauf eines anderen Fonds, der sich wesentlich besser entwickelt hat. Sie kann die 30.000 Dollar Verlust mit der Steuerschuld aufrechnen, die durch die 30.000 Dollar Gewinn entsteht. Beide Anlagen müssen im Laufe desselben Jahres verkauft werden. Diese Art der steuerlichen Verlustverrechnung kann in unbegrenztem Umfang genutzt werden und nicht nur auf Fonds, sondern auf alle Arten von Wertpapieren angewendet werden. Auch in Deutschland wäre in dieser Konstellation eine Verlustverrechnung möglich; die Depotbank oder der Robo-Advisor könnte sie sogar ohne Zutun des Anlegers vornehmen und würde eine Verrechnung auch dann durchführen, wenn Verlust und Gewinn in verschiedenen Jahren entstünden.

ACHTUNG

In den USA und anderen Ländern gibt es die Regelung, dass Anleger eine Position, die sie zum Zwecke der Generierung steuerlicher Verluste verkauft haben, frühestens nach einer Frist von 30 Tagen zurückkaufen dürfen. Wenn der Verkäufer diese Frist nicht einhält, wird die Verlustverrechnung vom Finanzamt nicht akzeptiert. In Deutschland brauchen Sie eine solche Frist nicht zu beachten. Obergrenzen für die Verlustverrechnung existieren aber bei bestimmten Vermögenswerten, zum Beispiel bei Terminkontrakten und Optionen. Mehr dazu in Kapitel 11.

Im Unterschied zu menschlichen Anlageberatern, die in den USA gewöhnlich eine Gebühr von 1 Prozent des Portfoliowerts verlangen, zahlen die Kunden bei Robo-Advisors nur 0,25 bis 0,5 Prozent Gebühren für die Nutzung der Plattform des Robo-Advisors. Es gibt sogar einige kostenlose Robo-Advisors auf dem Markt, unter anderem von den Anbietern SoFi Invest, Charles Schwab, Wealthfront und M1 Finance, doch diese »Free trades« sind mit bestimmten Bedingungen verbunden, also Vorsicht. In Deutschland sind Gebühren zwischen 0,25 und 1,5 Prozent des angelegten Vermögens üblich, manche »Robos« verlangen darüber hinaus eine Gewinnbeteiligung.

Potenzielle Nutzer von Robo-Advisors sollten auch bedenken, dass Finanzdienstleister, die sowohl Robo-Advisors als auch ihre eigenen Fonds anbieten, wie etwa Schwab und Fidelity, die Algorithmen der Robo-Advisors so konfigurieren könnten, dass ihre hauseigenen Fonds an der Spitze der Empfehlungslisten erscheinen. Sie könnten die Algorithmen sogar so einstellen, dass sie die Kunden zu Fonds mit höheren Gebühren und Kostenquoten (also ihren Einnahmequellen) hinführen.

Vergessen Sie nicht, dass ein Robo-Advisor genau das tut, was man ihm aufgetragen hat, und nicht in der Lage ist, sich wirklich um Ihre Interessen oder Ihre finanzielle Zukunft zu kümmern. Wenn der Algorithmus eines Robo-Advisors Sie zu teuren Fonds leitet, kommen zusätzliche Kosten von 0,5 bis 2 Prozent auf Sie zu. Nimmt man noch die Verwaltungsgebühren von 0,25 bis 0,5 Prozent für den Robo-Advisor dazu, erscheinen die 1 Prozent, die ein menschlicher Anlageberater in den USA verlangt, gar nicht mehr besonders hoch.

ANMERKUNG

Betterment und Wealthfront sind Beispiele für Firmen, die Robo-Advisors anbieten, aber keine hauseigenen Fonds im Sortiment haben. In Deutschland wäre etwa Quirion ein vergleichbarer »Robo«. Solche Firmen, die keine Eigeninteressen verfolgen, sind auf längere Sicht wahrscheinlich die bessere Wahl für Verbraucher. Auch wenn Sie die Gebühren möglichst niedrig halten wollen, könnten Sie sich Robo-Advisors anschauen, die ETFs oder kostengünstige Publikumsfonds anbieten. Hierzulande erhalten Sie allerdings den Zugriff darauf auch einfach über eine Online-Depotbank. Nur bei der Wertpapierauswahl hilft sie Ihnen nicht.

Die Vorzüge menschlicher Anlageberater

Man darf die Bedeutung der Finanzplanung nicht unterschätzen, eine Aufgabe, die viele Anleger am besten mit Unterstützung durch einen menschlichen Finanzberater bewältigen können. Ihre Anlagen verändern sich im Lauf der Zeit, und die Zusammensetzung Ihres Portfolios muss regelmäßig angepasst werden entsprechend einer Vielzahl von Faktoren, wozu zum Beispiel das näherrückende Renteneintrittsalter, die Bildung von Rücklagen für eine Hochschulausbildung der Kinder oder Vorkehrungen für einen Börseneinbruch zählen.

Manche Finanzberater führen ausführliche Gespräche mit ihren Klienten, bevor sie mit der Ausarbeitung einer angemessenen Anlagestrategie beginnen. Was das Eingehen auf die Situation des Kunden betrifft, so ist unser Verfahren im Vergleich zu jenem der Robo-Advisors wesentlich gründlicher und umfassender als lediglich das Ausfüllen eines Online-Formulars. Weil sie sich um ein tieferes Verständnis der Anlageziele des Kunden bemühen, können menschliche Berater auch bessere Unterstützung bieten auf unterschiedlichen Themengebieten wie zum Beispiel Immobilienkauf, Versicherungen und komplexeren Formen steuerlicher Beratung. Die Firma Russell Investments, ein Finanzdienstleistungsunternehmen in Seattle, hat durchaus Recht, wenn sie in ihrem Bericht »The Value of an Advisor Study« erklärt, dass sich der Wert eines Finanzberaters in den USA mit 4,83 Prozent des Wertes eines Portfolios beziffern lässt. Man vergleiche dies mit der Provision von 1 Prozent, die Finanzberater gewöhnlich für ihre Dienste verlangen. In Deutschland ist eine solche Beratung aber, wie bereits gesagt, üblicherweise nur für eine sehr wohlhabende Klientel erhältlich, nicht aber für die Mittelschicht.

ROBOTER UND MENSCH

Der Krieg der Berater im 21. Jahrhundert

GRAFIK

Abb. 56

ROBO-ADVISOR

Hauptmerkmale

- Niedrigere Gebühren (0,25–0,5 %)
- Vorgefertigte Anlagepläne
- Kann teure hauseigene Fonds unverdient hervorheben
- Kann Verrechnung von steuerlichen Verlusten ermöglichen

MENSCHLICHER BERATER

Hauptmerkmale

- Standardgebühren
- Umfassende und persönlich zugeschnittene Anlagepläne
- Kann Steuerberatung und andere Finanzdienstleistungen anbieten
- Ein Puffer gegen finanzielle Fehlentscheidungen

Zum Schluss möchte ich noch auf ein etwas heikles Thema eingehen. Menschliche Finanzberater können ein Gegengewicht bilden, das finanzielle Fehlentscheidungen verhindert. Die meisten Leute meinen, ein gutes Gespür für die richtige Verwaltung ihres Geldes zu haben. Aber nach 35 Jahren beruflicher Tätigkeit in der Finanzbranche fühle ich mich verpflichtet, die Wahrheit zu sagen: Viele Leute sind schlechte Verwalter ihrer Anlagen und ihrer persönlichen Finanzen.

Das große Problem besteht darin, dass viele Menschen emotional und irrational reagieren, wenn sie erleben, dass eine Aktie fällt. Intuitiv fühlen sie sich veranlasst, die Aktie zu verkaufen – so schnell wie möglich raus und retten, was noch zu retten ist! Als ich in den ersten zehn Jahren meiner Berufstätigkeit bei dem Discountbroker arbeitete, musste ich hilflos mitansehen, wie sich bei Kursstürzen diese Panikstimmung der Anleger bemächtigte. Auf sich allein gestellt, haben viele Anleger anscheinend die verhängnisvolle Neigung, bei Tiefkursen zu verkaufen und bei hohen Kursen wieder zurückzukaufen, während es klüger wäre, das genaue Gegenteil zu tun.

MEIN TIPP

Eine Anlagestrategie ist nur ein Bestandteil eines umfassenden Finanzplans, nicht schon der ganze Plan. Ein professioneller Berater wird einen umfassenden Plan erstellen und den Kunden helfen, sich an diesen Plan zu halten und sich nicht durch Einzelanlagen davon abbringen zu lassen. Der Wert dieser Dienstleistung ist nur schwer zu bemessen, weil sie Investoren davon abhalten kann, sich verunsichern zu lassen und zur falschen Zeit zu verkaufen.

Ein professioneller Finanzberater hat nicht diese emotionale Bindung an das Geld der Kunden und wird wahrscheinlich viel weniger emotionsgetrieben handeln, wenn es an den Märkten abwärts geht. Dadurch kann er Ihnen helfen, der Falle zu entgehen, »oben zu kaufen und unten zu verkaufen«.

GRAFIK

Abb. 57

BELEGE FÜR DIE »OBEN KAUFEN UND UNTEN VERKAUFEN«-MENTALITÄT

Falsches Anlageverhalten zur falschen Zeit

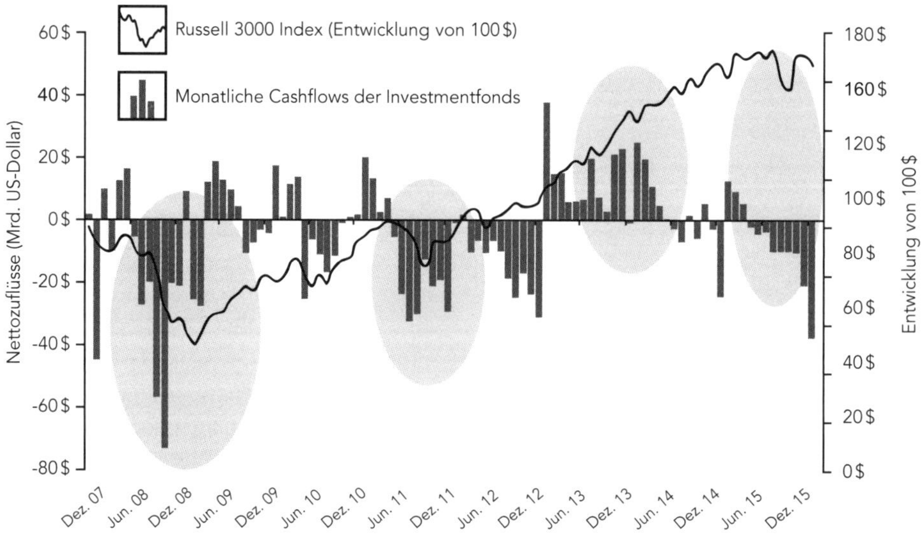

Die ersten beiden grauen Ovale in Abb. 57 zeigen, wie Rückschläge im Markt (repräsentiert durch den Russell 3000 Index) mit einem Abfluss von Liquidität in Investmentfonds korrelieren.

Das dritte graue Oval zeigt eine Phase steigender Kurse, die mit einem Zufluss zu den Fonds einhergeht. Diese Korrelationen illustrieren eine »Oben kaufen, unten verkaufen«-Mentalität, die kontraproduktiv ist für einen Erfolg an der Börse. Investoren werden immer wieder von dieser Mentalität übermannt, weil dies ein intuitives Verhalten ist; man hat das Gefühl, das Richtige in der gegebenen Situation zu tun. Ein guter Finanzberater, der über jahrelange Erfahrung verfügt, die er Ihnen zugutekommen lässt, kann sich als unentbehrlicher Puffer dagegen erweisen, dass man sich intuitiv dazu verleiten lässt, emotionale und letztlich schlechte Finanzentscheidungen zu treffen. Noch deutlicher gesagt: Unterschätzen Sie nicht den schlichten Luxus, jemanden im Hintergrund zu haben, mit dem Sie reden können, wenn Sie ein bisschen Selbstvergewisserung und Bestätigung benötigen.

MERKE

Die Aktienmärkte haben sich nach schweren Abstürzen ausnahmslos immer wieder erholt, doch in einer Abschwungphase, in der Sie mitansehen müssen, wie Ihr Portfolio an Wert verliert, kann es schwer sein, entsprechend historischen Tatsachen zu reagieren anstatt aus Panik.

Aktienüberwachung und -handel mithilfe mobiler Apps

Bereits vor der Einführung des iPhones verfügten Mobiltelefone über einen rudimentären Webbrowser, über den man auf begrenzte Inhalte zugreifen konnte. Zu diesen frühen mobilen Internetfunktionen gehörte die Möglichkeit, aktuelle Börsenkurse abzurufen. Diese Funktionalität ist heute standardmäßig über vorinstallierte Apps für Börsenkurse auf den meisten Smartphones verfügbar. Daneben gibt es eine Vielzahl weiterer Apps, die nicht nur den Abruf von Aktienkursen, sondern auch das Handeln mit Aktien ermöglichen. Diese Annehmlichkeiten werden von Anlageneulingen mittlerweile fast für selbstverständlich genommen, nicht aber von Leuten, die sich noch daran erinnern können, wie kompliziert es früher war, Orders per Telefon aufzugeben und warten zu müssen, bis der Broker bzw. Bankberater erreichbar war, während man verfolgte, wie die Aktie, die man verkaufen wollte, auf neue Tiefkurse abstürzte.

Die meisten Wertpapierdienstleister bieten heute ihren Kunden eine mobile App an, über die sie durch Berührung des Bildschirms Börsenkurse ansehen und Aktien handeln können. Diese Applikationen ermöglichen es gewöhnlich auch, sich einen E-Mail-Benachrichtigungsdienst einzurichten, der einen Alarm absetzt, wenn eine Aktie, die man unter Beobachtung hat, einen bestimmten Kurs erreicht. Wenn Sie eine Aktie kaufen möchten, aber davon ausgehen, dass deren Kurs in den nächsten Wochen oder Monaten noch etwas zurückgehen wird, können Sie sich per E-Mail-Benachrichtigungsdienst informieren lassen, wenn sich diese Kaufgelegenheit ergibt, sofern sich Ihre Erwartung als zutreffend erweist.

Zu reinen Verfolgung von Aktienkursen sind die vorinstallierten Börsen-Apps auf den Smartphones eine bequeme, minimalistische Lösung. Diese Apps kann man auch häufig auf Kundenbedürfnisse zuschneiden, sodass es möglich wird, jede beliebige Aktie zu beobachten. Sie können mit diesen Apps auch die Kursentwicklung anderer Investmentvehikel wie die ausländischer Währungen und Anleihen verfolgen.

ACHTUNG

Manche Smartphone-Apps zeigen Börsenkurse mit 15-minütiger Verzögerung an, wenn Sie nicht auf den Premiumservice upgraden.

ANMERKUNG

Börsen-Apps können über mehr Funktionen verfügen, als auf den ersten Blick erkennbar sind. Drehen Sie Ihr Smartphone einmal um 90 Grad, dann wird die App automatisch zu einer neuen Oberfläche wechseln, die es ermöglicht, die Kursentwicklung der von Ihnen beobachteten Aktien oder sonstigen Wertpapiere anzuzeigen.

Hier noch einige weitere erwähnenswerte applikationsbasierte Smartphone-Funktionen, die Anlegern gute Dienste leisten können:

- Barcodes von Produkten scannen: Hat beim letzten Einkaufsbummel ein innovatives Produkt Ihr Interesse geweckt? Manche Börsen-Apps verfügen über eine Barcode-Scanner-Funktion, die es ermöglicht, das Unternehmen, das hinter dem Produkt steht, herauszufinden.
- Eilmeldungen empfangen: Manche Börsen-Apps liefern die neuesten Meldungen über Aktien oder Wertpapiere, die man auf der Beobachtungsliste hat.
- »Heatmaps« von Aktien ansehen: Die Heatmaps-Funktion ermöglicht es Anlegern, die großen Gewinner und Verlierer des Marktes in Echtzeit zu verfolgen über eine Zusammenstellung sektorspezifischer »Heatmaps« – Diagramme zur Visualisierung von Daten, die zeigen, welche Werte heiß sind und welche nicht.
- Virtuelles Investieren ausprobieren: Steigen Sie risikolos in den Börsenhandel ein mittels einer App für virtuelles Investieren (oft auch als virtuelles Trading bezeichnet). Virtuelles Trading kann hilfreich sein für angehende Trader und für Investoren, die simulieren wollen, wie es sich anfühlt, wenn man mit beträchtlichen Summen hantiert, ohne schlimmere Konsequenzen als ein angekratztes Ego zu riskieren, wenn die Investments schiefgehen.
- Austausch mit anderen: Einige Börsen-Apps bieten ihren Nutzern eine Twitter-ähnliche soziale Plattform. Hier können Sie sich mit anderen Mitgliedern austauschen und sich einen Eindruck verschaffen, wie bullish oder bearish die Community gestimmt ist.

Auf die neuesten Apps und andere Finanztechnologien gehen wir in Kapitel 12 ein.

Kapitelzusammenfassung

- Ein CFP®-Status, ein makelloses disziplinarisches Register und das Bekenntnis zu treuhänderischer Verantwortlichkeit verleihen einem Finanzberater Glaubwürdigkeit. In Deutschland sollten Sie genauer nachfragen, ob die Beratung provisionsgetrieben oder auf Honorarbasis stattfindet und ob der jeweilige Berater anbieterunabhängig agiert oder zu einer bestimmten Bank, Versicherung oder Finanzgruppe gehört und ausschließlich deren Produkte empfiehlt.

- Der Börsenhandel wird heute zum überwiegenden Teil online abgewickelt, wo eine Vielzahl von Handelsplattformen um die Gunst der Anleger und Trader werben.

- Robo-Advisors sind computergenerierte Algorithmen zur Portfolioverwaltung, die den Nutzern preisgünstige Finanzberatung anbieten.

- Sowohl iOS wie Android haben mehrere eigenständige Börsen-Apps im Angebot, die das Investmenterlebnis für einen Investor informativer und unterhaltsamer gestalten können.

| 11 |

Steuerliche Planung

Kapitelüberblick

- Weniger Steuern zahlen auf Zinseinkünfte, Dividenden und Veräußerungsgewinne
- Wie Anleihen besteuert werden
- Steuerliche Vorteile staatlicher Vorsorgepläne
- Mit Immobilienanlagen profitieren

ZITAT

> *Unsere neue Verfassung ist nun in Kraft getreten: alles, was sie zu versprechen scheint, wird dauerhaft sein, doch in dieser Welt ist nichts sicher außer dem Tod und den Steuern.*
>
> BENJAMIN FRANKLIN (GESCHRIEBEN VIER MONATE VOR SEINEM TOD)

In Teil I dieses Buches habe ich ausführlich die verschiedenen Anlagearten dargestellt und die Bedeutung eines ausgeglichenen, gemischten Portfolios herausgearbeitet. In diesem Kapitel gehe ich auf einen weiteren wichtigen Aspekt der Portfolioverwaltung ein: die steuerliche Planung.

Steuern beeinflussen nahezu alle Arten der Geldanlage und sind, wie Sie mittlerweile wissen, unvermeidlich. Ihr Leben lang werden Sie Steuern zahlen auf das Geld, das Sie verdienen, und das Geld, das Ihnen aus Investments zufließt. Der Staat beansprucht einen erklecklichen Teil Ihrer Zinseinkünfte, Ihrer Dividenden, Ihrer Veräußerungsgewinne und Ihrer Mieteinnahmen. Steuern müssen gezahlt werden, gleichwohl gibt es für Anleger Mittel und Wege, um diese Steuern zu minimieren und die Nachsteuerrendite ihrer Anlagen zu verbessern.

In diesem Kapitel schauen wir uns an, wie die verschiedenen Anlagen und die daraus resultierenden Einnahmen in den USA und in Deutschland besteuert werden und was Sie tun können, um Ihre steuerlichen Verpflichtungen zu reduzieren, vor allem wenn Sie längerfristige Anlageziele verfolgen oder für Ihr Alter vorsorgen wollen.

Arten der Anlagebesteuerung

Wichtig ist zu verstehen, dass unterschiedliche Einkommensarten auch unterschiedlich besteuert werden. Das Einkommen zum Beispiel, das Sie durch Arbeit erzielen, wird gemäß der »normalen Einkommenssteuer« besteuert. In den USA wie auch in Deutschland werden Steuerpflichtige dazu einer bestimmten Progressionsstufe zugeordnet. Diese richtet sich nach der Höhe seines Einkommens und seinem steuerlichen Status.

ANMERKUNG

In den USA wird zur Festsetzung der Einkommenssteuer eine Stufenrechnung durchgeführt. Insgesamt gibt es (Stand 2021) sieben Steuerstufen: eine Besteuerung mit 10 Prozent, 12 Prozent, 22 Prozent, 24 Prozent, 32 Prozent, 35 Prozent und 37 Prozent. Unter welchen Stufensatz bzw. in welche Steuerklasse ein Steuerpflichtiger fällt, ist abhängig von seinem Einkommen und davon, ob die Einnahmen als Einzelperson, als Ehepaar mit gemeinsamer Veranlagung, als Ehepaar mit getrennter Veranlagung, als Haushaltsvorstand oder als Hinterbliebener bzw. Hinterbliebene versteuert werden.

Auch in Deutschland gibt es einen progressiven Einkommenssteuertarif, der abhängig von der Einkommenshöhe ist. Es gibt hier aber keine Stufen, sondern gleitende Übergänge. Aber auch hier spielt es eine Rolle, ob Sie als Steuerzahler sich einzeln veranlagen lassen (Grundtarif) oder zusammen mit Ihrem Ehepartner (Splittingtarif).

Zurück zu den Verhältnissen in den USA: Einnahmen aus Veräußerungserlösen können dort entweder nach dem gewöhnlichen Einkommenssteuersatz oder zu einem niedrigeren, pauschalen Kapitalertragssteuersatz besteuert werden, der davon abhängig ist, wie lange man einen Vermögenswert gehalten hat.

In Deutschland werden üblicherweise die Gewinne aus Wertpapiergeschäften mit der sogenannten Abgeltungssteuer besteuert, einer Pauschalsteuer von 25 Prozent, zu der gegebenenfalls noch Kirchensteuer (8 oder 9 Prozent der Steuersumme, je nach Bundesland) und Solidaritätszuschlag (5,5 Prozent der Steuersumme) hinzukommen. Unterm Strich liegt die Steuerbelastung damit Pi mal Daumen bei 26 bis knapp 30 Prozent.

Mieteinkünfte aus Immobilien unterliegen hingegen der Einkommenssteuer, Gewinne aus der Veräußerung von Immobilien im Privatvermögen sind nach einer Mindest-Haltedauer von zehn Jahren steuerfrei, bei kürzerer Haltedauer hingegen voll einkommenssteuerpflichtig.

In diesem Abschnitt soll dargestellt werden, wie die verschiedenen Einkommensarten besteuert werden und wie man diese Berechnungsmethoden (im Rahmen der Steuerregelungen natürlich) nutzen kann, um die Steuerzahlungen zu vermindern.

Steuern auf Zinserträge

Der Großteil der Zinserträge wird in den USA zum normalen Einkommenssteuersatz besteuert, in Deutschland mit der Abgeltungssteuer. Zu Zinseinkünften gehören Erträge aus Sparkonten, Geldmarktkonten, Einlagenzertifikaten, Anleihen und in den USA auch Leibrenten. Zinserträge aus Anleihen werden manchmal anders besteuert, worauf wir später in diesem Kapitel eingehen werden.

Steuern auf Dividenden

Dividendeneinnahmen, bei denen es sich um Einkünfte aus Aktien und Aktienfonds handelt, können unterschiedlich besteuert werden. Wie Zinserträge können bestimmte Dividenden in den USA mit dem normalen Einkommenssteuersatz besteuert werden. Das betrifft sogenannte nichtqualifizierte oder ordentliche Dividenden.

Qualifizierte Dividenden werden in den USA steuerlich ebenso behandelt wie Kapitalerträge aus langfristigen Anlagen, was für die meisten Anleger günstiger ist, weil der

Steuersatz für Kapitalerträge niedriger ist als für ordentliches Einkommen. Qualifizierte Dividenden müssen drei Kriterien erfüllen. Sie müssen von einem US-Unternehmen oder einem qualifizierten ausländischen Unternehmen gezahlt worden sein. Sie müssen der Dividenden-Definition der Steuerbehörde IRS genügen, und das Wertpapier, auf das die Dividende gezahlt wird, muss vom Anleger für eine bestimmte Dauer gehalten worden sein. Die meisten »regulären« Dividenden auf Aktien, die man einige Monate oder länger gehalten hat, gelten als qualifizierte Dividenden. Dividenden aus Aktien, die von REITs, ausländischen Unternehmen oder anderen Körperschaften emittiert wurden, sind in der Regel nichtqualifiziert. Ihr Broker wird angeben, welche der Dividenden, die Sie erhalten, qualifiziert sind und welche nichtqualifiziert. Diese beiden Dividendenarten müssen im Formular der Einkommenssteuererklärung in unterschiedlichen Feldern eingetragen werden.

Nichtqualifizierte Dividenden können mit einem Steuersatz bis zu 37 Prozent besteuert werden in Abhängigkeit von Ihrem Einkommen und Ihrem steuerlichen Status. Auf qualifizierte Dividenden wird ein Steuersatz zwischen 0 und 20 Prozent angewendet, ebenfalls abhängig von der Höhe des Gesamteinkommens und vom steuerlichen Status. Eine Aufschlüsselung findet sich in Abbildung 58.

GRAFIK

Abb. 58

2020 Qualifizierte Dividenden (Steuersatz)	Einzelperson	Ehepaare mit gemeinsamer Veranlagung	Haushaltsvorstände
0%	Bis 40.000$	Bis 80.000$	Bis 56.600$
15%	40.001$ bis 441.450$	80.001$ bis 496.000$	53.601$ bis 469.050$
20%	441.451 oder mehr	496.001$ oder mehr	46.905$ oder mehr

Quelle: IRS
Steuersatz für qualifizierte Dividenden (2020)

In Deutschland unterliegen Dividenden unabhängig von der Haltedauer der zugrunde liegenden Aktie der Abgeltungssteuer mit dem einheitlichen Steuersatz von 25 Prozent.

Dividenden, die auf Aktien gezahlt werden, die sich in einem US-Altersvorsorgeplan befinden, einem herkömmlichen Vorsorgeplan oder einem sogenannten Roth IRA (Beiträge können steuerlich nicht vom steuerpflichtigen Einkommen abgezogen werden, Einkünfte und Auszahlungen sind steuerfrei) oder einem 401(k)-Plan (steuerlich begünstigter Rentensparplan), werden als Ausnahme behandelt. Steuern auf Dividenden oder realisierte Kapitalgewinne aus Altersvorsorgekonten werden generell aufgeschoben und in manchen Fällen erst in dem Jahr fällig, in dem die Geldentnahme beginnt.

Das ist in Deutschland ähnlich: Dividenden, die innerhalb staatlich geförderter Riester- oder Rürup-Verträge anfallen, sind in der Einzahlungsphase nicht steuerpflichtig, sondern erst ab dem Zeitpunkt der Auszahlung. Zur steuerlichen Gesamtsituation dieser Verträge, siehe Abschnitt »Besteuerung staatlich geförderter Altersvorsorgeverträge«.

Steuern auf Veräußerungsgewinne

Für Gewinne, die entstehen, wenn eine Aktie oder ein anderer Vermögenswert zu einem höheren Preis verkauft wird, als man beim Kauf dafür bezahlt hat, gelten in den USA unterschiedliche Steuersätze, die abhängig sind von der Haltedauer der Position.

Wenn Sie eine Aktie kaufen, deren Kurs anschließend steigt und Sie verkaufen sie am folgenden Tag, wird der Gewinn wie normales Einkommen besteuert. Diese Kapitalertragssteuer auf kurzfristige Veräußerungsgewinne gilt für alle Erlöse aus dem Verkauf von Positionen, die kürzer als ein Jahr gehalten wurden. Wird das Wertpapier länger als ein Jahr im Depot gehalten, werden Gewinne als Veräußerungserlöse aus langfristigen Anlagen eingestuft und mit der niedrigeren Kapitalertragssteuer belegt. Im Jahr 2020 waren die Steuersätze auf langfristige Veräußerungserlöse zwischen 0 und 20 Prozent gestaffelt in Abhängigkeit von der Höhe des zu versteuernden Betrags und dem steuerlichen Status des Steuerpflichtigen.

In Deutschland spielt seit Einführung der Abgeltungssteuer im Jahr 2009 die Haltedauer eines Wertpapiers keine Rolle mehr. Auf Verkaufserlöse wird einheitlich die Abgeltungssteuer von 25 Prozent (plus Solidaritätszuschlag und gegebenenfalls Kirchensteuer) fällig. Es gibt einen jährlichen Freibetrag, den sogenannten Sparerpauschbetrag, von 801 Euro (Stand: Anfang 2022, eine Anhebung auf 1.000 Euro ist ab 2023 geplant). Gewinne und Verluste können steuerlich verrechnet werden. Allerdings können Kursverluste nur mit Kursgewinnen, nicht aber beispielsweise mit Zinsen oder Dividenden verrechnet werden. Auch besteht bei Verlusten aus Termingeschäften (Futures, Optionen) nur die Möglichkeit, sie mit Gewinnen aus Termingeschäften zu verrechnen. Seit dem Veranlagungsjahr 2021 hat der Gesetzgeber zudem für die Verrechnung eine Obergrenze von 20.000 Euro pro Jahr eingeführt – der Rest muss in Folgejahre übertragen und gegebenenfalls dann verrechnet werden. Der Bundesfinanzhof hat jedoch Zweifel an der Verfassungsmäßigkeit der gesetzlich vorgegebenen Verrechnungsbeschränkungen angemeldet, sodass letztlich das Bundesverfassungsgericht wird entscheiden müssen, ob sie haltbar ist (Stand Anfang 2022).

MERKE

In den USA und in Deutschland sind gleichermaßen nur realisierte Gewinne zu versteuern, was bedeutet, dass die betreffende Position verkauft und der Gewinn in bar vereinnahmt worden sein muss.

Wie ausländische Investments besteuert werden

Wenn Sie ausländische Wertpapiere handeln, unterliegen Sie der ausländischen Quellensteuer, das gilt für US-Bürger und deutsche Steuerzahler gleichermaßen. Diese im Ausland entrichtete Quellensteuer wird erhoben auf Kapitalerträge, Zinseinkünfte und Dividenden, die an ausländische Staatsbürger geflossen sind, wodurch sich der Betrag, den Sie ausgezahlt erhalten, um den Steuerabzug vermindert.

Diese Quellensteuern sind sehr unterschiedlich von Land zu Land und werden häufig von Doppelbesteuerungsabkommen zwischen den USA bzw. dem Heimatstaat und anderen Ländern beeinflusst. So erhebt zum Beispiel Kanada eine Quellensteuer von 25 Prozent, doch dank eines Abkommens zwischen den USA und Kanada zahlen US-Bürger auf Kapitalerträge aus Kanada nur 15 Prozent Steuern.

In einigen Ländern gelten einheitliche Quellensteuersätze auf Veräußerungsgewinne, Zinseinkünfte und Dividenden, in anderen Ländern werden diese Einkommensarten unterschiedlich besteuert.

BEISPIEL

Wenn Sie eine chinesische Aktie kaufen und diese Firma zahlt Ihnen 100 Dollar Dividende, erhalten Sie davon nur 90 Dollar, weil China 10 Prozent Quellensteuer auf Dividenden einbehält. Auch auf Zinszahlungen an ausländische Anleger werden von China 10 Prozent einbehalten, und auf realisierte Veräußerungsgewinne durch ausländische Anleger werden 30 Prozent Quellensteuer fällig.

Die gute Nachricht für US-amerikanische und deutsche Anleger lautet, dass die jeweilige Finanzbehörde Regelungen geschaffen hat, die verhindern, dass Erträge doppelt besteuert werden. Einnahmen aus ausländischen Anlagen, die von der ausländischen Regierung bereits besteuert sind, können oft von der US-Steuer befreit werden durch eine ausländische Steuergutschrift und Einzelabzug.

In Deutschland möglich ist zumeist eine Verrechnung mit der Abgeltungssteuer – zudem gibt es die Möglichkeit, sich den nicht-verrechenbaren Anteil aus dem Ausland erstatten zu lassen. Entsprechende Informationen zur Quellensteuer stellt das Bundeszentralamt für Steuern auf seiner Homepage bereit (www.bzst.de).

Es obliegt den Finanzbehörden und der Bundesregierung in den USA und in Deutschland zu entscheiden, für welche ausländischen Anlagen diese Steuerbefreiung in Anspruch genommen werden kann. Erträge aus Ländern, die den USA feindselig gesinnt sind oder zu denen schlechte Beziehungen bestehen, können nicht auf diese Weise steuerfrei gestellt werden. Auch Deutschland behandelt nicht alle Herkunftsländer steuerlich gleich.

US-Investoren, die steuerbegünstigte Altersvorsorgekonten nutzen, wie etwa IRA-Konten (Individual Retirement Account) sollten bei ausländischen Anlagen vorsichtig sein. Diese Anleger können keine Steuergutschriften beantragen, weil sie generell keine inländischen Steuern auf Kapitalerträge zahlen. Wenn daher ausländische Regierungen ihre Anlageerträge besteuern, gibt es keine Möglichkeiten, diese Abzüge in einem Roth-Konto oder einem traditionellen IRA wieder rückerstattet zu bekommen. Das ist eine schwierige Situation für Altersvorsorge-Anleger, denn internationale Investments, insbesondere Anlagen in Schwellenländern, können einen wichtigen Beitrag leisten zum Aufbau eines angemessen diversifizierten und wachstumsorientierten Portfolios.

In Deutschland besteht im Rahmen staatlich geförderter Altersvorsorgeverträge (»Riester«, »Rürup«) für Anleger ohnehin keine Möglichkeit, sich einzelne Aktieninvestments im In- und Ausland auszusuchen, sie müssen die Auswahl dem jeweiligen Anbieter überlassen, also einer Fonds- oder Versicherungsgesellschaft, die an strikte staatliche Vorgaben, vor allem zur Verlustbegrenzung, gebunden ist. Dafür aber läuft ein Anleger als Inhaber eines solchen Vertrags auch nicht Gefahr, dass er durch ungünstige Investment-Entscheidungen steuerlich schlechter gestellt werden könnte. Solche Verträge werden einheitlich im Rahmen der gesetzlichen Vorgaben besteuert (siehe Abschnitt »Besteuerung staatlich geförderter Altersvorsorgeverträge«).

Fazit: Sie brauchen internationale Anlagen für ein ausgewogenes Portfolio, aber Sie wollen auch nicht auf einen nennenswerten Teil Ihrer Erträge verzichten aufgrund einer ungünstigen Steuerregelung. Eine Lösung könnte darin bestehen, dass Sie Ihre ausländischen Investments auf Länder wie die Vereinigten Arabischen Emirate, Schweden, die Niederlande, Lettland und Estland konzentrieren, die bei ausländischen Anlegern keine Quellensteuer einbehalten. Suchen Sie bei Ihrem Broker nach einer ausführlichen Auflistung der steuerlichen Behandlung von Kapitalerträgen in den verschiedenen Ländern. Eine andere Möglichkeit wäre, die ausländischen Investments über ETFs und aktiv gemanagte Investmentfonds zu tätigen. Die Basiswerte dieser Investmentvehikel sind vorausgewählt oder werden aktiv verwaltet von Analysten, deren Ziel die Maximierung der Erträge ist. ETFs und Investmentfonds befreien Sie zwar nicht von der Steuerpflicht, doch sie stellen eine vereinfachte Möglichkeit dar, Ihr Portfolio um die unverzichtbare internationale Komponente zu ergänzen.

Wie alternative Investments besteuert werden

Während Aktien, Anleihen und Cash als konventionelle Anlageklassen gelten, werden andere Kategorien, wie Hedgefonds, Kunst und Antiquitäten, Risikokapital oder Private Equity, Managed Futures, Rohstoffe und Derivate, als alternative Investments bezeichnet.

Mit den steuerlichen Vorteilen von Immobilien werden wir uns in diesem Kapitel noch eingehend befassen, doch auf die Besteuerung alternativer Anlagen möchte ich nur kurz eingehen, weil diese für angehende Anleger eigentlich nicht in Frage kommen. Gleichwohl können bestimmte Alternative Anlagen durchaus attraktive Steuervorteile bieten.

Einnahmen aus Hedgefonds, Private-Equity-Fonds, dem Verkauf von Kunstwerken oder Sammlerstücken oder anderen Arten von Alternativen Investments werden in den USA in der Regel nach den Steuersätzen von Kapitalerträgen besteuert und nicht mit den höheren normalen Einkommenssteuersätzen, und darüber hinaus bieten diese Anlagearten noch einige weitere signifikante Steuervorteile. Wenn Sie zum Beispiel eine Kryptowährung mit Gewinn verkaufen, greift der Kapitalertragssteuersatz für langfristige Anlagen, sofern Sie die Kryptowährung länger als ein Jahr gehalten haben, bei einer Haltedauer von unter einem Jahr hingegen gilt der höhere normale Einkommenssteuersatz.

In Deutschland gilt der persönliche Einkommenssteuersatz bei Edelmetallen, Kunst, Antiquitäten und Sammlerstücken mit einer Haltedauer von weniger als einem Jahr, allerdings gibt es hier eine Freigrenze von 599,99 Euro pro Jahr. Somit können Spekulationsgewinne, die im Kalenderjahr in Summe unter 600 Euro bleiben, steuerfrei vereinnahmt werden. Wer solche Investments länger als ein Jahr hält, kann sie anschließend ohne steuerliche Konsequenzen verkaufen. Egal, wie hoch die Gewinne dann ausfallen: Steuern fallen darauf nicht an.

Allerdings sollte man keine Anlage allein wegen der damit verbundenen Steuervorteile kaufen. Doch wenn Sie die Möglichkeit haben, alternative Investments zu tätigen, sollten Sie die steuerlichen Vorteile nutzen, aber auch die Steuerpflichtigkeit dieser Anlagen stets im Auge behalten.

Anleihen und Besteuerung

Anleihen und Rentenfonds, das sind Investmentfonds, die ausschließlich in Anleihen investieren, unterliegen in Deutschland der Abgeltungssteuer. In den USA hingegen werden sie unterschiedlich besteuert entsprechend ihrem Typ und der Art der Erzielung ihrer Erträge. Einzel-Anleihen wie auch Anleihefonds generieren Einnahmen auf zweierlei Weise: durch Zinserträge und durch Kapitalgewinne, wenn sie mit Gewinn verkauft werden. Doch bei der Besteuerung gibt es einige Unterschiede.

Zinseinkünfte aus US-Staatsanleihen und Sparbriefen werden nur auf Bundesebene besteuert, nicht auf der Ebene der Einzelstaaten. Wenn Sie als US-Steuerzahler Zinsen aus einer Kommunalobligation beziehen, müssen Sie auf diese Einnahmen keine Bundessteuern zahlen und in der Regel auch keine Steuern an den Einzelstaat, wenn diese

Anleihen von einer kommunalen Körperschaft innerhalb des Bundesstaates emittiert wurde, in dem Sie wohnen. Auch lokale Steuern können Sie vermeiden, wenn die Anleihe von der Stadt oder einer anderen Kommune emittiert wurde, in der Sie leben. Wenn Sie kommunale Anleihen von Emittenten aus einem anderen Bundesstaat halten, müssen Sie auf die Zinsen, die Sie erhalten, die in diesem Staat fälligen Steuern zahlen (an den Bundesstaat, in dem Ihr Wohnort liegt).

Wichtig ist der Hinweis, dass die Steuerbefreiung von Kommunalobligationen nur für Zinseinkünfte gilt. Wenn Sie die Anleihe vor dem Fälligkeitstermin verkaufen und Veräußerungsgewinne erzielen, sind diese Gewinne steuerpflichtig. Auf Zinsen aus steuerpflichtigen Anleihen, wozu Unternehmensanleihen, globale Rentenfonds und hypothekenbesicherte Wertpapiere gehören, ist Bundes-, Staats – und lokale Einkommenssteuer zu zahlen.

Erträge aus Anleihen, die in Rentenfonds gehalten werden, werden in den USA entsprechend den Anlagen besteuert, aus denen die Erträge stammen. Wenn der Rentenfonds der Besteuerung unterliegt, zahlen die Anleger Bundesteuern und Steuern an die Einzelstaaten nach dem normalen Einkommenssteuersatz. Einige Fonds, insbesondere jene, die US-Staatsanleihen enthalten, sind von der Besteuerung auf Einzelstaatsebene befreit, und Fonds, die nur Kommunalobligationen enthalten, sind oft vollkommen steuerbefreit. Wie bei einzelnen Anleihen werden die Kapitalerträge von Rentenfonds normal besteuert.

Man kann die Steuern auf Anleihen und Anleihefonds hinausschieben, indem man die Wertpapiere in einem Altersvorsorgekonto hält wie etwa einem 401(k) oder einem IRA.

Besteuerung staatlich geförderter Altersvorsorgeverträge

In den USA wie auch in Deutschland fördert der Staat die private Altersvorsorge. In den USA geschieht dies im Wesentlichen über großzügige Steuerbefreiungen für IRAs (Individual Retirement Accounts), individuell bestückte Aktien- und Fondsdepots, aus denen später die Rentenzahlungen bestritten werden. In Deutschland sind es vor allem Riester- und Rürup-Verträge, mit denen die Menschen (auch) durch Steuervorteile dazu animiert werden sollen, privat fürs Alter vorzusorgen. Hier liegt allerdings der Fokus stärker auf einem Kapitalerhalt und der Absicherung gegen Verluste. Entsprechend sind die Angebote in Deutschland weniger »aktienlastig« als in den USA. Hier ein Überblick über die geltenden steuerlichen Regelungen in beiden Ländern.

Steuerliche Behandlung von traditionellen und Roth-IRA (USA)

Sie haben in diesem Buch bereits etwas über IRA (Individual Retirement Account) erfahren, es ist für US-Steuerzahler jedoch angebracht, kurz auf die steuerlichen Implikationen der beiden IRA-Haupttypen einzugehen, des traditionellen IRA und des Roth-IRA. Wie die Beiträge zu einem herkömmlichen 401(k)-Plan (einem steuerlich begünstigen Rentensparplan) sind auch die Beiträge zu einem traditionellen IRA steuerlich abzugsfähig, was bedeutet, dass Sie den Betrag, den Sie in einen IRA eingezahlt haben, von Ihrem zu versteuernden Einkommen abziehen können. Wenn Sie beispielsweise 50.000 Dollar im Jahr verdienen und 6.000 Dollar in einen IRA einzahlen, beträgt Ihr zu versteuerndes Einkommen 44.000 Dollar.

Das Geld, das Sie in einen traditionellen IRA investieren, unterliegt zudem einem steuerlichen Aufschub, das heißt, Ihre Beiträge und alle Erträge daraus werden erst besteuert, wenn die Auszahlungen erfolgen. Wenn Sie Auszahlungen vorzunehmen beginnen, werden diese steuerlich wie reguläres Einkommen behandelt. Hinter einem traditionellen IRA steht der Gedanke, dass Ihr Einkommenssteuersatz wahrscheinlich höher ist, wenn Sie noch erwerbstätig sind und Geld verdienen, als beim Eintritt in den Ruhestand, wenn Sie dann Geld aus dem IRA abzuziehen beginnen. Sie müssen Steuern zahlen auf das Geld, das Sie abziehen, aber es wird wahrscheinlich ein niedrigerer Steuersatz zur Anwendung kommen.

Ähnlich wie für traditionelle IRA gilt auch für Simplified Employee Pension (SEP) IRA eine Steuerstundung. Ein SEP ermöglicht es Firmeninhabern, Beiträge für sich selbst und für ihre Angestellten einzuzahlen, und es kann auch von Selbstständigen ohne Beschäftigte genutzt werden. Wie beim traditionellen IRA werden Auszahlungen aus einem SEP nach den normalen Einkommenssteuersätzen besteuert. Die Beiträge vermindern das zu versteuernde Einkommen entweder für den Arbeitgeber oder den Arbeitnehmer, je nachdem wer die Beiträge aufbringt.

Ein Roth-IRA gleicht weitgehend einem traditionellen IRA, wird aber anders besteuert. Wie ein Roth 401(k) wird auch ein Roth-IRA mit Geld bespart, das bereits versteuert ist. Bei einem traditionellen 401(k) und einem traditionellen 401(k) IRA kann man die Beiträge steuerlich absetzen, muss dann aber Steuern zahlen, wenn man später Geld aus dem Fonds abzieht. Die Beiträge zu einem Roth-IRA hingegen verringern das zu versteuernde Einkommen nicht, was man als Nachteil auffassen könnte. Doch das Roth-IRA beginnt sich zu lohnen, wenn Sie mit den Auszahlungen beginnen, denn dieses Geld ist – nach den aktuell geltenden Reglungen – vollständig steuerfrei. Das bedeutet, Sie müssen nicht nur keine Steuern zahlen auf das Geld, das Sie dem Roth-IRA entnehmen, die Auszahlungen werden auch Ihre Progressionsstufe nicht erhöhen oder zu einer Besteuerung von Sozialleistungen führen.

Traditionelle und Roth-IRA haben noch andere Vor- und Nachteile, doch die Art der Besteuerung ist der größte Unterschied zwischen ihnen.

Steuerliche Behandlung von Riester- und Rürup-Verträgen (Deutschland)

Bei einem Riester-Vertrag zahlt der deutsche Staat Direktbeihilfen (Grund- und Kinderzulagen), wenn bestimmte Sparvorgaben erfüllt werden, die von der Einkommenshöhe abhängig sind. Kursgewinne, Zinsen, Dividenden und sämtliche andere Erträge, die innerhalb eines solchen Vertrags anfallen, unterliegen während der Einzahlungsphase keiner speziellen Besteuerung. Zudem ist mit den Einzahlungen sogar unter bestimmten Voraussetzungen Jahr für Jahr eine Steuerersparnis möglich, die höher sein kann als die Zulagen, die der Staat gewährt. Steuerpflichtig sind diese Verträge hingegen in der Auszahlungsphase. Man spricht hier von »nachgelagerter Besteuerung«.

Begünstigungen gibt es auch bei einem Rürup-Vertrags (»Basisrente«). Hier bleiben die Einzahlungen zu einem großen (und jährlich wachsenden) Anteil von der Einkommenssteuer verschont. 2022 sind dies pro Person bis zu 25.639 Euro, die steuerlich geltend gemacht werden können. Von diesem Betrag sind 94 Prozent absetzbar. Bis 2025 steigt der Anteil auf 100 Prozent, der dann absetzbare Höchstbetrag richtet sich nach der dann gültigen Beitragsbemessungsgrenze in der gesetzlichen Rentenversicherung. Aber auch bei »Rürup« gilt die nachgelagerte Besteuerung – die späteren

Auszahlungen unterliegen dann der persönlichen Einkommenssteuer. Allerdings gibt es hier einen bestimmten Betrag, der von der Besteuerung verschont bleibt und der vom Renteneintrittszeitpunkt abhängt.

Ob »Riester« oder »Rürup«: Günstig dürfte die nachgelagerte Besteuerung vor allem deshalb sein, weil die Alterseinkünfte in der Regel niedriger sind als die Einkünfte während des Erwerbslebens. Entsprechend fallen Steuerpflichtige dann in eine niedrigere Progressionsstufe mit geringeren Steuersätzen.

Steuervorteile durch Immobilieninvestitionen

Wie schon in Kapitel 4 dargestellt, gibt es mannigfache Gründe, in Immobilien zu investieren. Eine Immobilienanlage kann eine Einkommensquelle sein, ermöglicht es Ihnen, Eigenkapital aufzubauen und bietet eine gewisse Hebelwirkung, wenn Sie durch Einsatz von Fremdkapital eine ursprüngliche oder eine weitere Immobilie erwerben. Eine Immobilie stellt eine wertvolle Diversifikation des Portfolios dar, ihr Wert wird im Laufe der Zeit steigen und Ihnen einen Gewinn einbringen, wenn Sie das Objekt verkaufen. Dazu kommen noch Steuervorteile, die bei allen Arten von Immobilien zum Tragen kommen, seien es Wohn- oder Gewerbeimmobilien, Einzelhandels- oder Industrieobjekte. Absetzbar ist allerdings nur, was Sie für die Einkünfteerzielung nutzen, sprich vermieten oder verpachten.

Steuerliche Absetzungsmöglichkeiten

Immobilieneigentum ermöglicht es, bestimmte Aufwendungen steuerlich abzusetzen, wie etwa Grundsteuer, Wohngebäudeversicherungen, Hypothekenzinsen, Instandhaltungskosten, wertsteigernde Modernisierungsmaßnahmen und objektbezogene Verwaltungskosten. Das gilt in den USA ebenso wie in Deutschland. In Deutschland heißen die sofort absetzbaren Posten »Werbungskosten«.

Um auch Aufwendungen für die Verwaltung des Objekts absetzen zu können, wie etwa Inserate für die Vermietung, Anwalts- oder Buchhaltungskosten, Ausgaben für Büromieten und Geschäftsausstattung, muss die Immobilie in den USA im Rahmen einer Gesellschaft mit beschränkter Haftung gehalten werden. In Deutschland dagegen sind die genannten Kosten auch dann absetzbar, wenn sie im Privatvermögen verbleibt.

Durch die Absetzung dieser Ausgaben vermindert sich in beiden Ländern das zu versteuernde Einkommen, das heißt, die Steuerzahlung fällt niedriger aus und man spart Geld. Wenn Sie zum Beispiel 50.000 Dollar Mieteinnahmen haben und Sie können insgesamt Ausgaben in Höhe von 9.000 Dollar steuerlich absetzen, vermindert sich das zu versteuernde Einkommen aus Ihrer Immobilienanlage auf 41.000 Dollar.

Abschreibung

Ein großer Vorteil von Immobilieneigentum besteht darin, dass man die Anschaffungskosten für das Objekt abschreiben kann. Abschreibung ist der Wertverlust, den ein Vermögensgegenstand im Lauf der Zeit erleidet und der im Allgemeinen Abnutzung und Verschleiß zugeschrieben wird. Es gibt verschiedene Abschreibungsmethoden, doch für unsere Zwecke beschränken wir uns auf die lineare Abschreibung, bei der sich der Wert eines Vermögensgegenstands gleichmäßig und kontinuierlich vermindert im Laufe seiner Lebensdauer (Abb. 59). Bei Mietobjekten kann man diesen Wertverlust über die gesamte Lebensdauer des Objekts abschreiben – die von der amerikanischen Finanzbehörde IRS für Wohnobjekte auf 27,5 Jahre und für gewerbliche Immobilien auf 39 Jahre festgesetzt worden ist.

Wenn Sie in den USA also 300.000 Dollar für ein Haus bezahlt haben und es vermieten, können Sie 27,5 Jahre lang jährlich 10.999 Dollar abschreiben (300.000 dividiert durch 27,5).

In Deutschland dagegen liegt die für Steuerzwecke festgelegte Lebensdauer bei 40 Jahren für Gebäude, die vor 1925 errichtet wurden, und 50 Jahre für Gebäude, die 1925 und später entstanden sind. Abschreibbar ist außerdem nur der Teil des Kauf- oder Baupreises, der auf die Immobilie selbst entfällt, der Grundstücksanteil kann nicht abgeschrieben werden und muss aus dem Kaufpreis herausgerechnet werden. Nehmen wir an, Sie hätten in Deutschland ein nach 1925 errichtetes Gebäude für 600.000 Euro gekauft, und 500.000 Euro entfallen auf die eigentliche Immobilie, dann könnten Sie für 50 Jahre je 10.000 Euro pro Jahr abschreiben, also steuerlich absetzen. Zudem sind hier wie dort auch einige Kapitalaufwendungen abschreibungsfähig, wie etwa die Erneuerung des Daches oder der Heizungsanlage. Diese Abschreibungen können das zu versteuernde Einkommen signifikant vermindern.

GRAFIK

Abb. 59

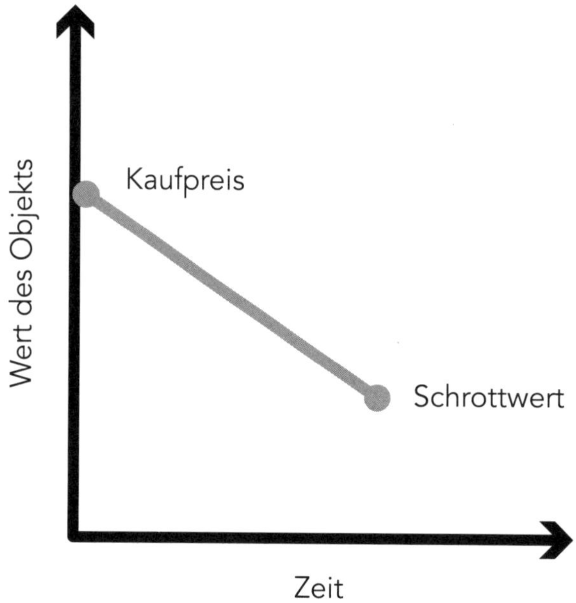

Grafische Darstellung der linearen Abschreibung

Die Abschreibung kann sich für Anleger als Segen erweisen, hat jedoch auch einen Haken.

In den USA kann die Abschreibung zurückgefordert werden, wenn das Objekt verkauft wird, was bedeutet, die Veräußerungsgewinne, die Sie durch den Verkauf erzielen, können mit Ihrem normalen Einkommenssteuersatz belegt werden.

Glücklicherweise gibt es Möglichkeiten, eine Rückführung von Abschreibungen zu vermeiden; in den USA ist dies die sogenannte 1031 Exchange, eine Regel, die einen steuerbegünstigten Umtausch ermöglicht.

In Deutschland erhöht sich bei einem Verkauf innerhalb der Spekulationsfrist von zehn Jahren der steuerpflichtige Verkaufsgewinn um die bereits getätigten Abschreibungen.

Die Regel »1031 Exchange« nutzen (USA)

»1031 Exchange« ist eine Regel des IRS, die es ermöglicht, eine Immobilie gegen eine andere zu tauschen und dadurch die Kapitalertragssteuer auf einen späteren Zeitpunkt zu verschieben.

Das funktioniert folgendermaßen: Wenn Sie zum Beispiel ein Mehrfamilien-Wohnhaus besitzen, können Sie es gegen ein Einfamilienhaus tauschen. Auch wenn Sie das Mehrfamilienhaus für mehr Geld verkaufen, als Sie für das Einfamilienhaus zahlen, müssen Sie, wenn Sie die 1031-Exchange-Regel nutzen, diese Gewinne erst versteuern, wenn Sie auch das Einfamilienhaus veräußern (Abb. 60).

Diese Regel ist an zahlreiche Bedingungen geknüpft, daher sollte man sie nur in Anspruch nehmen, wenn man sie vollumfänglich verstanden hat. Beide Immobilien müssen in den USA liegen und sie müssen innerhalb eines bestimmten Zeitraums ge- und verkauft werden.

GRAFIK

Abb. 60

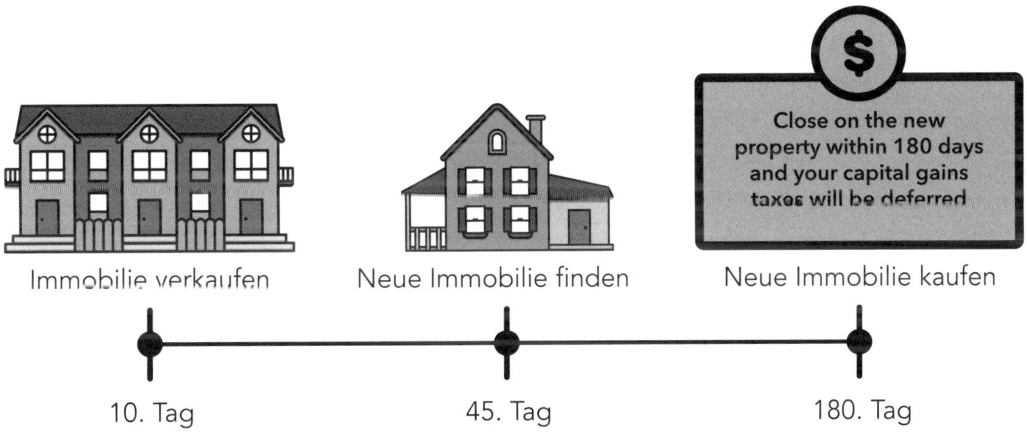

Wie die 1031-Exchange-Regel funktioniert

Sie müssen die Ersatz-Immobilie binnen 45 Tagen nach dem Verkauf des ersten Objekts finden und den Erwerb der Ersatz-Immobilie innerhalb von 180 Tagen über die Bühne bringen, um die Bedingungen der Regel zu erfüllen. Das mag etwas kompliziert erscheinen, doch ein solcher Immobilien-Umtausch kann erhebliche Steuervorteile bringen.

Veräußerungsgewinne und Einkommenssteuer beim Verkauf eines Objekts

Zum Schluss wollen wir uns hier noch mit dem Verkauf von Immobilien befassen. Wenn Sie beim Verkauf eines Objekts mehr Geld einnehmen, als Sie ursprünglich dafür gezahlt haben, können Sie in den USA den Gewinn nach dem niedrigeren Kapitalertragssteuersatz versteuern statt nach dem normalen Einkommenssteuertarif. Ähnlich wie beim Verkauf von Wertpapieren und bestimmten anderen Vermögenswerten können die Gewinne aus einem Immobilienverkauf als kurzfristige oder langfristige Kapitalerträge eingestuft werden.

Die auf kurzfristige Gewinne bezogene Kapitalertragssteuer greift in den USA, wenn ein Immobilienobjekt kürzer als ein Jahr gehalten worden ist. Der Steuersatz bewegt sich in diesen Fällen zwischen 10 und 37 Prozent, je nach Einkommen und steuerlichem Status. Langfristige Kapitalgewinne liegen vor, wenn sich das Objekt länger als ein Jahr im Eigentum des Anlegers befand; in diesem Fall sind die Steuern niedriger und betragen zwischen 0 und 20 Prozent, abhängig vom Einkommen und dem steuerlichen Status. Wie bei anderen Anlagearten zahlt es sich aus, die Immobilie so lange zu halten, dass man in den Genuss des niedrigeren Kapitalertragssteuersatzes kommt. In Deutschland lässt sich die Besteuerung von Verkaufsgewinnen mit der persönlichen Einkommenssteuer durch eine lange Haltedauer vermeiden, vorausgesetzt, die Immobilie befindet sich im Privatvermögen. Ein Verkauf nach zehn Jahren ermöglicht dann steuerfreie Gewinne.

Wichtig: Immobilien, die nicht im Privatvermögen, sondern im Betriebsvermögen einer GmbH gehalten werden, werden in Deutschland steuerlich anders behandelt. Erfolgt eine Vermietung zu Wohnzwecken, dann bleibt es bei einer Abschreibung über 50 Jahre mit jeweils 2 Prozent pro Jahr. Bei gewerblich vermieteten Objekten lässt sich aber die Nutzungsdauer verkürzen und der Abschreibungssatz erhöhen: Möglich ist hier eine Abschreibung mit 3 Prozent pro Jahr.

Theoretisch unterliegen Einkünfte der GmbH der Gewerbesteuer, praktisch ist eine Befreiung ganz oder zumindest in erheblichem Umfang möglich, sofern die Einkünfte aus einer gewerblichen Vermietung oder Verpachtung stammen und die GmbH nichts anderes macht, als Immobilien zu verwalten und zu vermieten (Beherbergungsservices oder Bewirtung der Bewohner gehören aber nicht dazu).

Als Gesellschafter einer solchen Immobilien-GmbH beziehen Sie »Einkünfte aus Kapitalvermögen«, die der Abgeltungssteuer oder dem Teileinkünfteverfahren unterliegen. Der Steuertarif ist damit bei der GmbH-Lösung günstiger als bei der normalen Einkommenssteuer für Einkünfte, die durch Immobilien im Privatvermögen erzielt werden.

Wird eine Immobilie, die in der GmbH gehalten wird, verkauft, dann ist der Gewinn unabhängig von der Haltedauer zu versteuern. Allerdings kommt hier nur die Körperschaftssteuer zum Tragen mit einem Steuersatz von 15 Prozent. Das heißt: Die zehnjährige Spekulationsfrist gilt hier, anders als bei Immobilien im Privatvermögen nicht, die Gewinne sind steuerpflichtig.

Kapitelzusammenfassung

- Steuern sind zwar unvermeidlich, aber es gibt Steuergesetze, die es ermöglichen, die steuerliche Belastung zu vermindern.
- Die Haltedauer eines Vermögensgegenstands beeinflusst häufig die Höhe der Steuern, die darauf zu entrichten sind. In Deutschland spielt die Haltedauer allerdings bei Wertpapieren keine Rolle, bei Edelmetallen, Antiquitäten, Sammlerstücken und Immobilien dagegen schon.
- Die Besteuerung in den USA und in Deutschland ist teilweise recht unterschiedlich.
- Staatlich geförderte Altersvorsorgeprodukte sind in den USA und in Deutschland mit Steuervorteilen verbunden. Sie ermöglichen es einem Anleger, die Steuerzahlung auf einen späteren Zeitpunkt zu verschieben und/oder das Geld in der Einzahlungsphase ganz oder teilweise steuerfrei sich vermehren zu lassen.
- Zu den zahlreichen Vorzügen einer Immobilienanlage gehören auch verschiedene steuerliche Vorteile.

| 12 |
Die Welt der Finanztechnologie im Wandel

Kapitelüberblick

- Die zahlreichen Anwendungsmöglichkeiten von Finanztechnologie
- Wie wir investieren und Zugang zu Informationen erhalten
- Können Fintechs die Welt verbessern?
- Investieren in Fintechs

Die Finanztechnologie, häufig kurz als Fintech bezeichnet, ist jede Art von Technologie, die Finanzdienstleistungen unterstützt, verbessert oder erst ermöglicht. Sie soll den Zugang zu Finanzdienstleistungen und deren Nutzung verbessern. Die Finanztechnologie wurde ursprünglich von Finanzinstituten eingesetzt, ist mittlerweile aber wesentlich kundenorientierter geworden. Manche Analysten glauben sogar, dass die Innovationen, die durch Finanztechnologie ermöglicht wurden, das Verbraucherverhalten grundlegend verändert haben, insbesondere in der Generation der Nach-Babyboomer. Finanztechnologie ist ein breitgefächertes Gebiet und umfasst unterschiedliche Techniken und Anwendungsformen, von der Nutzung von Venmo, um der Freundin einen Kaffee zu bezahlen, bis zum Kauf von Kryptowährungen auf spezialisierten Handelsplätzen wie Coinbase oder Binance.

Diese Beschreibung könnte vermuten lassen, dass die Finanztechnologie ein relativ neues Phänomen ist, doch nach Ansicht mancher Finanzanalysten und Historiker hat sich dieser Geschäftszweig schon Ende des 19. Jahrhunderts zu entwickeln begonnen. Ross Buckley, Professor an der Universität von New South Wales in Sydney; Douglas Amer, Professor an der Universität von Hongkong, und Janos Barberis, Finanzanwalt, Unternehmer und Professor an der Universität von Hongkong, veröffentlichten 2016 ein Papier, in dem sie die Geschichte der Finanztechnologie in drei Phasen unterteilten:

Demnach dauerte die erste Phase der Finanztechnologie von 1886 bis 1967 und bestand im Aufbau einer Infrastruktur für globale Finanzdienstleistungen. Unterseekabel im Atlantik und das Fedwire-System in den USA ermöglichten den damals revolutionär anmutenden elektronischen Transfer von Geld mittels des Telegraphen und des Morsecodes.

Das Hauptmerkmal der zweiten Phase, die sich von 1967 bis 2008 erstreckte, war der Übergang des Finanzwesens von der analogen zur digitalen Technik. Die Nasdaq – die erste digitale Aktienbörse – wurde in den 1970er-Jahren gegründet ebenso wie die SWIFT-Organisation (Society for Worldwide Interbank Financial Telecomunication), ein Netzwerk, das eine Ausweitung des internationalen Zahlungsverkehrs ermöglichte. Die ersten Geldautomaten wurden Ende der 1960er-Jahre eingeführt, und die Banken setzten ab den 1980er-Jahren vermehrt Großrechner ein, was die Tür zum Online-Banking öffnete. PayPal ging 1998 an den Start und machte viele Menschen mit alternativen Zahlungsmethoden bekannt. Diese Phase endete mit der globalen Finanzkrise 2008, als eine neue Ära der Fintech begann.

In dieser dritten Phase der Finanztechnologie, von 2008 bis heute, haben viele Menschen ihre Einstellung zu Bankgeschäften und Geldanlage verändert. Online-Banking und Mobil-First-Plattformen ermöglichen es den Benutzern, ihre Konten zu überwachen, Schecks einzureichen, Geld zu überweisen, Zahlungen durchzuführen, Darlehen zu beantragen, Kreditratings abzufragen, Investments zu tätigen und andere Aufgaben schnell und unkompliziert zu erledigen. Laut dem Global Fintech Adoption Index von 2019 der Firma Ernst and Young nutzen heute rund zwei Drittel der Menschen weltweit Finanztechnologie in irgendeiner Weise – 64 Prozent, während es 2015 erst 16 Prozent waren.

In diesem Kapitel befassen wir uns damit, wie die Finanztechnologie benutzt wird, wie sie die Märkte beeinflusst und wie wir in diese Branche investieren können, welche gesellschaftlichen Auswirkungen sie nach sich zieht und wie dieser Geschäftszweig ständig neue Unternehmen hervorbringt – von denen viele Anlegern attraktiv erscheinen. Beginnen wir damit, wie die Finanztechnologie verwendet wird.

Wie wird die Finanztechnologie genutzt?

Finanztechnologie beruht auf einer Reihe von Softwareprogrammen, die es Finanzinstitutionen, Finanzberatern, Unternehmen und Kunden ermöglichen, neue innovative Produkte und Dienstleistungen zu nutzen. Ich arbeite in meiner beruflichen Praxis gerne mit diesen neuen Technologien, durch die ich in der Lage bin, schnell Risiken zu bewerten, Portfolios auszubalancieren und andere Aufgaben zu erledigen, die früher ziemlich zeitaufwändig waren, was meinen Kunden zugutekommt und auch mir selber nützt.

Als sich diese Technologien verbreiteten, entstanden immer mehr Startup-Unternehmen, die Apps und Software entwickelten, die unsere Art verändern, wie wir Bankgeschäfte erledigen, uns Geld leihen, mit Aktien handeln und andere Investments tätigen und Versicherungen abschließen. Unternehmen stützen sich auf diese neuen Technologien beim Einsatz von Kreditkarten, bei Kreditvergaben, beim Risikomanagement, bei der Eintreibung von Schulden, bei der Bekämpfung von Betrugsversuchen, beim Schutz von Verbraucherdaten und bei anderen Aktivitäten. Einige der wichtigsten Einsatzbereiche der Finanztechnologie werden in diesem Abschnitt erläutert.

Mobile Bezahlsysteme und elektronischer Zahlungsverkehr

Bevor Münzen und Papiergeld aufkamen, galten Vieh und Kaurimuscheln als Währungen. Schecks werden seit Jahrhunderten verwendet und wurden im 20. Jahrhundert und darüber hinaus weithin zur Bezahlung von Rechnungen und Mieten und zur Begleichung anderer Ausgaben verwendet. Schecks sind zwar noch kein Relikt aus vergangenen Zeiten, ihre Verwendung ist aber in den vergangenen Jahrzehnten stark zurückgegangen im Gefolge des Aufkommens elektronischer Zahlungssysteme. Kreditkarten sind nach wie vor beliebt, zunehmend aber wenden sich die Verbraucher digitalen Zahlungsmöglichkeiten zu, die elektronisch verarbeitet werden über Mobiltelefone und andere Geräte.

Während früher die Arbeiter am Freitag vor den Bankschaltern anstanden, um sich ihre Lohnschecks auszahlen zu lassen, haben sich heute der mobile und der elektronische Zahlungsverkehr durchgesetzt, die es den Kontoinhabern ermöglichen, Geld direkt auf andere Konten zu überweisen oder Schecks elektronisch über ein Mobilgerät einzulösen. Elektronischer Zahlungsverkehr, der zum Beispiel auch über Apps wie PayPal oder Venmo abgewickelt werden kann, ist bequem und hat im Zuge der Covid-19-Pandemie enorm an Beliebtheit gewonnen, als die Menschen nicht mehr so häufig nach draußen gingen. Der elektronische Zahlungsverkehr gilt als sicher, gleichwohl ist es nicht verkehrt, Vorsicht walten zu lassen, die persönlichen Informationen zu schützen und darauf zu achten, dass man nur zuverlässige, renommierte Apps verwendet.

Es gibt unterschiedliche Arten von mobilen Bezahlsystemen, darunter die Nahfeld-Kommunikation mittels RFID-Chips, die das Bezahlen mit dem Smartphone ermöglicht, indem man das Gerät mit ein paar Zentimetern Entfernung vor das Terminal hält. Weitere mobile Bezahlsysteme sind mobile Wallets (Geldbörsen) wie etwa Google Pay und Samsung Pay sowie die Zahlung durch Scannen eines QR-Codes, wofür man entsprechende Apps über das Internet herunterladen kann. Daneben gibt es noch weitere, aber weniger verbreitete mobile Bezahlsysteme.

Finanz- und Haushaltsbuch-Apps

Sie wissen, wie wichtig es ist, die persönlichen Finanzen stets im Blick zu behalten. Dazu gibt es heutzutage eine Vielzahl von Hilfsmitteln, und insbesondere Haushaltsbuch-Apps haben sich in jüngster Zeit stark verbreitet.

Software zur Unterstützung beim persönlichen Finanzmanagement ist nichts Neues. Das Programm Quicken, das von Millionen Menschen in unterschiedlicher Weise verwendet wird, gibt es seit den 1980er-Jahren. Heute aber arbeiten die Softwareentwickler verstärkt an Haushaltsbuch-Apps, die die Interaktion zwischen den Applikationen und ihren Benutzern durch den Einsatz künstlicher Intelligenz verbessern und den Funktionsumfang der Apps erweitern. Wenn die Nutzer Informationen über ihre Ausgaben und ihr Sparverhalten eingeben, sind diese Apps in der Lage, ihr künftiges Verhalten zu prognostizieren und entsprechende Empfehlungen zu geben.

Manche Finanz- und Haushaltsbuch-Apps ziehen Kreditkarten-, Banking- und andere Finanzinformationen heran, um das Einkommen und das Ausgabeverhalten eines Nutzers zu analysieren und das Geld verschiedenen Haushaltskategorien zuzuordnen. Andere Anwendungen wie etwa Mint bieten eine kostenlose Bonitätsüberprüfung an, die sich nicht auf den Kredit-Score auswirkt. Weitere Apps, wie Charlie, bei denen Schuldenabbau im Vordergrund steht, enthalten Chatbots, textbasierte automatisierte Dialogsysteme, die dem Nutzer hilfreich zur Seite stehen. Wieder andere beinhalten sogar Features, die Darlehensanträge ermöglichen, Autosave-Programme einrichten und den Kauf von Aktien ermöglichen – alles über eine Plattform.

Manche Anwendungen bieten die Wahl zwischen kostenlosen und Premium-Versionen, andere verlangen eine Monats- oder Jahresgebühr. Ich begrüße zwar alle Instrumente, die Menschen bei der persönlichen Finanzplanung unterstützen, aber diese Apps sind immer nur in dem Umfang hilfreich und wertvoll, in dem die Nutzer sie auch haben wollen. Wer den Apps keine große Aufmerksamkeit schenkt oder ihre Funktionsweise nicht versteht, dem werden sie auch kaum Vorteile bringen.

Crowdfunding-Plattformen

Der Gedanke des Crowdfunding (»Schwarmfinanzierung«) entstand zwar schon vor Jahrhunderten, allgemein aber nimmt man heute an, dass der erste moderne Crowdfunding-Ansatz 1997 von der britischen Rockgruppe Marillion stammt, die Geld für eine geplante

Reunion-Tournee aufzutreiben suchte. Enthusiastische Fans griffen die Idee auf, spendeten zahlreich und ermöglichten dadurch die Tournee.

Dies bereitete der 2003 ins Leben gerufenen Internetseite ArtiShare den Weg, die sich als erste dezidierte Crowdfunding-Plattform verstand und noch heute besteht. Es folgten weitere Websites, die in der Finanzkrise 2008/2009 vermehrt Aufmerksamkeit fanden, als der Bedarf an Finanzhilfen zunahm. Bekannte Crowdfunding-Plattformen, auf denen Einzelpersonen um Spenden werben können, sind GoFundMe, Fundly und GoGetFunding. Crowdfunding wurde auch für die Finanzwelt und für Unternehmen allmählich interessanter, als 2012 in den USA der JumpstartOurBusiness Startups Act, abgekürzt JOBS Act, in Kraft trat. Dieses Gesetz lockerte die Regulierung von Kleinunternehmen und legalisierte das Equity-Based Crowdfunding (Crowdfunding mittels Eigenkapital oder auch Crowdinvesting), eine Art der Mittelaufnahme für Unternehmen, bei der Beteiligungen an den betreffenden Unternehmen erworben werden, die einen Anspruch auf einen Anteil am Unternehmensgewinn verbriefen. AngelList, MicroVentures und Fundable sind Beispiele für Crowdinvesting-Plattformen.

Im Allgemeinen stellt eine Einzelperson, ein Unternehmen, eine Wohltätigkeitsorganisation oder eine andere Organisation, die eine Crowdfunding-Plattform nutzt, eine Geschäftsidee oder ein Projekt vor, für dessen Verwirklichung Geldgeber gesucht werden. Dabei muss das Projekt detailliert beschrieben werden, die Finanzierungsziele und die geplante Verwendung des Geldes müssen benannt werden und dergleichen. Wer die Geschäftsidee oder das Projekt finanziell unterstützen möchte, kann dann über die Internetseite eine Beteiligung in beliebiger Höhe eingehen.

Während manche Menschen aus altruistischen Motiven auf einer Crowdfunding-Plattform spenden, die für eine Einzelperson oder eine Wohltätigkeitsorganisation eingerichtet wurde, können Investoren eine Crowdinvesting-Seite als Möglichkeit nutzen, sich frühzeitig an einem vielversprechenden Geschäftskonzept zu beteiligen. Durch eine Beteiligung an einem Startup-Unternehmen setzen sie darauf, dass die betreffende Firma wachsen und im Laufe der Zeit Gewinne abwerfen wird. Man geht gewöhnlich davon aus, dass Crowdfunding-Gelder nicht zurückgezahlt werden, doch der Empfänger kann Spendern Anreize oder Belohnungen anbieten. Für Spenden für die Veröffentlichung eines Buches zum Beispiel kann nach Fertigstellung ein kostenloses Exemplar geliefert werden. Finanzielle Unterstützung für die Gründung eines Restaurants kann mit einem kostenlosen Essen für zwei Personen honoriert werden.

Crowdfunding hat Vor- und Nachteile, sowohl für die Initiatoren, die Geld suchen, als auch für die Geldgeber. Doch da über diese Plattformen mittlerweile Gelder in Höhe von mehr als 34 Milliarden Dollar aufgebracht werden, stellen sie unbestreitbar eine beliebte Möglichkeit für die Beschaffung von Finanzmitteln dar.

Peer-to-Peer-Kredit

Ähnlich wie das Crowdfunding verbinden auch Peer-to-Peer-Kredite (P2P) Menschen und Unternehmen, die Geld suchen, mit anderen, die bereit sind, Geld zur Verfügung zu stellen. Doch im Unterschied zum Crowdfunding, bei dem die Empfänger generell nicht verpflichtet sind, das erhaltene Geld zurückzuzahlen, sind P2P-Kredite, wie schon der Name sagt, ein Prozess, bei dem Verbraucher oder Unternehmen, die sich Geld leihen möchten, mit Investoren zusammengebracht werden, die bereits sind, Geld zu verleihen. Das Modell der Peer-to-Peer-Kredite kam im Jahr 2005 auf, und ähnlich wie das Crowdfunding, das sich eher auf Unternehmen ausrichtet, fand es nach der Rezession 2008/2009 verstärkt Anhänger. Als die Banken zunehmend restriktiver wurden bei der

GRAFIK

Abb. 61

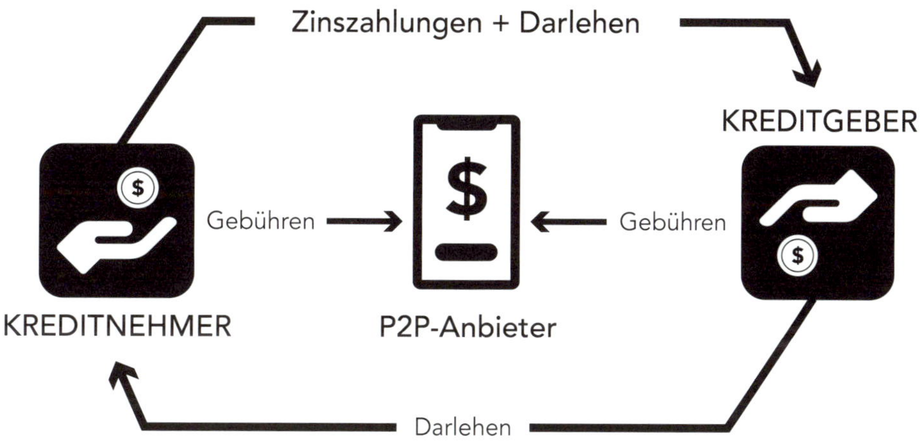

Kreditvergabe, nutzten Unternehmen diese Chance und schufen Online-Kreditmärkte, die nicht mit Banken in Verbindung stehen. Beliebte P2P-Plattformen sind Peerform, Upstart, Prosper, Funding Circle und Payoff. Die Aufnahme von P2P-Krediten erfolgt gewöhnlich über Online-Kreditplattformen, die einen direkten Austausch von Kreditgeber und Kreditnehmer überflüssig machen. Der gesamte Vorgang wird über die Plattform abgewickelt: der Darlehensantrag, die Prüfung des Antrags, die Bonitätsüberprüfung, die Zusage, die Festlegung von Zinssätzen und die Rückzahlung des Darlehens.

Manche Schuldner bevorzugen P2P-Kredite gegenüber klassischen Darlehen, weil sie leichter erhältlich sind. Für einen Kreditnehmer mit einer nicht gerade makellosen Bonität dürfte es wahrscheinlich einfacher sein, ein P2P-Darlehen zu bekommen als einen Bankkredit. Zudem werden für P2P-Kredite gewöhnlich niedrigere Zinsen und geringere Kreditbearbeitungsgebühren verlangt als für klassische Bankkredite. Investoren nutzen P2P-Kredite gern, weil sie oft höhere Renditen bieten als andere Arten von Anlagen.

Zu den Nachteilen von P2P-Krediten gehört, dass sie für Anleger riskant sein können, weil manchmal auch Geld an Schuldner mit schlechter Bonität vergeben wird, bei denen dann ein hohes Ausfallrisiko besteht. Es gibt keinen staatlichen Schutz für die Gläubiger von P2P-Krediten, und in manchen Ländern sind solche Darlehen sogar verboten. Die P2P-Kreditplattformen verdienen Geld auf unterschiedliche Weise: Manche verlangen Gebühren und Provisionen von den Kreditnehmern, den Investoren oder von beiden. Wer sich für Peer-to-Peer-Kredite interessiert – sei es als Kreditgeber oder Kreditnehmer –, sollte sich die Zeit nehmen, die verschiedenen Plattformen zu prüfen und sich umfassend über die Laufzeiten und die Bedingungen informieren.

Versicherungen

Wie in anderen Bereichen der Finanzdienstleistungsbranche hat die Fintech auch im Versicherungsbereich zu weitreichenden Veränderungen geführt. Die Durchdringung des Versicherungssektors mit der Technologie hat im angloamerikanischen Raum einen neuen Begriff hervorgebracht – Insurtech – was eine Abkürzung für »Insurance Technology« (Versicherungstechnologie) ist. Während manche Analysten die Insurtech-Branche als einen Versuch betrachten, die Versicherungsbranche manipulativ zu verändern, sehen andere hierin eine disruptive Kraft im positiven Sinn, die dazu beitragen soll, die Dienstleistungen und Abläufe in der Versicherungswirtschaft weiterzuentwickeln, um einen besseren Service, leichteren Zugang und besser auf die Kunden zugeschnittene Produkte bieten zu können. Unter Insurtech kann man die technologischen Innovationen verstehen und auch die Unternehmen, die diese herbeiführen.

Wie in vielen anderen Branchen und Geschäftszweigen spielt die künstliche Intelligenz auch im Versicherungswesen eine zunehmend wichtigere Rolle. So verwenden Unternehmen heute Chatbots zur Beantwortung von Fragen und um den Kunden Informationen zu vermitteln, wodurch es praktisch überflüssig wird, Kundendienstmitarbeiter zu beschäftigen. Dank Smartphone-Apps müssen Versicherungskunden Urkunden, Bescheinigungen oder andere Dokumente nicht mehr kopieren oder ausdrucken und in Papierform einsenden, sondern machen einfach Fotos und schicken diese über ihre Mobilgeräte. Maschinenlernen, Drohnen, Telematik und andere technologische Innovationen sind ebenfalls Bestandteil von Insurtech, und viele Versicherungsunternehmen gliedern diese rasch in ihre Abläufe ein.

Nachfolgend einige US-amerikanische Insurtech-Unternehmen, die auf der *Forbes*-Liste »Fintech 50« aus dem Jahr 2020 aufgeführt sind – eine Auflistung innovativer Startups, die sich durch ihren Einsatz von Fintech einen Namen gemacht haben:

- **Lemonade:** Dieses in New York ansässige Unternehmen bietet Eigenheimversicherungen für 25 Dollar im Monat und Mieterversicherungen für 85 Dollar im Monat an. Die Firma nutzt künstliche Intelligenz für die Entscheidung über Deckungszusagen und Schadensforderungen, während die Kunden online auf das Ergebnis warten.

- **Ethos:** Ethos verkauft Lebensversicherungen und setzt Prognosesoftware ein, um Prämienhöhen mittels App zu berechnen. Sie stützt sich auf selbstübermittelte Daten von Antragstellern, die medizinische und pharmazeutische Informationen enthalten, und kann dadurch medizinische Untersuchungen zum großen Teil vermeiden.

- **Hippo Insurance:** Dieser Wohngebäudeversicherer nutzt Satellitenaufnahmen, öffentliche Daten und Smart-Home-Techniken wie etwa Leckanzeiger für Wasserleitungen und Türschlösser, um Schadensforderungen zu minimieren und den Antragsprozess zu vereinfachen. Zudem bietet die Firma halbjährliche Instandhaltungsinspektionen über Sheltr an, eine Plattform zur Instandhaltung von Wohnräumen, die sie 2020 erwarb.

Blockchain und Kryptowährungen

Über die Schnittstellen von Finanztechnologie, Blockchain und Kryptowährungen wird ausführlich diskutiert, wobei einige Forscher die Ansicht vertreten, dass es sich hierbei um völlig unterschiedliche Bereiche handle, während andere glauben, dass sie unvermeidlich miteinander verflochten seien.

Sie wissen bereits, dass die Finanztechnologie eine Technologie ist, die alle Bereiche der Finanzdienstleistungen unterstützt und ihre Funktionsweise und ihre Anwendungsmöglichkeiten verbessert und optimiert. Die Blockchain ist eine Technologie, die identische Kopien eines Datenbestands über ein größeres System verteilt und es dadurch stark erschwert, dieses System zu manipulieren. Die Blockchain, die auch als dezentral geführte Kontobuchtechnologie bezeichnet wird, ist ein dezentrales System, das einen Datenbestand über eine Vielzahl von Rechnern verteilt, die ein Netzwerk bilden.

Das digitale Kontobuch kann man sich als eine Kette vorstellen, die aus einzelnen Datenblöcken besteht. Wenn neue Daten vorhanden sind, werden diese in einem neuen Block abgelegt und zu den anderen Blöcken in der Kette hinzugefügt. Die Blockchain ist eine noch recht junge Innovation, die gegen Ende der ersten Dekade des 21. Jahrhunderts entwickelt wurde durch eine Person oder Personen mit dem Pseudonym Satoshi Nakamoto. Die Technologie wurde erfunden zur Unterstützung des Bitcoins, der ersten Kryptowährung, die ebenfalls von Satoshi Nakamoto geschaffen wurde.

Ursprünglich diente die Blockchain als öffentliches Transaktionsjournal oder Aufzeichnungssystem für den Bitcoin. Jedes Mal, wenn ein Bitcoin ge- oder verkauft wurde, wurde diese Transaktion der Blockchain hinzugefügt, die eine öffentliche Datenbank darstellt, die von anderen Bitcoin-Haltern einsehbar ist. Mittlerweile haben sich für die Blockchain aber auch weitere Anwendungsmöglichkeiten entwickelt, etwa im Bankwesen, beim Transfer von Vermögenswerten oder der Überwachung von Lieferketten. Interessanterweise halten Fachleute auch den Einsatz der Blockchain zur Verhinderung von Wahlbetrug für möglich, weil die Technologie die Verwendung von Stimmzetteln aus Papier überflüssig machen und sicherstellen könnte, dass es keine Manipulationen gibt.

Der Bitcoin ist zwar die erste und älteste Kryptowährung, aber keineswegs die einzige. Kryptowährungen können heute zur Online-Bezahlung von Gütern und Dienstleistungen genutzt werden. Sie können auch gehandelt werden. Manche Anleger kaufen Kryptowährungen, um sie zu halten, bis ihr Wert gestiegen ist und verkaufen sie dann wieder – ganz ähnlich wie eine Aktie. Kryptowährungen sind dezentralisiert und daher nicht mit einer bestimmten Bank verbunden. Ihre Nutzer sorgen dafür, dass sie fortbestehen und dass Ihnen ein Wert beigemessen wird.

Seit der Entstehung des Bitcoins im Jahr 2009 wurden ungefähr zehntausend weitere Kryptowährungen geschaffen und werden heute öffentlich gehandelt. Die Kryptowährungen unterscheiden sich; einige eignen sich in erster Linie als Ersatz für Bargeld, andere sind vor allem auf die Nutzung bei direkten privaten Transaktionen ausgelegt. Ende Mai 2021 betrug der Gesamtwert aller bestehenden Kryptowährungen mehr als 1,7 Billionen US-Dollar. Das ist eine erstaunliche Zahl, sie liegt aber unter dem Gesamtwert, der einen Monat vorher ermittelt und auf 2,2 Billionen Dollar beziffert wurde, was den bisherigen Rekordwert darstellte. Der Gesamtwert aller Bitcoins – der ursprünglichen und am meisten verbreiteten Kryptowährung – belief sich im Mai 2021 auf rund 735 Milliarden Dollar nach seinem Hoch von rund 1,2 Billionen im Vormonat.

Zur Verdeutlichung der Größenverhältnisse: Im Juni 2021 besaß der Bitcoin nach Angabe von CoinMarketCap, einem Datenlieferanten für Kryptowährungen, eine Marktkapitalisierung von 735,3 Milliarden Dollar. Die Kryptowährung mit der nächsthöheren Marktkapitalisierung war zu diesem Zeitpunkt Ethereum, die es auf einen Börsenwert von 324,2 Milliarden Dollar brachte. Danach folgten Tether mit 61 Milliarden Dollar Marktkapitalisierung, Binance Coin mit 57,5 Milliarden Dollar und Cardano mit 54,6 Milliarden Dollar.

Kryptowährungen werden über spezielle Kryptobörsen gehandelt. Die bekannteste und am meisten genutzte Kryptobörse in den USA ist Coinbase, eine vollständig regulierte und lizensierte Börse, was nicht für alle anderen Handelsplätze gilt. Da es sich um eine vollständig digitale Währung handelt, bekommt man kein physisches Geld in die Hand. Der Bestand wird in einer digitalen Geldbörse (Wallet) gehalten, die online gespeichert werden kann, manchmal auch in einer Börse oder auch offline auf einem Speichermedium ähnlich einem USB-Stick.

ACHTUNG

Häufig kommt es zu Betrugsversuchen im Zusammenhang mit Kryptowährungen, daher ist Vorsicht geboten, wenn man Kryptowährungen handeln will. Es gibt Berichte über fingierte Handelsplätze, Erpressungsversuche, gefälschte Coins, Malware, Phishing-Mails und andere Versuche, Kryptos zu stehlen.

Blockchain und Kryptowährungen werden zunehmend mehr Menschen vertraut und scheinen allmählich breitere Anerkennung zu finden, befinden sich aber immer noch im Anfangsstadium. Manche Finanzberater empfehlen ihren Klienten, sich ein paar Kryptos ins Portfolio zu legen, und zahlreiche Anleger haben diese Chance mittlerweile auch genutzt.

Einige prominente Investoren dagegen wie zum Beispiel Warren Buffett lehnen Kryptowährungen ab, weil diese ihrer Ansicht nach kaum als Zahlungsmittel einsetzbar sind und zu stark schwanken, um ein sinnvolles Investment darstellen zu können. Buffett erklärte 2020 im amerikanischen Börsensender CNBC: »Ich besitze keine Bitcoins, und ich werde nie welche besitzen.« Ich bin nicht so entschieden gegen Kryptowährungen wie Buffett, aber weil sie vollkommen unreguliert sind, habe ich Verständnis für diese ablehnende Einstellung. Wenn Sie damit liebäugeln, einige Kryptos in Ihr Portfolio aufzunehmen, aber unsicher sind, wie Sie das umsetzen können, empfehle ich Ihnen, sich Krypto-ETFs anzuschauen, die reguliert sind und das Risiko etwas abmildern, weil sie einigermaßen diversifiziert sind.

Obgleich Kritiker die Nutzbarkeit von Kryptowährungen für den Zahlungsverkehr in Frage stellen, gibt es Hinweise darauf, dass Kryptos mittlerweile zunehmend auch bei Alltagskäufen akzeptiert werden. Das hängt maßgeblich zusammen mit dem Aufkommen von Krypto-Kreditkarten und von Zahlungsdienstleistern, die eine dritte Partei darstellen. Bekannte US-Unternehmen, die Bitcoin akzeptieren und in manchen Fällen auch andere Kryptowährungen, sind Microsoft, Overstock, Home Depot, Starbucks und Whole Foods. Die Blockchain-Technologie und die Kryptowährungen sind eine komplexe Angelegenheit und überschreiten den Rahmen dieses Buches. Es gibt vielfältige Quellen, in denen Sie nähere Informationen erhalten können, und ich möchte Ihnen empfehlen, sich umfassend zu informieren, bevor Sie sich entscheiden, in den Kryptomarkt einzusteigen.

Wie sich die Finanztechnologie auf den Aktienmarkt auswirkt

Heute ist der Aktienmarkt für jeden zugänglich, der sich ein bisschen auskennt und ein wenig Geld mitbringt, aber das war nicht schon immer so. Noch vor 50 Jahren betätigten sich nur Wohlhabende an der Börse, denn Informationen über Unternehmen und Aktien waren nur eingeschränkt verfügbar, finanzielle Beratung war schwer zu finden und das Ordern war teuer.

Das Internet hat das Wesen der Geldanlage grundlegend verändert, und die Finanztechnologie treibt diese Veränderungen weiter voran. Schauen wir uns an, was sich in jüngster Zeit im Bereich des Aktienmarkts und des Investierens getan hat.

Robo-Advisors und Trading-Apps

Verbraucher können schon seit Jahrzehnten eigenständig Börsengeschäfte durchführen. Doch bis zum Aufkommen der Robo-Advisors hielten sich die meisten Menschen von der Börse fern, weil sie glaubten, dass sie nicht über das erforderliche Wissen verfügten, um sich auf diesem Terrain bewegen zu können.

In Kapitel 10 haben Sie erfahren, dass Robo-Advisor Computer-Algorithmen und ausgeklügelte Software zur Zusammenstellung und Verwaltung von Anlage-Portfolios nutzen. Die meisten Anbieter verlangen niedrige Gebühren und führen nur geringe oder keine Portfolio-Anpassungen durch, einige ziehen Maschinenlernen und künstliche Intelligenz heran zur Analyse von Daten und der Ausarbeitung von Empfehlungen. Mit ihren Dienstleistungen, die von automatisierter Asset Allocation bis zu Steueroptimierung reichen, haben Robo-Advisor für Millionen Menschen die Tür zur Geldanlage an der Börse geöffnet, die sonst davor zurückgeschreckt wären oder denen es zu teuer gewesen wäre.

Mit Trading-Apps ist es ein Leichtes, das Portfolio zu überprüfen, mit Aktien, ETFs und manchmal auch Kryptowährungen zu handeln oder Informationen über die Märkte einzuholen, von jedem Standort aus und oft auch ohne Gebühren. Einige dieser Apps, wie TradeStation, bieten Investment-Spiele an, bei denen man an der Verwaltung eines großen virtuellen Portfolios mitwirken und dabei lernen kann, wie und warum sich Experten für bestimmte Investments entscheiden. Wie Robo-Advisors haben auch Anlage-Apps zur Demokratisierung des Börsenhandels beigetragen und Finanzinformationen leichter verfügbar gemacht.

Verbesserte Zugangsmöglichkeiten zu Daten und Trends

Der Zugang zu Daten und Finanztrends war früher weitgehend auf Bankmitarbeiter und einflussreiche Finanziers beschränkt, die sich teure Dienste wie Bloomberg Terminal oder Thomson Reuters leisten konnten, um sich all die Informationen und Live-Daten zu beschaffen, die sie für ihre strategischen Investitionsentscheidungen benötigten.

Fintech hat dem gewöhnlichen Anleger diese Wissens- und Informationsquellen erschlossen und ermöglicht den Zugang zu aktuellen Daten und Trends, der erforderlich ist, um wie die Profis kluge und besonnene Entscheidungen zu treffen. Natürlich ist umfassende Information noch keine Garantie für erfolgreiches Investieren, aber die Kenntnis der Faktoren, welche die Aktienpreise beeinflussen, kann Anlegern helfen, Chancen besser zu nutzen.

Anleger finden eine Fülle von Informationen bei Anbietern wie zum Beispiel Bloomberg: Business News, Fox Business, Barron‘s, TheStreet, CNBC Breaking News und *Wall Street Journal.* Einige dieser Informationsquellen sind gegen eine Monatsgebühr zugänglich, andere sind kostenlos. Die Nutzer können Börsenkurse in Echtzeit verfolgen, haben Zugriff auf aktuelle Wirtschaftsmeldungen, können sich über fundamentale Daten informieren, Benachrichtigungen erhalten und in manchen Fällen auch auf Analysen von Experten zugreifen. Diese aktuellen Berichte und Meldungen können Investoren helfen, besser zu verstehen, was im Markt geschieht, und Chancen zu nutzen, um ihre Aktienauswahl anzupassen oder bei Schnäppchen zuzugreifen.

Investieren in Fintechs

Weil die Finanztechnlologie für eine Vielzahl von Geschäftszweigen von Belang ist, gibt es in diesem Bereich eine Fülle von Anlagemöglichkeiten. Aber wie findet man heraus, ob es ein günstiger Zeitpunkt ist, sich Fintech-Aktien ins Portfolio zu holen, und wenn ja, für welche Werte soll man sich entscheiden?

Die Fintech-Branche erscheint nach wie vor sehr spannend, und die meisten Fachleute sind sich einig, dass sie weiter wachsen wird, wenn neue Technologien aufkommen und innovative Produkte und Dienstleistungen entwickelt werden. Es gibt Auflistungen der besten Fintech-Aktien, und einige Leute, die frühzeitig in diesen Bereich investiert haben, konnten beachtliche Erfolge erzielen. Doch Fintech-Aktien können auch sehr volatil sein, und manche Finanzberater halten sie für deutlich überteuert. Andere halten das hohe Kursniveau aufgrund ihres Wachstumspotenzials für gerechtfertigt. Viele einschlägige Aktien sind stark gestiegen, was die Befürchtung geweckt hat, dass hier eine neue Technologieblase entstehen könnte. Doch obwohl Fintech in viele Wirtschaftsbereiche hineinwirkt, dürfte ein Crash in einem dieser Sektoren nicht gleich auf die Gesamtheit der Fintech-Aktien durchschlagen.

Wenn Ihnen eine bestimmte Fintech-Aktie aussichtsreich erscheint und Sie Ihre Hausaufgaben gemacht haben und sich überzeugt haben, dass die Firma gesund ist und wahrscheinlich weiter wachsen wird, könnten Sie mithilfe des Durchschnittskosteneffekts (dieses Thema behandeln wir in Kapitel 6 »Investmentstrategien«) Zug um Zug in die Aktie einsteigen, wodurch Sie im Laufe der Zeit Ihre Position aufbauen können. Eine andere Möglichkeit wäre ein Fintech-ETF, der Ihr Geld arbeiten lässt, ohne sich zu sehr von einem einzigen Unternehmen abhängig zu machen.

Fintech-Aktien haben sich in der Pandemie recht gut geschlagen aufgrund der Zunahme des Online-Handels, des kontaktlosen Bezahlens und der verstärkten Verwendung anderer Technologien, doch manche Ökonomen glauben, dass sie durch eine unvorhersehbare Rezession beeinträchtigt werden könnten, die nicht durch eine Pandemie, sondern durch andere Faktoren verursacht wird. Zudem ist die Finanztechnologie eine sehr wettbewerbsintensive Branche, weshalb nur schwer vorherzusagen ist, welche Firmen dauerhaft wachsen und sich durchsetzen werden. Gleichwohl ist die Finanztechnologie gegenwärtig einer der bedeutendsten Wachstumsmärkte, und es gibt keine Anzeichen, dass sich dies so schnell ändern könnte. Wenn Sie Ihre Due-Diligence-Prüfung durchführen und Sorgfalt walten lassen bei Ihrer Entscheidung, können Sie sich vielleicht langfristige Wachstumschancen erschließen.

Kapitelzusammenfassung

- Die Finanztechnologie ist nicht neu, entwickelt sich aber rasant.
- Für die Finanztechnologie gibt es eine Vielzahl von Anwendungsmöglichkeiten; sie erstreckt sich auf das Kreditgeschäft, auf Kryptowährungen, Haushaltsplanung, Zahlungsabwicklung und Spareinlagen, Versicherungen und einiges mehr.
- Robo-Advisors, Trading-Apps und verbesserter Zugang zu Finanzinformationen und anderen Quellen haben zu einer Demokratisierung des Aktienmarkts geführt und bei vielen Menschen die Herangehensweise an die Geldanlage verändert.
- Anlagechancen gibt es zuhauf im Fintech-Bereich, es empfiehlt sich aber, umsichtig und bedacht vorzugehen.

| 13 |

Über den Profit hinaus

Ethisches und sozial verantwortungsvolles Investieren

Kapitelüberblick

- Was ist ethisches Investieren?
- Ethische Investments finden
- Ethische Fonds und ETF
- Instrumente zur Bewertung der Geschäftsethik

ZITAT

> *Hinter jeder Aktie steht ein Unternehmen. Finden Sie heraus, was es macht.*
>
> PETER LYNCH

Es gibt viele Gründe, warum jemand eine bestimmte Aktie kauft. Vielleicht erscheint dem Käufer die aktuelle und die erwartete Gewinnentwicklung der Firma günstig oder sie zahlt hohe Dividenden. Vielleicht findet der Anleger das Kurs-Gewinn-Verhältnis attraktiv, oder die Aktie ermöglicht die gewünschte Diversifizierung des Portfolios.

Manche Anleger allerdings wählen Aktien in erster Linie nach deren ethischen Prinzipien und ihrer Einstellung gegenüber sozialer Verantwortung aus. Dieses Kriterium für die Aktienauswahl nennt man ethisches Investieren, und es gewinnt in den USA, in Deutschland und in anderen Ländern zunehmend Anhänger.

Die Praxis des ethischen Investierens hat unterschiedliche Nuancen. Dafür stehen Bezeichnungen wie sozial verantwortliches Anlegen, biblisch verantwortliches Investieren, grüne Anlagen, Impact Investing (nicht nur das Geld vermehren, sondern auch etwas Gutes tun) und Environmental, Social and Governance (ESG, Investmentstrategien, die auch ökologische, soziale und Aspekte der Unternehmensführung berücksichtigen). Die Kriterien für diese Anlagestrategien sind unterschiedlich, doch ethisches Investieren bezieht sich im Allgemeinen auf ein Verfahren der Auswahl von Aktien, Fonds und anderen Investments auf der Grundlage persönlicher Überzeugungen und ethischer Überlegungen, die für den betreffenden Anleger wichtig sind. Ethische Anleger möchten ihr Geld so einsetzen, dass es positive Veränderungen herbeiführt oder fördert.

Statistiken zeigen, dass sich eine wachsende Zahl von Anlegern für ethisches Investieren interessiert und gezielt nach Investments sucht, die nicht nur Gewinne für die Anteilseigner erwirtschaften wollen, sondern auch deren Wertvorstellungen widerspiegeln. Dies hat zu vermehrter Nachfrage nach Aktien und Indexfonds geführt, die sich auf Nachhaltigkeit, sozial verträgliches Verhalten oder ethische und moralische Werte ausrichten. Laut Morningstar, einem Finanzdienstleistungsunternehmen, das ausführlichen Investmentresearch betreibt, wurden im Jahr 2020 mehr als 51 Milliarden Dollar in Nachhaltigkeitsfonds investiert, was ein Viertel aller neu angelegten Gelder in diesem Jahr ausmachte.

Studien weisen zudem darauf hin, dass Umweltschutz und Umweltbewusstsein eine wichtige Motivation ist für viele Anleger, insbesondere für sogenannte Millenials (worunter man allgemein die Altersgruppe der zwischen 1981 und 1996 Geborenen versteht). Doch auch andere Themen beeinflussen die Entscheidungen der Anleger darüber, wo und wie sie ihr Geld investieren. Manche Anleger möchten Firmen meiden, die mit Tabak oder Alkohol zu tun haben, andere weigern sich, Geld in Rüstungsfirmen zu investieren. Ethisches Investieren bedeutet für manche Anleger, dass sie Anleihen kaufen, die sich auf bestimmte Projekte beziehen oder von einer Kommune emittiert werden, die sie unterstützen möchten. Andere wollen keine Anteile an REITs besitzen, zu deren Portfolio private Gefängnisse gehören oder an Firmen, die ihre Produktion in Ländern auslagern, wo es nur schwache Arbeitsschutzgesetze gibt.

ACHTUNG

Bedenken Sie, dass es noch keine allgemein anerkannten Standards für ethisches Investieren und gibt und auch keine allgemeinen Kategorien für Investments unter diesem Dach. Wenn Sie Ihr Geld so anlegen wollen, dass sich darin Ihre Wertvorstellungen spiegeln, bleibt es Ihnen nicht erspart, Ihre Hausaufgaben zu machen und sich zu vergewissern, dass die Unternehmen, in die Sie investieren, ihren selbstgesetzten Ansprüchen auch gerecht werden.

Wenn Sie wissen, wo Sie suchen müssen, gibt es eine Vielzahl von Möglichkeiten für Anlageentscheidungen, in denen Ihre moralisch-ethischen Vorstellungen Ausdruck finden. Sich wohlzufühlen damit, wie das eigene Geld arbeitet und dabei schöne Gewinne zu erzielen, ist ein Idealzustand, der gleichwohl nicht unerreichbar ist. In diesem Kapitel befassen wir uns damit, wie Sie die Belange, die Ihnen wichtig sind, in Ihre Anlageentscheidungen einfließen lassen können.

Warum Sie nicht auf Gewinn verzichten müssen

Unternehmen profitieren von der Gesellschaft auf verschiedenen Ebenen. Ohne staatliche Schulen und weiterführende Bildungseinrichtungen stünden keine Arbeitskräfte zur Verfügung, die man einstellen kann. Ohne Infrastruktur wären die Unternehmen nicht in der Lage, ihre Güter über Autostraßen und Bahnlinien zu versenden. Ohne das Rechtssystem könnten die Unternehmen nicht Forderungen gegenüber ihren Kunden eintreiben. Hinter sozial verantwortlichem Investieren steht der Gedanke, dass Unternehmen gewissermaßen wie gute Bürger sein und durch ihr Verhalten das Wohl der Allgemeinheit wie auch ihrer Anteilseigner schützen und fördern sollten. Es ist ein Glück für diese Anleger, dass die Unternehmen durchaus diesen Erwartungen entsprechen und zugleich wirtschaftlich erfolgreich sein können.

Ethisches Investieren muss nicht auf Kosten der Profitabilität gehen. Tatsächlich haben Investmentfonds, die auf Nachhaltigkeit setzen, in den vergangenen Jahren neue Höhen erreicht, befeuert durch das wachsende Interesse der Anleger für diese Thematik. Das ist eine gute Nachricht für Investoren, die nach ethischen Investmentgelegenheiten suchen, zugleich aber auch Gewinn erzielen wollen. Anleger, die ein Unternehmen unterstützen möchten, das durch seine Geschäftstätigkeit Einfluss ausübt auf die Gemeinschaft, die Umwelt oder was auch immer ihnen besonders wichtig ist, sollten sich zunächst vergewissern, dass die betreffende Firma gut aufgestellt ist sowie wachsen und erfolgreich sein kann. Was bringt es, wenn man in eine Firma investiert, die sich in sozialen oder ökologischen Belangen besonders hervortut, aber über keine soliden finanziellen Grundlagen verfügt? Ein Unternehmen kann keine positiven Veränderungen vorbereiten, anstoßen oder herbeiführen, wenn es nicht handlungsfähig ist.

Es ist nicht sonderlich schwierig, Investmentmöglichkeiten zu finden, die ethischen Kriterien genügen und auch gute Entwicklungsperspektiven aufweisen. Eine solche Anlagestrategie lässt sich am besten umsetzen, indem man den Prozess der Überprüfung und Bewertung von Investments um eine zusätzliche Kategorie ergänzt. Neben der Fundamentalanalyse eines Unternehmens kann man sich auch anschauen, wie sich die Firma in bestimmten Bereichen verhält, die man für besonders wichtig erachtet. Wenn ein Unternehmen zum Beispiel überteuerte Medikamente oder ungesunde Lebensmittel verkauft, die der rücksichtslosen Abholzung von Wäldern Vorschub leistet, ihre Produkte in Ländern fertigen lässt, die schlechte Arbeitsbedingungen zulassen, nicht verantwortungsvoll mit Nebenprodukten oder umweltschädlichen Stoffen umgeht, die Gesundheit der Menschen in ärmeren Wohngebieten beeinträchtigt, oder gegen andere ethische und moralische Maßstäbe verstößt, die Sie als Anleger für wichtig halten, können Sie dieses Unternehmen gleich aus Ihrer Beobachtungsliste entfernen.

Mehrere Fondsgesellschaften bieten Investmentfonds an, bei denen die aufgenommenen Firmen bereits nach moralischen oder ethischen Kriterien gefiltert wurden. So hat zum Beispiel die amerikanische Fondsgesellschaft Dimensional Funds Advisors eine Reihe von Fonds im Angebot, die in keine Unternehmen investieren, deren Produkte oder Praktiken mit industrialisierter Landwirtschaft, Kinderarbeit oder rein gewinnorientierten Gesundheitsdienstleistungen verbunden sind.

Es gibt eine Fülle von Anlagemöglichkeiten auf dem Markt, aus denen man wählen kann. Warum sollte man also Investments tätigen, die den eigenen Wertmaßstäben widersprechen? Wenn Sie bei Ihren Recherchen und und Fundamentalanalysen auf Unternehmen stoßen, die Wohlfahrtspflege oder verantwortungsbewussten Umgang mit der Umwelt fördern, ihre Beschäftigten fair behandeln, und sich auch in anderen Belangen um verantwortliches Verhalten bemühen, nehmen Sie diese Firmen unter nähere Beobachtung. Wenn sie auch die Überprüfung hinsichtlich ihrer fundamentalen Kennziffern bestehen – gesunde Bilanz, kompetente Unternehmensführung, KGV in vernünftiger Höhe etc. –, eröffnet sich vielleicht eine großartige Anlagechance. Wenn Sie mittels eines ethischen Investmentansatzes den Pool der in Frage kommenden Optionen reduzieren, können Sie Ihren Bewertungsprozess um Einiges vereinfachen.

ACHTUNG

Eine Warnung: Verlassen Sie sich nicht allein auf die von einer Firma veröffentlichten Dokumente und Berichte, um deren Glaubwürdigkeit als ethisch verantwortlich handelndes Unternehmen zu überprüfen. Oft dienen Nachhaltigkeitsberichte oder Projekte, bei denen soziale Verantwortung im Vordergrund steht, lediglich dazu, gewissermaßen einen Ausgleich zu schaffen für frühere Verstöße gegen ethische Maßstäbe. Ziehen Sie neben den Veröffentlichungen des betreffenden Unternehmens auch Berichte oder Bewertungen durch unparteiische Dritte heran.

Informationsquellen zu ethischem Investieren

Während Fondsgesellschaften häufig ihr eigenes Angebot von Fonds in den Vordergrund rücken, die sich nach eigener Angabe ethischen und sozialen Prinzipen verpflichtet haben, gibt es auch unabhängige Informationsquellen, an die man sich wenden kann, wenn man nach sozial verantwortlichen Investments (SRI, Social Responsible Investments) sucht. Dazu gehören unter anderem folgende englischsprachigen Internetseiten:

- **YOURSRI.com** konzentriert sich auf ESG (Environmental, Social and Governance)-Themen und den Bereich Treibhausgasemissionen und Klimaschutz.

- **MichaelBluejay.com** ist ein SRI-Blog, der auf Umweltschutz- und Nahrungsmittel-Themen ausgerichtet ist.

- **The Forum for Sustainable and Responsible Investment** unter ussif.org ist eine nicht gewinnorientierte Organisation, die Berichte und unabhängige Bewertungen für SRI-Fonds veröffentlicht.

- **Inspire Insight** ist ein investmentbezogenes Screening-Tool, bei dem man anhand von Tickersymbolen nach Unternehmen suchen kann, die sich nicht an Geschäftsaktivitäten beteiligen, die als ethisch oder moralisch bedenklich eingestuft werden können. Es ist kostenlos nutzbar, man muss jedoch unter inspireinsight.com ein Benutzerkonto anlegen.

Auch in Deutschland gibt es Online-Plattformen, mit denen sich Fonds auf Basis der eigenen Wertmaßstäbe herausfiltern lassen, beispielsweise www.meinfairmoegen.de, www.forum-ng.de oder www.nachhaltiges-investment.org.

Der MSCI KLD 400 Social Index

Dieser Index, der früher unter der Bezeichnung Domini 400 Social Index firmierte, wurde von der Börsenmaklerin Amy Domini geschaffen. Sie ist Autorin des Buches *Ethical Investing*, in dem untersucht wird, inwieweit sich Gewinnstreben und Investieren zu einem guten Zweck unter einen Hut bringen lassen. Domini und ihre Partner schufen den Index 1989 als Instrument für Investoren, die mehr anstreben als nur maximalen Gewinn. Damit Unternehmen in den Index aufgenommen werden können, müssen sie verschiedenen ethischen Ansprüchen genügen, etwa auf den Gebieten Arbeitsbedingungen, Sicherheit, Engagement für die Gemeinschaft und Umweltbewusstsein. Automatisch ausgeschlossen sind Firmen, die sich mit Tabak, Alkohol, Glücksspiel, Atomkraft und Waffen beschäftigen. Obwohl einige der Aktien, die den MSCI KLD 400 bilden, auch im S&P 500 Index enthalten sind, hat sich der MSCI KLD in der Vergangenheit regelmäßig besser entwickelt als der S&P. Aktien aus dem MSCI KLD 400 zu wählen, ist eine interessante Möglichkeit für sozial verantwortungsbewusste Anleger, ihr Geld in Blue Chips anzulegen, da es sich bei den Aktien in diesem Index überwiegend um hoch kapitalisierte Werte handelt.

Global 100

Aktien von Firmen, die sich zu sozialer und ökologischer Verantwortung bekennen, finden sich auch auf der Liste der Global 100. Jedes Jahr diskutieren Wirtschaftsführer und Politiker bei ihrem Treffen auf dem Weltwirtschaftsforum im schweizerischen Davos über die Situation der Weltwirtschaft und bestimmen 100 Unternehmen aus der ganzen Welt, welche die Verpflichtung zu sozialverträglichem Handeln und ethischem Verhalten am besten umsetzen. Für das Jahr 2021 wurde zwar eine Global-100-Liste veröffentlicht, aber das Weltwirtschaftsforum fiel pandemiebedingt aus. Im Jahr 2022 soll es wieder stattfinden.

Unter den Top 25 dieser Liste befinden sich zum Beispiel vier US-Unternehmen: McCormick Inc. auf dem sechsten Platz und American Water Works Company Inc. auf dem neunten Platz. Cisco Systems Inc. stand auf Rang 13 und Owning Corning auf Platz 15.

Die Liste der Global 100 kann eine gute Informationsquelle sein, mit der Sie Ihre Suche nach ethischen Anlagemöglichkeiten starten können. Da in dieser Liste börsennotierte Unternehmen aus aller Welt vertreten sind, finden Sie hier auch interessante internationale Anlagen. Es ist jedoch darauf hinzuweisen, dass im Evaluationsprozess der Global 100 Unternehmen, die mit Rüstung oder Alkohol zu tun haben, nicht automatisch ausgeschlossen werden. Falls dies für Sie entscheidungsrelevante Aspekte sind, sollen Sie woanders mit der Suche beginnen.

Newsweeks Liste von Amerikas verantwortungsvollsten Unternehmen

Seit 2020 wählt die Zeitschrift *Newsweek* in Zusammenarbeit mit Statista Amerikas »Most Responsible Companies« aus. Die 390 Unternehmen, die auf dieser Liste stehen, kommen aus unterschiedlichen Branchen und sind unterschiedlich groß, werden aber gewissermaßen als »gute Staatsbürger« angesehen, die den sozialen Gemeinschaften, in denen sie ihre Geschäfte betreiben, auch wieder etwas zurückgeben.

Im Jahr 2021 waren acht der auf den ersten 20 Plätzen stehenden Unternehmen Hersteller von Technologie-Hardware. Andere kommen aus den Branchen Finanzwesen, Gesundheitsversorgung und Biowissenschaften, Dienstleistungen, Automotive, Software und Kommunikation sowie Konsumgüter. Die Top 20 von 2012 bestehen aus folgenden Unternehmen:

GRAFIK

Abb. 62

RANG	UNTERNEHMEN	RANG	UNTERNEHMEN
1	HP	11	Lam Research
2	NVIDIA	12	General Motors
3	Microsoft	13	American Express
4	Cisco Systems	14	Nielsen
5	Qualcomm	15	Mettler Toledo Int.
6	General Mills	16	MetLife
7	Whirlpool	17	Merck & Co.
8	Illumina	18	Int. Flavors & Fragrances
9	Citigroup	19	Waters
10	Dell Technologies	20	Intel

Institutionelle Anleger als Inspiration nutzen

Finanzinstitutionen, die Investitionen tätigen, können als Inspirationsquelle für sozial oder ökologisch bewusste Anleger dienen. Es gibt Stiftungen, die kluge, durchdachte Investitionen tätigen, die aber durch ihr Bekenntnis zu bestimmten Anliegen beeinflusst werden. Die Anteilseigner der Unternehmen entsprechen bei den Stiftungen den Begünstigten. Und was für Unternehmen die Manager sind, das sind für Stiftungen die Treuhänder. Diese Treuhänder haben eine treuhänderische Verantwortung gegenüber den Begünstigten. Treuhänder sind verpflichtet, zum Wohle der Stiftung möglichst wertvolle und finanziell einträgliche Investments ausfindig zu machen, zu recherchieren und zu analysieren.

Pensionsfonds sind ein weiteres Beispiel für Institutionen, die, obgleich sie verpflichtet sind, positive Ergebnisse für ihre Anteilseigner zu erwirtschaften, durch ihre Anlageentscheidungen auch soziale Wirkungen erzeugen. Die Anleger in angelsächsischen Pensionsfonds (diejenigen, die dann einen Anspruch auf eine Pension aus dem betreffenden Vermögen haben) können Einfluss darauf nehmen, wie die Fondsmanager ihre Anlagegelder verwenden und können sich auch für ethische Anliegen einsetzen. Religiöse Organisationen, die Mitarbeiter beschäftigen, unterhalten häufig Pensionsfonds, die auf sozial verantwortliche Ziele ausgerichtet sind. Doch auch religiöse Organisationen müssen von Gesetzes wegen eine möglichst gute Performance anstreben. Wenn man sich die Handelsaktivitäten und Portfolios von bestimmten Pensionsfonds anschaut, findet man häufig Beispiele für Investments, die zwar auf Gewinnerzielung ausgerichtet sind, aber von ethischen Einstellungen geprägt sind. Wenn Sie wissen möchten, wie Ihr Pensionsfonds die Gelder anlegt, kann Ihnen Ihr Arbeitgeber sicherlich Informationsquellen nennen.

Bestimmte Pensionsfonds, wie etwa der britische NEST (National Employment Savings Trust), wurden ausdrücklich zu dem Zweck gegründet, ethisch sensiblen Anlegern Investmentmöglichkeiten zu bieten. Fonds dieser Art möchten es Beschäftigten ersparen, eigenständige Recherchen über ihre Anlagemöglichkeiten anzustellen oder ihren Pensionsfonds dazu zu bewegen, seine Anlagepolitik stärker nach ethischen Gesichtspunkten auszurichten.

Ethische Investmentfonds

Aufgrund des verbreiteten Interesses an ethischen Investments gibt es eine wachsende Zahl von Investmentfonds, die auf ethische Investoren zugeschnitten sind. Wenn Sie sich einen Fonds aussuchen, den Sie für vertrauenswürdig halten, können Sie sich die Mühe sparen, eine Vielzahl von Unternehmen zu prüfen, die für eine Anlage infrage kommen könnten.

BEISPIEL

Ein »sozial verantwortungsvoller« Fonds namens Pax World Management Corp. wurde 2008 zu einer Strafzahlung verurteilt, weil er auch Aktien von Unternehmen gekauft hatte, die aufgrund seiner Anlagekriterien eigentlich ausgeschlossen waren. Die amerikanische Börsenaufsicht stufte dies als Verletzung der Rechte der Anteilseigner ein. Insbesondere hatte sich Pax verpflichtet, nicht in Unternehmen zu investieren, die mit Tabak oder Glücksspiel zu tun haben. Zudem hatte der Fonds zugesagt, Einnahmen aus Anlagen im Rüstungsbereich auf maximal 5 Prozent zu begrenzen. Bei der Untersuchung stellte sich heraus, dass im Zeitraum von 2001 bis 2005 8 Prozent der Investments des Fonds nicht den deklarierten Standards des Fonds entsprochen hatten.

Gleichwohl sollten Sie auch solche Fonds einer Prüfung unterziehen, bevor Sie Anteile kaufen. Eine wohlklingende Beschreibung der Anlageprinzipien und des Leitbilds des Fonds ist noch keine Garantie dafür, dass der Fonds seinen Ansprüchen auch tatsächlich gerecht wird.

Es gibt eine Vielzahl von Investmentfonds, die um die Gunst ethischer Anleger konkurrieren. Betrachten wir einige davon näher.

- **Dimensional Fund Advisors:** Diese Firma bietet mehrere Fonds an, die sich an den ESG-Kriterien ausrichten, darunter auch Fonds, die Nachhaltigkeit und Klimaschutz in den Vordergrund stellen. Die Fonds von Dimensional stützen sich maßgeblich auf das Anlagemodell von Fama/French, eine Strategie, die wir bereits weiter vorn angesprochen haben.

ANMERKUNG

Die Dimensional-Fonds sind »Instutional Class Investments«, was bedeutet, dass sie nur von qualifizierten Finanzberatern angeboten werden dürfen, weisen aber dennoch eine relativ niedrige Kostenquote auf.

- **Ariel Investments:** Ariel ist eine Vermögensverwaltung, die mehrere Publikumsfonds sowie einige Pensionsfonds und Stiftungen verwaltet. Die Firma betont, dass sie keine Investitionen in Tabak, Waffen und profitorientierte Gefängnisse tätigt und dass sie bei den Unternehmen, in die sie investiert, besonderen Wert legt auf die Einhaltung arbeitsrechtlicher und ökologischer Standards. Sie beschäftigt ein Team von Analysten, die ESG-Investments ausfindig machen. Einige der Angebote von Ariel sind Fonds ohne Ausgabeaufschlag, was bedeutet, dass Anleger beim Kauf von Anteilen keine Gebühr zu zahlen haben. Die Firma bevorzugt Unternehmen, die vertretbare Bewertungen (KGVs) aufweisen und andere Value-Kriterien erfüllen gegenüber reinen Wachstumsunternehmen (der Unterschied zwischen Value und Wachstum wird in Kapitel 9 behandelt).

- **Timothy Plan:** Die Fonds, die unter dem Namen Timothy Plan firmieren, meiden Unternehmen, die nach der Einschätzung des Fondsmanagements jüdisch-christlichen Werten widersprechen. In Fonds von Timothy Plan findet man keine Investments in Alkohol, Tabak und Pornografie und auch keine Anlagen in Firmen, die mit gleichgeschlechtlichen Ehen und Partnerschaften Geld verdienen. Die Firma bezeichnet ihren Ansatz als »biblisch verantwortungsvolles Investieren«.

- **Boston Trust Walden:** Wie viele andere Fonds im ESG-Bereich meidet auch dieser Publikumsfonds Investments in Tabak, Alkohol, Pornografie und Rüstungsfirmen. Sein Fokus liegt maßgeblich auf sozialen Beziehungen und Arbeitsbedingungen.

- **Calvert:** Diese Firma hat für Anleger, die ethisch und sozial verantwortungsvoll investieren möchten, 28 Fonds im Angebot. Calvert ist einer der ältesten Anbieter in diesem Segment. Seine Schwerpunkte liegen auf Umweltverträglichkeit, Ressourceneffizienz, gesellschaftlicher Gerechtigkeit, Menschenrechten und verantwortlicher Unternehmensführung mit besonderer Betonung von Transparenz.

ANMERKUNG

Das Thema Unternehmensführung (Corporate Governance) wird in Kapitel 9 behandelt.

ACHTUNG

OFFENLEGUNG: Investmentfonds werden über Prospekte verkauft. Vor einem Kauf sollten sich Anleger über die Anlageziele, die Risiken und die Kosten und Gebühren eines Investmentfonds kundig machen. Der Fondsprospekt enthält alle diese und weitere wichtige Informationen. Den Prospekt können Sie bei der Fondsgesellschaft oder deren Vertretern anfordern.

— Ethische ETFs

MERKE

In Kapitel 5 haben wir dargestellt, dass sich ETF von herkömmlichen Investment- oder Publikumsfonds vor allem dadurch unterscheiden, dass sie während eines Handelstages fortlaufend gehandelt werden können wie Aktien.

Da ethisches Investieren zunehmend beliebter wird, wurden viele entsprechende ETFs neu auf den Markt gebracht. In den ethisch ausgerichteten ETFs der Fondsfamilie iShares (die von BlackRock verwaltet wird) sind Large Caps stark gewichtet, die für eine ethische Unternehmenspolitik bekannt sind und von denen viele auch auf der Liste »America's Most Responsible Companies« der Zeitschrift *Newsweek* vertreten sind. Dazu gehören Firmen wie Coca-Cola, Alphabet Inc. (Google), Verizon Communications Inc., Microsoft und Cisco Systems.

Ein weiterer erwähnenswerter ethischer ETFs von iShares ist der MSCI ACWI Low Carbon Target Index, der aus großen und mittleren Aktien aus Industrie- und Schwellenländern besteht. Dieser ETF bildet Unternehmen ab, die einen unterdurchschnittlichen CO_2-Fußabdruck aufweisen.

Weitere große Anbieter von ethischen ETFs sind die Firmen Barclays, NuShares und OppenheimerFunds. Zu PR-Zwecken betreiben die Kapitalanlagegesellschaften viel Werbung für ihre ethischen Fonds und ETFs. Wer seine Anlageentscheidungen nach moralischen Kriterien ausrichten möchte, kann sich mühelos eine Liste von Kandidaten zusammenstellen.

B Corporations

Eine B Corporation oder »Benefit Corporation« ist eine relativ neue Unternehmensform, die seit 2010 in vielen US-Bundesstaaten eingeführt wurde. Im Unterschied zu anderen Unternehmensformen, bei denen die Gewinnerzielung im Vordergrund steht, sollen bei Unternehmen mit diesem gesellschaftsrechtlichen Status privatwirtschaftlicher Nutzen und Gemeinwohl besser vereinbar gemacht werden. Neben Gewinnerzielung gehört auch ein positiver Einfluss auf die Gesellschaft, die Umwelt und die Allgemeinheit zu den definierten Unternehmenszielen. Doch damit keine Missverständnisse aufkommen: B Corporations sind keine Wohltätigkeitsorganisationen. In ihren Führungsgremien finden sich häufig starke, intelligente oder charismatische Persönlichkeiten, die wissen, wie man eine Firma zum Erfolg führt. Richard Branson zum Beispiel gründete 2013 das »B-Team«, eine Organisation, die sich zum Ziel setzte, die Marktmacht von Unternehmen auch für soziale und ökologische Zwecke einzusetzen. In einer Presseerklärung schrieb Branson damals: »Man sollte es nicht allein Politikern und gesellschaftlichen Vereinigungen überlassen, die Probleme der Welt in Angriff zu nehmen – auch die Unternehmen sollten einen Beitrag dazu leisten.« Im Jahr 2014 wurde der große brasilianische Kosmetikhersteller Natura die erste börsengehandelte B Corporation.

Bekannte B Corporations sind zum Beispiel die Unternehmen The Body Shop, Allbirds, Patagonia, Bombas, tentree, United by Blue, Athleta, Uncommon Goods und Eileen Fisher.

Eine Warnung

Es ist immer eine schlechte Idee, sich als Anleger in eine bestimmte Aktie oder ein bestimmtes Wertpapier zu verlieben, sei es weil die Firma über längere Zeit lukrative Renditen erwirtschaftet hat oder dass sie ein wohlklingendes Unternehmensleitbild erstellt hat, das den eigenen Wertvorstellungen entgegenkommt. Das Risiko, auf der Grundlage von Emotionen zu investieren, ist besonders hoch bei ethischen Anlagen.

Man darf nicht vergessen: Ethisches Investieren ist nicht dasselbe wie Spenden für wohltätige Zwecke. Wenn Sie Ihr Geld an einer Stelle platzieren wollen, wo es möglichst viel Gutes für eine möglichst große Zahl von Menschen bewirken kann, dann sollten Sie Ihre Energien darauf verwenden, die Bilanzen, die Art der Unternehmen und die Grundsatzerklärungen von gemeinnützigen Wohltätigkeitsorganisation zu studieren. Ein ethischer Investor möchte in Unternehmen investieren, die finanziell auf einer tragfähigen Basis stehen und er will zugleich unverantwortliches Handeln vermeiden und sich für eine gedeihliche Entwicklung des Planeten und seiner Bewohner einsetzen.

Kapitelzusammenfassung

- Ethische Investments haben in einigen Bereichen bereits die herkömmlichen Fonds überrundet.
- Sie können unter ethischen Gesichtspunkten Ihr Geld anlegen, ohne auf Gewinne verzichten zu müssen.
- Es gibt mehrere Investmentfonds und ETFs, die diversifizierte Anlagemöglichkeiten unter ethischen Gesichtspunkten bieten.
- Berichte über soziale Verantwortung, Nachhaltigkeitsberichte und Unternehmensleitbilder können hilfreich sein, bringen aber häufig nicht die gesamte Leistungsbilanz eines Unternehmens in Bezug auf ethisches, sozial- oder umweltverträgliches Handeln zum Ausdruck.

| 14 |
Durch Investieren zu finanzieller Freiheit

Kapitelüberblick

- Finanzielle Freiheit planen
- Vorzeitig in Ruhestand gehen
- Die FIRE-Community

ZITAT

> *Sicherheit beruht nicht in erster Linie darauf, wie viel Sie haben, sondern eher darauf, wie viel Sie tun können, wenn Sie nichts haben.*
>
> JOSEPH WOOD KRUTCH

Durchschnittlich 5 Prozent Rendite auf Ihre Geldanlagen ist sicherlich nicht unrealistisch. Stellen Sie sich nun vor, Sie würden zuverlässig 5 Prozent auf 2 Millionen Dollar erhalten. In diesem Fall würden Sie jährlich 100.000 Dollar (vor Steuern) an Investmenterträgen erwirtschaften, so lange Ihr Grundkapital mindestens 2.000.000 Dollar beträgt und so lange die Dividenden, die Sie bekommen, unverändert bleiben.

Für viele Menschen, vor allem für jene, die ihre Zeit für kostbarer und für wichtiger halten als das Streben nach immer größerem Reichtum, sind 100.000 Dollar oder Euro im Jahr ein sehr auskömmliches – oder sogar großzügiges – Einkommen. Finanzielle Freiheit, auch als finanzielle Unabhängigkeit bezeichnet, ist die Fähigkeit, den Lebensunterhalt zu bestreiten, ohne arbeiten zu müssen. Das ist für viele ein Traum, aber es ist auch eine wachsende Bewegung, die über eine Online-Community mit einer eigenen Abkürzung verfügt – finanziell unabhängige Menschen bezeichnen sich selbst als »FIRE‘d«. FIRE steht für »Financially independent, retiring early« (»Finanziell unabhängig und vorzeitig im Ruhestand«).

Die FIRE-Bewegung

Mehr als die Hälfte der Amerikaner geht im Alter zwischen 60 und 65 Jahren in Rente. Die Vertreter der FIRE-Bewegung halten es dagegen für keine erstrebenswerte Option, so lange zu arbeiten. Um ihre Lebensarbeitszeit deutlich zu verkürzen, sparen sie einen Großteil ihres Geldes, meist zwischen 50 und 70 Prozent, manchmal auch mehr.

Laut dem amerikanischen Bureau of Labor Statistics (Statistisches Bundesamt) legen die meisten Sparer weniger als 10 Prozent ihres verfügbaren Jahreseinkommens zur Seite, wesentlich weniger als die Anhänger der FIRE-Bewegung. Um ihre hohe Sparleistung aufzubringen, leben viele Mitglieder der FIRE-Community äußerst sparsam und verzichten auf vieles, was die meisten Menschen als normale Ausgaben ansehen würden, um schon in ihren dreißiger, vierziger oder fünfziger Jahren aus dem Erwerbsleben ausscheiden zu können.

Die Ursprünge der FIRE-Bewegung lassen sich zurückführen auf ein vor 30 Jahren erschienenes Buch mit dem Titel *Your Money or Your Life: 9 Steps to Transforming Your Relationship with Money and Achieving Financial Independence.* Die Autoren dieses Buches, Vicki Robin und Joe Domingues, schlugen den Lesern vor, einmal auszurechnen, wie lange sie arbeiten müssen, um einen bestimmten Gegenstand oder eine Dienstleistung bezahlen zu können. So muss zum Beispiel jemand, der 20 Dollar in der Stunde verdient, zwei Stunden arbeiten für einen Haarschnitt, der 40 Dollar kostet oder acht Stunden für eine Jacke zu 160 Dollar. Die Autoren stellten die Frage: »Ist dieser Kauf die Zeit wert, die Sie dafür gearbeitet haben?« Dadurch wurden die Leser zum Nachdenken angeregt, und im Lauf der Zeit entstanden Online-Foren und Finanz-Webseiten, die sich an Leute richteten, die ihre Sparleistungen maximieren und frühzeitig aus dem Arbeitsleben aussteigen wollten.

Offenkundig ist das FIRE-Konzept nicht für jeden geeignet, denn dazu ist es erforderlich, einen erheblichen Geldbetrag anzusparen, bevor man zu arbeiten aufhört. Für Leute mit schlecht bezahlten Jobs, die zudem eine Familie zu ernähren haben, ist es wesentlich schwieriger, eine größere Sparleistung zu erbringen, als für zwei Gutverdiener ohne Kinder. Dennoch glaube ich, dass man aus dieser Bewegung gewisse Anregungen beziehen kann, um darüber nachzudenken, wie man das verdiente Geld ausgibt, ob man sich nun frühzeitig zur Ruhe setzen will oder nicht.

Unter den eigenen Möglichkeiten leben

In diesem Buch habe ich immer wieder darauf hingewiesen, dass es wichtig ist, das Anlageportfolio durch regelmäßige Zuflüsse aufzustocken. Neben den unterschiedlichen Strategien, Analysen und Marktunsicherheiten und anderen Faktoren, welche die Wertentwicklung eines Portfolios beeinflussen, haben regelmäßige Sparleistungen – mit denen man möglichst früh beginnt –, die größte Auswirkung auf das Wachstum der Investments im Laufe der Zeit. Für jene, die den FIRE-Status anstreben, ist regelmäßiges Sparen und Aufstocken des Kapitals umso wichtiger. Obgleich viele Anhänger der FIRE-Bewegung gut bezahlte Jobs haben und etwa Finanzanalysten oder Softwareentwickler sind, was es ihnen ermöglicht, auch schon in jungen Jahren größere Beträge anzusparen, erreichen auch andere Menschen ohne besonders hohes Einkommen schon während ihres Arbeitslebens den Status finanzieller Unabhängigkeit. Ein gutes Einkommen ist hilfreich, aber nicht unabdingbar.

Das größte Hindernis auf dem Weg zur finanziellen Unabhängigkeit ist nicht das Einkommen, sondern was man mit dem Einkommen macht. Wenn wir mehr Geld verdienen, neigen wir dazu, auch mehr auszugeben. Menschen, die es schaffen, finanzielle Unabhängigkeit zu erreichen, haben auch die Kunst beherrscht, mehr zu verdienen als auszugeben. Für die meisten Menschen, die ernsthaft finanzielle Unabhängigkeit anstreben, besteht die angemessene, aber anspruchsvolle Schwelle darin, die Hälfte ihres Einkommens zu sparen und anzulegen. Einige Mitglieder der FIRE-Bewegung legen bis zu 70 Prozent ihres verdienten Geldes zurück und führen ein sehr bescheidenes Leben. Wenn man so viel sparen will, muss man in einem schlichten Apartment wohnen, obgleich man sich eine schöne Eigentumswohnung leisten könnte oder einen Gebrauchtwagen fahren, obwohl man sich ohne Weiteres einen Neuwagen kaufen könnte. Manche meinen sogar, man solle völlig auf ein Auto verzichten und stattdessen mit öffentlichen Verkehrsmitteln oder dem Fahrrad fahren oder zu Fuß gehen. Sie müssen unterhalb Ihrer Möglichkeiten leben, und das erfordert ein wenig psychologische Überwindung. Halten Sie sich zurück, wenn sich Ihre Kollegen oder Bekannten Häuser und Autos kaufen oder teure Urlaubsreisen unternehmen. Schauen Sie immer auf den Preis.

MEIN TIPP

Ich bewundere jeden, der unter seinen Möglichkeiten lebt und dem Druck widersteht, sich die neuesten technischen Geräte zu kaufen, in einem großen Haus zu wohnen und ein Luxusauto zu fahren, nur um mit den Freunden mithalten zu können. Das ermöglicht es diesen Menschen nicht nur, zu sparen und zu investieren, sondern sie haben auch die finanziellen Ressourcen, anderen zu helfen.

Manche Amerikaner, die finanzielle Unabhängigkeit anstreben, ziehen um in den Süden, den Mittleren Westen oder die Rocky-Mountain-Staaten, weil dort die Lebenshaltungskosten niedriger sind. Andere wandern aus in Länder, wo man viel weniger Geld zum Leben braucht. Mit einem solchen Schritt müssen Sie wahrscheinlich warten, bis Sie formell aus dem Erwerbsleben ausgeschieden sind, aber in unserer immer stärker digitalisierten Wirtschaft und auch im Gefolge der Covid-Pandemie gibt es immer mehr Möglichkeiten, an selbst gewählten Orten zu arbeiten.

In unserem Beispiel am Kapitalanfang haben wir von 5 Prozent Rendite auf ein Anlagekapital von 2 Millionen gesprochen. Wenn wir nun noch den Aspekt einer bescheidenen Lebensführung berücksichtigen – 50.000 Dollar jährliche Einnahmen wären dann wohl auch schon ausreichend, um den Lebensunterhalt zu bestreiten –, dann können wir unser Investmentziel auf 1 Million halbieren. Eine Rendite von 5 Prozent auf 1 Million reicht aus, um 50.000 Dollar im Jahr zu erzielen, was eine durchaus angenehme Lebensqualität ermöglichen kann, wenn man zum Beispiel in North Dakota lebt.

MERKE

Sie müssen eine Abwägung treffen, und dabei geht es um das radikal befreiende Privileg, nicht mehr arbeiten zu müssen. Wenn Sie den Ehrgeiz haben und entschlossen sind, finanzielle Freiheit zu erreichen, ist es in Ordnung, wenn Sie zu diesem Zweck einige Abstriche machen.

Anlagestrategien zur Erlangung finanzieller Unabhängigkeit

Die meisten Anleger, die finanzielle Unabhängigkeit erreichen möchten, müssen dafür ungefähr die Hälfte ihres Einkommens sparen, was bedeutet, dass es besonders wichtig ist, zu prüfen und zu entscheiden, wie dieses Geld angelegt wird. Jeder Mensch oder jede Familie, die das Ziel finanzieller Unabhängigkeit anstrebt, verfolgt einen eigenen Weg zu diesem Ziel, aber es gibt einige bewährte Praktiken, die bei diesem Unterfangen hilfreich sein können. Es ist schon ein großer Vorteil, wenn die Altersvorsorgekonten gleich vom Start weg ins Laufen kommen, oder wenn Sie in Deutschland beispielsweise mit dem Aktien- und Fondssparen beginnen und die Möglichkeiten staatlicher bzw. arbeitgeberfinanzierter Förderung für die Altersvorsorge in Anspruch nehmen.

Kommen wir zunächst zur Situation in den USA: Wenn der Arbeitgeber Ihre Beiträge zu einem 401(k)-Konto durch einen Zuschuss aufstockt, versteht es sich von selbst, dass man selber wenigstens so viel in den Vertrag einzahlt, wie der Arbeitgeber zuschießt. Geld aus einem 401(k)-Konto abzuziehen, ist nicht billig – normalerweise wird in diesem Fall eine Strafgebühr von 10 Prozent fällig. Sie haben jedoch die Möglichkeit, sich Geld aus Ihrem 401(k)-Konto zu »leihen« und es zuzüglich Zinsen in Form von Gehalts- oder Lohnabzügen zurückzuzahlen. Dies sollte jedoch nur als letzte Möglichkeit genutzt werden aufgrund der Opportunitätskosten, die entstehen, wenn Ihre Investments nicht für Sie im Markt arbeiten.

Beim Ausscheiden aus einer Firma können Sie Ihr 401(l)-Konto – falls dies in steuerlicher Hinsicht sinnvoll ist – in ein Roth-IRA-Konto umwandeln, das Ihnen flexiblere Auszahlungsmöglichkeiten bietet. Bei Roth-IRA muss man nicht wie bei traditionellen IRA mit 72 Jahren mit der Auszahlung von Minimalbeträgen beginnen. Diese Flexibilität kann helfen, die Einkünfte aus der Sozialversicherung besser zu verwalten, weil sich Auszahlungen aus einem Roth-IRA nicht auf die Steuerpflichtigkeit von Renteneinkünften aus der Sozialversicherung auswirken. Anders gesagt, Sie können Geld entnehmen, wenn Sie es brauchen, aber dadurch mindern sich Ihre Rentenansprüche nicht. Erinnern Sie sich: Wenn Sie unversteuerte Gelder aus einem 401(k)-Konto bei Ihrem vorherigen Arbeitgeber in ein Roth-IRA übertragen, müssen Sie in dem Jahr, in dem dieser Übertrag stattfindet, darauf Steuern zahlen.

MERKE

Sämtliche Beiträge in ein Roth-IRA sind »Nach-Steuer-Erträge«. Sie müssen dieses Geld als Einkommen versteuern in dem Jahr, in dem es Ihnen zugeflossen ist. Deshalb können Sie Geld aus einem Roth-IRA steuerfrei entnehmen (ab einem Mindestalter von 59,5 Jahren). Geld, das in traditionelle 401(k)-Konten und IRA eingezahlt wird, ist dagegen »Vor-Steuer-Einkommen«. Sie können Ihre Beiträge vom Einkommen abziehen, müssen das Geld aber versteuern, wenn Sie es entnehmen.

ANMERKUNG

Wenn Sie Ihren Arbeitgeber wechseln und nicht das Geld haben, um die Steuern zu zahlen, die durch die Umwandlung Ihres 401(k)- Kontos in ein ROTH-IRA fällig werden, übertragen Sie das Geld aus dem 401(k) einfach auf ein traditionelles Roth-Konto, bei dem erst nach Beginn der Entnahmephase Steuern zu zahlen sind. Manche Arbeitgeber bieten ein »Roth 401(k)«-Konto an, das steuerlich wie ein Roth-IRA behandelt wird. Ihre Beiträge werden bei der Einzahlung besteuert, aber nicht mehr bei der Entnahme. Wenn Sie Ihren Arbeitgeber wechseln, können Sie Ihr Roth 401(k)-Konto steuerfrei in ein Roth-IRA umstellen.

In Deutschland hat die vorzeitige Auflösung eines Riester- oder Rürup-Vertrags oder einer Direktversicherung als häufigste Form der betrieblichen Altersvorsorge ebenfalls nachteilige finanzielle Folgen. In der Regel muss dann die staatliche Förderung auf einen Schlag zurückgezahlt werden, sei sie nun in Form von Zuschüssen, Steuererleichterungen oder Ersparnissen bei den Sozialversicherungsbeiträgen gewährt worden. Eine Beleihung geförderter Altersvorsorge-Verträge ist ebenfalls nicht möglich. Möglich ist im Rahmen des »Wohn-Riester« aber eine Umschichtung des Geldes zwecks Finanzierung von selbstgenutztem Wohneigentum. Wegen der rigiden Beschränkungen zur Verwendung der angesparten Mittel vor dem offiziellen Rentenalter betrachten viele diese Verträge als nicht praxistauglich. Sie sind auf jeden Fall weniger flexibel als die Vorsorgemöglichkeiten in den USA, können aber gleichwohl als Baustein neben anderen Formen vor allem aktien- und fondsbasierter Sparpläne im Vorsorgemix sinnvoll sein.

Wachstum ist natürlich unverzichtbar, wenn man sich einen Grundstock aufbauen will, der finanzielle Unabhängigkeit ermöglicht. Ihr Portfolio sollte ausgeglichen strukturiert sein und im Wesentlichen aus Aktien bestehen. ETFs und kostengünstige Fonds sind eine gute Ergänzung, weil sie bereits eine vorselektierte Mischung von Wertpapieren enthalten und ebenfalls langfristiges Wachstumspotenzial aufweisen.

Den Fortschritt Ihres Vermögensaufbaus können Sie zum Beispiel anhand einer »kritischen finanziellen Masse« messen, eines Geldbetrags, der Ihnen zuverlässige Einnahmen ermöglicht, um Ihre finanziellen Bedürfnisse und Ihre Ansprüche an die Lebenshaltung abzudecken. Wenn diese kritische Masse erreicht ist, können Sie allmählich einen Teil Ihrer wachstumsorientierten Werte in Hochdividenden-Aktien, Anleihen und andere, etwas stabilere Investments umschichten, die einen stetigen Einkommensfluss ermöglichen. Hierbei kommen jedoch so viele Faktoren ins Spiel, dass es nicht möglich ist, einen allgemeingültigen Weg zur finanziellen Freiheit zu beschreiben. Jeder Mensch und jede Familie müssen sich selber um die Feinabstimmung kümmern.

Unter anderem sind folgende Aspekte zu berücksichtigen:

- Haben Sie Kinder, die eine weiterführende Ausbildung oder ein Studium absolvieren möchten?
- Möchten Sie im Ruhestand größere Reisen unternehmen oder sich anderen Aktivitäten widmen, die substantielle Ausgaben erfordern?
- Haben Sie einen Notfallplan für den Fall, dass sich ein größeres finanzielles Desaster ereignet?
- Verfügen Sie über Cash-Reserven?
- Können Sie oder Ihr Lebenspartner/Lebenspartnerin wieder in den Arbeitsmarkt einsteigen, falls dies notwendig werden sollte?

Die finanzielle Zukunft über Jahrzehnte vorauszuplanen, mag ein herausforderndes Unterfangen sein. Sie wissen nicht, wie sich Ihre Interessen, Ihre Fähigkeiten oder Ihre Gesundheit im Laufe der nächsten Jahrzehnte verändern werden. Gleichwohl sollten Sie einen Plan aufstellen, auch wenn er nicht vollkommen sein kann. Ermitteln Sie, wie viel Geld Sie benötigen, um nach dem Eintritt in den »Ruhestand« Ihre Lebenshaltungskosten zu decken. Kalkulieren Sie mehrere Varianten, um auch unterschiedlichen Marktentwicklungen Rechnung zu tragen. Sie müssen Vorkehrungen treffen für den Fall, dass Ihnen weniger (oder vielleicht auch mehr) Geld zur Verfügung steht, als Sie ursprünglich geplant haben.

MEIN TIPP

Ich glaube, die meisten Menschen lassen sich irgendwo in der Mitte einordnen zwischen »Alles auf FIRE setzen« und »Ich kann es mir nicht leisten, viel zu sparen«. Ich empfehle, sich so zu positionieren, dass man gegenüber sich selbst und der Familie rechtfertigen kann, wie man das Geld anlegt, aber zugleich auch unbeirrt am Ziel festzuhalten. Wenn Sie 70 Prozent Ihres verfügbaren Einkommens sparen können, ist das toll für Sie! Wenn Sie nicht so viel zurücklegen können, suchen Sie sich ein Sparniveau, mit dem Sie zurechtkommen und sich wohlfühlen können, wohl wissend, dass es dann etwas länger dauern wird, bis Sie Ihr Ruhestandsziel erreichen.

Wenn Sie in den »Ruhestand« gehen und feststellen müssen, dass Ihnen doch weniger Geld zur Verfügung steht, als Sie benötigen, müssen Sie Ihre Ausgaben einschränken oder sich durch Aufnahme einer Arbeit ein zusätzliches Einkommen verschaffen. Wenn Sie hingegen mehr Geld zur Verfügung haben, als Sie eigentlich erwartet haben, müssen Sie entscheiden, wie viel von dem Überschuss Sie verbrauchen und wie viel Sie reinvestieren oder auf einem Sparkonto deponieren wollen. Auch in diesen Fällen ist es unmöglich, eine allgemeingültige Lösung zu entwickeln, weil dabei unzählige Variablen zum Tragen kommen. Bei der Planung geht es nicht darum, die Zukunft vorherzusagen, sondern sich auf unterschiedliche mögliche Entwicklungen einzustellen und sicherzustellen, dass man einen effektiven und flexiblen Plan zur Erlangung finanzieller Unabhängigkeit entwickelt, der zur eigenen Lebensart und zu den eigenen Zielen passt.

Nach meinen Erfahrungen besitzen Anleger, die finanzielle Unabhängigkeit anstreben, drei herausragende Eigenschaften:

1. Die Disziplin, konsequent Geld zurückzulegen
2. Ein umsichtiges Anlageverhalten (wobei sie Versuche des Markt-Timings und andere Fallgruben meiden)
3. Die Fähigkeit, einen persönlichen Haushaltsplan zu erstellen und sich auch daran zu halten

Kapitelzusammenfassung

- Mit Disziplin, Bescheidenheit und sorgfältiger Planung kann jeder auch mit einem durchschnittlichen Einkommen finanzielle Unabhängigkeit erlangen.

- Frühzeitig in Rente zu gehen heißt, dass man für eine längere Ruhestandsphase planen muss, und deshalb ist es wichtig, sich auch auf unerwartete Ereignisse vorzubereiten und Notfallpläne zu entwickeln.

Schlussbetrachtung

Ich hoffe, nach der Lektüre dieses Buches fühlen Sie sich besser informiert über die Mechanismen des Aktienmarkts und haben mehr Zutrauen in Ihre Fähigkeit, Ihre Anlagen auszuwählen und selbst zu verwalten. Investieren kann als eine komplizierte Angelegenheit erscheinen, vor allem wenn man die weitreichenden technologischen Veränderungen in Betracht zieht, die in den vergangenen Jahren die Finanzbranche umgestaltet haben. Dieses Buch möchte Ihnen unter anderem den Gedanken nahebringen, dass Ihr Anlageportfolio nicht den Mittelpunkt Ihres Alltagslebens bilden muss. Sie müssen nicht Zeit und Geld aufwenden, um jeden Tag mit Aktien zu handeln, um dadurch zu einem guten Anleger zu werden. Sie müssen nicht ständig die Wirtschaftsnachrichten oder Börsenkurse und das Marktumfeld verfolgen. Sie können informiert sein, ohne sich unnötigem Stress auszusetzen.

Wenn Sie ein gut durchdachtes und umsetzbares Anlagekonzept entwickelt haben, kommt es vor allem darauf an, dass Sie Kurs halten, Geduld aufbringen und nie vergessen, dass Sie langfristig investieren. Es wird sicherlich Phasen geben, die an den Nerven zerren, wenn es an der Börse hin und wieder ungemütlich wird. Es macht keine Freude mitzuverfolgen, wie der Wert der eigenen Investments schrumpft. Doch wenn Sie verstanden haben, dass Sie erst dann tatsächliche Verluste erleiden, wenn Sie Ihre Aktien verkaufen, sobald diese unter ihren Einstandskurs gefallen sind, dann sind Sie gut dafür gerüstet, auch eine Abschwungphase zu überstehen – und dabei vielleicht sogar einige Schnäppchen zu machen, indem Sie gute Aktien zu Ausverkaufskursen in Ihr Portfolio aufnehmen.

Investieren ist immer ein Abenteuer, oftmals geprägt von Ungewissheit, Hoffnung, Angst, Überraschung und Belohnung. Dieses Buch hat Ihnen vielleicht schon einen Vorgeschmack vermittelt von der Faszination des Marktes. Versuchen Sie stets ruhig zu bleiben, und denken Sie daran, dass bisher noch auf jeden Rückschlag und jeden Bärenmarkt eine Erholung und ein länger andauernder Bullenmarkt folgte.

Zum Schluss möchte ich Sie noch daran erinnern, dass das Investieren ein wichtiger Teil Ihres allgemeinen Finanzplans ist, aber auch nur das – ein Teil. Ein umfassender Finanzplan beinhaltet auch alle anderen finanziellen Ziele, die Sie sich setzen und die Vorgehensweise, die Sie dabei verwenden. Ihr Plan sollte alle Bereiche abdecken, die Ihre Finanzen beeinflussen, die Investments, geschäftliche Aktivitäten, Immobilien, Versicherungen, Steuern, Ausgaben und Nachlassplanung. Sie können beginnen, diesen Plan in eigener Regie zu erstellen, aber bedenken Sie, es ist kein leichtes Unterfangen, die unterschiedlichen Bestandteile eines solchen Plans aufeinander abzustimmen, und wenn Sie den Plan ausgearbeitet haben, muss er immer wieder an Veränderungen Ihrer finanziellen Situation und Ihrer allgemeinen Lebensumstände angepasst werden.

Ich habe in diesem Buch mehrfach begründet, warum Sie sich einen qualifizierten Berater suchen sollten, der einen Finanzplan auf der Grundlage Ihrer Ziele, Ihrer Lebensumstände, Ihres Zeithorizonts und sonstiger Faktoren erstellen kann und der Ihnen zur Seite steht, wenn es erforderlich ist, diesen Plan an veränderte Bedingungen anzupassen. Ich möchte noch einmal wiederholen, wie wichtig und hilfreich es sein kann, jemanden an seiner Seite zu wissen, dem man Vertrauen schenken kann und der einem hilft, sich in der Finanzlandschaft zurechtzufinden und einen Plan für die Zukunft zu entwickeln.

Ich hoffe für Sie, liebe Anleger, dass Sie schlechte Zeiten an der Börse nutzen, um Ihren Vermögensaufbau voranzutreiben. Kaufen Sie, wenn alle anderen verkaufen, und kaufen Sie Ihr Leben lang. Das wird ein Katalysator sein für Ihren Wohlstand und letzten Endes auch die Quelle Ihres Einkommens werden.

Ich möchte den hervorragenden Mitarbeitern von ClydeBank Media für ihre Bemühungen danken, die durch ihren Einsatz *Investing QuickStart Guide* zu einem so erfolgreichen Buch gemacht haben, von der Autorenriege, den Lektoren, den Grafikern und Werbedesignern bis zum Vertrieb. Ihre Entscheidungen haben dieses Projekt auf den richtigen Weg gebracht. Danken möchte ich auch meiner Ehefrau Mary. Sie hat viel Geduld mit mir aufgebracht, als ich viele Stunden für die Arbeit an diesem Buch aufwendete, die wir auch gemeinsam verbringen hätten können. Ihre Zuwendung und ihre Geduld waren von unschätzbarem Wert für den Erfolg dieses Buches. Last but not least danke ich Gott, der mir mein Talent gab und von dem alles Gute kommt.

Schließlich danke ich Ihnen, liebe Leser, dass Sie dieses Buch gewählt haben unter so vielen anderen und sich die Zeit genommen haben, es zu lesen und etwas zu lernen aus meiner 35-jährigen Berufserfahrung. Ohne Sie wäre all dies nicht möglich gewesen. Ich hoffe, Ihre Anlegerlaufbahn wird erfolgreich sein und es Ihnen ermöglichen, jenes Leben zu führen, das Sie für sich und Ihre Familie erstreben. Wenn Sie Fragen oder Kommentare zu meinem Buch haben, können Sie sich gern unter tsnow@snowfinancialgroup.com an mich wenden. Auf jeden Fall wünsche ich Ihnen viel Erfolg auf dem Weg zu Ihren Zielen.

Über den Autor

Ted D. Snow, CFP®, MAB

Mein Einstieg in die Finanzbranche erfolgte 1987, als ich bei einer bekannten Investmentgesellschaft in Boston zu arbeiten begann. In den folgenden zehn Jahren lernte ich, wie man Kunden bei der Wahl von Investmentfonds berät, sie beim individuellen Handel mit Wertpapieren unterstützt und bei der persönlichen Finanzplanung und sich dabei stets bemüht, den bestmöglichen Kundenservice zu bieten. Doch im letzten Jahr meiner Tätigkeit bei dieser Firma begann ich mich unwohl zu fühlen. Ich hatte den Wunsch, die Kunden in einer umfassenderen Art zu beraten, als man mir zugestand. Ich erlebte, wie viel zu viele Menschen emotionale und riskante Finanzentscheidungen trafen, weil sie sich dafür entschieden hatten, es »allein zu versuchen«. Sie wussten schlicht nicht, was sie alles nicht wussten. Ruhestandsplanung, Anlagen, Versicherungen, Geschäft, Immobilien und Steuern aufeinander abzustimmen – dabei konnte ich diesen Kunden helfen, die dringend Hilfe benötigten.

Als ich meinen MBA-Abschluss in Finanzplanung an der University of Dallas erlangt hatte, wollte ich Unternehmer werden und entschloss mich, den Sprung zu wagen und meine eigene Firma zu gründen. Ohne Klienten, doch ausgestattet mit solidem Wissen über die Branche und mit der Fähigkeit, herausragenden Kundenservice zu bieten, nahm ich den Aufbau meiner Firma in Angriff.

Nachdem ich acht weitere Jahre für verschiedene unabhängige Unternehmen tätig gewesen war, gründete ich im Jahr 2006 die Snow Financial Group LLC mit dem Ziel, meinen Kunden einen echten persönlichen Service zu bieten. Wir orientieren uns an zwei Grundsätzen: Erstens, einzigartigen Kundenservice zu bieten. Wir halten unseren Kundenkreis klein, um den Kunden schnellen Zugang zu mir und meinen Mitarbeitern zu ermöglichen, und bemühen uns, die Beziehung zu den Kunden zu festigen und zu vertiefen. Als zweites versuchen wir eine angenehme und entspannte Atmosphäre zu bieten. Die Finanzbranche hat sich seit 1987 verändert, doch meine Begeisterung für diese beiden Grundsätze hat sich als Erfolgsformel erwiesen. Die Snow Financial Group beginnt für mich zu einer Herzensangelegenheit zu werden. Ich habe das Gefühl, dass die Familien, die ich berate, Teil meiner privaten Familie zu werden beginnen. Wenn auch Sie zu den Familien gehören wollen, denen wir mit Rat und Tat zur Seite stehen, werden Sie eine Vermögensberatung erleben, wie Sie sie noch nie kennengelernt haben.

Über ClydeBank Media

Wir entwickeln vereinfachte pädagogische Tools, die es unseren Kunden ermöglichen, sich erfolgreich neue Fähigkeiten anzueignen, um in dieser im ständigen Wandel begriffenen Welt zurechtzukommen.

Der Erfolg des wertorientierten Ansatzes von ClydeBank Media beginnt mit anfängerfreundlicher, qualitativ hochwertiger Information. Wir arbeiten mit Fachleuten zusammen, die auf ihrem jeweiligen Gebiet eine führende Position einnehmen. Diese Experten werden unterstützt von unserem Team aus professionellen Rechercheuren, Autoren und Pädagogen.

Unser Team bei ClydeBank Media unterstützt diese Branchenexperten dabei, ihr umfangreiches Wissen, ihre Expertise und ihre jahrzehntelange Berufserfahrung in kleinen und kurzgefassten Bildungseinheiten darzustellen. Diese Bildungseinheiten bündeln wir zu einem klar definierten Ausbildungspfad, auf dem Anfänger zum Erfolg gelangen können.

Wir bei ClydeBank Media sehen eine neue Welt voller Chancen und Möglichkeiten. Vereinfachtes Lernen muss nicht durch vier Wände begrenzt bleiben; es wird vielmehr von Ihnen selbst vorangetrieben.

Glossar

529-Plan
In den USA ein steuerbegünstigter Plan, durch den Sparleistungen gefördert werden, die für Ausbildungszwecke bestimmt sind. 592-Plans werden in der Regel von US-Einzelstaaten aufgelegt. In Deutschland gibt es nichts Vergleichbares.

Abschreibung
Wertverlust eines Vermögensgegenstands im Laufe der Zeit, der in der Regel der normalen Abnutzung zugeschrieben wird.

Aktienindex
Börsenbarometer, dessen Punktestand auf der Kursentwicklung einer qualifizierten Zusammenstellung von Aktien beruht. Dient dazu, die Kursentwicklung unterschiedlicher Marktsektoren darzustellen. Beispiele sind etwa der Dow Jones Industrial Average, der S&P 500 und der Nasdaq Composite, in Europa etwa der Stoxx 50 oder in Deutschland der Dax.

Aktiensplit
Wenn ein Unternehmen seine Aktien splittet, sodass aus einer Akte plötzlich zwei oder drei werden oder ein anderes Vielfaches, vermindert sich der Kurs der Aktie entsprechend, oft aber will der Markt die Aktie wieder auf den ursprünglichen Kurs hochziehen.

Alpha
Kennzahl für die Fähigkeit eines Portfoliomanagers, einen Marktindex zu schlagen. Alpha berechnet die Differenz zwischen der tatsächlichen Wertentwicklung eines Portfolios und der erwarteten Performance.

Anlagemix
Mischung verschiedener Arten von Anlagen – wie etwa Aktien, Anleihen und Bargeld (Cash) –, die das Anlageportfolio darstellen.

Anleihe
Schuldverschreibung, die von einem Staat oder einem privaten Unternehmen herausgegeben wird und gegen Geld erworben werden kann. Anleiheinhaber (Käufer) erhalten in festen Abständen eine gleichbleibende Zinszahlung, und zum Fälligkeitstermin wird ihnen das angelegte Kapital zurückgezahlt.

Antizyklisches Investieren
Anlagestil, bei dem man die Stimmung des Marktes zu ermitteln versucht und dann das Gegenteil dessen tut, was die Mehrheit der Marktteilnehmer tut oder erwartet.

Ask (Briefkurs)
Aktienkurs, zu dem ein Market Maker (siehe Definition) einem Käufer eine Transaktion garantieren kann. Der Briefkurs ist der Preis, den jemand gegenwärtig für eine Aktie zu zahlen bereit ist.

Asset Allocation
Aufteilung der Investments auf die verschiedenen Anlageklassen zur Diversifizierung des Portfolios und zur Risikominderung.

Ausgabeaufschlag
Einmalige Gebühr, die beim Erwerb von Fondsanteilen bei einem Kauf direkt von der Fondsgesellschaft (KAG) anfällt.

Beta
Kennzahl für die Volatilität einer Aktie im Verhältnis zum Gesamtmarkt. Eine Aktie mit hohem Beta gilt als riskanter als eine Aktie mit niedrigem Beta.

Betriebliche Altersvorsorge (bAV)
Eine in Deutschland verbreitete Form der Altersvorsorge, die teils auf Gehaltsumwandlung beruht, teils auf Zuschüssen vom Arbeitgeber und teils auf Freistellungen der geleisteten Einzahlungen von der gesetzlichen Sozialversicherung und der Steuer. Der häufigste Durchführungsweg sind Direktversicherungen.

Bid (Geldkurs)
Aktienkurs, zu dem ein Market-Maker (siehe Definition) einem Verkäufer eine Transaktion garantiert. Der Geldkurs ist der Preis, den jemand gegenwärtig für den Verkauf einer Aktie zu akzeptieren bereit ist.

Blase
Wenn die Preise von Aktien oder anderen Wertpapieren aufgeblasen werden aufgrund von Herdenverhalten oder übermäßigem Vertrauen der Investoren, das durch die Fundamentaldaten nicht gerechtfertigt ist.

Blockchain
Öffentliches digitales Kontobuch, in dem alle Transaktionen zwischen zwei Parteien effizient, dauerhaft und auf verifizierbare Weise aufgezeichnet werden. Die Blockchain-Technologie ist die Grundlage für Kryptowährungen, kann aber auch für andere Anwendungen eingesetzt werden.

Blue Chip
Aktie eines großen Unternehmens, das als zuverlässig gilt, für Qualität steht und in guten wie in schlechten wirtschaftlichen Phasen Gewinne erwirtschaften kann.

Call-Option
Bedingter Terminkontrakt, der dem Options-Inhaber das Recht gibt, eine Aktie zu einem bestimmten Preis (Ausübungspreis) vor bzw. zu einem festgelegten Verfallsdatum zu kaufen. Eine Pflicht zur Ausübung der Option besteht für den Inhaber nicht.

Cash-out-Refinanzierung
Hypothek, bei der eine alte Hypothek durch eine neue ersetzt wird, die höher ist als der tatsächlich geschuldete Betrag für das Haus. Die Differenz wird dem Anleger in bar ausgezahlt. Diese Möglichkeit ist nur in den USA gebräuchlich, nicht aber in Deutschland.

Crowdfunding/Crowdinvesting
Prozess, der es Startup-Unternehmen und privaten Gewerbetreibenden ermöglicht, sich Eigenkapital zu beschaffen von privaten Investoren, die sich in manchen Fällen schon mit 100 Dollar an einem Projekt beteiligen können.

Deflation
Situation, in der man mit weniger Einheiten einer Währung mehr Güter und Dienstleistungen kaufen kann. Deflation entsteht unter anderem durch einen Rückgang der verfügbaren Geldmenge.

Dividende
Regelmäßige Geldausschüttung eines Unternehmens an seine Aktionäre, meist jährlich, in den USA oft vierteljährlich.

Due Diligence
Vorgeschriebene Überprüfung eines Wertpapiers durch Börsenmakler, die stattfinden muss, bevor die Maklerfirma die Aktie an die Börse bringt.

Eigenkapital
Eigentumsanteil einer Partei an einem Unternehmen, einer Gesellschaft oder einem sonstigen Objekt.

Einkommensaktie
Aktie mit hoher Dividendenrendite in Bezug auf ihren Kurs.

Ethisches Investieren
Anlagestil, bei dem die Investoren ihre Aktien oder Wertpapiere zum großen Teil nach ethischen Gesichtspunkten bzw. hinsichtlich einer sozial- oder umweltverträglichen Wirtschaftsweise der entsprechenden Unternehmen auswählen. Ethisches Investieren gewinnt in den USA und anderen Ländern zunehmend an Beliebtheit.

Exchange Traded Fund (ETF)
Diversifiziertes, börsenhandelbares Wertpapier, das sich von herkömmlichen Investmentfonds dadurch unterscheidet, dass während des gesamten Handelstages Kurse dafür festgestellt werden. ETFs verhalten sich auf dem Markt genauso wie Aktien.

Finanztechnologie
Zur Finanztechnologie gehört jede Art von Technologie, welche die verschiedenen Bereiche der Finanzdienstleistungsbranche unterstützt, verbessert oder ermöglicht. Unternehmen dieser Branche werden im Deutschen als »Fintechs« bezeichnet, in den USA steht der Begriff als Abkürzung für die gesamte Branche.

Fremdkapitalquote
Das Verhältnis von Fremdkapital zum Gesamtkapital ist eine Kennziffer, die angibt, zu welchem Prozentsatz die Vermögenswerte eines Unternehmens durch Kredite finanziert sind.

Fundamentalanalyse
Bewertung der wichtigsten quantitativen und qualitativen Kennziffern, die Auskunft geben über die finanzielle Solidität und Vitalität des Basiswerts eines Wertpapiers. Im Falle von Aktien bezieht sich die Fundamentalanalyse auf die Gesellschaft oder das Unternehmen, das hinter einer Aktie steht.

Gedeckte Call-Option
Wenn ein Trader, der eine Call-Option verkauft, den zugrunde liegenden Basiswert besitzt und die Aktien umgehend liefern kann, falls die Option ausgeübt wird.

Gesamtkostenquote (Total Expense Ratio, TER)
Jährliche Gebühr, die vom Management eines Investmentfonds oder ETF verlangt wird. Diese Gesamtkostenquote soll die Verwaltungskosten und andere Fixkosten eines Fonds- oder ETF-Managements abdecken.

Gewinn pro Aktie
Gewinn eines Unternehmens dividiert durch die Zahl der ausstehenden Aktien.

GTC-Order
Order mit dem Zusatz »good till cancelled« (»gilt bis zur Streichung«). Eine GTC-Order erlischt nicht am Ende des Handelstages wie eine reguläre Order (siehe dazu die Definition). GTC-Orders erlöschen erst, wenn der Anleger sie streicht.

Handelbarkeit
Möglichkeit, einen Vermögenswert, wie zum Beispiel eine Aktie, zu einem bestimmten Preis und mit einem bestimmten Volumen zu handeln.

Handelsvolumen
Gesamtmenge der Aktien, die in einem bestimmten Zeitraum gehandelt werden.

Hedgefonds
Spekulativer, aktiv gemanagter und unregulierter Fonds, der sich an eine vermögende Kundschaft wendet. Hedgefonds-Manager verfolgen aggressive Wachstumsstrategien durch Einsatz von Derivaten, Leerverkäufen und anderen komplexen Investmentstrategien.

Hypothekendarlehen
Darlehen über einen festen Geldbetrag, das durch das Immobilienobjekt abgesichert wird. Es wird als Gesamtbetrag ausgezahlt und muss in monatlichen Raten über einen vereinbarten Zeitraum zurückgezahlt werden.

Immobilienbezogene Kreditlinie (Home equity line of credit, HELOC)
Darlehen, das durch das Immobilienobjekt besichert ist und in Form einer Kreditlinie zur Verfügung gestellt wird. Diese Darlehen sind in den USA verbreitet, in Deutschland jedoch unüblich.

Indexfonds
Investmentfonds, der aus Aktien besteht, die einen bestimmten Börsenindex genau abbilden.

Individual Retirement Account (IRA)
In den USA ein Altersvorsorgekonto bei einem Finanzinstitut, auf das Einzahlungen geleistet werden, die nach dem Eintritt in den Ruhestand eine private Rente ermöglichen sollen.

Inflation
Niedergang der Kaufkraft einer Währung.

Initial Public Offering (IPO)
Englischer Begriff für Börsengang: Die erstmalige Platzierung der Aktie eines Unternehmens an einer Börse und Aufnahme des Börsenhandels.

Inverse Zinsstrukturkurve
Situation, in der die Rendite kurzlaufender Anleihen höher ist als jene länger laufender Anleihen. Eine inverse Zinsstrukturkurve kann – muss aber nicht zwangsläufig – ein Signal für eine heraufziehende Rezession sein.

Investmentfonds
Professionell verwaltetes Investmentvehikel, das in Anteile aufgeteilt ist, Investments in Aktien, Anleihen oder andere Wertpapiere tätigt und mit den Geldern der Anteilseigner arbeitet.

Kleiner Nebenwert
Aktie eines Unternehmens mit einer Marktkapitalisierung von weniger als 2 Milliarden, aber mindestens 300 Millionen Dollar. In Europa Aktie eines Unternehmens mit einer Marktkapitalisierung unter 100 Millionen Euro.

Korrelation
Eine ähnliche Reaktion bestimmter Aktien auf verschiedene, von außen auf sie einwirkende Faktoren, die auf einer Skala von -1 bis +1 dargestellt wird.

Kostenbasis
Die Kostenbasis einer Aktie sind die ursprünglichen Kosten für den Erwerb der Aktie abzüglich der Einnahmen, die durch die Aktie erzielt werden wie etwa Dividenden, Kapitalausschüttung oder Einnahmen durch den Verkauf von Optionen auf die Aktie.

Kryptowährung
Eine Kryptowährung, oft auch kurz als »Krypto« bezeichnet, ist eine unregulierte digitale Währung, die gehandelt oder auch für den Erwerb von Gütern oder Dienstleistungen verwendet werden kann. Der Bitcoin ist die bekannteste Kryptowährung.

Kurs-Gewinn-Verhältnis (KGV)
Kennziffer, die den Wert eines Unternehmens zum Ausdruck bringt. Sie wird ermittelt, indem man den Preis einer Aktie durch den Nettogewinn pro Aktie dividiert.

Letzte Meile
Das letzte Wegstück im Auslieferungsprozess des E-Commerce.

Leverage
Hebelwirkung durch die Aufnahme von Fremdkapital für den Erwerb von Wertpapieren oder Immobilien, um sich ein höheres Ertragspotenzial zu erschließen, wenngleich damit auch höhere Risiken verbunden sind. Fremdkapitaleinsatz kann die Erträge erhöhen, aber auch die Verluste verschlimmern.

Limitorder
Auftrag zum Kauf oder Verkauf einer Aktie, wenn und falls die Aktie einen bestimmten Preis erreicht. Ein Limitauftrag unterscheidet sich von einer Marketorder dadurch, dass es keine Garantie gibt, dass die gewünschte Transaktion auch ausgeführt wird. Sofern die Limitorder nicht mit dem Zusatz »GTC« (siehe Definition) oder einer bestimmten Gültigkeitsdauer versehen ist, erlischt sie am Ende des Handelstages.

Liquidität
Kennzahl dafür, wie schnell sich eine Aktie oder ein anderer Vermögenswert in Bargeld umwandeln lässt.

Market-Maker
Börsenhändler, der es anderen Marktteilnehmern ermöglicht, ihre Kauf- oder Verkaufsentscheidungen zu einem marktgerechten Börsenkurs zu verwirklichen. Um die Liquidität sicherzustellen, müssen Market-Maker bereit sein, Wertpapiere aufs eigene Buch zu nehmen, dafür also einen Preis zu stellen und damit zu handeln, wenn momentan keine anderen Käufer bzw. Verkäufer vorhanden sind.

Marketorder
Order mit dem Zusatz »Billigst« bzw. »Bestens«. Auftrag, eine Aktie zu kaufen oder zu verkaufen, wobei der Broker die Transaktion unverzüglich zum aktuellen Marktkurs ausführt. Wird genutzt, wenn Investoren die schnelle Ausführung des Trades wichtiger ist als der genaue Preis, zu dem dieser stattfindet.

Markteffizienzhypothese (EMH)
Theorie, dass alle verfügbaren Informationen über eine Aktie in ihrem aktuellen Kurs wiedergegeben werden.

Marktkapitalisierung (Börsenwert)
Der Aktienkurs multipliziert mit der Zahl der ausstehenden Aktien. Dient als Maßzahl für die Größe eines Unternehmens und seinen Gesamtwert.

Marktkorrektur
Plötzlicher Börseneinbruch aufgrund überzogener Aktienkurse oder einer allgemeinen Überschätzung der Stärke des Marktes.

Mid-Cap-Aktie (größerer Nebenwert)
Aktie eines Unternehmens mit einer Marktkapitalisierung zwischen 2 und 10 Milliarden Dollar (USA) bzw. zwischen 100 Millionen und 2 Milliarden Dollar (Europa).

Moderne Portfoliotheorie (MPT)
Strategie zur Asset Allocation, die 1952 von dem Ökonomen Harry Markowitz entwickelt wurde. Dazu wird anhand von Kriterien wie Risiko, Ertrag und Korrelation die beste Anlagemischung für ein Portfolio ermittelt, um dieses möglichst risikoresilient zu gestalten.

Nettoinventarwert (Net Asset Value, NAV)
Der Nettoinventarwert gibt den Gesamtwert eines Fondsvermögens an. Er wird errechnet, indem man die Summe aller bewerteten Vermögensgegenstände des Fonds (abzüglich Gebühren und anderer Verbindlichkeiten) durch die Zahl der ausstehenden Fondsanteile dividiert. Der Nettoinventarwert schwankt nicht im Verlauf eines Handelstages wie der Wert einer Aktie, sondern wird nur einmal am Ende des Handelstages festgestellt (Schlusskurs).

Normale Zinsstrukturkurve
Standardbeziehung zwischen der Laufzeit einer Anleihe und ihrer Rendite. Bei einer normalen Zinsstruktur ist die Rendite umso höher, je länger die Laufzeit der Anleihe ist (je mehr Zeit vergeht, bis die Anleihe zum Nominalwert an den Investor zurückgezahlt wird).

Peer-to-Peer-Kredit
Aspekt der Finanztechnologie (siehe Definition), der Menschen und Unternehmen, die Geld benötigen, mit anderen verbindet, die bereit sind, Geld als Kredit zur Verfügung zu stellen.

Pennystock
Aktien mit einem niedrigen Kurs, gewöhnlich weniger als 5 Dollar pro Aktie bzw. 1 Euro pro Aktie, die manchmal außerhalb der etablierten Börsen gehandelt werden.

Prospekt
Bericht, der die Strategie eines Investmentfonds, seine Ziele, die Kosten und Risiken darstellt.

Put-Option
Bedingter Terminkontrakt, der dem Options-Inhaber das Recht verbürgt, eine Aktie zu einem bestimmten Preis (Ausübungspreis) vor bzw. zu einem festgelegten Verfallsdatum zu verkaufen. Eine Pflicht zur Ausübung der Option besteht für den Inhaber nicht.

Realisierter Veräußerungsgewinn
Gewinn, den ein Anleger erzielt, wenn er ein Investment auflöst und dadurch mehr Geld erhält, als er ursprünglich für den Kauf der Position gezahlt hat. Wird auch als »realisierter Gewinn« bezeichnet.

Riester-Vertrag
In Deutschland erhältlicher privater Altersvorsorgevertrag, der mit staatlichen Zulagen und manchmal auch mit steuerlichen Erleichterungen gefördert wird. Benannt wurde diese Vorsorgeform nach dem früheren Bundesarbeitsminister Walter Riester.

REIT (Real Estate Investment Trust)
Fonds, der Immobilienprojekte erwirbt und verwaltet und dadurch Gewinn erzielen möchte. REITs ermöglichen es Investoren, Anteile an Immobilien zu besitzen, ohne einen Immobilienverwalter engagieren oder sie selbst verwalten zu müssen.

Risikotoleranz
Maß des Marktrisikos, das ein Anleger zu tolerieren bereit ist.

Rürup-Vertrag
In Deutschland erhältlicher privater Altersvorsorgevertrag, der offiziell »Basis-Rente« heißt. Die staatliche Förderung wird in Form einer Steuerersparnis gewährt. Benannt wurde diese Vorsorgeform nach dem Wirtschaftswissenschaftler Bert Rürup.

Schlusstag
Der Tag, an dem beim Kauf oder Verkauf einer Aktie der Transfer von Bargeld und der Übertrag des Eigentums an der Aktie stattgefunden hat.

Securities and Exchange Commission (SEC)
Die US-amerikanische Börsenaufsicht, die die Finanzbranche und den Handel mit Wertpapieren überwacht und reguliert.

Smart-Beta
Ansatz zur Bewertung von Indexfonds, der aktive und passive Investmentstrategien kombiniert, um sich bestimmte Performancefaktoren zunutze zu machen und dadurch seinen Vergleichsindex, wie beispielsweise den S&P 500 zu schlagen.

Staatsanleihen
Staatsanleihen, in den USA auch Treasury Bonds oder »T-Bonds«, genannt, sind festverzinsliche Wertpapiere, die von der US-Regierung oder anderen Staaten herausgegeben werden. Die Laufzeit bewegt sich zwischen 1 und 30 Jahren.

Standardwert
Aktie eines Unternehmens mit einer Marktkapitalisierung (Börsenwert) von mehr als 10 Milliarden Dollar. Nach europäischem Verständnis zählen auch schon Unternehmen mit einem Börsenwert von 2 Milliarden Euro zu den Standardwerten.

Steuerstundung
Investments, für die eine Steuerstundung gilt, können steuerbefreit wachsen, bis der Anleger mit der Geldentnahme beginnt.

Stop-Buy-Order
Auftrag, eine Akte zu kaufen, sofern sie über eine bestimmte Kursmarke steigt, den sogenannten »Stop-Kurs«. Stop-buy-Orders lösen eine Marketorder aus (siehe Definition), wenn der Stop-Kurs erreicht wird.

Stop-Loss-Order
Auftrag, eine Akte zu verkaufen, sofern sie unter einen bestimmten Kurs fällt, den sogenannten »Stopp-Kurs«. Stop-loss-Orders lösen eine Marketorder aus (siehe Definition), wenn der Stopp-Kurs erreicht wird.

Technische Analyse
Im Unterschied zur Fundamentalanalyse (siehe Definition) bewertet die Technische Analyse eine Aktie oder ein Wertpapier auf der Grundlage von deren/dessen Marktverhalten. Die Technische Analyse konzentriert sich auf die beobachtbaren Trends und Muster, die den Kurs einer Aktie beeinflussen, während die Fundamentalanalyse die Vitalität (in finanzieller und sonstiger Hinsicht) des Unternehmens in den Blick nimmt durch eine Prüfung der Finanz- und Geschäftsberichte der Firma.

Tickersymbol
Abkürzung für börsennotierte Wertpapiere.

Umkehrhypothek
Form eines Darlehens, das es Menschen ermöglicht, das Kapital, das in ihrem Eigenheim gebunden ist, in Einkommen umzuwandeln, das entweder als Einmalbetrag oder in festen monatlichen Raten ausgezahlt oder als Kreditlinie zur Verfügung gestellt werden kann. Das Darlehen wird fällig, wenn der Kreditnehmer stirbt oder das Objekt verkauft.

Unrealisierter Vermögenszugewinn
Investmentposition, die eine Wertsteigerung verzeichnet hat, sich aber noch im Besitz des Investors befindet. Ein unrealisierter Vermögensgewinn wird zu einem realisierten Gewinn, wenn die Position gegen Bargeld verkauft wird.

Value-Aktie
Aktie, deren Werthaltigkeit sich auch bei gründlicher fundamentaler Analyse (siehe Definition) erweist. Value-Aktien haben niedrige KGVs, zahlen eine konkurrenzfähige Dividende und zeichnen sich durch einen akzeptablen Verschuldungsgrad aus. Sie sind unterbewertet im Vergleich zu manchen Wettbewerbern in ihrer Branche.

Value-Strategie
Investieren auf der Grundlage gesunder finanzieller Fundamentaldaten. Value-Investoren investieren in Unternehmen, die dauerhaft Gewinne erwirtschaften, Dividenden zahlen, gering verschuldet sind und unterbewertet sind im Vergleich zu Mitbewerbern in ihrer Branche.

Veräußerungsgewinn
Gewinn, der aus dem Besitz von Aktien oder anderen Investments entsteht, deren Wert gestiegen ist und die dann zu einem höheren Preis verkauft werden können, als ein Anleger ursprünglich dafür gezahlt hat.

Verlustverrechnung
Ein Wertpapier mit Verlust verkaufen, um Gewinne aus dem Verkauf anderer Wertpapiere steuerlich damit zu verrechnen.

Volatilität
Ausmaß der Schwankungen einer Aktie oder eines anderen Vermögenswerts. Die Volatilität kann auch für den gesamten Aktienmarkt gemessen werden. Volatilität bezieht sich nicht nur auf Abwärts-, sondern auch auf Aufwärtsbewegungen.

Wachstumsaktie
Aktie, die vielleicht keine herausragenden fundamentalen Kennziffern aufweist, aber aufgrund ihres erwarteten Wachstums vom Markt gesucht wird und nicht wegen ihrer Dividendenausschüttungen.

Wachstumsstrategie
Investieren auf der Grundlage einer erfolgversprechenden Geschichte und inspiriert durch Unternehmen, die in bestimmten Marktsektoren die Aufmerksamkeit auf sich lenken. Wachstumsinvestoren legen ihr Geld gern in Firmen an, die einen höheren Verschuldungsgrad, höhere KGVs und einen geringeren Gewinn pro Aktie (EPS) aufweisen. Vergleiche dazu »Value-Investing«.

Wertpapier
Eine Aktie, eine Anleihe, ein Investmentfonds oder ein anderes Finanzinstrument, die einen Wert darstellt, der von der Nachfrage des Marktes bestimmt wird.

Wohnungseigentümergemeinschaft (WEG)
Gemeinschaft der Inhaber einzelner Wohnungen innerhalb einer Wohnanlage oder eines Mehrfamilienhauses. Der WEG gehören die gemeinschaftlich genutzten Teile der Außenflächen und des Gebäudes sowie die tragenden Teile des Gebäudes.

Zielfonds (Lebenszyklusfonds)
Investmentfonds oder ETF, der die Asset Allocation entsprechend einem bestimmten Zeitrahmen optimiert, etwa in Bezug auf den Renteneintritt. In diesen Fonds wird in regelmäßigen Abständen ein Rebalancing vorgenommen, um das angestrebte Ziel zu erreichen.

Zinseszins
Machtvolles Finanzinstrument, das darauf beruht, dass Zinsen, die man auf ein Investment erhält, ihrerseits Zinsen abwerfen.

Zyklische Aktien
Aktien, die von den konjunkturellen Schwankungen stark beeinflusst werden.

Risikohinweise

Wertpapiere können durch registrierte Vertreter von Kestra Investment Services, LLC Member FINRA/SIPC angeboten werden und stehen nicht im Zusammenhang mit einer der anderen genannten Einrichtungen. Die Meinungen, die in dieser Publikation geäußert werden, sind die Ansichten des Autors und decken sich nicht notwendigerweise mit der Meinung von Kestra Investment Services. Kestra Investment Services bietet keine Rechts- und Steuerberatung an.

Kapitel 4

Ausschüttungen von nicht börsengehandelten REITs können aus anderen Geldquellen bezahlt werden als den operativen Einnahmen. Zu diesen Quellen können Darlehen und Kapitalausschüttungen gehören, und sie können auch steuerliche Konsequenzen für den REIT wie auch die Anleger nach sich ziehen. Kann sich ein Trust nicht als REIT qualifizieren, kann dies ebenfalls zu steuerlichen Folgen für den REIT wie die Anleger führen.

Kapitel 5

Das Zieldatum ist das ungefähre Datum, an dem ein Investor mit der Geldentnahme beginnen wird. Im Allgemeinen verändert sich die Asset Allocation eines Zielfonds jährlich, wobei die Vermögensaufteilung zunehmend konservativer wird, je näher der Eintritt in den Ruhestand rückt. Der Kapitalwert ist nicht garantiert, weder vor noch nach dem Erreichen des Zieldatums.

Garantierte jährliche Zahlungen setzen die Zahlungsfähigkeit der emittierenden Versicherungsgesellschaft voraus.

Kapitel 7

RISIKOHINWEISE ZUM DAYTRADING

Die folgenden Risikohinweise beziehen sich speziell auf die Praxis des »Daytrading« (dargestellt in Kapitel 6 dieses Buches).

Daytrading kann hochriskant sein. Daytrading ist generell nicht geeignet für Personen, die nur über begrenzte Ressourcen und begrenzte Investitionsmittel, über geringe Erfahrung und eine niedrige Risikotoleranz verfügen. Sie sollten darauf gefasst sein, Ihren gesamten Einsatz zu verlieren. Insbesondere sollten Sie Daytrading-Aktivitäten nicht mit Altersvorsorgevermögen, Studentendarlehen, Notfallreserven oder mit Geld betreiben, das für Zwecke wie Schulausbildung, Immobilienerwerb oder die Abdeckung der Lebenshaltungskosten vorgesehen ist. Zudem gibt es Belege dafür, dass ein Anlagekapital von weniger als 50.000 Dollar die Fähigkeit eines Traders, Gewinn zu erzielen, signifikant beeinträchtigt. Aber auch eine Anlagesumme von 100.000 Dollar oder mehr ist natürlich keine Garantie für Erfolg.

Seien Sie skeptisch gegenüber Versprechungen, dass mit Daytrading das große Geld zu verdienen sei. Sie sollten misstrauisch sein gegenüber Anzeigen oder anderen Aussagen, in denen das hohe Gewinnpotenzial von Daytrading beschworen wird. Daytrading kann auch zu erheblichen und plötzlichen finanziellen Verlusten führen.

Daytrading erfordert Kenntnisse über die Geschäftsaktivitäten eines Unternehmens. Sie sollten vertraut sein mit den Geschäftspraktiken von Online-Brokern, die dies ermöglichen, insbesondere über die Orderausführungssysteme und Abläufe. Unter bestimmten Marktbedingungen wird es für Sie schwierig oder unmöglich sein, eine Position schnell und zu einem akzeptablen Preis zu liquidieren. Dies kann zum Beispiel eintreten, wenn die Nachfrage nach einer bestimmten Aktie plötzlich einbricht oder wenn der Handel angehalten wird aufgrund aktueller Ereignisse oder ungewöhnlicher Handelsaktivitäten. Je volatiler eine Aktie ist, desto größer ist die Wahrscheinlichkeit, dass es zu Problemen bei der Ausführung von Aufträgen kommen kann. Neben den normalen Marktrisiken können Sie auch Verluste erleiden, wenn Systeme ausfallen.

Daytrading erzeugt hohe Gebühren, auch wenn die Kosten pro Trade niedrig sind. Daytrading beinhaltet aggressives Handeln, und gewöhnlich werden für jeden Trade Gebühren und Provisionen fällig. Die täglichen Gebühren, die Sie für Ihre Trades zahlen, kommen zu Ihren Verlusten hinzu oder schmälern Ihre Gewinne. Nimmt man zum Beispiel an, dass ein Trade 16 Dollar kostet und pro Tag durchschnittlich 29 Trades durchgeführt werden, müsste ein Investor einen Jahresgewinn von 111.360 Dollar erzielen, nur um die Handelsgebühren zu decken.

Daytrading auf Margin oder Leerverkäufe können zu Verlusten führen, die das eingesetzte Kapital übersteigen. Wenn Sie Daytrading mit Geld betreiben, das von einem Broker oder jemand anderem geliehen ist, können Sie mehr verlieren, als Sie ursprünglich investiert haben. Durch einen Kursrückgang der Wertpapiere, die Sie gekauft haben, können Sie gezwungen werden, frisches Geld nachzuschießen, um zu verhindern, dass der Kreditgeber die Positionen in Ihrem Depot zwangsweise glattstellt. Auch Leerverkäufe als Teil einer Daytrading-Strategie können zu erheblichen Verlusten führen, denn möglicherweise müssen Sie eine Aktie zu einem hohen Kurs kaufen, um Ihre Shortposition glattzustellen.

Mögliche Registrierungspflicht. Personen, die Anlageberatung oder Vermögensverwaltung für andere anbieten, müssen sich in den USA möglicherweise registrieren lassen, entweder als »Anlageberater« nach dem Investment Company Act von 1940 oder als »Broker« (oder »Händler«) nach dem Securities Exchange Act von 1934. Auch in den US-Einzelstaaten kann es Registrierungspflichten geben.

RISIKOHINWEISE ZUM OPTIONSHANDEL

Die folgenden Risikohinweise beziehen sich speziell auf das Handeln mit Optionen (dargestellt in Kapitel 6).

Optionshandel ist mit erheblichen Risiken verbunden und nicht für alle Anleger geeignet. Bestimmte komplexe Optionsstrategien bergen noch zusätzliche Risiken. Bevor Sie mit dem Optionshandel beginnen, lesen Sie als amerikanischer Anleger bitte den Text »Characteristics and Risks of Standardized Options« der Options Clearing

Corporation (OCC) (https://www.theocc.com/). Auch die Transaktionskosten können eine bedeutende Rolle spielen bei komplexen Optionsstrategien, wie etwa bei Straddles und Strangles, da hierbei mehrfache Gebührenzahlungen ausgelöst werden.

Dokumentationen zur Unterstützung werden auf Anforderung zur Verfügung gestellt. Die Informationen in diesem Buch, auch die Beispiele mit konkreten Wertpapieren und Kursen, dienen lediglich illustrativen und aufklärerischen Zwecken und sind nicht als Aufforderung oder Empfehlung zu verstehen.

Der Broker kann Ihre Wertpapiere verkaufen, ohne vorher mit Ihnen Kontakt aufzunehmen. Sie erhalten einen bestimmten Termin, bis zu dem Sie einer Nachschussforderung (»Margin Call«) nachkommen müssen, doch das Unternehmen kann Ihre Positionen zu diesem Termin nach eigenem Erwägen liquidieren.

RISIKOHINWEISE ZUM WERTPAPIERKAUF AUF KREDIT

Die folgenden Risikohinweise beziehen sich speziell auf den Kauf von Aktien und anderen Wertpapieren auf Kredit (dargestellt in Kapitel 6).

Sie können Verluste erleiden, die über das Guthaben auf dem Margin-Konto hinausgehen. Durch einen Kursrückgang der Wertpapiere, die Sie auf Kredit gekauft haben, können Sie gezwungen werden, dem Broker, der Ihnen den Kredit gewährt hat, frisches Geld zur Verfügung zu stellen, um zu verhindern, dass diese Papiere oder andere Positionen in Ihrem Depot zwangsweise verkauft werden.

Der Kreditgeber kann Sie zum Verkauf der Wertpapiere oder anderer Positionen in Ihrem Depot zwingen. Wenn das Guthaben auf Ihrem Konto unter den Mindestbetrag fällt, den Sie vorhalten müssen (»Maintenance Margin«) oder die Brokerfirma »hauseigene« höhere Mindestanforderungen stellt, kann sie die Wertpapiere oder sonstige Positionen in Ihrem Depot verkaufen, um den fehlenden Geldbetrag auszugleichen. Auch nach einem solchen Verkauf sind Sie für eine mögliche Unterdeckung verantwortlich.

Der Broker kann Ihre Wertpapiere verkaufen, ohne vorher mit Ihnen Kontakt aufzunehmen. Manche Investoren glauben irrtümlich, der Broker müsste sie kontaktieren, bevor er einen Margin Call exekutiert und müsste vor einer zwangsweisen Glattstellung von Depotpositionen erst den Anleger informieren. Das ist nicht der Fall. Die meisten Broker werden zwar versuchen, ihre Kunden über die Nachschussnotwendigkeit zu unterrichten, sind dazu aber nicht verpflichtet. Doch auch wenn die Brokerfirma den Kunden kontaktiert und ihm einen Termin mitgeteilt hat, bis zu dem das Konto wieder aufgefüllt sein muss, kann sie die erforderlichen Schritte unternehmen, um ihre finanziellen Interessen zu schützen, und kann gegebenenfalls die Wertpapiere unverzüglich verkaufen, ohne den Kunden vorher in Kenntnis zu setzen.

Sie können nicht bestimmen, welche Positionen Ihres Depots liquidiert oder verkauft werden sollen, um einer Nachschussforderung nachzukommen. Weil die Wertpapiere eine Sicherheit für das Margin-Darlehen darstellen, hat der Broker das Recht zu entscheiden, welche Wertpapiere verkauft werden, um seine Interessen zu schützen.

Die Brokerfirma kann jederzeit ihre »hauseigenen« Margin-Anforderungen verschärfen und ist nicht verpflichtet, Sie darüber vorab schriftlich in Kenntnis zu setzen. Solche Veränderungen der Firmenpolitik treten oft unmittelbar in Kraft und können zu einer Nachschussforderung führen. Wenn Sie dieser Forderung nicht nachkommen, kann der Broker die Positionen in Ihrem Depot liquidieren oder verkaufen.

Sie können keine Verlängerung der Nachschussfrist verlangen. Unter bestimmten Bedingungen kann einem Kunden zwar eine Verlängerung der Nachschussfrist gewährt werden, darauf besteht jedoch kein Anspruch.

Literaturhinweise

EINLEITUNG

Cox, Jef, 2021, »Inflation speeds up in April as consumer prices leap 4.2%, fastest since 2008«, *CNBC,* 12. Mai; https://www.cnbc.com/2021/05/12/consumer-price-index-april-2021.html.

Domm, Patti, 2021, »A stunning fall and a recovery: How the stock market has evolved one year since Covid hit«, *CNBC,* 12. März; https://www.cnbc.com/2021/03/12/a-stunning-fall-and-a-recovery-how-the-stock-market-has-evolved-one-year-since-covid-hit.html.

McCarthy, Justin, 2020, »Stock Investments Lose Some Luster After COVID-19 Sell-Off«, *Gallup,* 24. April; https://news.gallup.com/poll/309233/stock-investments-lose-luster-covid-sell-off.aspx.

Royal, James und Arielle O'Shea, 2021, »What Is the Average Stock Market Return?«, *NerdWallet,* 11. Februar; https://www.nerdwallet.com/article/investing/average-stock-market-return#:~:text=The%20average%20stock%20 market%20return%20is%20about%2010%25%20per%20year,year%20are%20far%20from%20average.

Kapitel 1

Kloepfer, Jay, nicht datiert, »The Callan Periodic Table of Investment Returns: Year-End 2020«, *Callan,* aufgerufen am 5. Juni 2021; https://www.callan.com/research/2020-classic-periodic-table/.

Kapitel 2

Floyd, David, 2018, »Hamilton's Wall Street: What They Never Told You», *Investopedia,* 16. Juli; https://www. investopedia.com/news/hamiltons-wall-street-what-musical-didnt-tell-you/.

Kapitel 3

Eavis, Peter und Matthew Haag, 2021, »After Pandemic, Shrinking Need for Office Space Could Crush Landlords«, *New York Times*, 8. April; https://www.nytimes.com/2021/04/08/business/economy/office-buildings-remote-worhtml.

Logan, Gregg und Todd LaRue, 2020, »Growing Demand for Build-to-Rent Single Family Homes«, *RCLCO* (Real Estate Consulting), 13. August; https://www.rclco.com/publication/growing-demand-for-built-to-rent-single- family-homes/#:~:text=According%20to%20the%202018%20American,rental%20housing%20in%20the%20U.S.

Mercadante, Kevin, 2021, »The Truth? Your House Is Not an Investment«, *Money Under 30,* 26. April; https://www. moneyunder30.com/why-your-house-is-not-an-investment.

Kapitel 6

May, Allied Market Research, 2019, aufgerufen am 4. Juni 2021; https://www.allied-marketresearch.com/renewable-energy-market.

Kapitel 7

Mitchell, Cor, 2020. »What Is a Floating Exchange Rate?«, *Investopedia,* 28. November; https://www.investopedia.com/terms/f/floatingexchangerate.asp.

Rivero, Ibeth, 2020, »Forex Trading Industry Statistics and Facts 2020«, *DailyForex,* 10. September; https://www. dailyforex.com/forex-articles/2020/09/forex-industry-statistics-2020/150275.

Williams, Austi, 2021. »GameStop stock explained: Here's what short selling is and why it's shaking up Wall Street«, Fox 13 Tampa Bay, 29. Januar; https://www.fox13news.com/news/gamestop-stock-explained-heres-what-short-selling-is-and-why-its-shaking-up-wall-street.

Kapitel 9

Johnson, Ben, 2021, »The Dramatic Evolution of Emerging Markets«, *Morningstar,* 26. Januar; https://www.morningstar.com/articles/1018645/the-dramatic-evolution-of-emerging-markets.

Muller, David, 2018, »Emerging Markets – Powerhouse of global growth«, Ashmore, Mai; http://www.ashmoregroup.com/sites/default/files/article-docs/MC_10%20May18_2.pdf.

Kapitel 10

Chatenay, Victor, 2020, »Less than one in ten US households use robo-advisory platforms«, *Insider,* 10. September; https://www.businessinsider.com/eight-percent-us-households-invest-in-robo-advisors-2020-9#:~:text=Eight%20 Percent%20of%20 US%20Households%20Invest%20in%20Robo%2DAdvisors.

Tugend, Alina, 2021, »A Smarter App Is Watching Your Wallet«, *The New York Times,* 9. März; https://www.nytimes.com/2021/03/09/business/apps-personal-finance-budget.html.

Kapitel 12

Bakkar, Abu., Nicht datiert, »FinTech and the future of finance«, *The Global Advisory and Accounting Network,* aufgerufen am 28. Juni 2021; https://www.hlb.global/fintech-and-the-future-of-finance/.

Commonwealth, 2019, »5 Key Takeaways from Fintech for Social Impact«, *Commonwealth,* 22. März; https://buildcommonwealth.org/blog/post/5-key-takeaways-from-fintech-for-social-impact.

Ivy Exec, nicht datiert, »7 Ways Fintech Is Transforming Everyday Life«, Columbia Business School, aufgerufen am 2. Juli 2021; https://www.ivyexec.com/career-advice/2017/7-ways-fintech-transforming-everyday-life/.

Kearl, Mary, 2021, »Best Crowdfunding Platforms«, *Investopedia,* 11. Juni; https://www.investopedia.com/best-crowdfunding-platforms-5079933.

Koetsier, John, 2020, »97% Of Executives Say Covid-19 Sped Up Digital Transformation«, *Forbes,* 10. September; https://www.forbes.com/sites/johnkoetsier/2020/09/10/97-of-executives-say-covid-19-sped-up-digital-transformation/sh=a06976a47997.

Patterson, Michael, 2018, »Crypto's 80% Plunge Is Now Worse Than the Dot-Com Crash«, *Bloomberg,* 12. September; https://www.bloomberg.com/news/articles/2018-09-12/crypto-s-crash-just-surpassed-dot-com-levels-as-losses-reach-80.

Royal, James und Kevin Voigt, 2021, »What Is Cryptocurrency? Here's What You Should Know«, *NerdWallet,* 18. August; https://www.nerdwallet.com/article/investing/cryptocurrency-7-things-to-know#2.-how-many-cryptocurrencies-are-there-what-are-they-worth.

Schroer, Alyssa, 2021, »55 Fintech Companies and Startups to Keep in Your Back Pocket«, *Built In,* 14. Juli; 2021;https://builtin.com/fintech/fintech-companies-startups-to-know.

Shepherd, Maddie, 2020, »How Many Businesses Accept Bitcoin?«, *Fundera by NerdWallet,* 16. Dezember; https://www.fundera.com/resources/how-many-businesses-accept-bitcoin.

Kapitel 13

Adamczyk, Alicia, 2021, »Sustainable investments hit record highs in 2020 – and they're earning good returns«, *CNBC Make It,* 11. Februar; https://www.cnbc.com/2021/02/11/sustainable-investments-hit-record-highs-in-2020.html.

Stevens, Pippa, 2020, »ESG index funds hit $250 billion as pandemic accelerates impact investing boom«, *CNBC,* 2. September; https://www.cnbc.com/2020/09/02/esg-index-funds-hit-250-billion-as-us-investor-role-in-boom-grows.html.

Yao, Deborah, 2020, »The 7 Best Green Energy Stocks to Buy«, *Kiplinger,* 11. Dezember, aufgerufen am 4. Juni 2021; https://www.kiplinger.com/investing/stocks/energy-stocks/601849/green-energy-stocks-that-could-catch-a-2021-tailwind.

Entspannt in Immobilien investieren

Erik Renk, Paul Hinrichs

Wer langfristig seine finanzielle Freiheit erreichen möchte, kommt an Immobilien nicht vorbei. Doch erfordert es oftmals eine Menge Zeit und Know-how, die richtige Immobilie zu finden, sie zu erwerben und dann auch noch Gewinn daraus zu schlagen. Die beiden Autoren zeigen, wie jeder langfristig, erfolgreich und entspannt in Immobilien investieren kann. Sie bieten Einsteigern alle notwendigen Informationen zu essenziellen Erfolgsfaktoren wie den optimalen Einkaufskonditionen, einer soliden Finanzierung oder der richtigen Bewirtschaftung, und zeigen, wie man mit einer aktiven Strategie und einem überschaubaren Zeiteinsatz enorme Potenziale verwirklichen kann. Aber auch der bereits erfahrene Immobilien-Investor bekommt viele nützliche Tipps zum Thema Investieren in Wohnimmobilien an die Hand.

272 Seiten | Softcover | 16,99 € (D) | ISBN 978-3-95972-130-1